Curso de Direito e Processo do Trabalho

JOSÉ ARAUJO AVELINO

Doutorando em Direito do Trabalho na Universidade de Buenos Aires (UBA); Mestre em Direito do Trabalho e Relações Laborais Internacionais, pela Universidade Nacional de Três de Fevereiro (UNTREF); Pós-graduação em Direito do Trabalho pela Universidade Cândido Mendes (UCAM), Pós-graduação em Direito Eleitoral e Processo Eleitoral pelo Centro Universitário Claretiano (CEUCLAR), Bacharel em Direito (Advogado), pela Faculdade de Tecnologia e Ciências – (FTC Salvador); Professor efetivo de Direito do Trabalho, Processo do Trabalho e Direito da Seguridade Social na Universidade do Estado da Bahia (UNEB); Autor de diversos artigos.

Curso de Direito e Processo do Trabalho

EDITORA LTDA.
© Todos os direitos reservados

Rua Jaguaribe, 571
CEP 01224-003
São Paulo, SP – Brasil
Fone (11) 2167-1101
www.ltr.com.br
Abril, 2016

Versão impressa: LTr 5448.1 — ISBN: 978-85-361-8797.6

Versão e-book: LTr 8909.6— ISBN: 978-85-361-8786.0

Dados Internacionais de Catalogação na Publicação (CIP)
(Câmara Brasileira do Livro, SP, Brasil)

Avelino, José Araujo

    Curso de direito e processo do trabalho / José Araujo Avelino. – São Paulo : LTr, 2016.

Bibliografia

1. Direito do trabalho 2. Direito do trabalho - Brasil 3. Direito material 4. Processo do trabalho I. Título.

16-01281   CDU-34:331

Índice para catálogo sistemático:
1. Direito material do trabalho   34:331

SUMÁRIO

APRESENTAÇÃO 11

LIVRO I
DIREITO DO TRABALHO

PRIMEIRA PARTE

CAPÍTULO I – Contextualização do Direito do Trabalho 15

1. INTRODUÇÃO 15
2. ABRANGÊNCIA DO DIREITO DO TRABALHO 15
3. NATUREZA JURÍDICA DO DIREITO DO TRABALHO 18

CAPÍTULO II – Origem e evolução do Direito do Trabalho 21

1. O DIREITO DO TRABALHO NO MUNDO 21

CAPÍTULO III – Organograma jurídico do Direito do Trabalho 30

1. INTRODUÇÃO 30
2. FONTES DO DIREITO DO TRABALHO 30
3. TIPOS DE FONTES 30
   - 3.1. Fontes Diretas 30
   - 3.2. Fontes Indiretas 30
   - 3.3. Fonte Primária 30
     - 3.3.1. Fonte material 31
     - 3.3.2. Fonte formal 31
       - a) Fontes de produção estatal 31
       - b) Fontes de produção profissional 31
       - c) Fontes de produção mista 31
       - d) Fontes de produção internacional 31
     - 3.3.3. Fontes supletivas 31

CAPÍTULO IV – Princípios do Direito do Trabalho 32

CAPÍTULO V – Prescrição e decadência no Direito do Trabalho 34

SEGUNDA PARTE

CAPÍTULO I – Direito individual do trabalho	35
CAPÍTULO II – Empregado	36
CAPÍTULO III – Empregador	38
CAPÍTULO IV – Verbas trabalhistas	39
CAPÍTULO V – Terceirização do trabalho	41
CAPÍTULO VI – Contrato de trabalho	50
1. INTRODUÇÃO	50
2. RESCISÃO DE CONTRATO	50
3. PRAZO DE CONTRATO	51
4. MODALIDADES DO CONTRATO DE TRABALHO	51
CAPÍTULO VII – Remuneração e salário	52
1. SALÁRIO	52
2. REMUNERAÇÃO	53
3. MODALIDADES DE REMUNERAÇÃO	54
CAPÍTULO VIII – Regras de proteção do salário	58
CAPÍTULO IX – Jornadas de trabalho	61
1. INTRODUÇÃO	61
2. JORNADA DE TRABALHO – UM CONTEXTO GERAL	62
3. FORMAS DE CONTROLE DE JORNADA DE TRABALHO	62
4. CARACTERIZAÇÃO DA JORNADA DE TRABALHO	63
4.1. Jornada Ordinária ou Normal de Trabalho	63
4.2. Jornada de Trabalho Noturna	65
4.3. Descanso Remunerado: Intrajornada e Interjornada	65
4.4. Horas *In Itinere* ou Horas de Deslocamento	66
4.5. Jornada de Trabalho por Tempo Parcial ou Reduzido	66
4.6. Jornada de Trabalho Insalubre e Perigosa	67
4.7. Jornada de Trabalho Extraordinário	67
4.8. Horas Compensatórias ou Banco de Horas	68
5. FLEXIBILIZAÇÃO DA JORNADA DE TRABALHO	69
CAPÍTULO X – O descanso semanal e férias remuneradas e do Direito do Trabalho	70
CAPÍTULO XI – Férias	72
CAPÍTULO XII – Fundo de Garantia por Tempo de Serviço	75

CAPÍTULO XIII – Constituição e alteração do contrato de trabalho	78
CAPÍTULO XIV – Interrupção e suspensão do contrato de trabalho	80
CAPÍTULO XV – Extinção e efeitos do contrato de trabalho	81
CAPÍTULO XVI – Formas de estabilidades e garantias de emprego	85
1. INTRODUÇÃO	85
2. ESTABILIDADE E GARANTIA DE EMPREGO	86
3. CLASSIFICAÇÃO DAS ESTABILIDADES	87
4. ESPÉCIES DE ESTABILIDADES	87
4.1. Estabilidades Definitivas	87
4.2. Estabilidade Decenal	87
4.3. Estabilidades Provisórias	88
4.4. Dirigentes Sindicais	88
4.5. Membros da Cipa – Comissão Interna de Prevenção de Acidentes	88
4.6. Empregada Gestante	88
4.7. Empregado Acidentado	89
4.8. Empregados Representantes dos Empregados no Conselho Curador do FGTS	89
4.9. Empregados Membros do Conselho Previdenciário	89
4.10. Empregados Eleitos Diretores de Sociedades Cooperativas	89
4.11. Empregados Membros da Comissão de Conciliação Prévia	89
4.12. Empregados em Período Pré-Eleitoral	89
4.13. Contrato de Aprendizagem	90
5. A PERDA DA ESTABILIDADE	90
CAPÍTULO XVII – Medicina e segurança do trabalho	92
1. ASPECTOS HISTÓRICOS	92
2. O MEIO AMBIENTE DE TRABALHO, O PRINCÍPIO DA DIGNIDADE HUMANA E OS DIREITOS SOCIAIS	93
3. APLICAÇÃO DA MEDICINA E SEGURANÇA DO TRABALHO	108
4. LEGISLAÇÃO	110
4.1. Constituição Federal de 1988	110
4.2. Código Civil Brasileiro	110
4.3. Súmula n. 229 do STF	110

TERCEIRA PARTE

CAPÍTULO I – O direito coletivo do trabalho	111
CAPÍTULO II – Princípios do direito coletivo de trabalho	112
CAPÍTULO III – Sindicato	113
1. INTRODUÇÃO	113
2. A FUNÇÃO DOS SINDICATOS	116

CAPITULO IV – Negociação coletiva de trabalho 117

CAPÍTULO V – O direito de greve 119
1. ANTECEDENTES 119
2. AS PRIMEIRAS GREVES 119
3. FASES DA GREVE 120
4. A GREVE NA VISÃO SOCIAL E JURÍDICA 120
5. CONCEITOS DE GREVE 121
6. O DIREITO DE GREVE NO BRASIL 121
7. LIMITAÇÕES DO EXERCÍCIO DO DIREITO DE GREVE NO BRASIL 122

CAPÍTULO VI – Outras formas de resolução de conflitos no direito coletivo 123
1. INTRODUÇÃO 123
2. CONCILIAÇÃO ADMINISTRATIVA 124
3. ARBITRAGEM 126
    3.1. Breve Historicidade da Arbitragem 126
    3.2. Conceito de Arbitragem 127
    3.3. A Natureza Jurídica da Arbitragem 128
    3.4. As Partes na Arbitragem 133
    3.5. Árbitros 133
    3.6. Cláusula Compromissória e Compromisso Arbitral 135
    3.7. O Procedimento Arbitral 136
    3.8. Processo de Escolha e Nomeação dos Árbitros 137
    3.9. A Sentença Arbitral 140
    3.10. A Relação entre o Judiciário e o Juízo Arbitral 142
    3.11. Nulidade do Laudo Arbitral 142
    3.12. Execução das Sentenças Arbitrais 143
4. MEDIAÇÃO 143
5. REFLEXÕES SOBRE O ACESSO À JUSTIÇA 144
    5.1. Princípio do Acesso à Justiça x Inafastabilidade do Controle Jurisdicional 147

LIVRO II
DIREITO PROCESSUAL DO TRABALHO

CAPÍTULO I – O direito processual do trabalho 153
1. ANTECEDENTES 153
2. CONCEITO 154

CAPÍTULO II – Fontes do direito processual do trabalho 155

CAPÍTULO III – Organização da justiça do trabalho 157

1. AS VARAS 158
2. TRIBUNAL REGIONAL DO TRABALHO (TRT) 159
3. TRIBUNAL SUPERIOR DO TRABALHO (TST) 160
4. ÓRGÃOS AUXILIARES 160

CAPÍTULO IV – Comissão de conciliação prévia 162

CAPÍTULO V – Competência da Justiça do Trabalho 163

CAPÍTULO VI – As partes e os procuradores na justiça do trabalho 165

CAPÍTULO VII – Os atos, termos e prazos processuais trabalhistas 166

CAPÍTULO VIII – As nulidades no processo do trabalho 167

CAPÍTULO IX – Procedimentos no direito processual do trabalho 168

CAPÍTULO X – Reclamação trabalhista 169
1. RITO ORDINÁRIO 169
2. RITO SUMÁRIO 169
3. RITO SUMARÍSSIMO 169

CAPÍTULO XI – Defesas ou resposta do reclamado 171

CAPÍTULO XII – Prescrição e decadência 173

CAPÍTULO XIII – Exceções 174

CAPÍTULO XIV – Audiência trabalhista 176

CAPÍTULO XV – Provas no processo do trabalho 177

CAPÍTULO XVI – Sentenças trabalhistas 178

CAPÍTULO XVII – Recursos 179

CAPÍTULO XVIII – Recursos em espécies 180
1. EMBARGOS DE DECLARAÇÃO 180
2. RECURSO ORDINÁRIO 180
3. RECURSO DE REVISTA 180
4. RECURSO EXTRAORDINÁRIO 180
5. RECURSO ADESIVO 181
6. AGRAVO DE PETIÇÃO 181
7. AGRAVO DE INSTRUMENTO 182

CAPÍTULO XIX – Liquidação da sentença trabalhista 183

CAPÍTULO XX – Execução no processo do trabalho 184

CAPÍTULO XXI – Dissídio coletivo 185
1. NATUREZA JURÍDICA DA AÇÃO DE DISSÍDIO COLETIVO 185
2. CONDIÇÕES DA AÇÃO DE DISSÍDIO COLETIVO 187
3. DA ATUAÇÃO DO MINISTÉRIO PÚBLICO DO TRABALHO NOS DISSÍDIOS COLETIVOS 189

CAPÍTULO XXII – Ação rescisória na justiça do trabalho 191

CAPÍTULO XXIII – Ações especiais na justiça do trabalho 192
1. AÇÕES CAUTELARES E ANTECIPATÓRIAS 192
2. AÇÃO DE CONSIGNAÇÃO EM PAGAMENTO 192
3. AÇÃO MONITÓRIA 192

CAPÍTULO XXIII – Ações constitucionais cabíveis na justiça do trabalho 193
1. *HABEAS CORPUS* 193
2. MANDADO DE SEGURANÇA 193
3. MANDADO DE INJUNÇÃO 193
4. *HABEAS DATA* 193

CAPÍTULO XXIV – Processo eletrônico na justiça do trabalho 194
1. BASE LEGAL 194
2. CONCEITO 194
3. PROCEDIMENTOS 194
4. REQUISITOS DE USO DO PJE-JT 194

REFERÊNCIAS BIBLIOGRÁFICAS 195

APRESENTAÇÃO

Esta 1ª edição do *Curso de Direito Material do Trabalho e Processo do Trabalho* é uma obra que veio para solucionar, em parte, os estudos e pesquisas relacionadas ao campo do Direito do Trabalho e Processual, visto que os conteúdos estão reunidos em um mesmo volume, para facilitar a sua vida, meu caro leitor.

No Livro I, abordamos a matéria do Direito Material do Trabalho, desde os acontecimentos históricos no mundo e a sua evolução, passando pelos estudos das fontes e dos princípios, bem como o direito individual do trabalho e suas subcategorias e institutos na segunda parte.

Objetivando deixar a obra o mais completa possível, também, procuramos discorrer de maneira clara e didática acerca das normas de Segurança do Trabalho e Higiene, que sem dúvida é umas das maiores preocupações para com a vida do trabalhador.

Já na terceira parte destacamos o Direito Coletivo do Trabalho, que, diante de um mundo cada vez globalizado e com o surgimento de novas tecnologias, vem sendo objeto de atenção em todos os segmentos das sociedade.

Por seu turno, o Livro II, dedicamos ao Direito Processual do Trabalho, que mostra que, depois do advento da Emenda Constitucional n. 45/2004, o sistema processual trabalhista ganhou mais autonomia em razão da ampliação das competências da justiça laboral.

De forma bastante didática, a começar pelo surgimento do direito processual, cuidamos dos diversos institutos e instrumentos do direito processual trabalhista, inclusive, do atual sistema de Processo Eletrônico na Justiça do Trabalho, o conhecido PJe-JT.

Desta forma, pretendemos aprimorar esta obra, como um projeto pessoal, para que possamos proporcionar a todos os leitores, amantes ou não do Direito do Trabalho e Processo do Trabalho, uma visão crítica acerca deste fascinante e especial ramo do direito.

Esperamos que você possa desfrutar deste material da maneira mais construtiva possível.

O autor.

Livro I
Direito do Trabalho

PRIMEIRA PARTE

CAPÍTULO I
Contextualização do Direito do Trabalho

1. INTRODUÇÃO

As relações sociais evoluíram ao longo da história da humanidade em detrimento dos constantes conflitos entre trabalhadores e empregadores, a fim de conquistar melhores condições de trabalho, o que obrigou o Estado a se posicionar como uma instituição responsável pelo controle de regras, cuja aplicação tem caráter coletivo em qualquer esfera de atuação, a editar normas a serem aplicadas na seara do Direito do Trabalho.

Sendo as regras de conteúdo complexo, obrigou as faculdades de Direito à inserção da disciplina Direito do Trabalho para ser desmistificada, criando posições divergentes, que chamamos de dogma legalista, para aqueles que seguem rigorosamente os ditames da lei, ou dogma doutrinário, que nada mais é do que a construção do raciocínio pessoal, baseado numa norma existente ou não, a fim de possibilitar a aplicação do direito.

Não é por acaso que muitas pessoas ainda sentem muitas dúvidas e não entendem os posicionamentos diferenciados entre a lei e a doutrina. É comum o legislador aprovar normas que dão margem ao dúplice entendimento e, com isso, ficamos sem saber ao certo que caminho seguir. Atualmente, os nossos tribunais vêm equacionando esses entendimentos que dão margem a diversas interpretações quando a lei não é clara. Temos como exemplo as Súmulas Vinculantes do Supremo Tribunal Federal, as Súmulas do Tribunal Superior do Trabalho, do Superior Tribunal de Justiça e assim por diante.

Mas não é só. O dogma doutrinário tem um papel muito importante na resolução desses entendimentos porque o jurista, constrói seu pensamento com base na identificação de fatores dos mais variados campos de atuação, seja no campo social, econômico, político, entre outros. O jurista busca um estudo aprofundado para demonstrar uma situação que possibilite ao magistrado, por exemplo, resolver uma situação não prevista ou com dúbio entendimento na lei. E assim, também, no campo do Direito do Trabalho, que vos convido a estudar conosco nos passos seguintes.

2. ABRANGÊNCIA DO DIREITO DO TRABALHO

O Direito do Trabalho é uma disciplina que busca fazer com que as pessoas possam compreender o funcionamento das normas, das regras, dos princípios e dos entendimentos doutrinários.

No campo estrutural, o Direito do Trabalho subdivide-se em três momentos distintos: O primeiro estuda as relações individuais de trabalho, onde, entre outros fatores, são abordados os Contratos Individuais de Trabalhos e suas repercussões entre trabalhador e empregador. No segundo momento, estuda o Direito Coletivo do Trabalho, cujas questões analisadas abrangem a universalidade de grupos de trabalhadores em face do empregador. Por último, na seara trabalhista, estuda o Direito Processual e os procedimentos aplicáveis no âmbito da Justiça do trabalho.

O Direito do Trabalho, incorporado ao ramo do direito privado, em todo o mundo é denominado conforme o pensamento filosófico, político ou social dos autores e em cada momento que representa a sua elaboração.

O Direito do Trabalho está dividido em Direito Individual do Trabalho e Direito Coletivo do Trabalho. No Direito Individual do Trabalho, as regras são seguidas por meio de normas que regem as relações de trabalho entre o empregado e o empregador, provenientes de uma relação de contrato de trabalho. Já no Direito Coletivo do Trabalho, que também é regido por meios de normas, porém, os empregados e os empregadores são regulados pelas relações de caráter coletivo, sob a representação sindical, que são considerados os interesses abstratos da categoria de empregados.

De caráter geral, o conceito de empregado compreende toda pessoa física, que prestar serviços de natureza não eventual a um empregador sob a dependência deste mediante salário, art. 3º, CLT[1]. Já o empregador é entendido como qualquer pessoa física ou jurídica, que, assumindo os riscos da atividade, admite, paga salários e dirige a prestação pessoal do serviço do empregado.

Não é possível o estudo e a aplicação do Direito do Trabalho de forma isolada. Assim, o Direito do Trabalho possui relação com o Direito Constitucional, Direito Administrativo, Direito Civil, Direito Penal, Direito Comercial, Direito Ambiental, Direito Processual, Direito Eleitoral, entre outros ramos dependendo do estado situacional de uma relação de trabalho, ou até mesmo a atuação sindical e empresarial.

Como exemplo prático acerca da utilização do Direito do Trabalho com outros ramos do direito, tem-se a punição de um empregado que incorre em falta grave. Imagine que um empregado praticou um crime contra um colega de trabalho no horário de serviço. Nesse caso, ele pode ser punido tanto na esfera trabalhista com a extinção do contrato sem direitos trabalhistas, na esfera cível, pela reparação de algum dano, como também na esfera penal.

Procuramos determinar, com a maior precisão possível, o conceito e a natureza dessa disciplina jurídica e social, de forma sucinta, e apontar características que dão a própria fisionomia dentro da lei em geral. Nas breves observações que seguem, definiremos o Direito do Trabalho, mencionando o seu conceito, objeto, assunto, tamanho, divisão e características.

Não é fácil definir o Direito do Trabalho, precisamente porque é um direito novo, alheio aos moldes clássicos, ele possui grande força expansiva, muita ductilidade, que está em constante mutação; qualquer definição que tentarmos dar, será, portanto, incompleta.

Alguns autores defendem que o Direito do Trabalho é voltado para a regulação das relações laborais dependentes, para outros, o conceito de proteção é destacado para empregados e para todos que são economicamente menos favorecidos na hierarquia social. Há também aqueles autores que combinam ambos pontos de vista, ou seja, o Direito do Trabalho seria um regulador das relações entre empregados e empregadores.

Nesse cenário, entende-se que o Direito do Trabalho é o conjunto de teorias, normas e leis que regulam as relações entre empregadores ou empregadores e empregados, e melhoram as condições econômicas e sociais dos trabalhadores de todos os tipos (BONAVIDES, 2003)[2]. Esse conceito não é baseado inteiramente no trabalho positivo e na legislação de segurança social, mas também inclui as doutrinas que servem como inspiração, fundamentação e regras.

A partir da definição acima, conclui-se que o Direito do Trabalho apoia-se em dois objetivos fundamentais, ambos estreitamente ligados entre si: a) a regulação das relações laborais pelo Estado, no seu papel de guardião dos trabalhadores; b) a proteção dos economicamente mais fracos em sentido amplo, compreendendo, consequentemente, que a proteção jurídica e social, dependente não só recai sobre o trabalho de operários e empregados (funcionários regidos por contratos de trabalho), mas também a proteção dos *freelancers*, por exemplo.

O objetivo principal do Direito do Trabalho é o trabalho protetivo dos economicamente mais fracos. Ele protege aqueles que realizam o trabalho, criando-lhes condições de vida decente como seres humanos dignos.

De acordo com o princípio estabelecido na Carta Internacional de Versalhes, o trabalho não é uma mercadoria ou artigo de comércio. O Direito do Trabalho é estranho ao individualismo liberal, e difere-se da legislação tradicional (DELGADO, 2005)[3].

Ele reflete a humanização e a moralização da lei, ao mesmo tempo que fomenta a democratização relativa e a socialização. Não parece aceitável a concepção do professor francês Gerard Lyon-Caen de que a legislação laboral "é" ligada a determinada estrutura social e econômica, o regime capitalista. De acordo com ele, essa legislação é uma formação jurídica de transição, as leis trabalhistas são concessões pobres para manter o sistema capitalista" (BONAVIDES, 2003)[4]. Acredita-se que, embora a Lei do Trabalho não tenda a destruir o regime revolucionário existente, no entanto, dada a sua orientação de reformismo, a Lei esforça-se para atenuar os seus excessos e as desigualdades sociais; buscando mais bem-estar para os pobres, possibilitando a socialização trabalho promovendo distribuição melhor e mais equitativa da renda nacional.

---

(1) BRASIL, Consolidação das Leis do Trabalho de 1943.
(2) BONAVIDES, Paulo. *Curso de Direito Constitucional*. 13. ed., rev. atual. São Paulo: Malheiros, 2003.
(3) DELGADO, Maurício Godinho. Princípios Constitucionais do trabalho. *Revista de Direito do Trabalho*. São Paulo: RT, ano 31, n. 117, janeiro-março, 2005.
(4) BONAVIDES, Paulo. *Curso de Direito Constitucional*. 13. ed., rev. atual. São Paulo: Malheiros, 2003.

Os sujeitos do Direito do Trabalho são: a) Os trabalhadores de todos os tipos; b) os doadores de trabalho (empregados, empregadores), no que diz respeito apenas a suas relações de trabalho com seus empregados; c) a empresa, a instituição *sui generis*[5]; d) os sindicatos, que são os grupos representativos das profissões e dos seus membros e pode negociar para estes. Na atualidade, as relações de trabalho em indústrias/ou em grandes empresas são determinadas coletivamente através dos sindicatos. O papel cada vez mais importante dos sindicatos é um fenômeno peculiar de nosso tempo: a força do sindicalismo é inegável e completamente necessária para o estabelecimento da justiça social no ambiente democrático.

Direito do Trabalho poderia ser dividido em quatro partes, a saber (BONAVIDES, 2003)[6]:

a) introdução doutrinária que inclui os princípios fundamentais da disciplina, isto é, a sua natureza, as suas características, seu desenvolvimento, sua evolução histórica, a sua posição na lei, as suas relações com outros ramos do direito, as suas projeções, e suas análises das doutrinas econômico-sociais e movimentos sociais que o influenciam;

b) o Direito do Trabalho individual considera as relações individuais entre empregados ou empregadores, a sua coluna vertebral, é o contrato de trabalho. Este ramo investiga as diversas categorias de pessoas dependentes; sobre a regulamentação do trabalho, examinando os conflitos individuais de trabalho, buscando soluções nos tribunais para resolvê-los; portanto, compreende o Direito do Trabalho processual;

c) o Direito do Trabalho coletivo abrange grupos e associações profissionais e suas atividades, ou seja, os sindicatos, o movimento sindical, os acordos coletivos de trabalho e os conflitos coletivos de trabalho. Existe, portanto, uma união real e um direito societário em voga, formando uma parte inseparável do Direito do Trabalho.

d) A Segurança Social é aplicável a todas as instituições que protegem seus membros para lidar com os vários riscos e contingências a que estão expostos, sob a forma de garantia de condições dignas de trabalho. Essas instituições incluem o seguro social de doença, maternidade, invalidez, velhice, morte e desemprego forçado. A Segurança social, na legislação laboral, ainda regula a concessão de abonos de família, as medidas de medicina preventiva, bem como as iniciativas tomadas para resolver o problema da habitação popular, e o estudo das cooperativas e sociedades mútuas.

A divisão acima não é completamente rígida. Há assuntos em que não é possível separar, tais como: o direito individual do trabalho coletivo. Cada caso é um caso. Também é frequentemente necessário combinar a doutrina e a legislação positiva, a fim de atender o social e as fundações lógicas das leis trabalhistas e de segurança social.

O Direito do Trabalho tem suas próprias características que o diferenciam de outros ramos do direito, dando-lhe características peculiares. Entre as principais características estão as seguintes (GOMES, 2005)[7]:

a) Ele refere-se às relações jurídicas e sociais, ignoradas ou negligenciadas por outras áreas do direito. Ele reflete sobre as novas concepções sociais que se opõem à frieza desumanizada das disciplinas jurídicas clássicas. É o mais recente produto da humanização e moralização da lei e da transformação social. No entanto, este desenvolvimento somente é considerado em relação ao direito individualista do século XIX, uma vez que, antes da Grande Revolução Francesa de 1789, houve um Direito do Trabalho real, trabalhando de perto as atividades regulamentadas no sistema corporativo.

b) É realista e evolucionista, adaptável às mudanças nas condições econômicas que mudam constantemente. Em seu realismo, o Direito do Trabalho é concreto, dinâmico, expansivo, determinado por novas necessidades sociais e contingências. Propaga-se dia a dia, especialmente em questões laborais e de segurança social; sua evolução tem sido muito rápida, e suas regras se aplicam à maioria dos seres humanos; há poucas pessoas que estão fora de sua órbita. Pode ser considerado um autêntico direito comum da humanidade.

c) Não é formal, deve ser simples, flexível e claro, sem tecnicismo em sua terminologia, de baixo custo na sua aplicação prática, uma vez que protege geralmente pessoas menos favorecidas de recursos econômicos; no entanto, na verdade, essas metas são muitas vezes não vivenciadas, pois seus termos são difíceis, e seus procedimentos, burocráticos.

---

(5) Literalmente.
(6) BONAVIDES, Paulo. *Curso de Direito Constitucional*. 13. ed., rev. atual. São Paulo: Malheiros, 2003.
(7) GOMES, Dinaura Godinho Pimentel. Direitos Fundamentais Sociais: uma visão crítica da realidade brasileira. *Revista de Direito Constitucional e Internacional*. São Paulo: RT, ano 13, v. 53, outubro-dezembro, 2005.

d) Possui um sentido ético da justiça social, porque assegura a proteção da classe economicamente mais fraca para alcançar uma ordem social mais justa. A proteção dos trabalhadores, sob a tutela de determinada comunidade, restringe a autonomia na relação de emprego. Para atingir o objetivo que visa uma distribuição mais equitativa da riqueza, devem-se estabelecer os encargos pecuniários que são particularmente pesados para empregadores e empregados. Mas a proteção aos trabalhadores não significa de modo algum que a legislação laboral é um instrumento de hostilidade para com a classe dominante; na verdade, ela busca o estabelecimento da justiça social.

e) É de ordem pública e não pode ser dispensada, já que é uma consequência lógica da natureza protetora para com os trabalhadores, que inspira a legislação social.

f) É universal nos seus princípios fundamentais aplicáveis a todos os trabalhadores, independentemente da sua raça, nacionalidade, posição ou forma de remuneração; esses princípios estão sendo impostos nas leis de muitos Estados devido principalmente ao trabalho fecundo da Organização Internacional do Trabalho, cujo objetivo visa a criação de um Direito universal, supranacional, para a proteção dos trabalhadores.

g) É autônomo e especial, a autonomia é uma disciplina particularista dentro da unidade orgânica da lei. A autonomia não significa independência ou isolamento; o Direito é uma árvore frondosa com raízes seculares e romanas, a ser constantemente renovada e cujos ramos precisam se especializar para atender as necessidades da sociedade. Nesse cenário, o Direito do Trabalho começou timidamente como um ramo do Direito civil, agora ele tem uma individualidade bem definida, e difere de uma forma substancial de outras disciplinas legais, mesmo que em muitos casos as leis sejam interpretadas em consonâncias com códigos legais vigentes.

h) É uma lei mista que envolve o âmbito privado e o público. Direito do Trabalho deu seus primeiros passos no Direito Privado, que ainda pertence a uma parte importante das suas instituições; mas pouco a pouco foi invadindo o domínio do direito público. Este último está ganhando nele certa primazia, devido a inúmeros fatores, a saber: o crescente dirigismo e intervenção do Estado nas relações de trabalho; o declínio da autonomia e elemento contratual nesses relacionamentos; a maioria das órbitas dos sindicatos como representante dos trabalhadores; a extensão dos acordos coletivos de trabalho de grupos profissionais; o crescimento de instituições de solidariedade social.

O Direito do Trabalho também está integrado às matérias de cunho administrativo, processual, criminal e questões constitucionais e internacionais, que são comuns ao Direito público. Ele surge, pois, como uma fusão harmoniosa de direitos públicos e privados, participando de ambos, isto é, como um direito misto. Ele pode também ser considerado uma nova categoria de lei, *sui generis* em sua forma, e se enquadra fora da divisão clássica, origem direito civil, em dois setores, o público e o privado. Seria, portanto, uma outra vertente legal.

De acordo com Gomes (2005), o Direito Social, dadas as suas características, se opõe a qualquer lei anterior, tanto pública como privada, não sendo, portanto, públicas nem privadas ou mistas, mas "social", ou seja, um *tertium genus*, uma terceira divisão da lei, para ser colocada ao lado das outras. De acordo com esta nova concepção, a lei geral pode ser dividida em três categorias principais a saber: o Direito Público, o Direito Privado, o Direito Social ou o Direito do Trabalho. O Direito do Trabalho tem relações com outros ramos (civil, comercial, processual, penal, administrativo, constitucional, internacional) e com outras ciências, tais como: a Economia Política, Sociologia, Filosofia social. Nesse contexto, podemos afirmar que o Direito do Trabalho é uma disciplina de cunho multidisciplinar, pois está intimamente ligado aos demais ramos do direito[8].

3. NATUREZA JURÍDICA DO DIREITO DO TRABALHO

O Direito do Trabalho possui peculiaridades diante dos demais ramos do direito, pela sua autonomia e especialização em razão das matérias e de jurisdição específicas que são tratadas pela organização judicial do Estado brasileiro.

Com a evolução do Direito do Trabalho, as controvérsias também existiram, quanto ao enquadramento jurídico na sua classificação, se pertencente ao ramo do direito público ou ao ramo do direito privado.

Muitos autores da época, como Ulpiano e Hasn Kelsen, contraíram a ideias de ser o Direito do Trabalho pertencente ao ramo de direito público, sob o argumento de que o direito se comporta em apenas uma unidade universal,

---

(8) GOMES, Dinaura Godinho Pimentel. Direitos Fundamentais Sociais: uma visão crítica da realidade brasileira. *Revista de Direito Constitucional e Internacional*. São Paulo: RT, ano 13, v. 53, outubro-dezembro, 2005.

composto de normas hierarquizadas, tendo como base a carta constitucional, e por isso, deve ser entendido como um só (BARROS, 2013, p. 77)[9].

No entanto, juristas italianos, como Ludovico Barassi, têm posicionamento contrário, defendendo o enquadramento do Direito do Trabalho como um ramo do Direito Privado, em razão de que as primeiras normas sugiram com o Direito Civil para regular o Contrato Individual do Trabalho.

Há quem defenda que o enquadramento do Direito do Trabalho está inserido como um Direito Social[10], porque possui maior abrangência, em razão de ser um direito fundamental, destacando a proteção dos direitos coletivos, que sobrepõem o direito individual.

Todavia, não podemos esquecer, que o Direito do Trabalho está intimamente protegido pelas normas de Direito Internacional, se consideramos as Convenções Internacionais ratificadas pelo país, passam a ser reconhecidas como normas de Direito Público.

Duas posições opostas são mostradas na literatura para determinar a natureza do Direito do Trabalho. Por um lado, estão aqueles que descobrem aspectos do direito público nas relações regidas por este ramo do direito; outros setores, em vez de tomar a natureza particular do tema da relação e interesses privados perseguidos por eles na contratação, preferem compreendê-lo na perspectiva do direito privado. Baseando-se na doutrina mais difundida de normas de direito público, estas se destinam a regular as relações jurídicas entre sujeitos colocados em níveis desiguais, dentro dos quais os deveres legais e privados são fundados sobre um mandato e não há uma submissão voluntária (BARROS, 2013)[11].

No direito privado, as partes são colocadas em um plano de igualdade perante a lei e, ao contrário do que acontece no campo do Direito Público, as funções surgem a partir da relação derivada de uma autolimitação dos poderes legais adequados a cada um dos atores envolvidos.

E o pagamento de impostos, benefícios, horas-extras, etc., constituem obrigações de um poder soberano acima do indivíduo a quem a regra é direcionada, o pagamento do preço de compra feita, ou taxas de aluguel ou salário. Exemplos de obrigações legalmente equiparadas entre as partes, que, numa base voluntária, tomaram as modalidades de tempo, modo e lugar livremente acordado.

No Direito Público, como um sistema normativo em que o interesse do Estado é agravado, poderíamos localizar numerosas disposições do Direito do Trabalho, especialmente aqueles que não se aplicam em uma relação jurídica bilateral de credor e devedor, sendo, de fato, o próprio Estado ou a comunidade, o proprietário do interesse protegido.

A natureza do Direito do Trabalho pode ser percebida através da enunciação de seus recursos e características que o tornam diferentes dos outros ramos do Direito que compõem a outra doutrina jurídica. O Direito do Trabalho estabelece os direitos mínimos para os trabalhadores, o que o torna diferente de outras áreas do direito. O Direito do Trabalho prescreve os direitos máximos da classe trabalhadora, ele é baseado em princípios fundamentais, como o respeito mútuo da lei por parte dos empregadores e empregados; também deve haver a compreensão mútua das necessidades do trabalhador como a segurança e a coordenação técnica de esforços, onde haja o respeito mútuo dos direitos e compreensão mútua das necessidades sem a coordenação técnica dos esforços, a lei iria funcionar uma disciplina utópica (SARMENTO, 2004)[12].

Em suma, podemos concluir que o Direito do Trabalho não pode ser classificado em qualquer dos dois ramos tradicionais da divisão romana da lei. A Lei do Trabalho é, assim, constituída por convergir normas de Direito Privado e do Direito Público, embora a maioria daqueles assuntos que pertençam ao Direito Privado deverá ser

---

(9) BARROS, Alice Monteiro de. *Curso de Direito do Trabalho*. São Paulo: LTr, 2013.

(10) O direito social é o conjunto de leis e disposições autónomas que estabelecem e desenvolvem diferentes princípios e procedimentos para proteger indivíduos, grupos e setores para pessoas economicamente desfavorecidas sociedade integrada, para conseguir a sua coexistência com outras classes dentro ordem Jose Campillo Sainz justo.1. Lei Social define um conjunto de requisitos que a pessoa pode invocar, contra a Companhia, de modo que este irá fornecer os meios necessários para fazer face ao cumprimento dos seus objectivos e garantir o bem-estar mínimo que lhe permite levar uma vida decente e digna da sua qualidade de homem. As disposições legais que prescrevem os fundamentos dos direitos sociais vêm da Constituição dos Estados Unidos Mexicanos, e não cair nas áreas de direito público ou privado, mas os chamados direitos sociais. Portanto, o princípio da autonomia ou a supremacia da regra são princípios inaplicáveis, que são substituídos por exemplo, pelo princípio da equidade; de deficiências da denúncia; reconhecimento proteger uma classe desprotegido em relação a outra, e assim por diante. Ele nasceu como um direito social e foi deslocado pelo conceito do Trabalho e da Segurança Social. Uma das consequências do êxodo de Direito Social, tem sido uma delimitação do tema e objeto de ambas as disciplinas, o que só reconhecidos, posteriormente, a sua identidade como categorias jurídicas no domínio do emprego dependente. Direito social refere-se a um mundo de inclusão, mas a limitação para funcionar apenas conceitual e de segurança social, produzir a exclusão de amplos setores que é o que se pretendia ideologicamente com esta nova conceituação (BARROS, 2013).

(11) BARROS, Alice Monteiro de. *Curso de Direito do Trabalho*. São Paulo: LTr, 2013.

(12) SARMENTO, Daniel. *Direitos Fundamentais e Relações Privadas*. Rio de Janeiro: Lúmen Júris, 2004.

considerado como regras de ordem pública, expressando o interesse geral da comunidade. Rejeitamos, portanto, a pose fácil de conceber um terceiro tipo de regras legais (*tertium genus*), para fornecer a solução para o problema de uma lei que atenda aos padrões públicos e privados. O terceiro tipo iria apresentar uma única regra, simultaneamente. Tais regras não existem em nossa disciplina.

Embora, ainda, não haja consenso na doutrina justrabalhista quanto à natureza jurídica do Direito do Trabalho, nos parece mais conducente classificar como um ramo do Direito Privado, pela sua própria especialização no campo jurídico.

CAPÍTULO II
Origem e evolução do Direito do Trabalho

1. O DIREITO DO TRABALHO NO MUNDO

O modo de produção escravo foi o primeiro modo de produção baseado na exploração que aparece na história; surge da decomposição do regime comunidade primitiva. Ele atingiu o seu auge na Grécia antiga e, acima de tudo, na Roma clássica. Nem todas as pessoas, no entanto, passaram por este modo de produção em seu desenvolvimento histórico. No sistema escravista, as relações de produção eram baseadas na propriedade de donos de escravos dos meios de produção e escravos considerados "ferramentas falantes" sem direitos e sujeitos à exploração cruel.

Trabalho escravo tinha um poder coercitivo, aplicado em larga escala em fazendas. O proprietário detinha não só o trabalho, mas também a vida do escravo. O sistema escravo possuía duas classes básicas: os senhores de escravos e escravos.

Para manter o controle dos escravos eram usadas a violência e a coerção. Em tal sociedade, ao lado das classes fundamentais, havia agricultores, artesãos e comerciantes. O contingente de escravos prosperou, principalmente, pelas guerras e em parte com os camponeses e artesãos foram arruinados. Fundamentalmente, a economia foi fechada, de caráter natural, mas aumentou a divisão do trabalho e troca, e isso deu origem à produção de mercadorias.

O modo de produção escravista foi progressivo em comparação com o regime da comunidade primitiva, desde a escravidão no sentido de mais desenvolvimento da produção possível. No entanto, ao longo do tempo o sistema escravo tornou-se um obstáculo ao desenvolvimento da sociedade. Os escravos não estavam interessados no resultado do seu trabalho. A exploração dos escravos era realizada de forma tão cruel que as suas vidas eram curtas. O sistema escravo, com o avançar dos anos, entrou no período de crise. Escravos e camponeses livres travaram lutas contra os senhores de escravos (BARROS, 2013)[13].

Durante a Idade Média, após a queda do Império Romano a cultura de trabalho escravo tornou-se humilhante para o homem. As novas gerações cresceram em um ambiente onde o trabalho, além de necessário, começava a ser visto como um bem social, uma forma de sustento obrigatório quase único, mas o sistema de exploração de mão de obra ainda era vigente. Esse panorama apenas teve modificações com o advento da Revolução Industrial.

O termo Revolução Industrial foi aplicado originalmente aos eventos que transformaram a Inglaterra, entre 1750 e 1830, de uma nação com população predominantemente rural, e com uma economia baseada na produção artesanal e na agricultura, em outra, com população crescentemente urbana, utilizada como mão de obra das fábricas emergentes. Na época, os avanços da máquina a vapor consolidaram o país na posição de potência mundial. Os ingleses detinham o quase monopólio da aplicação da tecnologia a vapor no acionamento de teares e no transporte ferroviário (GARCIA, 2006)[14].

A Revolução Industrial, que teve lugar de 18 a 19 séculos, foi um período predominantemente agrário, envolvendo as sociedades rurais da Europa e da América que se tornou industrial e urbano. Antes da Revolução Industrial, que começou na Grã-Bretanha no final de 1700, a fabricação era feita muitas vezes nas casas das pessoas, utilizando ferramentas manuais ou máquinas básicas. A industrialização marcou uma mudança de potência,

---
(13) BARROS, Alice Monteiro de. *Curso de Direito do Trabalho*. São Paulo: LTr, 2013.
(14) GARCIA, Gustavo Filipe Barbosa. O Futuro dos Direitos Humanos Fundamentais. *Revista Jurídica Consulex*. Ano X, n. 232, Brasília: Consulex, p. 61, setembro de 2006.

máquinas de uso especial, fábricas e produção em massa. As indústrias de ferro e de têxteis, juntamente com o desenvolvimento da máquina a vapor, desempenharam papéis centrais na Revolução Industrial, que também viu melhores sistemas de transporte, comunicação e bancário. Embora a industrialização provocasse um aumento do volume e variedade de bens manufaturados e uma melhor qualidade de vida para alguns, também resultou em emprego e condições de vida, muitas vezes sombrias, para as classes pobres e trabalhadoras, o que certamente lançou um olhar sobre a luta pelas melhorias das condições sociais da classe trabalhadora.

Este período caracteriza-se pela passagem da manufatura à indústria mecânica. Ressalta-se que, com o fim do antigo regime monárquico e o respaldo das teorias liberais, a propriedade privada passa ser um direito do cidadão, é criado o Estado juntamente com os três poderes. O Estado, através da lei e da força, tem o poder para dominar – exigir obediência – e para reprimir – punir o que a lei defina como crime. Seu papel é de garantir a ordem pública, tal como definida pelos proprietários privados e seus representantes (CHAUÍ, 1994)[15].

Com o crescimento das indústrias, começaram a surgir teorias sobre a acumulação de capital pela burguesia e os direitos do trabalho da massa, o proletariado. Um dos grandes teóricos sobre o assunto, Karl Marx, refletiu sobre a dupla maneira de se apropriar do trabalho alheio, isto é, a formação do lucro pelo empresário e a espoliação do capitalista quanto ao trabalho excedente do trabalhador.

É justamente com a apropriação do trabalho alheio não pago que o capitalista monta a rapidez no processo de acumulação e intensifica a desigualdade dentro da própria classe dos patrões capitalistas e faz intensificar cada vez mais as injustiças sociais (SOUZA, 2013)[16].

Fato é que muitos anos se passaram desde a época colonial, o capital agora não é mais em função da acumulação primitiva, e sim da reprodução. As formas de se obter o capital podem até ter mudado, mas o método continua o mesmo, ou seja, a exploração. Os escravos e colônias deram lugar à mão de obra barata, e as colônias são os países periféricos.

As condições de trabalho nas fábricas inicialmente eram muito degradantes, trabalhadores eram submetidos a trabalhos de mais de 14 horas. Mulheres e crianças eram exploradas, aos poucos leis começaram a ser criadas com o intuito de melhorar esse quadro, dando condições dignas aos trabalhadores. Marx e Keynes foram filósofos políticos de muita importância para a promoção dos direitos sociais, eles lançaram um olhar sobre o papel fundamental do estado para assegurar esses direitos. Estudiosos como Singer dizem que a expansão do sistema capitalista com a regulação do Estado passa aos poucos a aprovar leis de proteção dos trabalhadores contra explorações do trabalho[17].

Insatisfeitos com a exploração da mão de obra operários no século XIX começaram a reivindicar melhores condições de trabalho. Nesta vertente, podemos afirmar que o poder normativo advém desse período. Como as primeiras manifestações de proteção ao trabalhador mencionam-se as Constituições de 1917 do México e da Alemanha de 1919. Souza (2006) acrescenta a importância dos pensamentos de Robert Owen, nascido em Gales no século XIX, que tentou disseminar pelo mundo a ideia de ampliação geográfica da aplicação do Direito do Trabalho, culminando com uma tentativa de uniformização no âmbito mundial.

O posicionamento de Robert Owen não nasceu ao acaso, talvez tenha sido fruto de sua condição de empresário, e ainda, de haver naquele momento histórico a tese de que o Estado tinha por finalidade assegurar um mínimo de direitos irrenunciáveis. Averbe-se ainda que a Revolução Francesa de 1789 que buscava a adoção da filosofia liberal-individualista, na qual havia o princípio da igualdade jurídico-política de todos os cidadãos, valorizando a liberdade de contratar. Assim, Owen pugnava por uma intervenção efetiva do Estado nas relações trabalhistas, pelo menos numa tentativa de garantir direitos básicos, pois, na prática, o trabalhador era a parte menos favorecida da relação e muitas vezes sem qualquer direito (SOUZA, 2006, p. 428)[18]

---

(15) CHAUÍ, Marilena. *A Teoria Liberal*. Convite a Filosofia. São Paulo: Ática, 1994. p. 401-412.
(16) SOUZA, Zoraide Amaral de. A Organização Internacional do Trabalho-OIT. *Revista da Faculdade de Direito de Campos*, Ano VII, n. 9 – Dezembro de 2006.
(17) Para compreendermos a evolução dos direitos sociais é necessário entendermos a evolução do sistema social como um todo, precisamos olhar para o passado, para compreendermos o presente. Os direitos sociais hoje usufruídos foram fruto de grandes lutas no passado que devem ser atentados quando se aborda a temática da defesa da dignidade da pessoa humana e da cidadania. Nessa seara, promover o desenvolvimento social é uma ruptura com sistemas já estabelecidos e depende da acumulação do conhecimento somada à atividade criadora.
(18) SOUZA, Zoraide Amaral de. A Organização Internacional do Trabalho-OIT. *Revista da Faculdade de Direito de Campos*, Ano VII, n. 9 – Dezembro de 2006.

Ainda se menciona o Tratado de Versalhes[19], que originou a OIT-Organização Internacional do Trabalho[20]. Silva (2007) relata sobre este tratado e o papel do OIT na internacionalização dos pressupostos da defesa dos direitos trabalhistas:

> Desde a sua criação pelo Tratado de Versalhes em 1919, passando pela Declaração da Filadélfia em 1944, e da sua conversão em organismo especializado da Organização das Nações Unidas (ONU), pelo acordo assinado em 30 de maio de 1946, que disciplinou as relações jurídicas entre as duas entidades, a OIT exerce um papel importante na universalização das normas do trabalho, zelando pela observância de um patamar mínimo e decente na relação entre capital e trabalho. Dentre os princípios e as normas internacionais do trabalho, encontram-se dois direitos fundamentais sociais que merecem especial atenção da OIT. Trata-se da liberdade sindical, inscrita na sua Convenção n. 87, aprovada na 31ª Sessão da Conferência Internacional do Trabalho, em 1948, e a proteção à organização sindical, prevista na Convenção n. 98, aprovada na 32ª Sessão da Conferência Internacional do Trabalho, em 1949. A literatura jurídica assinala que as regras da Convenção n. 87 destinam-se às relações entre as entidades sindicais e o Estado na medida em que afasta toda e qualquer possibilidade de ingerência e controle das atividades sindicais. Já a Convenção n. 98, de seu turno, fixa normas que protegem os trabalhadores e suas organizações sindicais da intervenção patronal, inclusive no que concerne à punição pelo afazer sindical cotidiana: participação nas atividades sindicais. O Brasil ratificou apenas a Convenção n. 98 (aprovada pelo Decreto Legislativo n. 49, de 27.8.1952, e publicada pelo Decreto n. 42.288, de 19.9.1957).[21]

O Direito do Trabalho surge com a sociedade industrial e o trabalho assalariado dos homens livres, pois não podiam trabalhar por conta própria. No início da revolução os empresários impunham duras condições de trabalho aos operários sem aumentar os salários e com forte pressão aos trabalhadores para aumentar a produção e garantir uma margem de lucro crescente. A disciplina era rigorosa e as condições de trabalho nem sempre ofereciam segurança.

A partir de então, começam a surgir conflitos entre operários, que ficavam revoltados com as péssimas condições de trabalho, oferecidas pelos empresários. Em razão disso, os trabalhadores da mesma categoria profissional começaram a se organizar criando entidades representativas para lhes representar, e mais tarde, depois de um longo processo, os trabalhadores conquistam gradativamente o direito de associação, aparecendo então a figura do sindicalismo.

Em 1824, na Inglaterra, são criados os primeiros centros de ajuda mútua e de formação profissional, onde os trabalhadores ficavam protegidos caso viessem a sofrer algum tipo de doença. Em 1833 os trabalhadores ingleses organizam os sindicatos (*trade unions*) como associações locais ou por ofício, para obter melhores condições de trabalho e de vida.

---

(19) A Primeira Guerra Mundial produziu profundas modificações na posição e no peso da classe trabalhadora das potências aliadas. A trégua social e cooperação que se estabeleceu na Europa ocidental entre os dirigentes sindicais e os governantes, os grandes sacrifícios suportados especialmente pelos trabalhadores e o papel que desempenharam no desenlace do conflito, as promessas dos homens políticos de criarem um mundo novo, a pressão das organizações obreiras para fazer com que o Tratado de Versalhes consagrasse as suas aspirações de uma vida melhor, as preocupações suscitadas pela agitação social e as situações revolucionárias existentes em vários países, a influência exercida pela Revolução Russa de 1917 foram fatores que deram um peso especial às reivindicações do mundo do trabalho no momento das negociações do tratado de paz. Estas reivindicações expressaram-se, tanto em ambos os lados do Atlântico como em ambos os lados da linha de combate, inclusive durante os anos de conflito mundial. Ao final da guerra, os governos aliados, e principalmente os governos francês e britânico, elaboraram projetos destinados a estabelecer, mediante o tratado de paz uma regulamentação internacional do trabalho (VALTICUS, Nicolas, apud SÜSSEKIND, Arnaldo. *Direito Internacional do Trabalho*. 2. ed. São Paulo: LTr, p. 52).

(20) A Organização Internacional do Trabalho foi criada em 1919, ao final da Primeira Guerra Mundial, quando se reuniu a Conferência de Paz, primeiro em Paris, depois em Versalhes, a partir das ideias formuladas no século XIX por Robert Owen e Daniel Legrand que deram origem, à Associação Internacional para a Proteção Legal dos Trabalhadores, fundada na Basiléa, em 1901. A fundação da OIT inicialmente respondia a uma preocupação humanitária. A situação de exploração em que se encontravam submetidos os trabalhadores, sem direitos sociais, sem proteção à saúde ou às suas famílias, sem qualquer perspectiva de progresso profissional ou social, alcançava patamares intoleráveis. Isto se vê refletido no preâmbulo da constituição da OIT, onde se afirma: "existem condições de trabalho que implicam... injustiça, miséria e privações para um grande número de seres humanos". Também se baseou em motivações de caráter político. A não melhorar-se a situação dos trabalhadores, cujo número crescia constantemente em função do processo de industrialização, estes acabariam por provocar conflitos sociais, que poderiam desembocar inclusive numa revolução. A terceira motivação foi econômica. Qualquer indústria ou país que adotasse medidas de reforma social se encontraria em situação de desvantagem frente a seus competidores, devido às inevitáveis consequências de tais medidas sobre os custos de produção. O preâmbulo aponta que "em qualquer nação que não adote um regime de trabalho realmente humano, esta omissão constituiria um obstáculo para outras nações que desejem melhorar a situação dos trabalhadores de seus próprios países (RIOJA, Daniel Fuenes de. Negociación y mediación en conflictos colectivos de trabajo, in Julio Gottheil, Adrina Schiffrin e outros, *Mediación, una transformación en la cultura*, Buenos Aires: Paidos, 1996. 356p.).

(21) SILVA, Cláudio dos Santos. O Brasil, a prática de atos anti-sindicais e a OIT. *Jus Navigandi*, Teresina, ano 11, n. 1581, 30 out. 2007.

A data de 1º de maio foi escolhida na maioria dos países industrializados para comemorar o Dia do Trabalho e celebrar a figura do trabalhador. A data da comemoração tem origem de uma manifestação operária por melhores condições de trabalho iniciada no dia 1º de maio de 1886, em Chicago, nos Estados Unidos da América.

Foi então com a criação dos sindicatos que se iniciaram os movimentos dos trabalhadores, fazendo prevalecer a vontade da coletividade, nascem as greves para reivindicar seus direitos, dando margem, assim, ao aparecimento dos contratos coletivos de trabalho que eram celebrados entre grupos, categorias, classes de trabalhadores. Esses contratos coletivos de trabalho continham regras que protegiam os trabalhadores como, por exemplo, a limitação da jornada.

Com isso, o Direito do Trabalho começou a ser expandido em todo o mundo, sendo necessária a criação de um órgão de caráter internacional (OIT em 1919) para emitir recomendações aos Estados integrantes sobre as adequações e proteção de melhores das condições do trabalho do ser humano.

A partir daí os Estados-partes começaram a se preocupar nos critérios emanados pela OIT, embora encontremos, ainda, resistência pelas ratificações de convenções elaboradas pela OIT, como é o caso, dentre outras, da Convenção n. 87 (Liberdade Sindical e Sindicalização), que não foi ratificada pelo Brasil até o momento por questões meramente política. Assim verifica-se que a OIT buscava em sua essência o estabelecimento da Justiça Social, pressuposto básico para o estabelecimento de paz entre os povos.

Entre os outros fatores que motivaram o estabelecimento da OIT, ressalta-se: (SOUZA, 2006)[22]

1. A incapacidade do liberalismo político de oferecer uma solução para as crescentes injustiças sociais, agravadas pelo advento da Revolução Industrial e pela competição sem limites, fez com que houvesse uma regulamentação interna do trabalho;
2. Em razão da regulamentação acima, surgiu à evidência de que o comércio exigia a repartição dos ônus sociais entre os produtores;
3. Com base em tais fatores decorreram as propostas de internacionalização de Owen até a Internacional Comunista, seguidos dos primeiros esforços de regulamentação internacional, entre os quais se incluem Guilherme II, na Alemanha, do Papa Leão XIII (Encíclica Rerum Novarum de 1891), do governo da Suíça para a criação de uma organização internacional e de uma regulamentação internacional do trabalho, do que resultou a criação da Associação Internacional para a proteção legal dos trabalhadores, em 1890, com sede em Basiléia, na Suíça. Importante salientar que desta associação surgiu o primeiro tratado bilateral entre a França e a Itália, de 1909, e as primeiras convenções internacionais em 1906, resultando na realização das Conferências de Berna, a partir de 1905;
4. A Associação Internacional de Trabalhadores foi criada na reunião de 28 de setembro de 1864, em Londres. Nesta reunião estiveram presentes vários grupos, entre eles, franceses, ingleses e alemães, valendo ressaltar que Karl Marx era uma dos representantes deste último. Com o projeto de Marx que teve pequenas alterações, foi aprovado o projeto de criação da referida associação.

A ideia de solucionar os conflitos trabalhistas, de forma apartada, nasce, especificamente, no advento da Recomendação n. 92 da OIT – Organização Internacional do Trabalho, de 06 de junho de 1951, a qual, em síntese, orienta a solução de conflitos no trabalho, no sentido de buscar a resolução através de uma comissão paritária, constituindo-se no nascedouro do ideário de solucionar conflitos advindos das relações de trabalho (SOUZA, 2006)[23].

A Convenção n. 98 da OIT, de junho de 1949, prevê as negociações coletivas baseadas no tripartismo e nos mecanismos alternativos de negociação e estimula os países conveniados a adotar diversas proposições relativas à aplicação dos princípios do direito de organização e de negociação coletiva. O art. 4º da Convenção 98 assim dispõe que deverão ser tomadas, se necessárias forem, medidas apropriadas às condições nacionais para fomentar e promover o pleno desenvolvimento e utilização de meios de negociação voluntária entre empregadores ou organizações de empregadores e organizações de trabalhadores, com o objetivo de regular, por meio de convenções, os termos e condições de emprego (GOLDIN, 1998)[24]. Ressalta-se que a Recomendação n. 163 da OIT, estabelecida em 1981, afirma que as negociações coletivas devem desenvolver-se em todos os níveis. No entanto, no direito

---

(22) SOUZA, Zoraide Amaral de. A Organização Internacional do Trabalho-OIT. *Revista da Faculdade de Direito de Campos*, Ano VII, n. 9 – Dezembro de 2006.
(23) SOUZA, Halley de. *Solução dos conflitos no âmbito do trabalho*. Retirado do site <http://www.jusnavigandi.com.br>, 2006.
(24) GOLDIN, Adrián O. "Os conflitos trabalhistas e suas formas judiciais e extrajudiciais de solução – anotações e reflexões". In: *Anais do Seminário Internacional – Relações do Trabalho*. Edição do Ministério do Trabalho, Brasília, 1998. p. 288.

brasileiro não era assim. Até o surgimento da Lei n. 9.958/2000, as negociações restringiam-se ao nível dos sindicatos. Estes detinham a exclusividade, o monopólio da negociação.

Tivemos momentos críticos no início do século XX, uma vez que a classe operária trabalhava longas jornadas e sob condições insalubres, sendo comum a utilização de mulheres e crianças com salários mais baixos do que os dos homens, disciplina rígida, ameaças, multas, dispensas e ausência de disposições legais caracterizavam as relações de trabalho.

Para analisar o surgimento da legislação laboral no âmbito nacional, é importante rememorar que o Brasil foi uma colônia portuguesa, e que abrigou a escravidão de negros africanos, e por isso levou séculos para adotar as primeiras leis trabalhistas. Adentrando a história verifica-se que as primeiras leis trabalhistas no Brasil remetem ao final do século XIX. Assim, destaca-se: o estabelecimento do Decreto n. 1.313 de 1891, que regulamentava o trabalho de menores de 12 a 18 anos (OLIVEIRA, 2006)[25].

Em 1891, houve o estabelecimento da primeira Constituição Republicana, o mencionado diploma legal previa a liberdade de associação e a Lei n. 1.637/1907, que previa a liberdade e a pluralidade sindical e ainda autorizava a organização de sindicatos profissionais e de sociedades cooperativas. O desenvolvimento das organizações sindicais provocou a institucionalização de várias caixas de aposentadorias. Iniciavam-se à organização da previdência social. A Previdência Social no Brasil foi instituída pela Lei Elói Chaves, no Decreto Legislativo n. 4.682, de 24.01.1923, também sendo necessário o destaque da primeira Lei sobre acidentes do trabalho em 1919 (PEDROZA, 1995)[26].

Sobre a Lei Elói Chaves, verifica-se que este decreto dispõe sobre a criação das Caixas de Aposentadoria e Pensão (CAP) para os ferroviários. A referida lei ainda estabeleceu que cada uma das empresas de estrada de ferro deveria ter uma caixa de aposentadoria e pensão para os seus empregados. A primeira foi a dos empregados da *Great Western* do Brasil. A década de 1920 caracterizou-se pela criação das citadas caixas, vinculadas às empresas e de natureza privada. Eram assegurados os benefícios de aposentadoria e pensão por morte e assistência médica. O custeio era a cargo das empresas e dos trabalhadores. O Decreto Legislativo n. 5.109, de 20.12.1926, estendia os benefícios da Lei Elói Chaves aos empregados portuários e marítimos. Posteriormente, em 1928, através da Lei n. 5.485, de 30.06.1928, os empregados das empresas de serviços telegráficos e radiotelegráficos passaram a ter direito aos mesmos benefícios[27]. Em 1923 era criado o Órgão Consultivo dos poderes públicos em matéria trabalhista e previdenciária.

Mas qual foi a influência principal para o estabelecimento do poder normativo no Brasil?

Para Melo (2005) e quase a unanimidade dos doutrinadores jurídicos o poder normativo da Justiça do Trabalho brasileira tem como influência principal o sistema italiano fascista da chamada *Carta Del Lavoro*[28], que conferia à magistratura trabalhista o poder de solucionar conflitos coletivos de trabalho mediante fixação de condições regulamentares de trabalho, ou seja, cabia ao judiciário trabalhista criar normas jurídicas laborais[29]. Desde a sua criação, o poder normativo da Justiça do Trabalho foi alvo de críticas, pois o regime facista, que inspirou o poder normativo na Justiça do Trabalho brasileiro, era contrário à luta de classes, pelo que deveria ser a conciliação e a colaboração da sociedade no sentido de se ver garantida a produção. Desta forma, procurava sempre conciliar eventuais interesses conflitantes com o fim de suprimir a luta de classes. Assim, as associações de trabalhadores, ou seja, os sindicatos são tidos como órgãos do Estado, para que realizem a regulamentação das condições de trabalho, com vistas a garantir os interesses e os direitos dos trabalhadores (HINZ, 2000)[30].

O fato de os sindicatos estarem subordinados ao Estado causava muita desconfiança e críticas de muitos trabalhadores, pois estaria a Justiça do Trabalho a favor de quê: do Estado ou da defesa das garantias individuais dos trabalhadores?

Para responder a essa questão é importante analisarmos a perspectiva da evolução histórica da Justiça do Trabalho no Brasil. Em 1930 era instituído no Brasil o governo de Vargas. No mesmo ano, em 26 de novembro foi criado o Ministério do Trabalho, Indústria e Comércio, pelo Decreto n. 19.667, de 4 de fevereiro com o objetivo de mediar os conflitos entre capital e trabalho. Ele foi organizado com a seguinte estrutura: Secretário de Estado; Departamento Nacional do Trabalho; Departamento Nacional do Comércio; Departamento Nacional de Povoamento e

---

(25) OLIVEIRA, Walter. *Poder Normativo da Justiça do Trabalho*: Direito formal da classe trabalhadora brasileira. Dissertação aprovada no Curso de Mestrado do Programa de Pós-graduação em Ciência Política da Universidade Federal do Rio Grande do Sul. 2005.
(26) PEDROZA, Ruy Brito de Oliveira. *A Nova Reforma da Previdência Social*. Brasília: DIAP, 1995.
(27) BARROS, Alice Monteiro de. *Curso de Direito do Trabalho*. São Paulo: LTr, 2013.
(28) Aprovada no Grande Conselho Fascista, de 21 de abril de 1927.
(29) MELO, Raimundo Simão de. *Dissídio Coletivo de Trabalho*. São Paulo: LTr, 2005.
(30) HINZ, Henrique Macedo. *O poder normativo da Justiça do Trabalho*. São Paulo: LTr, 2000.

Departamento Nacional de Estatística. Em 1930 também foi promulgada a Lei dos Dois Terços, que versava sobre a nacionalização do trabalho. Essa lei restringia a possibilidade de admissão de estrangeiros em empresas brasileiras.

Em 1931 foi editado o Decreto n. 19.770, este dispunha no art. 5º:

> Art. 5º Além do direito de fundar e administrar caixas beneficentes, agências de colocação, cooperativas, serviços hospitalares, escolas e outras instituições de assistência, os sindicatos que forem reconhecidos pelo Ministério do Trabalho, Indústria e Comércio serão considerados, pela colaboração dos seus representantes ou pelos representantes das suas federações e respectiva Confederação, órgãos consultivos e técnicos no estudo e solução, pelo Governo Federal, dos problemas que, econômica e socialmente, se relacionarem com os seus interesses de classe.
>
> Parágrafo único. Quer na fundação e direção das instituições a que se refere o presente artigo, quer em defesa daqueles interesses perante o Governo, sempre por intermédio do Ministério do Trabalho, Indústria e Comércio, é vedada a interferência, sob qualquer pretexto, de pessoas estranhas ás associações. (BRASIL, 1931)[31]

Já em 1932, foram criadas Comissões Mistas de Conciliação e as Juntas de Conciliação e Julgamento destinadas à solução de contendas trabalhistas, porém ressalta-se que as primeiras tinham por função resolver as divergências coletivas entre as categorias profissionais e econômicas. Não eram órgãos de julgamento, e sim de conciliação, de caráter administrativo, mas com poder de impor solução às partes, instância única, todavia com a possibilidade de a ação ser avocada pelo Ministério do Trabalho para exame. As decisões não poderiam ser executadas pelo órgão que proferiu a decisão, mas pela justiça comum, que também poderia rediscutir a matéria. Já as segundas tinham por ofício resolver as controvérsias individuais de trabalho. No entanto, a partir da CF de 1934, contemporânea da política do Café com Leite, da crise econômica advinda da quebra da Bolsa de Nova York (1929) e do governo de Getúlio Vargas, foi prevista a autonomia e a pluralidade sindical, mas dependia de regulamentação por Lei Ordinária, o que não foi feito pelo que continuaram a viger, neste particular, o quanto disposto no Decreto n. 19.770/1931, que previa a submissão do sindicato ao Estado (MELO, 2005)[32].

A Constituição de 1934 no seu art. 122 tentava dirimir questões entre empregadores e empregados:

> Art. 122 – Para dirimir questões entre empregadores e empregados, regidas pela legislação social, fica instituída a Justiça do Trabalho, à qual não se aplica o disposto no Capítulo IV do Título I. (O Capítulo trata do Poder Judiciário.)
>
> Parágrafo Único – A constituição dos Tribunais do Trabalho e das Comissões de Conciliação obedecerá sempre ao princípio da eleição de membros, metade pelas associações representativas dos empregados, e metade pelas dos empregadores, sendo o presidente de livre nomeação do Governo, escolhido entre pessoas de experiência e notória capacidade moral e intelectual.

Expressamente, pois, ela não fazia parte do Poder Judiciário. Tinha caráter administrativo, era órgão do Poder Executivo, vinculada ao Ministério do Trabalho.

Já o art. 123 do mencionado diploma legal dispunha sobre os dissídios individuais e coletivos. Os dissídios individuais e coletivos ainda serão trabalhados neste corpus:

> Art. 123 – Compete à Justiça do Trabalho conciliar e julgar os dissídios individuais e coletivos entre empregados e empregadores, e as demais controvérsias oriundas de relações do trabalho regidas por legislação especial.
>
> § 1º Os dissídios relativos a acidentes do trabalho são da competência da Justiça ordinária.
>
> § 2º A lei especificará os casos em que as decisões, nos dissídios coletivos, poderão estabelecer normas e condições de trabalho.

Já a Constituição de 1937 dispôs sobre a Justiça do Trabalho no título Da ordem econômica, no art. 139:

Para dirimir os conflitos oriundos "das relações entre empregadores e empregados, regulados na legislação social é instituída a Justiça do Trabalho, que será em lei e à qual não se aplicam as disposições desta Constituição relativa à competência, ao recrutamento e as prerrogativas da Justiça comum. A greve e o *lockout* são declarados recursos anti-sociais, nocivos ao trabalho e ao capital e são incompatíveis com os superiores interesses da produção nacional (OLIVEIRA, 2006)[33]".

Assim, verifica-se que a Justiça do Trabalho permaneceu no âmbito administrativo servindo como orientação à atuação do Poder Executivo, que tinha por finalidade o controle da composição entre o capital e o trabalho.

A questão social surgiu como um importante marco legitimador da conjuntura política do pós-30. Com isso, o Estado abandonou uma posição liberal para adotar uma postura intervencionista no que tange ao sindicalismo. Os direitos sociais tornaram-se condição essencial da cidadania política.

---

(31) BRASIL. Decreto n. 19.770 de março de 1931.
(32) MELO, Raimundo Simão de. *Dissídio Coletivo de Trabalho*. São Paulo: LTr, 2005.
(33) OLIVEIRA, Walter. *Poder Normativo da Justiça do Trabalho*: Direito formal da classe trabalhadora brasileira. Dissertação aprovada no Curso de Mestrado do Programa de Pós-graduação em Ciência Política da Universidade Federal do Rio Grande do Sul. 2005.

De acordo com Vieira (2005), no pós-30 Getúlio Vargas tomou para si o mérito de ter instalado no Brasil a verdadeira democracia, a qual, segundo discurso do Presidente, não é aquela dos parlamentos, mas aquela que se apoia nas corporações organizadas, que responde aos interesses do povo e consulta suas tendências através das organizações sindicais e das associações de produtores.[34]

Ou seja, o Estado propôs-se a fazer as mudanças que a sociedade, deveras oprimida Mas, em contraposição nos anos de 1922 a 1926, os movimentos operários foram reprimidos com rigidez e truculência, reafirmando velhos argumentos de que a luta de classes não passaria de um fenômeno importado, sem precedentes na sociedade brasileira, ou seja, mero fruto de agitadores estrangeiros. Negava-se, convenientemente, a existência de uma questão social no Brasil, bem como a necessidade de intervenção estatal e da elaboração de uma legislação social[35].

Getúlio Vargas coloca-se no papel de transformar a realidade social dos trabalhadores brasileiros sob o pretexto de torná-la mais "justa". Para tanto, em sua campanha eleitoral estampou na Plataforma da Aliança o novo tratamento dado à "questão social". Reconhecendo, explicitamente e implicitamente, a classe operária. Nesse contexto, menciona-se Vianna (2005) que foi o ideólogo da política social do Governo Vargas. Pode-se obter um pouco da essência de seu trabalho no seguinte trecho de seu livro:

Coube à Revolução o mérito insigne de elevar a questão social – até então relegada à jurisdição da polícia nas correrias da praça pública – à dignidade de um problema fundamental do Estado e dar-lhe – como solução – um conjunto de leis, em cujos preceitos dominam, com um profundo senso de justiça social, um alto espírito de harmonia e colaboração. Toda essa legislação social, de que este livro nos dá uma lúcida síntese, tem sido orientada neste sentido superior. É verdade que há, aqui, uma grande maioria de espíritos, que julgam que o problema social no nosso país não existe e para os quais todo o nosso esforço no sentido de resolvê-lo não tem tido outro efeito senão o de criar uma série de questões puramente artificiais, porque inteiramente incompatíveis com a nossa estrutura econômica, ainda pouco evoluída. Há, porém, um grande equívoco nesta afirmação. O problema social não é um problema exclusivo aos povos capitalistas e ultra-industrializados. É um problema universal. Existe aqui, como existe em qualquer povo civilizado, cristão ou não. Não podemos afastá-lo sob a frívola alegação de que as questões, que ele encerra, são estranhas ao espírito do nosso povo e à nossa organização econômica. (VIANNA, 2005, p. 11)[36]

O trecho acima reflete bem o pensamento da época, descrito acima. Traz uma contra-argumentação à tese da importação da questão social, reconhecendo-a, e justifica a intervenção Estatal nesse momento de conflito social. O Estado abandonou sua atitude de abstenção e de imparcialidade para dirimir a lide social, na qual a indústria brasileira procurava retirar de seus operários o máximo do rendimento pelo mínimo custo.

De acordo com Mendonça (2005) a nova política social fundamentava-se na reformulação do papel do Estado na sociedade a partir de uma inovadora forma de percepção do conceito de trabalho, a que considera a questão social e busca harmonizar os interesses de patrões e trabalhadores. O objetivo seria reduzir as distâncias sociais através de uma legislação protecionista do trabalhador. Surgem, então, legislações de participação nos lucros e na administração das empresas; a formação de cooperativas; a busca pela execução de serviços de previdência mais eficazes etc. A legislação do trabalho asseguraria a paz social e a estabilidade necessária ao desenvolvimento econômico. Justificava-se a Intervenção do Estado para preservar a capacidade laboral reduzindo a ameaça das más condições de trabalho e dos salários baixíssimos. Seriam apenas medidas responsáveis de bem-estar social, valendo, inclusive, forçar as classes e as categoriais sociais a se organizarem na construção da verdadeira democracia, na qual se alcança a harmonia social.

Em 1943 foi criada a CLT- Consolidação das Leis do Trabalho, por intermédio do Decreto-lei n. 5.452. Apesar de a CLT ser um grande avanço para as conquistas trabalhistas nacionais, para autores como Nogueira (2002), "O problema histórico da CLT está na persistência de institutos de controle e intervenção do Estado sobre as relações entre trabalho e capital, principalmente no que se refere às dimensões coletivas e sindicais. A criação da legislação trabalhista no Brasil entre 1931 e 1943 fez parte de um conjunto de medidas destinadas a impulsionar um novo modo de acumulação capitalista conduzido pelo estado varguista em seu projeto de modernização industrial"[37].

Segundo Garcia (2004), em 1939 o Decreto-lei n. 1.237, de 1939, deu organização à Justiça do Trabalho, como órgão administrativo, prevendo a competência normativa para os Conselhos Regionais do Trabalho, no julgamento

---

(34) VIEIRA, Evaldo. O Estado brasileiro no século XX. In: BASTOS, E. Rugai e MORAES, J. Quartim de (Org.). O pensamento de Oliveira Vianna, 2005.
(35) GOMES, Ângela Maria de Castro. Burguesia e trabalho. Política e legislação social no Brasil 1917-1937.
(36) VIANNA, F. J. Oliveira. Direito do Trabalho e democracia social. O problema da incorporação do trabalhador no Estado, 2005.
(37) NOGUEIRA, A. A Modernização Conservadora do Sindicalismo Brasileiro: A experiência do Sindicato dos Metalúrgicos de São Paulo. Educ-Fapesp, 1997; Gestão Estratégica das Relações de Trabalho. In: As pessoas nas Organizações. Editora Gente, 2002.

de dissídios coletivos. O art. 94 do mencionado decreto-lei balizava o conteúdo dessas decisões ao estabelecer que "na falta de disposição expressa de lei ou de contrato, as decisões da Justiça do Trabalho deverão fundar-se nos princípios gerais do direito, especialmente do direito social, e na equidade, harmonizando os interesses dos litigantes com os da coletividade, de modo que nenhum interesse de classe ou particular prevaleça sobre o interesse público". É a primeira referência legal à solução dos conflitos de interesse pela Justiça do Trabalho, que não se limita a um juízo legal, podendo a autoridade decidir por um juízo de equidade.

O diploma legal de 1946 foi a Constituição que redemocratizou o País e incorporou a Justiça do Trabalho ao Poder Judiciário, mantendo o que já havia sido estabelecido no Dec.-lei n. 9.797, do mesmo ano. Na Carta de 1946, definiu-se a competência da Justiça do Trabalho para conciliar e julgar dissídios individuais e coletivos do trabalho, com expressa previsão, no seu art. 123, § 2º, de um poder normativo, nos seguintes termos: "A lei especificará os casos em que as decisões nos dissídios coletivos poderão estabelecer normas e condições de trabalho". A competência normativa é agora expressa, ainda que condicionada à previsão da legislação ordinária.

Acker (1986) relata que a utilização do poder normativo, desde sua criação até a vigência da Constituição de 1946, foi pequena. Tratava-se de mecanismo novo no direito brasileiro, o que, por si só, já trazia certa dificuldade na sua aplicação, inclusive pelo desconhecimento acerca do assunto. O período político autoritário, de implicação direta no poder normativo, que restringia a atuação sindical, teve o acréscimo de outro fator relevante que, igualmente, contribuiu para a não utilização do poder normativo. Esse fator seria o ingresso do Brasil na II Guerra Mundial, quando foi declarado o estado de guerra, que era constitucionalmente previsto. Esse período perdurou de agosto de 1942 a novembro de 1945. Como consequência, foi editado o Decreto-lei n. 5.821/43, que restringia o ajuizamento de dissídios coletivos, durante o estado de guerra, sujeitando essas ações à aprovação do Ministério do Trabalho, o que alcançava, inclusive, os dissídios coletivos já propostos e pendentes de julgamento.

Assim a restrição da atuação sindical e o advento II Guerra Mundial contribuíram, de alguma forma, para a pouca importância dada ao poder normativo nos seus primeiros anos de existência. Essa situação parece ter influenciado os constituintes de 1946, que sustentaram a inclusão do poder normativo no texto constitucional.

É bem verdade que nem sempre a motivação para a inserção constitucional estava vinculada à preocupação com a sua utilização ou apenas com a importância do tema, pois persistia a polêmica referente à possibilidade de se atribuir capacidade de legislar a órgão estranho ao Poder Legislativo. Em realidade, havia quem sustentasse que o poder normativo somente poderia existir se previsto na Constituição, exatamente em função do entendimento de que se tratava de forma de legislar, o que não é atribuição natural exercida por quem não integra o Poder Legislativo[38].

Assim como Acker (1986), Nascimento (2002) também atribui ao pouco poder de persuasão dos sindicatos como justificativa para a pouca utilização do poder normativo desde sua criação até a Carta de Magna de 1946.

Segundo Nascimento (2005) a participação sindical é essencial para a aplicação do poder normativo, pois dependente de uma postulação, o que decorre da atuação da entidade sindical. Porém, naquele período, os sindicatos estavam em completa dependência do Ministério do Trabalho. Nesse ambiente, pouco se pode esperar da atuação sindical, uma vez que não se lhe reconhecia legitimidade à principal arma de que os trabalhadores dispõem para sustentar suas reivindicações, que é a possibilidade de utilização da greve. Sem esse instrumento fundamental, torna-se inviável uma postura mais firme do sindicato profissional, que resta privado de qualquer meio de se igualar à categoria econômica no momento das negociações. Por outro lado, a primeira impressão que decorreu deste novo instituto estava vinculada à imagem fascista, já que nasceu, no Brasil, de diploma legal imposto pelo regime autoritário em vigor e sua origem remonta à Lei n. 563/1926, que instituiu, na Itália, a capacidade da Justiça do Trabalho de julgar de acordo com normas legais existentes e formular novas condições de trabalho, de acordo com a equidade, equilibrando os interesses dos empregadores com os dos trabalhadores e protegendo os superiores interesses da produção[39].

A Constituição de 1946 coloca a Justiça do Trabalho como integrante do poder Judiciário, como órgão especializado, assim como o são a Justiça Eleitoral e a Justiça Militar. Como benefícios aos trabalhadores dispostos nesta Carta, mencionam-se, por exemplo, a criação do salário mínimo, a remuneração do repouso semanal, a estabilidade e o direito de greve, além de instituir a participação do trabalhador nos lucros da empresa. Em 1946 começava, portanto, efetivamente, a constitucionalização do Direito do Trabalho, no Brasil. Os arts. 157 e 158 do mencionado diploma legal dispõem sobre os direitos relativos à legislação do trabalho e da previdência social.

---

(38) ACKER, Anna Britto da Rocha. *Poder Normativo e Regime Democrático*. São Paulo: LTr, 1986.
(39) NASCIMENTO, Amauri Mascaro. *Curso de Direito Processual do Trabalho*. São Paulo: Saraiva, 2002. p. 193.

A Constituição de 1946 teve, de fato, a preocupação com a melhoria da condição dos trabalhadores, conforme dispõe o *caput* de seu art. 157, cuja redação[40] em muito se assemelha à do art. 7º da Constituição em vigor. Desta maneira, ainda que muito próxima do Estado Novo, não se pode atribuir à Assembleia Constituinte de 1946 as mesmas intenções que nortearam o período político anterior, caracterizado pelo populismo, embora seja compreensível que a população, ainda acostumada com a era Vargas, não tenha dado a devida atenção, à época, ao conteúdo constitucional[41].

Sobre a Carta Magna de 1967, Garcia (2004) expõe que ela manteve integralmente o texto da Carta de 1946, substituindo apenas o vocábulo "casos" pela palavra "hipóteses". A Justiça do Trabalho manteve sua competência para estabelecer novas condições de trabalho, quando autorizada pela lei ordinária. O poder normativo da Justiça do Trabalho, nas Constituições de 1946 e 1967, com a Emenda n. 1, de 1969, sofriam limitações da lei ordinária. A referência era expressa no texto constitucional, pois o legislador ordinário iria especificar em que hipóteses a Justiça do Trabalho poderia criar novas normas e condições de trabalho no julgamento dos dissídios coletivos[42].

A Carta Magna de 1988 ampliou, consideravelmente, o poder normativo da Justiça do Trabalho, reacendendo a chama das discussões acerca da necessidade de alteração ou de extinção do poder normativo. As sentenças normativas passaram a se constituir de grandes números de cláusulas de vários tipos, sendo consideradas, por muitos, como uma verdadeira atividade legislativa exercida por órgão do Poder Judiciário. Isso porque, em seu art. 114, § 2º, manteve a possibilidade de a Justiça do Trabalho estabelecer normas e condições de labor, se frustrada a negociação coletiva, respeitadas as disposições convencionais e legais mínimas de proteção ao trabalho. Como se observa, o novo dispositivo constitucional abandona a referência ao disciplinamento legal acerca das situações em que o poder normativo poderia ser exercido.

Agora, afora a necessidade de tentativa de negociação, os limites são aqueles mínimos fixados em lei ou em norma coletiva, o que pode significar, na prática, que o poder normativo pode ser exercido sem limites, desde que seja para ampliar os direitos dos trabalhadores[43].

Após a análise do surgimento das leis trabalhistas no mundo e do estabelecimento do poder normativo no Brasil, verificou-se que poucas mudanças ocorreram nesses mais de 60 anos de existência desse instrumento, e que o poder normativo ainda tem muito a se desenvolver, para garantir plenamente os direitos trabalhistas.

---

(40) Art. 157. A legislação do trabalho e a da previdência social obedecerão aos seguintes preceitos, além de outros que visem à melhoria da condição dos trabalhadores:...
(41) BONAVIDES, Paulo; ANDRADE, Paes de. *História Constitucional do Brasil*. Porto: Universidade Portucalense Infante D. Henrique, 2000.
(42) GARCIA, Pedro Carlos Sampaio. Limites do poder normativo da Justiça do Trabalho. *Jus Navigandi*, Teresina, ano 8, n. 254, 18 mar. 2004.
(43) ROMITA, Arion Sayão. A Competência Normativa da Justiça do Trabalho. *Revista LTr*, v. 53, n. 8, 1989. p. 909/911.

CAPÍTULO III
Organograma jurídico do Direito do Trabalho

1. INTRODUÇÃO

O objetivo principal do Direito do Trabalho é estudar as condições sociais e de trabalho do trabalhador, de acordo com as medidas de proteção a eles destinadas, bem como o trabalho subordinado, mas também as situações análogas, como a do trabalho avulso.

Como a legislação que disciplina as normas trabalhistas não consegue abarcar todas as situações que surgem a todo o momento nas relações de trabalho, o magistrado se utiliza de outras formas de convencimento para dizer o direito, tendo como base os princípios e as fontes do Direito do Trabalho e, ainda, de outros ramos, caso seja necessário para solucionar um caso concreto.

2. FONTES DO DIREITO DO TRABALHO

Como mencionado, o legislador ordinário brasileiro instituiu uma infinidade de normas a serem aplicadas na seara trabalhista, contudo, essas normas, ainda, carecem de serem complementadas em diversas situações pelo juiz, especialmente no momento de proferir uma decisão. Com isso, o magistrado irá se apoiar primeiramente nas normas existentes. Para tanto, há necessidade de observar as fontes reconhecidas juridicamente.

Simploriamente, o que significa fontes no mundo jurídico? É muito fácil responder a questão. Fonte nada mais é do que um referencial para que você possa solucionar um problema. É, ainda, um ponto de partida, do qual se extrai e aplica uma ação ou uma decisão, ou seja, é de onde você se inspira para praticar ou deixar de praticar alguma coisa. Por exemplo: Aplicar um direito com base nos costumes locais de uma determinada comunidade.

Devemos observar que não há hierarquia entre as fontes: Deve-se observar o princípio protecionista do trabalhador, ou seja, a que for mais favorável a este.

3. TIPOS DE FONTES

Em Direito do Trabalho, podemos dividir as fontes da seguinte maneira:

3.1. Fontes Diretas

São as leis internas, sejam elas ordinárias ou complementares, as Convenções Internacionais ratificadas e os Tratados Internacionais incorporados ao sistema jurídico.

3.2. Fontes Indiretas

São as fontes auxiliares em que estão inseridos os costumes, a jurisprudência, a analogia, a equidade e a doutrina e, por vezes, o direito comparado. Essas fontes possuem grande aplicação no Direito do Trabalho, como em qualquer outro ramo do direito.

3.3. Fonte Primária

Por estas fontes estão diretamente relacionadas a questão da vontade. Vontade esta que é delimitada pelas fontes imperativas e podem ser classificadas da seguinte forma:

3.3.1. Fonte material

Aqui, estão presentes os valores morais, éticos, políticos, econômicos, religiosos. São valores existentes na própria sociedade, em um determinado momento, e que dão substrato ao Direito. Num determinado momento histórico dá conteúdo à matéria da norma jurídica. No Direito do Trabalho identificamos as fontes materiais no momento histórico.

3.3.2. Fonte formal

Por esta fonte, temos os mecanismos utilizados, ou seja, são os meios pelos quais a norma jurídica se expressa; a fonte formal dá forma à fonte material, demonstrando quais os meios empregados pelo jurista para conhecer o direito, ao indicar os documentos que revelam o direito vigente, possibilitando sua aplicação a casos concretos, apresentando-se, portanto, como fonte de cognição da lei, do contrato, da convenção, do regulamento, etc.

No âmbito do Direito do Trabalho, a fonte formal está subdividida em quatro grupos:

a) Fontes de produção estatal

Aqui incluída a Constituição Federal de 1988, do art. 7º ao 11; a Consolidação das Leis do Trabalho – CLT – Lei n. 5.452/1943; temos as Leis Esparsas diversas como a Lei do FGTS 8.036/1990, do salário mínimo a Lei n. 4.090/1962, etc. e, por último, as Portarias administrativas.

b) Fontes de produção profissional

Conhecidas como fontes autônomas, pois são ajustes celebrados entre os trabalhadores e empregadores das categorias profissionais, como o Acordo Coletivo de Trabalho, a Convenção Coletiva de Trabalho, o Contrato Coletivo de Trabalho (pouco usado) e o Regulamento de Empresa.

c) Fontes de produção mista

Também conhecida como fontes heterônomas, as fontes de produção mista são criadas em colaboração conjunta com o Estado. Nem a categoria profissional nem o empregador podem atuar sozinhos quando a norma exigir a participação do Estado, por ser considerada de interesse coletivo.

A justiça do trabalho representa a figura do Estado e, para a normatização dos dissídios, necessariamente, exige-se a participação dos representantes dos trabalhadores.

d) Fontes de produção internacional

As fontes internacionais são aplicáveis na seara trabalhista, desde que sejam incorporadas as normas internas. Assim, as mais usuais são os tratados internacionais e convenções internacionais em matéria trabalhistas, embora seja possível, em alguns casos, aplicar outros tratados e convenções que não sejam especificamente sobre matéria trabalhista.

3.3.3. Fontes supletivas

Imaginemos que o magistrado, diante de um caso concreto, não encontre nenhuma norma ou as fontes já mencionadas para aplicar o direito. Como o magistrado não pode se eximir de decidir, por ausência de normas legais ou contratuais, deve ele buscar amparo para proferir sua decisão, com base nas seguintes regras:

a) Lei de Introdução às normas do Direito Brasileiro – art. 4º – Quando a lei for omissa, o juiz decidirá o caso de acordo com a analogia, os costumes e os princípios gerais de direito.

b) CPC – art. 126 – O juiz não se exime de sentenciar ou despachar alegando lacuna ou obscuridade da lei.

c) CLT – Art. 8º – As autoridades administrativas e a Justiça do Trabalho, na falta de disposições legais ou contratuais, decidirão, conforme o caso, pela jurisprudência, por analogia, por equidade e outros princípios e normas gerais de direito, principalmente do Direito do Trabalho, e, ainda, de acordo com os usos e costumes, o direito comparado, mas sempre de maneira que nenhum interesse de classe ou particular prevaleça sobre o interesse público. Parágrafo único – O direito comum será fonte subsidiária do Direito do Trabalho, naquilo em que não for incompatível com os princípios fundamentais deste.

Como vimos, o magistrado possui um leque de alternativas para decidir uma situação mesmo que esta seja de alta complexidade. Não é justificável a alegação por parte do magistrado em dizer que não irá decidir porque não há uma lei ou outra norma qualquer para a situação. Em suma, ele será obrigado a dizer o direito.

CAPÍTULO IV
Princípios do Direito do Trabalho

A Consolidação das Leis Trabalhistas dispõe em seu art. 8º que:

As autoridades administrativas e a Justiça do Trabalho, na falta de disposições legais ou contratuais, decidirão, conforme o caso, pela jurisprudência, por analogia, por equidade e outros princípios e normas gerais de direito, principalmente do Direito do Trabalho, e, ainda, de acordo com os usos e costumes, o direito comparado, mas sempre de maneira que nenhum interesse de classe ou particular prevaleça sobre o interesse público[44].

Dessa forma, mencionam-se nesse capítulo os princípios que são aplicados no Direito do Trabalho. O princípio protecionista ou princípio tutelar busca tratar de forma desigual o trabalhador e o empregado, buscando sempre equilibrar a relação jurídica. De acordo com o art. 483 da Consolidação das Leis Trabalhistas[45]:

Art. 483 – O empregado poderá considerar rescindido o contrato e pleitear a devida indenização quando:

a) forem exigidos serviços superiores às suas forças, defesos por lei, contrários aos bons costumes, ou alheios ao contrato;

b) for tratado pelo empregador ou por seus superiores hierárquicos com rigor excessivo;

c) correr perigo manifesto de mal considerável;

d) não cumprir o empregador as obrigações do contrato;

e) praticar o empregador ou seus prepostos, contra ele ou pessoas de sua família, ato lesivo da honra e boa fama;

f) o empregador ou seus prepostos ofenderem-no fisicamente, salvo em caso de legítima.

Já o princípio *in dubio pro misero* será aplicado em casos de dúvidas na interpretações de uma norma, sempre buscando uma forma mais favorável para o trabalhador. O princípio da norma mais favorável respeita a escala hierárquica, mas tende a ser mais favorável ao empregado (MORAES FILHO & MORAES, 1995)[46]. Este será aplicado naqueles casos em que o juiz depara-se com uma pluriexistência de sentidos da norma, interpretar a norma em favor da parte mais fraca na relação jurídica trabalhista, isto é, o empregado. Sempre que houver um desnível em relação ao empregador e ao empregado, a segunda parte será favorecida (DELGADO, 2005)[47].

Na análise desses princípios verificamos que a escala de hierarquia é invertida, o empregador fica na base, e o trabalhador, no ápice. A aplicação desses princípios está disposta na Constituição Federal de 1988, em seu art. 7º, *caput:* "Art. 7º – São direitos dos trabalhadores urbanos e rurais, além de outros que visem à melhoria de sua condição."

O princípio da condição mais benéfica visa dirimir conflitos entre as normas. Em contratos de trabalhos vigentes na modificação das normas devem ser aplicadas as normas esculpidas no contrato de trabalho no momento da contratação, mas em caso de contratos anteriores, onde a norma foi modificada, serão aplicadas as normas mais benéficas ao trabalhador. Desse princípio, também decorre a regra da Inalterabilidade do Contrato de Trabalho, conforme o art. 468 da Consolidação das Leis do Trabalho. Dessa forma, tem-se que a vontade das partes não poderá ser alterada quando haja prejuízo ao trabalhador, mesmo se este concordar.

---

(44) BRASIL, *Consolidação das Leis do Trabalho de 1943.*
(45) BRASIL, *Consolidação das Leis do Trabalho de 1943.*
(46) MORAES FILHO, Evaristo de; e MORAES, Antonio Carlos Flores de. *Introdução ao Direito do Trabalho.* 7. ed. São Paulo: LTr, 1995. p. 59.
(47) DELGADO, Maurício Godinho. *Curso de Direito do Trabalho,* exemplar n. 10013, 4. ed. São Paulo: LTr, 2005.

Sobre o princípio da irrenunciabilidade, este é imperativo, sobrepõe-se à vontade das partes, fazendo valer direitos indisponíveis, portanto irrenunciáveis. Como se observa na CLT[48]:

> Art. 444 – As relações contratuais de trabalho podem ser objeto de livre estipulação das partes interessadas em tudo quanto não contravenha às disposições de proteção ao trabalho, aos contratos coletivos que lhes sejam aplicáveis e às decisões das autoridades competentes.

Portanto, esse princípio visa proteger o trabalhador de atos de coação para modificação de contrato. Mesmo que o empregado consentir, as alterações serão sob júdice consideradas viciadas e invalidadas. Esse princípio também está implícito nos arts. 9º, 468, 477, § 1º, 487, § 4º, da CLT – Consolidação das Leis Trabalhistas[49].

O princípio da primazia da realidade é baseado na relação objetiva evidenciada pelos fatos, definindo uma verdadeira relação jurídica estipulada pelos contratantes, ainda mesmo que sob uma circunstância simulada, que não correspondente à realidade. Para o Direito do Trabalho sempre importará a realidade objetiva das condições reais propriamente dita, não da sua forma (DELGADO, 2005)[50].

O princípio da continuidade da relação de emprego não é inflexível, haja vista que na Carta Magna de 1988 **não forneceu uma estabilidade** absoluta, mas garante medidas protetivas como o aviso prévio e o pagamento do Fundo de Garantia por Tempo de Serviço (FGTS).

Temos o princípio da irredutibilidade salarial, em que o empregador não poderá reduzir o salário de empregador,

> Art. 462 – Ao empregador é vedado efetuar qualquer desconto nos salários do empregado, salvo quando este resultar de adiantamentos, de dispositivos de lei ou de contrato coletivo.
>
> § 1º Em caso de dano causado pelo empregado, o desconto será lícito, desde de que esta possibilidade tenha sido acordada ou na ocorrência de dolo do empregado. (Parágrafo único remunerado pelo Decreto-lei n. 229, de 28.2.1967)[51]

Sobre o princípio da responsabilidade solidária do empregador, este diz respeito à responsabilidade solidária do empregador, ou seja, esse princípio aplica-se quando há grupos econômicos de empresas sob uma mesma direção, em que todas as empresas, mesmo sendo distintas ou em ramos diferentes, são subordinadas a uma matriz que tem como responsabilidade a adimplência as obrigações trabalhistas decorrentes.

O princípio da razoabilidade diz respeito a uma lógica na relação contratual de trabalho que não prejudiquem as partes, enquanto no princípio do conglobamento busca-se compactuar condições que são prejudiciais ao empregado, conforme pode-se observar no art. 460 da CLT: "Art. 460 – Na falta de estipulação do salário ou não havendo prova sobre a importância ajustada, o empregado terá direito a perceber salário igual ao daquela que, na mesma empresa, fizer serviço equivalente ou do que for habitualmente pago para serviço semelhante".

---

(48) BRASIL, *Consolidação das Leis do Trabalho de 1943*.
(49) BRASIL, *Consolidação das Leis do Trabalho de 1943*.
(50) DELGADO, Maurício Godinho. *Curso de Direito do Trabalho*, exemplar n. 10013, 4. ed. São Paulo: LTr, 2005.
(51) BRASIL, *Consolidação das Leis do Trabalho de 1943*.

CAPÍTULO V
Prescrição e decadência no Direito do Trabalho

A decadência ou como "caducidade" é a perda de um prazo fixado previsto em um contrato ou na lei. Ela regula prazos para faculdades existentes nas relações laborais, ela é a extinção do próprio direito, se difere da prescrição, onde a extinção da exigibilidade e da pretensão, onde são mantidos intactos o direito.

De acordo com o art. 189 do Código Civil, TÍTULO IV – Da Prescrição e da Decadência, CAPÍTULO I, Seção I: Art. 189. Violado o direito, nasce para o titular a pretensão, a qual se extingue, pela prescrição, nos prazos a que aludem os arts. 205 e 206. "A prescrição é a perda da pretensão de reparação do direito violado, em virtude da inércia do seu titular, no prazo previsto pela lei" (GAGLIANO e PAMPLONA FILHO, 2006, p. 510)[52].

DECADÊNCIA	PRESCRIÇÃO (Extintiva)
Perda de Direito	Perda de pretensão
Vinculado ao Direito potestativo	Vinculado ao Direito Subjetivo
Decadência legal/Decadência convencional	Prevista somente na Lei
Prazos não podem ser interrompidos, excetuando o disposto no art. 198, do CC.	Prazos prescricionais podem ser suspensos ou interrompidos.
Poderá ser invocada a qualquer tempo nas instâncias extraordinárias em casos de pré-questionamentos.	Poderá ser invocada a qualquer tempo nas instâncias ordinárias.

Dessa forma, a prescrição pode ser compreendida como a perda de uma pretensão, ou seja, de uma faculdade processual decorrente de uma falta de ação por parte do credor[53].

---

(52) GAGLIANO, Pablo Stolze; PAMPLONA FILHO, Rodolfo. *Novo curso de Direito Civil. Volume 1 – Parte geral.* 7. ed. São Paulo: Saraiva, 2006.
(53) De acordo com a CF de 1988, art. 7º: São direitos dos trabalhadores urbanos e rurais, além de outros que visem à melhoria de sua condição social: XXIX – ação, quanto aos créditos resultantes das relações de trabalho, com prazo prescricional de cinco anos para os trabalhadores urbanos e rurais, até o limite de dois anos após a extinção do contrato de trabalho.
No mesmo sentido reza a CLT no art. 11 – O direito de ação quanto a créditos resultantes das relações de trabalho prescreve:
I – em cinco anos para o trabalhador urbano, até o limite de dois anos após a extinção do contrato;
PRESCRIÇÃO QUINQUENAL (incorporada a Orientação Jurisprudencial n. 204 da SBDI-1) – Res. n. 129/2005, DJ 20, 22 e 25.04.2005.
I. Respeitado o biênio subsequente à cessação contratual, a prescrição da ação trabalhista concerne às pretensões imediatamente anteriores a cinco anos, contados da data do ajuizamento da reclamação e, não, às anteriores ao quinquênio da data da extinção do contrato (ex-OJ n. 204 da SBDI-1 – inserida em 08.11.2000).
II. A norma constitucional que ampliou o prazo de prescrição da ação trabalhista para 5 (cinco) anos é de aplicação imediata e não atinge pretensões já alcançadas pela prescrição bienal quando da promulgação da CF de 1998 (ex-Súmula n. 308 – Res. n. 6/1992, DJ 05.11.1992).

SEGUNDA PARTE

CAPÍTULO I
Direito individual do trabalho

O direito individual do empregado em relação ao emprego exposto no art. 442 da CLT:

> Art. 442 – Contrato individual de trabalho é o acordo tácito ou expresso, correspondente à relação de emprego.
>
> Parágrafo único – Qualquer que seja o ramo de atividade da sociedade cooperativa, não existe vínculo empregatício entre ela e seus associados, nem entre estes e os tomadores de serviços daquela. (Incluído pela Lei n. 8.949, de 9.12.1994)
>
> Art. 442-A – Para fins de contratação, o empregador não exigirá do candidato a emprego comprovação de experiência prévia por tempo superior a 6 (seis) meses no mesmo tipo de atividade. (Incluído pela Lei n. 11.644, de 2008)[1].

O ordenamento jurídico brasileiro adotou as teorias contratualista e anti-contratualista, para se referir ao vínculo, ao contrato de trabalho e a relação de emprego que possui o mesmo sentido. A relação de Trabalho consiste em gênero, correspondente a todo e qualquer vínculo jurídico tendo como objeto o trabalho humano, sendo uma de suas espécies a relação de emprego, relação jurídica-contratual com a qual se preocupa o Direito do Trabalho.

O vínculo de emprego tem como sujeitos o empregado e o empregador. As características do empregado são a pessoalidade, a não eventualidade, a subordinação, a onerosidade[2].

Não haverá distinção entre o trabalho realizado no estabelecimento do empregador, e aqueles trabalhos feitos no domicílio do empregado e o realizado a distância, desde que estejam consolidados os pressupostos da relação de emprego (CESARINO JÚNIOR, 2000)[3].

---

(1) BRASIL. *Consolidação das Leis do Trabalho de 1943.*

(2) Art. 3º – Considera-se empregado toda pessoa física que prestar serviços de natureza não eventual a empregador, sob a dependência deste e mediante salário. Parágrafo único – Não haverá distinções relativas à espécie de emprego e à condição de trabalhador, nem entre o trabalho intelectual, técnico e manual.

(3) CESARINO JÚNIOR. *Direito Social.* São Paulo: LTr, 2000. p. 52.

CAPÍTULO II
Empregado

Empregado pode ser considerada toda a pessoa física que presta serviços de natureza não eventual a um empregador e recebe um salário. De acordo com a CLT:

> Art. 3º – Considera-se empregado toda pessoa física que prestar serviços de natureza não eventual a empregador, sob a dependência deste e mediante salário.
>
> Parágrafo único – Não haverá distinções relativas à espécie de emprego e à condição de trabalhador, nem entre o trabalho intelectual, técnico e manual[4].

São necessários alguns requisitos para a verificação da condição de empregado. São elas:

Pessoa Física	não pode ser pessoa jurídica ou animal
Serviço de Natureza não Eventual	deve haver continuidade na prestação de serviços
Dependência	deve estar subordinado ao empregador
Receber Salário	recebe salário pela prestação de serviço
Prestação Pessoal de Serviço	*intuitu personae*

Usualmente, o trabalhador exercerá sua função na própria empresa, mas podendo prestar serviços externos, mas ele também poderá realizar seus serviços a partir da sua residência. De acordo com a CLT, art. 83: "É devido o salário mínimo ao trabalhador em domicílio, considerado este como o executado na habitação do empregado ou em oficina de família, por conta de empregador que o remunere" (NASCIMENTO, 2003)[5].

Outras modalidades de empregado são mostradas no quadro a seguir:

Aprendiz	Parágrafo único – Considera-se aprendiz a menor de 12 (doze) a 18 (dezoito) anos, sujeito a formação profissional metódica do ofício em que exerça o seu trabalho. (Revigorado pela Lei n. 6.086, de 1974)
Empregado doméstico	É o "que presta serviços de natureza contínua e de finalidade não lucrativa a pessoa ou a família, no âmbito residencial destas" (Lei n.5.859/1972).
Trabalhador autônomo	Não está previsto na CLT, apenas nas disposições sobre a Seguridade Social estabelecidas na Lei n. 8.212/1991.
Trabalhador eventual	De acordo com a Lei n. 9.876, de 26.11.1999 é quem presta serviço de natureza urbana ou rural, em caráter eventual, a uma ou mais empresas, sem relação de emprego.
Estagiário	É regulamentado pela Lei n. 6.494/1977, tem função didático-pedagógica.

---

(4) BRASIL. *Consolidação das Leis do Trabalho de 1943*.
(5) NASCIMENTO, Amauri Mascaro. *Curso de Direito do Trabalho*. 18. ed. São Paulo: Saraiva, 2003.

Voluntário	Presta serviços de forma gratuita.
Servidor Público Estatutário	Profissional que atua na Administração pública, por intermédio da ocupação de cargo público, em regimento comissionado ou efetivo.
Servidor Público Temporário	Empregado contratado pela Administração Pública, em caráter temporário, para atender necessidade temporária de excepcional com interesse público, conforme dispõe o art. 37, IX, da CF/1988.

CAPÍTULO III
Empregador

O Empregador é aquele que contrata o trabalhador pagando seus serviços. Ele pode ser pessoas ou entidades singulares ou coletivas ainda não equipadas com personalidade, como a massa falida, o condomínio não registrado, entre outros.

O art. 2º da CLT: "Considera-se Empregador empresa, individual ou coletiva, assumindo os riscos da atividade econômica, suporta, assalaria e dirige a equipe de prestação de serviços"[6].

Nesse aspecto, a principal característica determinante em prol do Empregador é o poder hierárquico (controle) garantido por força do contrato de trabalho e reconhecido por nossa legislação, que também atribuiu o poder executivo e o poder disciplinar. Como o campo do direito, temos o Empregador público e Empregador privado. No setor público o Empregado pode ser contratado pelas regras celetistas em alguns casos, como por exemplo, os empregados das empresas de sociedade de economia mista. Nesse caso, o recrutamento, remuneração e demissão do pessoal geralmente não são feitas através da CLT – Consolidação das Leis do Trabalho[7].

Quanto à estrutura jurídica do Empregador ela pode ser: pessoa física, empresas individuais e sociedades de pessoas.

Quanto à natureza da titularidade, há empregadores proprietários, inquilinos, cessionários, usufrutuários, etc.

Quanto ao tipo de atividade, há empregadores industriais, comerciais, domésticos e públicos.

A empresa é o principal tipo de Empregador pelo número de trabalhadores que reúne e sua importância como a produção de células econômicas de bens e serviços.

Na relação de trabalho, o trabalhador é subordinado ao Empregador. Segundo Nascimento (2003), o poder do Empregador determinará a forma como a atividade do empregado será realizada durante o contrato de trabalho que deve ser exercido em respeito às cláusulas previamente acordadas na celebração do contrato de trabalho[8].

---

(6) BRASIL. *Consolidação das Leis do Trabalho de 1943*.
(7) NASCIMENTO, Amauri Mascaro. *Curso de Direito do Trabalho*. 18. ed. São Paulo: Saraiva, 2003.
(8) NASCIMENTO, Amauri Mascaro. *Curso de Direito do Trabalho*. 18. ed. São Paulo: Saraiva, 2003.

CAPÍTULO IV
Verbas trabalhistas

A Consolidação das Leis Trabalhistas surgiu como uma necessidade constitucional após a criação do Ministério do Trabalho, em 1939, num momento em que o país estava imerso no processo de transformação da sua economia agrária para a área industrial.

As principais fontes da Consolidação das Leis do Trabalho foram o 1º Congresso Brasileiro de Direito Social, realizado em maio de 1941. A Consolidação das Leis Trabalhistas está contida no Decreto-lei n. 5.452, de 1º de maio de 1943, que entrou em vigor em 10 de novembro de 1943. Desde então, suas disposições sofreram modificações. As mudanças sociais, econômicas e trabalhistas que ocorreram desde a sua promulgação sublinharam a necessidade de uma profunda reforma da legislação trabalhista e sindical. Entre os direitos dos trabalhadores está possuir Carteira de Trabalho e Previdência Social, receber salário mínimo, vale-transporte, abono salarial, Fundo de Garantia do Tempo de Serviço-FGTS, 13º salários, férias, jornada de trabalho, licença-maternidade e paternidade, aviso prévio e seguro-desemprego (NASCIMENTO, 2004)[9].

NATUREZA INDENIZATÓRIA	NATUREZA SALARIAL
• Abono de férias (sem exceder 20 dias de salário);	• 13º Salário;
• Ajuda alimentação – quando prevista com Convenção Coletiva;	• Abonos;
• Aviso prévio;	• Adicional de função;
• Bolsa aprendizagem a adolescente até 14 anos;	• Adicional de insalubridade;
• Bolsa estagiário;	• Adicional de penosidade, art. 7º XXIII, CF;
• Bonificações eventuais;	• Adicional de periculosidade;
• Cobertura médica e odontológica, desde que extensiva a todos os dirigentes e empregados;	• Adicional de transferência;
• Complementação do auxílio-doença, desde que extensiva a todos os empregados;	• Adicional noturno;
	• Adicional por tempo de serviço;
• Despesas de viagem (são sujeitas a comprovação);	• Ajuda alimentação;
• Diárias que não excedam a 50% do salário;	• Ajuda de custo;
• Férias indenizadas;	• Bonificações;
• FGTS;	• Comissões;
• Habitação, energia elétrica e veículo, fornecidos pelo empregador, quando indispensáveis para realização do trabalho;	• Diárias para viagens que excedam a 50% do salário;
	• Férias – quando gozadas;
	• Gorjetas;
• Indenização de seguro-desemprego;	• Gratificações;
• Licença-prêmio indenizada;	• Horas extras;
	• Participação nos lucros habitual;

---

(9) NASCIMENTO, Amauri Mascaro. O Direito do Trabalho analisado sob a perspectiva do Princípio da Igualdade. *Revista LTr*. São Paulo: LTr, v. 68, n. 07, p. 782, junho, 2004.

NATUREZA INDENIZATÓRIA	NATUREZA SALARIAL
• O valor corresponde a vestuários, equipamentos e outros acessórios fornecidos ao empregado e utilizados no local do trabalho; • Os valores recebidos em decorrência da cessão de direitos autorais; • Participação nos lucros eventual; • Prêmios eventuais; • Reembolso de creche até 6 anos de idade; • Reembolso de quilometragem (caso a caso); • Vale-alimentação – quando descontado do salário; • Vale-transporte; • Valor destinado a plano educacional;	• Percentagens; • Percentual sobre os lucros ajustado contratualmente; • Prêmios habituais; • Quebra de caixa; • Reembolso de quilometragem (caso a caso); • Salário-família; • Verbas de representação.

CAPÍTULO V
Terceirização do trabalho

Nos tempos do feudalismo o homem produzia para sua sobrevivência, bem como sustento do seu senhor. As terras habitadas pelos vassalos eram de propriedade de seus suseranos. Estes se beneficiavam com a exploração da mão de obra alheia enquanto aqueles trabalhavam.

O tempo passou, revoluções aconteceram, como a industrial, a francesa (em que a nobreza deu lugar à burguesia) e também a da informação. Esta última, ainda vivenciada nos dias atuais. Muito se conseguiu no campo dos direitos humanos, na garantia do bem-estar social. Porém, ao olharmos para o modelo que rege as relações de trabalho na sociedade brasileira, pode-se observar que ainda se usa o modelo feudal; no qual a mão de obra "deve ser explorada" e não há uma relação de parceria na produção dos bens de consumo.

Em meados do século XX o Presidente Dutra, sensível aos apelos do povo, consolidou leis que protegiam os trabalhadores, regulando uma relação desigual entre patrões e empregados. O tempo passou e nossa sociedade evoluiu. Novas atividades surgiram com a informática e com os novos meios de comunicação, como a telefonia móvel, a internet, por exemplo. Profissionais qualificados surgiram no mercado, sendo estes remunerados bem acima da média.

As empresas, buscando excelência nos seus objetivos, passaram a contratar outras empresas para realizar atividades-meio chamadas terceirização. Em contrapartida, foram criadas regras para regular a terceirização. Com a proteção criada pela CLT (Consolidação das Leis do Trabalho), surgiu uma nova modalidade de contratação: a "contratação PJ". Assim, o profissional que tem uma qualificação superior é contratado para trabalhar sem direito a férias ou 13º salário. No Brasil, o direito às férias foi conquistado, junto com outros direitos dos trabalhadores, após as greves operárias do início do século XX na luta por melhores condições de trabalho, melhores salários e garantias trabalhistas.

Em termos históricos, vivemos a era do feudalismo, pois os profissionais que trabalham terceirizados produzem para sua sobrevivência e para dar lucro àqueles que exploram sua capacidade produtiva sem que lhes garantam os seus direitos.

A Constituição Federal de 1988 estabelece direitos iguais a todos; porém, ao fixarmos os mesmos encargos às empresas sem distinção de porte e faturamento, criamos uma desigualdade.

Situações de terceirização irregulares são comuns em nossa sociedade, pois, ao contratar um profissional com remuneração superior, os encargos relacionados tornam essa contratação economicamente inviável. Entretanto, vários são os membros de nossa sociedade que ficam alijados de seus direitos trabalhistas por causa de regras inflexíveis; haja vista que na necessidade de uma redução de seu quadro de funcionários, por motivos técnicos (fim de projeto, por exemplo), a empresa tenha que pagar uma multa de 40% sobre o FGTS. Nessa discussão interminável sobre a manutenção de direitos adquiridos e a flexibilização das leis trabalhistas, parte da nossa sociedade vive sem direito algum, pois a terceirização irregular que atinge essa camada social, por falta de opção, é obrigada a submeter-se a condições de contratação feudal.

Inicio essa abordagem com o princípio da Dignidade da Pessoa Humana. Por se tratar do norte de todas as discussões acerca das relações jurídicas, estará presente na maior parte do presente capítulo. Comecemos a ponderar a existência de um entendimento sobre a existência de pessoas naturais e não naturais. Distintas, ambas têm personalidade jurídica, porém a pessoa natural, como a própria denominação esclarece, tem sua origem no início da vida, bem de maior valor a ser preservado. Enquanto as pessoas não naturais (pessoas jurídicas) não têm vida, e sim existência, criada a partir de um ato jurídico, com finalidade de poder atribuir a um ente responsabilidades jurídicas, direitos e obrigações.

Nessa discussão temos no art. 1º da Constituição Federal de 1988 a disposição sobre a dignidade da pessoa humana, os valores sociais e da livre iniciativa, entre outros também importantes. Ressalta-se o parágrafo único, pois ele exalta o poder do povo, exercido por seus representantes.

Ocorre que esse poder, que na realidade tornou-se, indevidamente, moeda de troca, não é bem usado, tampouco aqueles a quem é atribuído, ou seja, os representantes do povo fazem bom uso no sentido de realmente representar o interesse dos eleitores. Na década de 30 foi criado o Ministério do Trabalho, Indústria e Comércio, um ministério de eficácia duvidosa, uma vez que sempre gastou somas inferiores ao seu orçamento, prejudicando alguns programas criados para a classe operária.

O mercado de trabalho no Brasil, entendido como produção de bens e serviços, no seu sentido moderno, começa a se desenvolver no início do século XX. Nas primeiras três décadas, leis e contratos eram quase inexistentes, portanto, o trabalho era uma mercadoria de livre negociação. Durante as décadas de 1930 e 1940, na chamada 'Era Vargas', foi-se estabelecendo um conjunto de leis federais para formalizar o trabalho, que marcou o mercado de trabalho nacional pelo restante do século. Essa legislação do trabalho estabelecia as regras mínimas de relações do trabalho: salário mínimo, jornada de trabalho, férias anuais e outros direitos sociais. Os contratos coletivos ainda eram uma prática bem incipiente, e ganharam força apenas décadas depois (NORONHA, 2003)[10].

Os primeiros beneficiados com os contratos formais de trabalho foram os servidores públicos, depois os trabalhadores urbanos das diversas categorias e por último, os trabalhadores rurais, já na década de 1960. Na década de 1970 observou-se que a maioria dos trabalhadores industriais e parte dos trabalhadores do setor de serviços haviam sido incorporadas ao mercado formal (regulado pelas leis federais), porém, o processo de urbanização reduziu o número de trabalhadores rurais e ampliou a massa de trabalhadores subempregados ou ainda mal incorporados ao mercado de trabalho. A carteira de trabalho teve, e continua tendo, valor simbólico. No passado (e talvez ainda hoje) servia como identidade do trabalhador, garantia ao crédito e atestado de confiabilidade. Hoje seu significado está mais voltado ao compromisso moral do empregador em seguir a legislação do trabalho, embora, na prática, eles possam desrespeitar parte da legislação (NORONHA, 2003)[11].

Devemos seguir normas que estão em vigor desde meados do século passado, como o Decreto-lei n. 5.452, de 1º de maio de 1943, a Consolidação das Leis Trabalhistas. A CLT surgiu como uma necessidade institucional após a criação da Justiça do Trabalho em 1939. Em janeiro de 1942 o presidente Getúlio Vargas e o ministro do trabalho, Alexandre Marcondes Filho, trocaram as primeiras ideias sobre a necessidade de fazer uma consolidação das leis do trabalho. A ideia primária foi de criar a "Consolidação das Leis do Trabalho e da Previdência Social"[12].

Na primeira reunião ficou definido que a comissão seria dividida em Trabalho e Previdência e que seriam criadas duas consolidações diferentes. As fontes materiais da CLT foram, em primeiro lugar, as conclusões do 1º Congresso Brasileiro de Direito Social, realizado em maio de 1941, em São Paulo, para festejar o cinquentenário da Encíclica *Rerum Novarum*, organizado pelo professor Cesarino Júnior e pelo advogado Rui Azevedo Sodré. A segunda fonte foram as convenções internacionais do trabalho. A terceira foi a própria Encíclica *Rerum Novarum* e, finalmente, os pareceres dos consultores jurídicos Oliveira Viana e Oscar Saraiva, aprovados pelo ministro do Trabalho.

Em novembro de 1942, foi apresentado o anteprojeto da CLT, publicado posteriormente no Diário Oficial para receber sugestões. Após estudar o projeto, Getúlio Vargas deu despacho louvando os coautores e nomeando os mesmos para examinar as sugestões e redigir o projeto final, finalmente assinado em 1º de maio de 1943. Sendo criada em meados do século passado, a CLT não foi criada observando a globalização, terceirização etc. Temas muito frequentes na economia moderna, e, ainda, algumas profissões atuais nem sequer existiam à época de sua criação. O mundo evoluiu, novas tecnologias surgiram, profissionais adaptaram-se à nova realidade, dando assim origem a novas profissões.

Durante o período entre a criação da CLT e o momento atual o Brasil passou por um período de forte recessão e inflação altíssima. Considerado como país emergente, mas na realidade sendo tratado como país subdesenvolvido, sempre foi explorado pelo mercado mundial. Os produtos produzidos no Brasil só eram competitivos por conta da desvalorização da moeda. A instabilidade política e financeira levou o Brasil a ser considerado um mercado de risco. Com isso, a produção interna é afetada e, assim, o desemprego aumenta.

---

(10) NORONHA, Eduardo G. Informal, Ilegal, Injusto: percepções do mercado de trabalho no Brasil. In: *Revista Brasileira de Ciências Sociais*. Vol. 18, n. 53. São Paulo, 2003. p.111-119.

(11) NORONHA, Eduardo G. Informal, Ilegal, Injusto: percepções do mercado de trabalho no Brasil. In: *Revista Brasileira de Ciências Sociais*. Vol. 18, n. 53. São Paulo, 2003. p. 111-119.

(12) BRASIL. *Consolidação das Leis do Trabalho de 1943*.

A Consolidação das Leis do Trabalho (CLT) está vigente até os dias atuais, porém, ao invés de agrupar cada vez mais trabalhadores, o contrário é que vem ocorrendo. *"Em 1980, quase 50% dos trabalhadores ocupados estavam vinculados, de alguma forma, ao sistema de relações de trabalho. Vinte anos depois, apenas um terço"* (POCHMANN, 2001, p. 148)[13]. Na busca de uma solução, o brasileiro procura formas de sobrevivência em trabalhos que, por vezes, chegam a ser degradantes, tanto no aspecto físico como no aspecto moral. A ausência de empregos formais, regulados pela lei que protege os direitos do trabalhador, faz com que estes se submetam a atividades irregulares e até ilícitas.

Com o passar do tempo o Brasil pôde estancar o processo inflacionário, pagar sua dívida externa, recuperar parte da autoestima do seu povo e reduzir o risco visto pelo mercado exterior. Passamos por uma crise mundial de forma tranquila, pois no passado já havíamos enfrentado problemas muito maiores que a crise criada pelos países desenvolvidos em 2008, pois estávamos preparados.

Novos postos de trabalhado estão surgindo e algumas empresas ampliando seus negócios, necessitando assim de mais recursos humanos, inclusive aquele mais qualificado. Nesse cenário surgem as empresas que atuam nas atividades-meio, como limpeza predial, segurança, entre outras. Destacam-se, para efeito desse estudo, as empresas prestadoras de serviços em tecnologia da informação. Atualmente vivenciamos a revolução da era da informação, em que todas as empresas necessitam de informações precisas e rápidas. Grandes volumes de dados são processados para permitir que tomadores de decisão o façam, embasados de conhecimento necessário.

A globalização permite expandir mercado além dos limites de fronteiras físicas do país sem a necessidade de uma loja física distante da sede da empresa. Vendas são realizadas a distância com muito mais confiabilidade. Nesse mundo novo temos profissionais altamente qualificados que têm uma remuneração acima da média do mercado, porém justa pelo conhecimento aplicado. Ocorre que, como as empresas estão buscando cada vez mais excelência em suas atividades, o fazem terceirizando àquelas outras empresas que têm excelência em atividades-meio. Sendo assim, o profissional de tecnologia da informação é uma vítima do capitalismo que busca o lucro em detrimento da qualidade de vida.

A CLT estabelece que a terceirização pode ser feita desde que seja de atividade-meio, porém o que ocorre é que as empresas contratadas exigem do profissional que este se torne empresário, mesmo que a empresa seja apenas de fachada, para que possa ocorrer a contratação do mesmo. Trata-se nesse caso de terceirização irregular, pois a atividade da empresa criada pelo profissional tem como objeto social a prestação de serviços.

Todo esse trabalho tem como único objetivo a redução de despesas trabalhistas por parte da empresa contratada para prestar serviços à contratante e assim poder ter um preço competitivo. Observando as modalidades de contratação ou relacionamento profissional entre empregadores e trabalhadores, observam-se os encargos sociais específicos em cada modalidade contratual para a empresa e para o trabalhador.

	CLT	PESSOA JURÍDICA (emite Nota Fiscal)	COOPERATIVA	AUTÔNOMO	ESTÁGIO
Principais obrigações da empresa contratante	a) INSS – 20%; b) SAT (seguro de acidente no trabalho) p/ CNAE 7229 é 2%; c) terceiros (Sesc, Sebrae, Senac, Salário Educação) – 5,8%; d) FÉRIAS – 8,33% + 2,78% ref. ao 1/3 de férias; e) 13º SALÁRIO – 8,33%; f) FGTS – 8% + 0,5%; g) INSS s/13º – 2,4%; h) INSS S/férias – 3,2%; i) FGTS s/13º – 0,67%; j) FGTS S/férias – 0,89%; k) rescisão contratual – 2,57%	Nenhuma tributação.	Recolhimento de 2,0% a 6,0% sobre a remuneração do trabalhador como taxa para a cooperativa (isso varia de uma cooperativa para outra).	Recolhimento de **20%** sobre a remuneração do trabalhador	Pagamento de seguro de vida

---

(13) POCHMANN, Marcio. Los costos laborales en Brasil. In: *Inseguridad laboral y competitividad: modalidades de contratación.* Peru: OIT, 1999. p. 97-120.

	CLT	PESSOA JURÍDICA (emite Nota Fiscal)	COOPERATIVA	AUTÔNOMO	ESTÁGIO
Total	65,47% sobre a remuneração bruta.		2,0% a 6,0% sobre a remuneração bruta	20,0% sobre a remuneração bruta.	Valor do seguro de vida.
Principais obrigações do trabalhador	a) INSS sobre a remuneração bruta; b) IRPF	a) ISS-Campinas é 5%; b) Confins – 3%; c) PIS – 0,65%; d) IRPJ – 4,8%; e) CSLL (contribuição social sobre o lucro líquido) – 2,88%; Total: 16,33% + f) 11% de INSS sobre o Pró-Labore (como funcionário); g) 20% de INSS sobre o Pró-Labore.	a) aquisição de cota inicial simbólica; b) 4,5% sobre a sua remuneração bruta (taxa de adm. da cooperativa); c) 11% de INSS sobre a remuneração total ou sobre um piso estipulado pela cooperativa (piso da categoria de informática – R$ 472,00); d) IRPF (caso recolha por valores acima do piso);	a) pagamento anual do ISSQN (média de R$ 170,00 / ano); b) 11% de INSS (recolhido obrigatoriamente pela empresa); c) IRPF.	Nenhuma

Analisando o quadro acima se observa que, tratando-se exclusivamente de encargos sociais, torna-se mais onerosa para a empresa a contratação através da CLT (65,47%) e mais vantajosa, através de pessoa jurídica (nenhum encargo para a empresa). Nas formas flexíveis, a carga tributária aumenta para o trabalhador.

Desta forma, o profissional fica alijado de um de seus direitos mais naturais, preservado pela CLT, que são as férias remuneradas, transformando a pessoa do profissional em uma máquina. Lembrando que até as máquinas precisam de manutenção, nosso organismo não foi criado para trabalhar anos de forma ininterrupta. Além desse tolhimento podemos mencionar outros tão importantes que também merecem destaque e que serão tratados mais à frente no capítulo.

Para entendermos o cenário atual, é preciso rever os acontecimentos do passado, principalmente o advento da Revolução Industrial, que teve impacto sobre o modo de produção predominante no século XVIII. Houve na mencionada época um período de transição do feudalismo para o capitalismo que modificou a forma de se adquirir e de se desfazer de objetos e alimentos. O sistema de trocas foi substituído por moedas. Iniciou-se a acumulação de capital, por uma elite dominante: a burguesia. Por muitos anos o apenas conheceu a Igreja Católica e a Monarquia Absoluta como detentoras do poder, mas com a Revolução Industrial e a consolidação da burguesia cada vez mais essas antigas forças foram perdendo espaço na nova conjuntura econômica que se formava.

Naquele momento histórico, várias fábricas foram instaladas e a produção tornou-se massificada, tomando o lugar da produção artesanal. Esses eventos deram vazão à absorção de grande número de mão de obra para as indústrias. E, como não havia qualquer regra para regular a relação entre as empresas e os trabalhadores, a exploração da mão de obra ocorria a níveis extremos.

Para maximizar o desempenho dos operários as fábricas subdividiram a produção em várias operações, criando assim o início de uma flexibilização do trabalho. A divisão do trabalho, a produção em série e a urbanização são características sociais pós-Revolução Industrial.

Todo esse panorama se mostra contrário ao esculpido na Constituição Federal de 1988, que dispõe em seu art. 3º sobre a garantia do bem-estar social. Como instrumentos para promoção de uma sociedade justa, temos na Carta Magna o art. 6º, que menciona sobre o direito ao trabalho, bem como o art. 7º, que prevê uma relação de emprego regulada por lei. Além de várias outras garantias trabalhistas.

Para Chiavenato (1993, p. 01), "a vida das pessoas depende das organizações e estas dependem do trabalho daquelas. As pessoas nascem, crescem, aprendem, vivem, trabalham, se divertem, são tratadas e morrem dentro de organizações. As organizações são extremamente heterogêneas e diversificadas de tamanhos diferentes. Existem organizações lucrativas chamadas empresas e organizações não lucrativas como igrejas, exército"[14].

---

(14) CHIAVENATO, Idalberto. *Introdução à teoria geral da Administração*. 4. ed. São Paulo: Makron Books, 1993.

Kotler (1992, p. 40) "é enfático ao relatar que nas sociedades democráticas a mudança social planificada realiza-se pela ação interessada dos governos e cidadãos"[15]. A hipótese de partida é que os líderes devem ganhar a aceitação de cidadãos. A hipótese de partida é que os líderes devem ganhar a aceitação dos governados para poder realizar mudanças importantes e, assim, a ação cidadão/voluntária será avaliada como uma alternativa legítima à do governo. O mesmo autor ressalta que as campanhas de mudança social podem alcançar objetivos de influir, determinar e mudar as ideias e as práticas. O que acontece é deficiência do Estado em atender todas as necessidades sociais, fazendo com que a sociedade sinta necessidade de maior desenvolvimento de ações e medidas que visem à diminuição dos seus problemas.

Já segundo Gaioto (2001, p. 29), observa-se "uma preocupação crescente das empresas em vincular sua imagem à noção de responsabilidade social. A nova postura da empresa cidadã baseada no resgate de princípios éticos e morais passou a ter natureza estratégica"[16].

A industrialização trouxe várias mudanças econômicas sociais e políticas. Dentre estas, Guimarães (1984, p. 214) enfatiza três fatores que considera relevantes para a discussão da responsabilidade social das empresas:

- a teoria da mão invisível do mercado, proposta por Adam Smith, que condenava qualquer tipo de protecionismo e qualquer restrição às empresas. "Todo homem deveria ser livre para buscar seus interesses e usar seu capital como lhe interessasse. A dita "mão invisível" asseguraria que o bem da coletividade emergisse automaticamente da busca do autointeresse". No entanto, a livre concorrência estimulada por estas ideias deu origem à formação de monopólios que, com o aumento de sua produção, tiveram que buscar novos mercados. Como consequência disso, desenvolveu-se uma política colonialista e imperialista responsável pela exploração desmedida dos países subdesenvolvidos.

- a formulação de "leis econômicas" em que os economistas, pretensamente através de uma objetividade científica, procuravam explicar e prever os fenômenos da sociedade;

- o surgimento do consumismo que, através da industrialização, instigou nas pessoas necessidades cuja satisfação depende da sociedade capitalista tal como está instituída. O surgimento, desenvolvimento e manutenção do capitalismo se devem à colocação de necessidades econômicas que, em alguma medida, ele consegue satisfazer[17].

Tendo esses fatores, como pano de fundo, será possível compreender melhor sobre que bases a discussão desta nova ideia está colocada. Guimarães (1984, p. 216) diz que a questão mais patente é a incompatibilidade entre a cultura e os valores atuais, que sustentam toda a estrutura econômica e social das organizações e a responsabilidade social que passa a ser exigida das mesmas. Em síntese, o campo, usado como meio de geração de produtos para sobrevivência, foi substituído pelas empresas, que passam a ser o feudo, onde o vassalo é o trabalhador e o suserano é o empregador, pois este remunera o trabalhador com parte da produção obtida transformada em dinheiro[18].

A partir desse ponto podemos atribuir à empresa um papel importante nas relações jurídicas no atual cenário social, no qual famílias dependem da existência de vagas nos mais diversos ramos de trabalho. As empresas foram para o campo, pois com o crescimento populacional a demanda por gêneros alimentícios aumentou, e a produção de baixa escala não consegue suprir essas necessidades. Assim, foram instaladas empresas de pecuária e de produção agrícola em larga escala.

Existem também os profissionais liberais. Mesmo esses trabalhadores dependem indiretamente das empresas, pois existe uma dependência da receita dessa cadeia produtiva. Fica claro que, as empresas possuem um papel importante na promoção do princípio constitucional do bem estar social, haja vista que a riqueza gerada em um país não industrializado é baixa, deixando-nos vulneráveis no mundo globalizado, e, como exemplo, cita-se o nosso vizinho Paraguai.

Com as análises realizadas nesse tópico, conclui-se que a Revolução Industrial introduziu no mundo a mecanização, a produção em larga-escala, a urbanização. Estes são pontos positivos, mas a Revolução Industrial também trouxe a exploração da mão de obra e muitas lutas foram e são travadas até os dias atuais para combater a exploração. Hoje temos a instituição dos Direitos Humanos, mas é fato que no Brasil temos ainda muitos trabalhadores

---

(15) KOTLER PHILIP. *Administração de marketing*: análise, planejamento, implementação e controle. 2. ed. São Paulo: Atlas, 1992.
(16) GAIOTO, Franciane Rodante. *Da responsabilidade social à ética empresarial*. Florianópolis: UFSC, 2001.
(17) GUIMARÃES, Heloisa M. Responsabilidade social da empresa: uma visão problemática. *Revista Administração de Empresas*, v. 24, n. 04. Rio de Janeiro, 1984.
(18) GUIMARÃES, Heloisa M. Responsabilidade social da empresa: uma visão problemática. *Revista Administração de Empresas*, v. 24, n. 04. Rio de Janeiro, 1984.

exercendo seus ofícios sem o mínimo de segurança e que ainda não possuem as suas carteiras assinadas e os seus direitos reconhecidos.

Analisando o aspecto das condições de trabalho no processo histórico, bem como a participação do Estado nas relações trabalhistas, pode-se identificar como é importante a intervenção do Estado nessas relações jurídicas. Por definição lucro é a diferença entre o custo e o preço de venda do produto ou serviço.

Assim, para obtenção de alta lucratividade são necessários cenários em que se tenha uma alta produtividade, em que se ganha mais no maior volume de venda, ou o cenário em que exista um valor agregado ao produto ou serviço e, assim, pratica-se um preço maior. Em ambos os cenários devem estar associados a custos baixos.

No Brasil, a legislação protege o trabalhador, mas nem sempre foi assim. Ocorre que a sociedade evoluiu e a legislação não acompanhou plenamente todas as mudanças. as condições de trabalho desumana e, assim, a parte mais fraca da relação capital x trabalho ficava prejudicada. De acordo com Noronha (2003) a legislação de um país deverá traduzir a realidade que o envolve naquele momento, daí o trabalho do intérprete que retira da letra fria da lei seiva vivificante capaz de compor aquela realidade[19].

No contexto atual do Direito do Trabalho no Brasil, existem condições que favorecem a flexibilização das leis segundo propósito de torná-las menos rígidas. É natural, porque são manifestas as pressões exercidas pelas novas exigências do desenvolvimento tecnológico e do processo produtivo, levando-o a aduzir à vocação tutelar, que marcou seu ordenamento, a função *coordenadora dos interesses entre o capital e o trabalho*. Lembra que: Reabre-se o debate sobre suas funções, ativado pelas novas realidades, como a economia de mercado, o desemprego, o trabalho informatizado, a terceirização, a privatização e outras". E conclui que: Não seria razoável supor que o ordenamento jurídico permanecesse indiferente e imune às circunstâncias que o cercam (NORONHA, 2003, p. 10)[20].

Dentro dessa vertente amplia-se a autonomia das empresas na realização dos seus contratos:

Amplia-se a autonomia privada coletiva. Abrem-se espaços para os interlocutores sociais. Os contratos coletivos multiplicam-se como reação à intervenção do Estado. Os grupos sociais são fontes das próprias ordenações. O monismo jurídico está em descrédito, e o pluralismo, prestigiado. Aumenta o número de adeptos da flexibilização. Divergem sobre o significado. Para alguns, a diminuição do rigor de algumas leis que impedem maior eficiência do setor produtivo e do desenvolvimento. Para outros, não vai além de mero expediente, que esconde o propósito de diminuir direitos dos trabalhadores (NORONHA, 2003, p. 10)[21].

Ressalta-se que a desregulamentação retira a proteção Estatal ao trabalhador, permitindo que a autonomia privada, individual ou coletiva, regule as condições de trabalho. Os defensores do Estado Social admitem a redução do grau de intervenção da lei, desde que para isso os sistemas legais constituam regras gerais indisponíveis. Isso para ser garantido o mínimo de proteção a todos os trabalhadores, sendo-lhes garantida a dignidade do ser humano. Não obstante, devem esses sistemas abrir espaço para a complementação do piso protetor irrenunciável. Ainda, garantir o atendimento às peculiaridades regionais, implantação de novas tecnologias e métodos e, também, preservação da saúde econômica da empresa e do empregado.

Para Nascimento (2003), é humanista o intervencionismo para a proteção jurídica e econômica do trabalhador por meio de leis destinadas a estabelecer um regulamento mínimo sobre as suas condições de trabalho, a serem respeitadas pelo patrão, e de medidas econômicas voltadas para a melhoria de sua condição social. Tal interferência estatal parece não somente estar sendo buscada pelo Direito do Trabalho ao garantir os direitos mínimos dos empregados[22].

Tal princípio, basilar nas relações de emprego, com aplicação de normas mais favoráveis, inversão de ônus da prova e vários outros eminentemente protecionistas, vem sendo aplicado, com as devidas revisões, em direitos como o do consumidor, ao garantir, por exemplo, a aplicação do princípio da irrenunciabilidade da norma mais favorável.

Desse modo, é estranho como o governo e as pressões neoliberais pretendem retirar das relações de trabalho a intervenção do Estado, para que ele deixe de tutelar os direitos dos trabalhadores. Entretanto, deve observar normas mínimas para ser garantida pelo menos a dignidade da pessoa humana, um dos fundamentos da República

---

(19) NORONHA, Eduardo G. Informal, Ilegal, Injusto: percepções do mercado de trabalho no Brasil. In *Revista Brasileira de Ciências Sociais*. Vol. 18, n. 53. São Paulo, 2003. p. 111-119.
(20) *Idem, ibidem*.
(21) *Idem, ibidem*.
(22) NASCIMENTO, Amauri Mascaro. *Curso de Direito Processual do Trabalho*. São Paulo: Saraiva, 2003.

Federativa do Brasil. Assim, a flexibilização deve decorrer de um processo democrático e humanista, a fim de não gerar na sociedade disparidades, contrárias ao fim do Estado Democrático de Direito (NASCIMENTO, 2003)[23].

Os estudos sobre "flexibilização" e/ou "precarização" dos vínculos contratuais e das condições de trabalho têm se focado principalmente em atividades intensivas em trabalho manual que utilizam trabalhadores considerados pouco qualificados e com baixo nível de escolaridade e/ ou trabalhadores que ocupam as posições mais baixas das hierarquias ocupacionais devido às desigualdades étnico-raciais, de idade e/ou de gênero.

No entanto, como mostra Mattoso (2015), a flexibilização no uso do trabalho é uma tendência mais geral e internacional, atingindo inclusive os segmentos mais elevados das hierarquias ocupacionais, afetando as relações de trabalho, as condições salariais e as formas de acesso à seguridade social e à assistência médica[24].

A flexibilização do Direito do Trabalho é também entendida como um instrumento de adaptação rápida do mercado de trabalho. Neste sentido é concebida como a parte integrante do processo maior de flexibilização do mercado de trabalho, consistente no conjunto de medidas destinadas a dotar o direito laboral de novos mecanismos capazes de compatibilizá-lo com as mutações decorrentes de fatores de ordem econômica, tecnológica ou de natureza diversa exigentes de pronto ajustamento. (NETO, 1996, p. 89)[25]

Consideramos importante fazer uma breve conceituação sobre "flexibilização" e "desregulamentação", termos que muitas vezes são entendidos como sinônimos, mas têm significados bem distintos, embora os fenômenos estejam ligados historicamente.

O que prevaleceu durante as décadas de 80 e 90 foi a flexibilização como sinônimo de precarização do trabalho. *"Foi uma tentativa de eliminar, ao máximo, as restrições para a livre alocação do trabalho pelo mercado, como condição básica para a melhoria da eficiência e da competitividade das empresas"* (KREIN, 2001, p. 29)[26].

O artigo de Peck e Theodore (1999), tratando a questão do trabalho temporário nos Estados Unidos[27], o de Noronha (2003), tratando das percepções do mercado quanto às diferentes formas de vínculo contratual[28] e o de Gitahy et al. (1997), mostrando um caso real no qual foram abolidas as relações de emprego, embasam o desenvolvimento desta pesquisa[29].

Peck e Theodore (1999, p. 135-136) mostram que nos Estados Unidos, "desde meados dos anos 80, a taxa de crescimento do emprego temporário é mais de dez vezes maior do que a taxa de crescimento do mercado de trabalho como um todo" e que " o recrutamento por meio das agências de recolocação de trabalho temporário foi responsável por pelo menos um quinto de todos os novos cargos criados nos Estados Unidos"[30].

Este fenômeno, associado à reformulação das normas da regulamentação do mercado de trabalho está gerando "um regime emergente de emprego precário". Para os autores, "no centro dessas novas relações de emprego está a indústria do trabalho temporário. A venda da mão de obra eventual – a razão de ser dessa indústria – tornou-se um grande negócio".

O artigo está focado na reestruturação desta indústria e no papel das agências de emprego em Chicago.

Já o trabalho de Noronha (2003), *Informal, Ilegal, Injusto: percepções do mercado de trabalho no Brasil*, aborda de uma forma extremamente interessante o tema, contrastando diferentes abordagens e percepções sobre a flexibilização do mercado de trabalho. O artigo trabalha com diferentes "explicações" originadas dos "olhares" de diferentes perspectivas disciplinares (sociologia, economia e direito) e também do senso comum[31].

---

(23) NASCIMENTO, Amauri Mascaro. *Curso de Direito Processual do Trabalho*. São Paulo: Saraiva, 2003.
(24) MATTOSO, Jorge. *A Desordem do Trabalho*. São Paulo: Scritta, 2015.
(25) NETO, José Francisco Siqueira. Flexibilização, desregulamentação e Direito do Trabalho no Brasil. In: OLIVEIRA, Carlos Alonso B. (org.). *Crise e Trabalho no Brasil: modernidade ou volta ao passado?* 2. ed. São Paulo: Scritta, 1996.
(26) KREIN, José Dari. Reforma do sistema de relações de trabalho no Brasil. In: *Emprego e Desenvolvimento Tecnológico: artigos dos pesquisadores*. DIEESE/CESIT: Campinas, 1999. p. 255-294.
(27) PECK, Jamie e THEODORE, Nikolas. O Trabalho Eventual: crescimento e reestruturação da indústria de empregos temporários em Chicago. In *Revista Latinoamericana de Estudios del Trabajo*. Ano 5, n. 10, p. 135-159, 1999.
(28) NORONHA, Eduardo G. Informal, Ilegal, Injusto: percepções do mercado de trabalho no Brasil. In *Revista Brasileira de Ciências Sociais*. Vol. 18, n. 53. São Paulo, 2003. p. 111-119.
(29) GITAHY, Leda et al. Relações interfirmas, eficiência coletiva e emprego em dois clusters da indústria brasileira. In *Revista Latinoamericana de Estudios del Trabajo*. Ano 4, n. 6, p. 39-78, 1998.
(30) PECK, Jamie e THEODORE, Nikolas. O Trabalho Eventual: crescimento e reestruturação da indústria de empregos temporários em Chicago. In *Revista Latinoamericana de Estudios del Trabajo*. Ano 5, n. 10, p. 135-159, 1999.
(31) NORONHA, Eduardo G. Informal, Ilegal, Injusto: percepções do mercado de trabalho no Brasil. In *Revista Brasileira de Ciências Sociais*. Vol. 18, n. 53. São Paulo, 2003. p. 111-119.

É a partir da análise do significado das contraposições dos termos formal/informal, legal/ilegal, justo/injusto e mesmo aceitável/inaceitável, seja na literatura, seja a partir da percepção dos atores, que ele vai iniciar uma discussão sobre como se estabelecem concretamente as relações contratuais e de *governança* no interior de diferentes segmentos do mercado de trabalho.

Ao discutir a distinção entre contrato de trabalho aceitável (justo) e inaceitável (injusto), Noronha (2003, p. 121) observa que: "...um contrato 'informal', verbal, pode ser entendido como 'justo' se o empregado percebe que o empregador tem boas razões para não regularizar a situação (por exemplo, uma microempresa em dificuldades financeiras). Ao contrário, quanto mais o trabalhador percebe que a 'informalidade' é um meio de gerar retorno extra para a empresa, mais 'injusto' será o contrato"[32].

Já analisando as distinções legal/ilegal e formal/informal, o autor observa que no Brasil, pelo senso comum, que várias vezes permeamos os estudos sobre o tema, trabalho formal é unicamente aquele com carteira de trabalho assinada (CLT). Isso excluiria do mercado de trabalho formal um enorme conjunto de trabalhadores, tais como: os autônomos, o trabalhador registrado como pessoa jurídica ou o cooperado (aquele que se une a uma cooperativa de trabalho para poder prestar serviços em determinada empresa que usa como forma de contratação apenas a cooperativa), todas modalidades legais de contratação, que o autor denomina " contratos atípicos".

Um exemplo da combinação dos diversos tipos de distinções num caso concreto é o encontrado por Gitahy *et al* (1993, p. 40-41) na região de Campinas:

Ao enfrentar grandes dificuldades em 1992, a SF8, uma pequena empresa com 12 funcionários dedicada a atividades de ferramentaria e usinagem, encontrou uma solução original, para poder manter as suas atividades: a abolição das relações de emprego. O encarregado e o pessoal da fábrica se dividiram em quatro grupos, cada um dos quais criou uma microempresa, as quais são subcontratadas, ou seja, prestam serviços para a SF8. Normalmente, estas novas empresas prestam serviços somente para a SF8 (ocasionalmente, as empresas subcontratadas executam algum serviço externo para alguma outra empresa, pagando somente nesse caso, um aluguel para a SF8, pelo uso dos equipamentos), que por sua vez, se compromete a não utilizar serviços de outras empresas. O faturamento é dividido de acordo com uma norma fixa: 50% vai para a SF8 e a outra metade para a empresa que realizou o serviço. Despesas com ferramentas e matérias-primas são divididas da mesma forma. Segundo os entrevistados, este sistema estimula a preocupação dos trabalhadores com a qualidade, na medida em que perdas e ganhos são divididos. Mais do que atender a algum critério contábil referente a custos, o objetivo desta norma, criada coletivamente pelos participantes, é, de acordo com um dos fundadores, um critério de justiça, deixando claro 'que ninguém está explorando ou sendo explorado[33].

Os três casos relatados poderiam juntar-se a dezenas de outros semelhantes. Situações de flexibilização dos contratos de trabalho tornam-se bastante comuns no Brasil e no mundo todo.

Adaptações, ora vantajosas para trabalhadores e empresa, ora desvantajosa para os trabalhadores, vêm assumindo o cenário do mercado de trabalho. Importante destacar também que isso não representa a falência do sistema formal de trabalho no Brasil, que em alguns setores apresenta crescimento.

De acordo com Noronha (2003), a terceirização seria um caminho para a flexibilização do trabalho. Segundo o autor, denomina-se terceirização o liame que liga uma empresa tomadora à empresa prestadora de serviços, mediante contrato regulado pelo direito civil, comercial, ou administrativo, com a finalidade de realizar serviços coadjuvantes da atividade-fim, por cuja realização somente responde a empresa prestadora de serviços, não tendo a empresa tomadora qualquer possibilidade de ingerência na mão de obra da empresa prestadora. A contratação poderá ter por escopo a produção de bens (etapas de uma linha de produção), bem como a prestação de serviços (limpeza, vigilância, segurança, serviços de importação e de exportação, treinamento técnico de pessoal, etc.)[34].

Ainda de acordo com Noronha (2003), busca-se, por intermédio da terceirização, dar maior agilidade à linha de produção e maior flexibilidade nas atividades da empresa tomadora, visando ao mercado comprador (interno e externo), colocando-se como fator primordial dessa busca a redução de custos, tônica do sucesso de qualquer empreendimento. São fatores coadjuvantes desse objetivo[35]:

---

(32) *Idem, ibidem.*
(33) GITAHY, Leda *et al.* Relações interfirmas, eficiência coletiva e emprego em dois clusters da indústria brasileira. In *Revista Latinoamericana de Estudios del Trabajo.* Ano 4, n. 6, p. 39-78, 1998.
(34) NORONHA, Eduardo G. Informal, Ilegal, Injusto: percepções do mercado de trabalho no Brasil. In *Revista Brasileira de Ciências Sociais.* Vol. 18, n. 53. São Paulo, 2003. p. 111-119.
(35) *Idem, ibidem.*

1) *redução dos custos operacionais:* com a eliminação de etapas secundárias ou terciárias, a empresa tomadora reduzirá a sua folha de pagamento e, com ela, os pesados encargos sociais. A paga que irá despender com terceiros será menor, uma vez que haverá, seguramente, concorrência entre as empresas prestadoras. Da redução de custos daí advindos haverá um aumento no seu capital de giro;

2) *Aumento da capacidade de produção:* com a terceirização e retirada de etapas secundárias e/ou terciárias haverá uma sobra potencial, quer no espaço físico, quer na linha de produção que desaguará em benefício do produto acabado. E esse potencial poderá ser desenvolvido com a sobra do capital de giro antes mencionado;

3) *Da redução de tempo na escala produtiva até o produto acabado:* com a terceirização e a entrega de etapas secundárias e/ou terciárias a uma ou várias empresas, descentralizando-se o moto produzido, haverá, obrigatoriamente, uma redução de tempo desde a origem até o produto acabado. Essa redução de tempo, além de pressionar para baixo o custo operacional, dará maior flexibilização à empresa para atender a vários pedidos ao mesmo tempo, sem correr o risco de ausência do produto no mercado;

4) *Da excelência do produto:* a terceirização, quando bem administrada, poderá ter influência marcante sobre a excelência do produto. As etapas da linha de produção contarão com empregados especializados e com um rigoroso controle de qualidade, já que, seguramente, haverá também concorrência entre as empresas terceirizadas. A desconcentração das etapas do âmbito da empresa tomadora incentivará a concorrência, reduzirá o tempo de produção, determinará a baixa do custo e refletirá na excelência do produto;

5) *Dos reflexos da excelência do produto:* A excelência do produto, somada à baixa do custo operacional, refletirá imediatamente no mercado comprador, já que a tendência crescente é a de o consumidor dizer o produto que deseja pelo preço que acha razoável. Sem que sejam atendidos esses requisitos não haverá poder de penetração e de competitividade no mercado interno e externo.

Fazendo uma análise dicotômica entre a flexibilização e a terceirização verifica-se que a terceirização não poderá sobreviver à medida que encontrar obstáculos intransponíveis, quer nas leis, quer nos costumes.

Em sendo a lei uma construção cultural com o escopo de proteger uma realidade, deverá propiciar convivência pacífica, num mundo globalizado; entre os contratos de terceirização e o contrato de trabalho, dando possibilidades ao empresário de racionalizar a linha produtiva ao mesmo tempo em que se garanta trabalho ao trabalhador com paga condigna e com valorização da mão de obra. Diz um dito popular de sabença universal que *o rio consegue chegar ao mar, porque aprendeu a contornar os obstáculos*. A flexibilização se apresenta como fator de equilíbrio na busca de novos caminhos que deverão trilhar as pegadas da razoabilidade em favor do trabalho e do capital. O fortalecimento da empresa não deve representar risco ao trabalhador, mas incentivo à sua especialização.

Esse capítulo abordou o tema da flexibilização das leis trabalhistas com foco na terceirização irregular em detrimento dos benefícios garantidos aos celetistas, pois existe uma camada da sociedade que adere aos contratos de prestação de serviço como pessoas jurídicas, para obter uma colocação no mercado de trabalho.

Observou-se que a CLT estabelece que a terceirização pode ser feita, desde que seja de atividade-meio, porém o que ocorre, é que as empresas contratadas por sua vez exigem do profissional que este se torne empresário, mesmo que a empresa seja apenas de fachada, para que possa ocorrer a contratação do mesmo. Trata-se nesse caso de terceirização irregular, pois a atividade da empresa criada pelo profissional tem como objeto social a prestação de serviços.

Conclui-se que dessa forma o profissional possui uma agressão aos seus direitos mais naturais, preservados pela CLT, que são as férias remuneradas, transformando a pessoa do profissional em uma máquina. A Revolução Industrial nessa seara trouxe a exploração da mão de obra e muitas lutas foram e são travadas até os dias atuais para combater a exploração.

Acredita-se, finalmente, que no atual contexto globalizado a flexibilização das normas do Direito do Trabalho deve assegurar um conjunto de regras mínimas ao trabalhador e em contrapartida a sobrevivência da empresa, por meio da modificação de comandos legais, procurando outorgar aos trabalhadores certos direitos mínimos, e ao empregador, a possibilidade de adaptação do seu negócio, mormente em época de crise econômica.

CAPÍTULO VI
Contrato de trabalho

1. INTRODUÇÃO

Práticas de emprego e trabalho no Brasil são basicamente regidas pela Constituição, pela Consolidação das Leis do Trabalho e por acordos coletivos de trabalho. A Legislação trabalhista brasileira é considerada de ordem pública, e os direitos concedidos por ela são normas gerais que não podem ser dispensadas por um empregado ou negada pelo empregador. Como resultado, quaisquer direitos contratualmente concedidos por um empregador a um empregado (ou que resultem de prática geral do empregador) estão além das já previstos pela lei. Sob as leis brasileiras, existem três tipos de trabalhadores: empregado, os trabalhadores independentes e o trabalhador *freelancer*. Eles são todos genericamente chamados "trabalhadores" (CARRION, 2002)[36].

É estabelecida uma relação de trabalho sempre que se encontram os seguintes elementos: subordinação, exclusividade e regularidade dos serviços pessoais prestados por um indivíduo para outro indivíduo ou empresa em troca de um salário. Brasileiros e estrangeiros empregados devem ostentar uma anotação quanto ao tal estatuto de emprego na sua carteira de trabalho.

O emprego pode ser contratado verbalmente ou por escrito. No Brasil, no entanto, os contratos de trabalho por escrito são geralmente adotados como uma garantia legal. Contratos de trabalho experimental por escrito são obrigatórios (DELGADO, 2002)[37].

Um contrato de trabalho pode estabelecer se o período de emprego é definitivo ou indefinido. Um contrato por o período indeterminado é aquele em que as partes não estipulam nenhuma data de término. A grande maioria dos contratos de emprego no Brasil é desse tipo (NASCIMENTO, 2004)[38]. Um contrato por prazo indeterminado só pode ser quebrado mediante aviso prévio à outra parte. A falha por parte do empregador para fazê-lo, sem a presença de qualquer dos motivos legalmente reconhecidos para o despedimento, dá direito ao empregado certos direitos por quebra de contrato. Nenhuma indenização é devida a um empregado por cessação do seu contrato após a expiração de um contrato a termo. Mas se o empregado é dispensado injustamente durante o curso do contrato, ele tem direito a uma indenização de metade do salário devido para a porção restante do contrato. Por outro lado, se é o empregado que rescinde o contrato, é responsável indenizar o empregador por qualquer perda resultante desta quebra de contrato (MANUS, 2005)[39].

2. RESCISÃO DE CONTRATO

De acordo com a legislação brasileira, os contratos de trabalho podem ser rescindidos se o empregador justificou a causa. Abaixo estão os casos que podem dar origem à cessação do contrato por uma causa justificada (MARTINS, 2005)[40]:

- Ato desonesto;
- Falta de moderação ou má conduta;

---

(36) CARRION, Valentin. *Comentários à consolidação das leis do trabalho*. 27. ed. atual. e ampl. por Eduardo Carrion. São Paulo: Saraiva, 2002.
(37) DELGADO, Mauricio Godinho. *Curso de Direito do Trabalho*. São Paulo: LTr, 2002.
(38) NASCIMENTO, Amauri Mascaro. *Curso de Direito do Trabalho*. 19. ed. São Paulo: Saraiva, 2004.
(39) MANUS, Pedro Paulo Teixeira. *Direito do Trabalho*. 9. ed. São Paulo: Atlas, 2005.
(40) MARTINS, Sergio Pinto. *Direito do Trabalho*. 21. ed. São Paulo: Atlas, 2005.

- Funcionário fazer negócios regulares na sua própria conta ou por conta de terceiros sem o consentimento do empregador, ou sempre que houver um conflito de interesses entre qualquer dessas atividades e as do empregador em detrimento deste último;
- Acusação criminal do funcionário no julgamento final, desde que a pena não tenha sido perdoada;
- Preguiça no desempenho do empregado de suas funções;
- Intoxicação regular, ou intoxicação durante o horário de trabalho;
- Violação de segredos comerciais;
- Qualquer ato de indisciplina ou insubordinação;
- Abandono de emprego;
- Qualquer ato prejudicial para a honra ou a reputação de qualquer pessoa, praticada durante o horário de trabalho, bem como a violência física praticada nas mesmas condições, exceto em caso de defesa de auto – ou terceiros; e
- Qualquer ato prejudicial para a honra ou a reputação do empregador ou superiores do *ranking* de violência física contra eles, salvo no caso de defesa de auto – ou terceiros.

Nestes casos nenhuma indenização é devida ao empregado após a rescisão do seu contrato de trabalho, mas o empregador tem o ônus da prova sobre qualquer uma das situações legais acima.

3. PRAZO DE CONTRATO

Prazo Determinado	O contrato de trabalho comum. Não há prazo para seu encerramento
Prazo Indeterminado	Existe um tempo predeterminado. Ele somente poderá ser utilizado para atividades de caráter transitório ou contrato de experiência

4. MODALIDADES DO CONTRATO DE TRABALHO

Contrato por obra certa	Possui um prazo determinado. Contrato, deve ser celebrado pelo tempo de duração da obra, podendo ser prorrogado uma única vez, desde que não ultrapasse o período de 2 anos.
Trabalho em domicílio	O trabalho pode ser exercido da residência do trabalhador, ou qualquer outro local que não a sede da empresa, só que presentes todos os outros requisitos que caracterizam o vínculo empregatício, ou seja, habitualidade, subordinação, pessoalidade e remuneração.
Contrato de aprendizagem	Trabalhador com idade entre 14 e 24 anos, com contrato de duração não superior a 2 anos no qual a empresa se obriga a aprimorar a formação técnico-profissional do aprendiz através de programas de aprendizagem organizados.
Contrato de estágio	Visa qualificar os futuros profissionais para ingresso no mercado de trabalho, possibilitando contato prático e teórico com o exercício da profissão. Não cria vínculo empregatício, pois possui legislação própria (Lei n. 11.788/08)
Trabalho temporário	É aquele que por intermédio de empresa de trabalho temporário presta serviço a uma determinada empresa para atender à necessidade transitória. Duração máxima: 3 meses prorrogáveis por mais 3 meses com autorização do MT.

CAPÍTULO VII
Remuneração e salário

1. SALÁRIO

Salário é o pagamento que o sujeito recebe pelo trabalho regular prestado ao seu empregador pelo qual ele foi contratado. O empregado recebe um salário em troca de colocar seu trabalho à disposição do empregador, sendo estes as principais obrigações resultantes da relação contratual.

Quando os pagamentos são feitos mensalmente são chamados de salários. Deve haver sempre um pagamento em dinheiro, a espécie é necessariamente adicional. O salário é o elemento principal na negociação de um contrato de trabalho. É a consideração nas relações bilaterais, mas às vezes também leva em conta outras condições de trabalho, como férias, etc.

A remuneração salarial é um dos aspectos das condições de trabalho que afetam mais diretamente a vida quotidiana dos trabalhadores. Desde os seus primeiros anos de existência, a Organização Internacional do Trabalho tem discutido em torno do nível de salários com o intuito de estabelecer normas que garantam e protejam o direito dos trabalhadores a ganhar um salário justo. Nos termos da Constituição da OIT (1919) "o fornecimento de um salário mínimo adequado" é um objetivo cuja realização é mais urgente.

Os salários representam algo muito diferente para trabalhadores e empregadores. Para este último, além de ser um elemento de custo, é um meio pelo qual motivam os trabalhadores. Visto que representam o padrão de vida que podem ter um incentivo para adquirir habilidades, além de uma fonte de satisfação com o trabalho realizado. A negociação coletiva na empresa ou na indústria e diálogo social tripartido a nível nacional são as melhores maneiras de determinar o nível dos salários e resolver conflitos potenciais.

O salário é um método utilizado para premiar ou compensar os empregados, mas, neste caso, é uma remuneração fixa; que todos recebam o mesmo no tempo acordado. O empregador oferece uma quantia fixa de dinheiro em troca de que os trabalhadores executem algum trabalho.

De acordo com legislação brasileira, salário é o valor pago para ao empregado por serviços prestados, já a remuneração engloba este valor e outras vantagens a título de adicionais ou de gratificações.

De acordo com o art. 457 da CLT:

> Art. 457 – Compreendem-se na remuneração do empregado, para todos os efeitos legais, além do salário devido e pago diretamente pelo empregador, como contraprestação do serviço, as gorjetas que receber. (Redação dada pela Lei n. 1.999, de 01.10.1953)
>
> § 1º Integram o salário não só a importância fixa estipulada, como também as comissões, percentagens, gratificações ajustadas, diárias para viagens e abonos pagos pelo empregador. (Redação dada pela Lei n. 1.999, de 01.10.1953)
>
> § 2º Não se incluem nos salários as ajudas de custo, assim como as diárias para viagem que não excedam de 50% (cinquenta por cento) do salário percebido pelo empregado. (Redação dada pela Lei n. 1.999, de 01.10.1953)
>
> § 3º Considera-se gorjeta não só a importância espontaneamente dada pelo cliente ao empregado, como também aquela que for cobrada pela empresa ao cliente, como adicional nas contas, a qualquer título, e destinada a distribuição aos empregados. (Redação dada pelo Decreto-lei n. 229, de 28.2.1967)[41].

---

(41) BRASIL. *Consolidação das Leis do Trabalho de 1943.*

Dessa forma, compreende-se que o salário é a recompensa devida que é recebida pelo empregado diretamente do seu empregador por um serviço prestado. Para Delgado (2005, p. 82), salário é "o conjunto de parcelas pagas pelo empregador ao empregado em decorrência da relação de emprego"[42].

De acordo com a CLT:

> Art. 76 – Salário mínimo é a contraprestação mínima devida e paga diretamente pelo empregador a todo trabalhador, inclusive ao trabalhador rural, sem distinção de sexo, por dia normal de serviço, e capaz de satisfazer, em determinada época e região do País, as suas necessidades normais de alimentação, habitação, vestuário, higiene e transporte[43].

Para Nascimento (2006), salário é "o conjunto de percepções econômicas devidas pelo empregador ao empregado, não só como contraprestação do trabalho, mas também pelos períodos em que estiver à disposição daquele aguardando ordens, pelos descansos remunerados, pelas interrupções do contrato de trabalho ou por força da lei".

Entre os tipos de salários temos:

Salário fixo	É definido no contrato de trabalho e está vinculado na relação empregador e empregado, onde há uma relação de trabalho. Pode se configurar em: • Salário bruto • Salário líquido • Salário-base • Salário mínimo • Piso salarial • Salário profissional • Salário normativo
Salário variável	Esse poderá variar, mas nunca poderá ser abaixo do salário-mínimo. A CLT, no art. 457, preceitua que: "*compreendem-se na remuneração do empregado, para todos os efeitos legais, além do salário devido e pago diretamente pelo empregador, como contraprestação do serviço, as gorjetas que receber*". Requisitos: • Reciprocidade • Essencialidade • Quantificação • Peridiocidade • Habitualidade

2. REMUNERAÇÃO

O conceito de remuneração e salário tem significados diferentes, dependendo da área em que ele é considerado. É, portanto, necessário distinguir esses diferentes institutos.

Remuneração é tudo que o trabalhador recebe por seus serviços, em dinheiro, seja qual for a forma ou o nome que é dado. Tal conceito é aplicável para todos os efeitos legais, tanto para o cálculo e o pagamento das prestações nos termos desta Lei, como por impostos, contribuições e para a segurança social e similares incidentes sobre os salários.

A remuneração é:

> Art. 457 – Compreendem-se na remuneração do empregado, para todos os efeitos legais, além do salário devido e pago diretamente pelo empregador, como contraprestação do serviço, as gorjetas que receber. (Redação dada pela Lei n. 1.999, de 1º.10.1953)
>
> § 1º Integram o salário não só a importância fixa estipulada, como também as comissões, percentagens, gratificações ajustadas, diárias para viagens e abonos pagos pelo empregador. (Redação dada pela Lei n. 1.999, de 1º.10.1953)
>
> § 2º Não se incluem nos salários as ajudas de custo, assim como as diárias para viagem que não excedam de 50% (cinquenta por cento) do salário percebido pelo empregado. (Redação dada pela Lei n. 1.999, de 1º.10.1953)
>
> § 3º Considera-se gorjeta não só a importância espontaneamente dada pelo cliente ao empregado, como também aquela que for cobrada pela empresa ao cliente, como adicional nas contas, a qualquer título, e destinada a distribuição aos empregados. (Redação dada pelo Decreto-lei n. 229, de 28.02.1967)[44].

---

(42) DELGADO, M. Godinho. *Curso de Direito do Trabalho*. 4. ed. São Paulo: LTr, 2005. p. 206.
(43) BRASIL. *Consolidação das Leis do Trabalho de 1943*.
(44) BRASIL. *Consolidação das Leis do Trabalho de 1943*.

Assim, compreende-se que a remuneração é todo provento legal que é auferido pelo empregado habitualmente em decorrência do contrato de trabalho, que é pago por um empregador (NASCIMENTO, 2006)[45]. Assim a remuneração engloba: salário indireto e direto, remuneração variável. Assim, a remuneração são todas as retribuições recebidas pelo empregado para a realização da prestação de serviços, de modo a totalizar/complementar o seu salário.

Dessa forma, compreende-se que o salário é sempre uma remuneração, mas nem sempre esta será um salário, pois existem remunerações *in natura*, onde o empregado recebe um complemento com o recebimento de bens e serviços, como é o caso, na participação dos lucros ou no recebimento do *ticket* de alimentação.

As remunerações podem ser:

Remuneração Funcional	É a mais tradicional, adota-se um sistema de Plano Cargos e Salários, são respeitadas as relações de cargo e faixas salariais.
Salário Indireto	São representados pelos benefícios indiretos que as empresas oferecem a seus empregados, como: previdência-privada, auxílio-odontológico, auxílio-doença, auxílio-funeral, aluguel de casa, clube recreativo, etc.
Remuneração por Habilidades	Remuneração concedida em função do conhecimento ou de habilidades certificadas.
Remuneração por Competências	Geralmente adotada em níveis gerenciais, esse tipo de remuneração passou a ser mais usado a partir da especialização de setores da economia que ficam mais exigentes em relação a produtos e serviços, assim a competência profissional ganha destaque no mercado e é reconhecida com uma remuneração diferenciada.
Remuneração Variável	São diferentes tipos de recompensas oferecidas aos empregados, que complementam a remuneração fixa e abarcam fatores, tais como: desempenho, atitudes e outros com o valor percebido. São exemplos: A participação acionária e a remuneração por resultados.
Participação Acionária	Este é um sistema complexo de remuneração, pois os empregados passam a sentir-se como donos da empresa, esse plano deve ser muito bem estruturado, pois pode ser uma desvantagem a longo prazo, tanto para o empregado quanto para o empregador.
Alternativas Criativas	Essa remuneração cria um vínculo imediato entre o fator gerador e o reconhecimento. Esse reconhecimento pode ser: • Social (agradecimentos, etc.) • Simbólico (passagens aéreas, entradas para concertos, etc.) • Relacionado ao trabalho (promoção, etc.) • Financeiro (bônus, prêmios especiais, ações da empresa, etc.)

3. MODALIDADES DE REMUNERAÇÃO

No atual ambiente competitivo, a remuneração é uma forma de estimular, motivar os colaboradores. Assim, a remuneração é uma forma de reconhecimento que estrategicamente tem sido usado por gestores como forma de melhorar o clima organizacional. O clima organizacional, tem a ver com o ambiente de trabalho, como as pessoas se inter-relacionam, se os seus direitos estão sendo protegidos. Todos esses fatores fazem com que as pessoas se sintam motivadas para realizar os seus serviços, prestando um serviço de qualidade.

Dentro dessa seara, Souza (2001) compreende que o clima organizacional é a união de vários fatores, como respeito às variáveis culturais que englobam a somatização de valores, hábitos, tradições, metas, objetivos. Todas essas variáveis fazem com que uma empresa seja única. Todas essas variáveis chamadas de clima organizacional desenham o que é clima organizacional[46].

Bennis (1998) compreende que o clima organizacional e valores são faces da mesma moeda, ou seja, o conjunto de atitudes e de valores adotados em uma empresa desenha e principalmente afeta a forma que os trabalhadores se relacionam dentro de uma instituição[47].

O clima organizacional está relacionado ao ambiente interno da instituição. Ele engloba todas as vertentes que motivam a força de trabalho a exercer as suas funções, ou seja, aspectos internos da empresa que levam à diferente

---

(45) NASCIMENTO, Amauri Mascaro. *Curso de Direito do Trabalho*. São Paulo: Saraiva, 2006.
(46) SOUZA, E. B. *Motivação para o trabalho*: um estudo de caso para operadores da PETROBRAS – Refinaria Presidente Getúlio Vargas. Florianópolis, 2001. 110f. Dissertação (Mestrado em Engenharia de Produção) – Programa de Pós-graduação em Engenharia de Produção, UFSC, 2001.
(47) BENNIS, W. G. *Desenvolvimento Organizacional*: sua natureza, origens e perspectivas. São Paulo: Edgar Bleicher, 1999.

espécie de motivação de seus participantes (CHIAVENATO, 2007)[48]. Assim, se os trabalhadores estão se sentindo respeitados e valorizados, é bem possível que o clima organizacional favoreça a uma melhoria contínua dos serviços prestados. Dentro dessa vertente verifica-se que o clima organizacional pode ser compreendido como o reflexo da cultura da instituição, ou seja, ela é o reflexo das ações dos indivíduos dentro da organização.

Chiavenato (2007) atenta que clima organizacional influencia e é influenciado pelo comportamento dos indivíduos. Dentro dessa assertiva, o ambiente interno da empresa pode determinar o clima organizacional da organização, ou seja, o clima pode ser favorável, desfavorável, motivador ou desestimulante, dessa maneira, a cultura e o clima organizacional são fundamentais para a postulação de uma boa estratégia competitiva, além de auxiliar no processo de tomada de decisão[49].

A cultura organizacional é um pilar fundamental na construção de um clima organizacional, pois não há como as pessoas se relacionarem bem se existem demandas dos trabalhadores que não são respeitadas no âmbito interno das empresas.

Assim, se os trabalhadores estão se sentindo respeitados e valorizados, é bem possível que o clima organizacional favoreça a uma melhoria contínua dos serviços prestados.

Dentro dessa vertente verifica-se que o clima organizacional pode ser compreendido como o reflexo da cultura da instituição, ou seja, ela é o reflexo das ações dos indivíduos dentro da organização. Chiavenato (2007) atenta que clima organizacional influencia e é influenciado pelo comportamento dos indivíduos. Dentro dessa assertiva, o ambiente interno da empresa pode determinar o clima organizacional da organização, ou seja, o clima pode ser favorável, desfavorável, motivador ou desestimulante, dessa maneira, a cultura e o clima organizacional são fundamentais para a postulação de uma boa estratégia competitiva, além de auxiliar no processo de tomada de decisão[50].

Observa-se que os gestores dentro da gestão de clima organizacional devem estar atentos ao cumprimento das obrigações legais que não podem ser negligenciadas, como o recebimento dos benefícios, férias, gratificações, etc. O clima organizacional, portanto, não tem a ver apenas com o modo que trabalhador é tratado pelos seus superiores, o conceito é bem mais amplo do que isso. Na aferição do clima organizacional é preciso checar se os trabalhadores estão tendo os seus direitos respeitados, se estão trabalhando em condições salubres e com os equipamentos necessários.

Algumas das modalidades de remuneração são:

Prêmios	As parcelas alcançadas habitualmente pelo empregado sob o título de "prêmio", destinadas a complementar o salário-base percebido, têm inequívoca natureza salarial e, como tal, não podem sofrer supressão de pagamento, sem risco de configurar-se alteração contratual unilateral do empregador, lesiva ao empregado e, por isso mesmo, agressiva à lei. (TRT 4ª R. RO 00398.029/96-2 – 6ª T. Rel. Juiz Milton Varela Dutra – J. 09.11.2000)
Salário *in natura* ou salário utilidade	CLT – Art. 458 – Além do pagamento em dinheiro, compreende-se no salário, para todos os efeitos legais, a alimentação, habitação, vestuário ou outras prestações "in natura" que a empresa, por força do contrato ou do costume, fornecer habitualmente ao empregado. Em caso algum será permitido o pagamento com bebidas alcoólicas ou drogas nocivas. (Redação dada pelo Decreto-lei n. 229, de 28.02.1967)
	§ 1º Os valores atribuídos às prestações "in natura" deverão ser justos e razoáveis, não podendo exceder, em cada caso, os dos percentuais das parcelas componentes do salário-mínimo (arts. 81 e 82). (Incluído pelo Decreto-lei n. 229, de 28.02.1967)
	§ 2º Não serão considerados como salário, para os efeitos previstos neste artigo, os vestuários, equipamentos e outros acessórios fornecidos ao empregado e utilizados no local de trabalho, para a prestação dos respectivos serviços. (Parágrafo único remunerado pelo Decreto-lei n. 229, de 28.02.1967)

---

(48) CHIAVENATO, I. *Administração nos novos tempos*. 4. ed. Rio de Janeiro: Campus, 2007.
(49) *Idem, ibidem*.
(50) *Idem, ibidem*.

	§ 2º Para os efeitos previstos neste artigo, não serão consideradas como salário as seguintes utilidades concedidas pelo empregador: (Redação dada pela Lei n. 10.243, de 19.06.2001)
	I – vestuários, equipamentos e outros acessórios fornecidos aos empregados e utilizados no local de trabalho, para a prestação do serviço; (Incluído pela Lei n. 10.243, de 19.06.2001)
	II – educação, em estabelecimento de ensino próprio ou de terceiros, compreendendo os valores relativos a matrícula, mensalidade, anuidade, livros e material didático; (Incluído pela Lei n. 10.243, de 19.06.2001)
	III – transporte destinado ao deslocamento para o trabalho e retorno, em percurso servido ou não por transporte público; (Incluído pela Lei n. 10.243, de 19.06.2001)
	IV – assistência médica, hospitalar e odontológica, prestada diretamente ou mediante seguro-saúde; (Incluído pela Lei n. 10.243, de 19.06.2001)
	V – seguros de vida e de acidentes pessoais; (Incluído pela Lei n. 10.243, de 19.06.2001)
	VI – previdência privada; (Incluído pela Lei n.10.243, de 19.06.2001)
	VII – (VETADO) (Incluído pela Lei n. 10.243, de 19.06.2001)
	VIII – o valor correspondente ao vale-cultura. (Incluído pela Lei n. 12.761, de 2012)
	§ 3º A habitação e a alimentação fornecidas como salário-utilidade deverão atender aos fins a que se destinam e não poderão exceder, respectivamente, a 25% (vinte e cinco por cento) e 20% (vinte por cento) do salário-contratual. (Incluído pela Lei n. 8.860, de 24.3.1994)
	§ 4º Tratando-se de habitação coletiva, o valor do salário-utilidade a ela correspondente será obtido mediante a divisão do justo valor da habitação pelo número de co-habitantes, vedada, em qualquer hipótese, a utilização da mesma unidade residencial por mais de uma família. (Incluído pela Lei n. 8.860, de 24.3.1994)[52]
Gorjetas	Não tem previsão legal, ela é realizada de forma espontânea por pessoas que recebem e sentem-se satisfeitas com determinado serviço[53]. CLT – Art. 457 – Compreendem-se na remuneração do empregado, para todos os efeitos legais, além do salário devido e pago diretamente pelo empregador, como contraprestação do serviço, as gorjetas que receber. (Redação dada pela Lei n. 1.999, de 01.10.1953)
Abonos	CLT – Art. 457 § 1º – Integram o salário não só a importância fixa estipulada, como também as comissões, percentagens, gratificações ajustadas, diárias para viagens e abonos pagos pelo empregador. (Redação dada pela Lei n. 1.999, de 1.10.1953)[54]
Gratificação	TST Enunciado n. 78 A gratificação periódica contratual integra o salário pelo seu duodécimo (1/12 avos por mês), para todos os efeitos legais, inclusive o cálculo da natalina da Lei n. 4.090/1962. (...)
Ajuda de Custo	São despesas geralmente decorrentes de uma viagem de trabalho, por exemplo, esses custos não serão descontados da folha de pagamento dos funcionários[55].
Descanso semanal remunerado	Representa os domingos e os feriados não trabalhados, mas pagos fazendo parte assim da integração do salário.
Salário Complessivo ou Completivo	Consiste no estabelecimento de uma importância proporcional ou proporcional ao salário básico, com o intuito de remunerar vários institutos adicionais sem a possibilidade de verificar se a remuneração cobrirá todos os direitos dos trabalhadores.

---

(51) BRASIL. *Consolidação das Leis do Trabalho de 1943*.
(52) Considerando-se que existia rateio habitual da gorjeta, entre os atendentes do restaurante, devemos considerá-la parcela salarial, devendo integrar a remuneração para os fins de direito. (TRT 3ª R. – RO 9.140/97 – 1ª T. – Rel. Juiz Manoel Cândido Rodrigues – DJU 09.01.1998)
(53) BRASIL. *Consolidação das Leis do Trabalho de 1943*.
(54) Definido que a parcela tenha natureza jurídica de ajuda de custo, não terá ela seu valor incluído no salário para nenhum efeito, independentemente de exceder de 50% do valor dele, já que essa condição só se refere a diárias (TST, RR 18.448/90.2, Manoel de Freitas, Ac. 3ª T. 3.970/1991).

Adicional de insalubridade	Como as normas regulamentadoras da segurança no trabalho no Brasil, menciona-se NR-18 (Condições e Meio Ambiente de Trabalho na Indústria da Construção), NR-9 (Programas de Prevenção de Riscos Ambientais) e NR-7 (Programas de Controle Médico de Saúde Ocupacional), as quais formam o Programa de Saúde e Segurança no Trabalho (SST). As normas internacionais abordadas são: OSHA (*Title 29 odf code of Federal Regulations (CFR) Part 1926*) dos EUA e a Diretiva da União Europeia n. 92/57/CEE (Prescrições Mínimas de Segurança e de Saúde a Aplicar nos Canteiros Temporários e Móveis). As normas opcionais são relacionadas aos Sistemas Integrados de Gestão (SIG), sendo abordadas neste item as seguintes: NBR ISO 9001: 2000 (Sistema de Gestão da Qualidade), NBR ISO 14001: 1996 (Gestão Ambiental) e OSHAS 18001 (Sistema de Gestão de Segurança e Higiene no Trabalho)[56]. **CLT – Art. 192** – O exercício de trabalho em condições insalubres, acima dos limites de tolerância estabelecidos pelo Ministério do Trabalho, assegura a percepção de adicional respectivamente de 40%, 20% e 10% do salário mínimo, segundo se classifiquem nos graus máximo, médio e mínimo[57].
Adicional de periculosidade	Sua percentagem é de 30% sobre o salário base. CLT – Art. 193. São consideradas atividades ou operações perigosas, na forma da regulamentação aprovada pelo Ministério do Trabalho e Emprego, aquelas que, por sua natureza ou métodos de trabalho, impliquem risco acentuado em virtude de exposição permanente do trabalhador a: (Redação dada pela Lei n. 12.740, de 2012) § 1º O trabalho em condições de periculosidade assegura ao empregado um adicional de 30% (trinta por cento) sobre o salário sem os acréscimos resultantes de gratificações, prêmios ou participações nos lucros da empresa. (Incluído pela Lei n. 6.514, de 22.12.1977)[58].
Adicional Noturno	Corresponde a 20% do salário contratual sobre serviços prestados após às 22:00 horas. CLT – Art. 73. Salvo nos casos de revezamento semanal ou quinzenal, o trabalho noturno terá remuneração superior a do diurno e, para esse efeito, sua remuneração terá um acréscimo de 20 % (vinte por cento), pelo menos, sobre a hora diurna. (Redação dada pelo Decreto-lei n. 9.666, de 1946) § 2º Considera-se noturno, para os efeitos deste artigo, o trabalho executado entre as 22 horas de um dia e as 5 horas do dia seguinte. (Redação dada pelo Decreto-lei n. 9.666, de 1946)[59].

---

(55) Dentro da legislação aplicável no Brasil o empregador tem o dever de garantir a segurança dos trabalhadores, a saúde e o bem-estar no trabalho, tanto quanto for razoavelmente possível. A fim de prevenir acidentes de trabalho e problemas de saúde é obrigado o empregador, entre outras coisas, a: Fornecer e manter um ambiente de trabalho seguro, que utiliza plantas e equipamentos de segurança; Prevenir os riscos do uso de qualquer artigo ou substância e da exposição a agentes físicos, ruído e vibração; Impedir qualquer conduta abusiva ou comportamento susceptível de pôr a segurança, saúde e bem-estar dos funcionários em risco; Fornecer instruções e treinamento para os funcionários de saúde e segurança; Fornecer roupas e equipamentos de proteção para os funcionários. De outro lado são deveres dos empregados: tomar o devido cuidado para proteger a saúde e segurança de si mesmos e de outras pessoas no local de trabalho; Não se envolver em comportamento inadequado que prejudique a si mesmos ou aos outros; Não estar sob a influência de álcool ou drogas no local de trabalho; Para passar por qualquer avaliação médica ou outro razoável, se solicitado a fazê-lo pelo empregador e relatar quaisquer defeitos no local de trabalho ou equipamento que possa ser um perigo para a saúde e segurança. Cada empregador é obrigado a realizar uma avaliação de risco para o ambiente de trabalho que deverá identificar os riscos presentes no local de trabalho, avaliar os riscos decorrentes de tais riscos e identificar as medidas a serem tomadas para lidar com quaisquer riscos. O empregador também deve preparar uma demonstração de segurança que se baseia na avaliação de risco. A declaração deverá conter também os detalhes de pessoas na força de trabalho que são responsáveis por questões de segurança. Os funcionários devem ter acesso a esta declaração e os empregadores devem analisá-lo em uma base regular. O empregador deve informar os trabalhadores sobre os riscos que requerem o uso de equipamentos de proteção. O empregador deve fornecer equipamentos de proteção (como roupas de proteção, chapelaria, calçados, óculos, luvas), juntamente com o treinamento sobre como usá-lo, se necessário. Um empregado tem o dever de cuidar devidamente de seu / sua própria segurança e de uso de qualquer equipamento de proteção fornecido. O equipamento de proteção deve ser fornecida gratuitamente aos empregados que se destine para o uso em apenas local de trabalho. Normalmente, os funcionários devem ser fornecidos com o seu próprio equipamento pessoal.

(56) Ver Norma Regulamentadora 15.

(57) BRASIL. *Consolidação das Leis do Trabalho de 1943*.

(58) *Idem*.

CAPÍTULO VIII
Regras de proteção do salário

Para além dos montantes pagos aos empregados como um salário, quaisquer outros montantes pagos em uma base regular, para todos os efeitos legais, são considerados como parte do salário do empregado e são, em geral, tidos em conta, no momento do pagamento, entre outros, da remuneração de férias, 13º salário, que é um pagamento do FGTS, um depósito realizado pelo empregador na conta vinculada do empregado, para futuros levantamentos em casos especiais bem como no momento da despedida sem justa causa, gerando um fundo que protegerá o trabalhador em caso de desemprego involuntário, bem como pagamentos de indenização legais. Vencimentos mensais não podem ser inferiores ao montante mínimo estabelecido pela legislação em vigor (Salário mínimo). Algumas atividades específicas têm salário mínimo acordado com os respectivos sindicatos.

A Justiça do Trabalho tem realizado de forma coordenada uma cadeia de proteções e garantias ao salário, haja vista que o salário é provento do sustento e a base principal para o estabelecimento da dignidade da pessoa humana (SILVA, 2001)[59].

Entre essas garantias estão: Irredutibilidade salarial; Patamar salarial mínimo; Salário profissional; Salário normativo e salário convencional; Intangibilidade salarial; Isonomia salarial; Proteção contra credores do empregador; Proteção contra credores do empregado; Recuperação judicial; Proteção jurídica na falência do empregador; Impenhorabilidade do salário e Inviabilidade da cessão do crédito salarial.

Irredutibilidade salarial	Respeita o Princípio da inalterabilidade dos contratos *pacta sunt servanda* proveniente do Direito Civil. A irredutibilidade somente será possível *"salvo o disposto em convenção ou acordo coletivo"*. (CF/88, art. 7º, VI)[61]
Patamar salarial mínimo	*É o salário-mínimo para as necessidades do empregado e de sua família.*
Salário profissional	O salário mínimo profissional é fixado pela legislação para aqueles trabalhadores integrantes de certas profissões legalmente regulamentadas.
Salário normativo e salário convencional	O salário mínimo normativo é aquele fixado por sentença normativa, resultante de processo de dissídio coletivo envolvendo o sindicato de trabalhadores e respectivos empregadores ou sindicato de empregadores.
	O salário mínimo convencional corresponde àquele patamar salarial mínimo fixado pelo correspondente instrumento negocial coletivo (convenção, acordo ou contrato coletivo de trabalho) para se aplicar no âmbito da respectiva categoria profissional ou categoria diferenciada.
Intangibilidade salarial	CLT – Art. 462 – Ao empregador é vedado efetuar qualquer desconto nos salários do empregado, salvo quando este resultar de adiantamentos, de dispositvos de lei ou de contrato coletivo. § 1º Em caso de dano causado pelo empregado, o desconto será lícito, desde de que esta possibilidade tenha sido acordada ou na ocorrência de dolo do empregado. (Parágrafo único renumerado pelo Decreto-lei n. 229, de 28.2.1967)[62]

---

(59) SILVA, José Afonso da. *Curso de Direito Constitucional Positivo*. São Paulo: Malheiros, 2001.
(60) BRASIL. *Constituição Federal de 1988*. Brasília: DF: 1988.
(61) § 2º É vedado à empresa que mantiver armazém para venda de mercadorias aos empregados ou serviços estimados a proporcionar-lhes prestações "in natura" exercer qualquer coação ou induzimento no sentido de que os empregados se utilizem do armazém ou dos serviços. (Incluído pelo Decreto-lei n. 229, de 28.2.1967)

Isonomia salarial[63]	CLT – Art. 461 – Sendo idêntica a função, a todo trabalho de igual valor, prestado ao mesmo empregador, na mesma localidade, corresponderá igual salário, sem distinção de sexo, nacionalidade ou idade. (Redação dada pela Lei n. 1.723, de 8.11.1952) § 1º Trabalho de igual valor, para os fins deste Capítulo, será o que for feito com igual produtividade e com a mesma perfeição técnica, entre pessoas cuja diferença de tempo de serviço não for superior a 2 (dois) anos. (Redação dada pela Lei n. 1.723, de 8.11.1952)[64].
Proteção contra credores do empregador	São garantias que visam a proteção do crédito trabalhista quando confrontado com eventuais credores do respectivo empregador.
Proteção jurídica na recuperação extrajudicial	A recuperação extrajudicial pode certos créditos dirigidos contra o patrimônio do empregador, aumentando o prazo de pagamento de tais parcelas que pode gerar uma diminuição de rendimentos, mas essa redução não poderá refletir nos créditos trabalhistas[65].
Recuperação judicial	A recuperação judicial dilata em até 01 ano o prazo para pagamento dos salários. Somente os créditos salariais vencidos nos últimos 03 meses, até o limite de 05 salários mínimos por empregado, deverão ser pagos em até 30 dias.

---

§ 3º Sempre que não for possível o acesso dos empregados a armazéns ou serviços não mantidos pela Empresa, é lícito à autoridade competente determinar a adoção de medidas adequadas, visando a que as mercadorias sejam vendidas e os serviços prestados a preços razoáveis, sem intuito de lucro e sempre em benefício das empregados. (Incluído pelo Decreto-lei n. 229, de 28.02.1967)

§ 4º Observado o disposto neste Capítulo, é vedado às empresas limitar, por qualquer forma, a liberdade dos empregados de dispor do seu salário. (Incluído pelo Decreto-lei n. 229, de 28.02.1967). BRASIL. *Consolidação das Leis do Trabalho de 1943*.

(62) *Súmula n. 6 do TST*
EQUIPARAÇÃO SALARIAL. ART. 461 DA CLT (redação do item VI alterada) – Res. n. 198/2015, republicada em razão de erro material – DEJT divulgado em 12, 15 e 16.06.2015

I – Para os fins previstos no § 2º do art. 461 da CLT, só é válido o quadro de pessoal organizado em carreira quando homologado pelo Ministério do Trabalho, excluindo-se, apenas, dessa exigência o quadro de carreira das entidades de direito público da administração direta, autárquica e fundacional aprovado por ato administrativo da autoridade competente. (ex-Súmula n. 06 – alterada pela Res. 104/2000, DJ 20.12.2000)

II – Para efeito de equiparação de salários em caso de trabalho igual, conta-se o tempo de serviço na função e não no emprego. (ex-Súmula n. 135 – RA 102/1982, DJ 11.10.1982 e DJ 15.10.1982)

III – A equiparação salarial só é possível se o empregado e o paradigma exercerem a mesma função, desempenhando as mesmas tarefas, não importando se os cargos têm, ou não, a mesma denominação. (ex-OJ da SBDI-1 n. 328 – DJ 09.12.2003)

IV – É desnecessário que, ao tempo da reclamação sobre equiparação salarial, reclamante e paradigma estejam a serviço do estabelecimento, desde que o pedido se relacione com situação pretérita. (ex-Súmula n. 22 – RA 57/1970, DO-GB 27.11.1970)

V – A cessão de empregados não exclui a equiparação salarial, embora exercida a função em órgão governamental estranho à cedente, se esta responde pelos salários do paradigma e do reclamante. (ex-Súmula n. 111 – RA 102/1980, DJ 25.09.1980)

VI – Presentes os pressupostos do art. 461 da CLT, é irrelevante a circunstância de que o desnível salarial tenha origem em decisão judicial que beneficiou o paradigma, exceto: a) se decorrente de vantagem pessoal ou de tese jurídica superada pela jurisprudência de Corte Superior; b) na hipótese de equiparação salarial em cadeia, suscitada em defesa, se o empregador produzir prova do alegado fato modificativo, impeditivo ou extintivo do direito à equiparação salarial em relação ao paradigma remoto, considerada irrelevante, para esse efeito, a existência de diferença de tempo de serviço na função superior a dois anos entre o reclamante e os empregados paradigmas componentes da cadeia equiparatória, à exceção do paradigma imediato.

VII – Desde que atendidos os requisitos do art. 461 da CLT, é possível a equiparação salarial de trabalho intelectual, que pode ser avaliado por sua perfeição técnica, cuja aferição terá critérios objetivos. (ex-OJ da SBDI-1 n. 298 – DJ 11.08.2003)

VIII – É do empregador o ônus da prova do fato impeditivo, modificativo ou extintivo da equiparação salarial. (ex-Súmula n. 68 – RA 9/1977, DJ 11.02.1977)

IX – Na ação de equiparação salarial, a prescrição é parcial e só alcança as diferenças salariais vencidas no período de 5 (cinco) anos que precedeu o ajuizamento. (ex-Súmula n. 274 – alterada pela Res. 121/2003, DJ 21.11.2003)

X – O conceito de "mesma localidade" de que trata o art. 461 da CLT refere-se, em princípio, ao mesmo município, ou a municípios distintos que, comprovadamente, pertençam à mesma região metropolitana. (ex-OJ da SBDI-1 n. 252 – inserida em 13.03.2002)

(63) BRASIL. *Consolidação das Leis do Trabalho de 1943*.

(64) § 2º Os dispositivos deste artigo não prevalecerão quando o empregador tiver pessoal organizado em quadro de carreira, hipótese em que as promoções deverão obedecer aos critérios de antiguidade e merecimento. (Redação dada pela Lei n. 1.723, de 8.11.1952)

§ 3º No caso do parágrafo anterior, as promoções deverão ser feitas alternadamente por merecimento e por antiguidade, dentro de cada categoria profissional. (Incluído pela Lei n. 1.723, de 8.11.1952)

§ 4º O trabalhador readaptado em nova função por motivo de deficiência física ou mental atestada pelo órgão competente da Previdência Social não servirá de paradigma para fins de equiparação salarial. (Incluído pela Lei n. 5.798, de 31.8.1972). BRASIL. *Consolidação das Leis do Trabalho de 1943*.

Proteção jurídica na falência do empregador	Os trabalhadores em um ordem de hierarquia têm preferência no recebimento de créditos da massa falida[66]. (Lei n. 11.101/05, art.449, § 1º da CLT e art. 186 do CTN[67]).
Proteção contra credores do empregado	Garante que o empregado receberá as suas parcelas previstas no contrato de trabalho.
Impenhorabilidade do salário	CPC – Art. 649 – São absolutamente impenhoráveis: IV – os vencimentos, subsídios, soldos, salários, remunerações, proventos de aposentadoria, pensões, pecúlios e montepios; as quantias recebidas por liberalidade de terceiro e destinadas ao sustento do devedor e sua família, os ganhos de trabalhador autônomo e os honorários de profissional liberal, observado o disposto no § 3º deste artigo; (Redação dada pela Lei n. 11.382, de 2006).
Restrições à compensação	Restrição de caráter absoluto, diz respeito a inviabilidade de compensação de créditos trabalhistas do empregado com suas dívidas não trabalhistas. Restrição de caráter, diz respeito à limitação quantitativa da compensação entre créditos e débitos trabalhistas do empregado em face do mesmo empregador. Conforme o art. 477, § 5º, da CLT, que esse tipo de compensação, previsto para o instante de acerto rescisório, *não pode ultrapassar o teto máximo de um mês da remuneração do empregado*[68].
Inviabilidade da cessão do crédito salarial	CPC – Art. 464 – O pagamento do salário deverá ser efetuado contra recibo, assinado pelo empregado; em se tratando de analfabeto, mediante sua impressão digital, ou, não sendo esta possível, a seu rogo[69]. Parágrafo único. Terá força de recibo o comprovante de depósito em conta bancária, aberta para esse fim em nome de cada empregado, com o consentimento deste, em estabelecimento de crédito próximo ao local de trabalho. (Parágrafo incluído pela Lei n. 9.528, de 10.12.1997) Art. 465 – O pagamento dos salários será efetuado em dia útil e no local do trabalho, dentro do horário do serviço ou imediatamente após o encerramento deste.

---

(65) art. 186 do CTN. BRASIL. *Consolidação das Leis do Trabalho de 1943*.
(66) **Art. 186.** O crédito tributário prefere a qualquer outro, seja qual for sua natureza ou o tempo de sua constituição, ressalvados os créditos decorrentes da legislação do trabalho ou do acidente de trabalho. (Redação dada pela Lcp n. 118, de 2005)
Parágrafo único. Na falência: (Incluído pela Lcp n. 118, de 2005)
I – o crédito tributário não prefere aos créditos extraconcursais ou às importâncias passíveis de restituição, nos termos da lei falimentar, nem aos créditos com garantia real, no limite do valor do bem gravado; (Incluído pela Lcp n. 118, de 2005)
II – a lei poderá estabelecer limites e condições para a preferência dos créditos decorrentes da legislação do trabalho; e (Incluído pela Lcp n. 118, de 2005)
III – a multa tributária prefere apenas aos créditos subordinados. (Incluído pela Lcp n. 118, de 2005) (BRASIL. *Consolidação das Leis do Trabalho de 1943*).
(67) BRASIL. *Consolidação das Leis do Trabalho de 1943*.
(68) *Idem*.

CAPÍTULO IX
Jornadas de trabalho

1. INTRODUÇÃO

A fixação das jornadas de trabalho se fundamenta por necessidade e questões de ordem social, econômica e da saúde do trabalhador. Geralmente, são disciplinadas por normas emanadas do poder estatal, embora permita-se o ajuste sem a interferência do poder público em alguns casos.

Acontece que, devido à forte pressão do sistema capitalista e às descobertas tecnológicas, os empresários aos poucos vêm modificando as normas do poder estatal, em razão do instituto do *"ius variandi"* conferido ao empregador, e com isso algumas garantias conquistadas pelos trabalhadores vêm sendo aos poucos retiradas ou reduzidas sob o fundamento da manutenção do emprego e a criação de novos postos de trabalho no mundo atual.

Essas constantes mudanças nas regras trabalhistas vêm sendo objetos de muita inquietação para todas as categorias de empregados, dos sindicalistas, políticos e sociedade civil.

Os questionamentos estão basicamente ligados às questões de violações de direitos garantidos depois de muitas lutas pelas classes trabalhadoras. Com isso, levam-nos a acreditar que estamos caminhando para um retrocesso que no passado e ainda no presente existem resquícios de exploração de mão de obra degradante e de trabalho escravo em todo o mundo.

Por esta razão se questiona: as jornadas de trabalho vigentes são respeitadas no ordenamento jurídico brasileiro? Flexibilizar as jornadas dos trabalhadores com redução de remuneração não estaria retirando o poder aquisitivo do trabalhador e o consequente aumento da pobreza?

Com essa visão inicial, analisamos o momento histórico das jornadas de trabalho no mundo e, depois, o sistema brasileiro, com objetivo de responder às indagações levantadas, com base nas leis existentes, na jurisprudência e na doutrina.

A limitação da jornada de trabalho se deu em períodos distintos. Não havia, até a era industrial, uma duração delimitada do horário ou jornada de trabalho, contudo um ato normativo datado de 1593, Lei das Índias, estabelecia na Espanha que esta não poderia ultrapassar oito horas diárias.

A primeira lei que delimitou tal período foi em 1847, na Inglaterra, seguida pela França no ano seguinte (1848). Em ambas a jornada era de dez horas. Daí em diante, as jornadas de trabalho foram se ajustando por meios de convênios internacionais, entre eles se encontra a conferência de Berlin (1890), de Berna (1905, 1906 e 1913) e o Tratado de Versalhes (1919).

No Brasil, o Decreto n. 1.313 de 1891, o qual vigorou apenas no Distrito Federal, delimitava a jornada dos meninos em nove horas, enquanto a das meninas era de oito. Em 1932 decretos entraram em vigor estipulando carga horária para comerciários e industriários de oito horas, abrangendo outras categorias no ano seguinte. A própria Constituição de 1934 a fixou neste limite, já a Constituição de 1988 o manteve, contudo reduziram de 48 para 44 as horas semanais, além do acréscimo de 50% pelas horas extras realizadas.

A previsão legal da jornada de trabalho no Brasil está disciplinada na Constituição Federal de 1988 em seu art. 7º, incisos XIII e XIV e dos arts. 58 a 65 da CLT – Consolidação das Leis do Trabalho de 1943.

As normas em apreço estabelecem que a jornada de trabalho normal está limitada a 8 diárias e 44 horas semanais. Ultrapassando esse limite, será considerada como horas trabalhadas extraordinárias que não poderão exceder a duas horas diárias.

A doutrina brasileira defende que a ideia da fixação da jornada de trabalho cujo "objetivo principal da fixação da jornada de trabalho é tutelar a integridade física do obreiro, evitando-lhe a fadiga" (BARROS, 2013, p. 522)[69].

Já a doutrina internacional entende que "la fijación legal de jornadas máximas de trabajo responde, básicamente, a razones de orden biológico, socioeconómico y de producción, y están direccionadas principalmente a la protección de la salud psicofísica del trabajador. (GRISOLIA, 2013, p. 492-493)[70].

É notório e de conhecimento geral que o estresse provocado por longas horas seguidas de trabalho sem descanso é responsável por doenças, quando relacionados a um ambiente de trabalho propício e fatores genéticos predeterminantes, esta fadiga, todavia, é principal responsável pelos acidentes de trabalho.

Obviamente, a jornada de trabalho não foi limitada apenas pelo bem do trabalhador. A ordem econômica também foi considerada, vez que um trabalhador descansado e saudável, tem produtividade maior.

Temos, portanto, constantes alterações na legislação relacionadas com as jornadas de trabalho e, certamente, que traz diversas mudanças e impactos financeiros na vida do trabalhador, que será delineado, com base em normas legais, sobre a jornada, sua duração, a diferença desta para o termo horário de trabalho, as causas para justificar e legitimar o trabalho extraordinário, os limites estabelecidos para que o trabalho assim seja classificado, os modos de registrar esse tempo que o empregado está à disposição do empregador, o trabalho noturno, entre outros.

2. JORNADA DE TRABALHO – UM CONTEXTO GERAL

Mas o que significa jornada de trabalho? A jornada de trabalho pode ser entendida como "um lapso temporal diário em que o empregado se coloca a disposição do empregador em virtude do respectivo contrato de trabalho (DELGADO, 2013 p. 876)[71].

É na jornada de trabalho que nasce a principal obrigação do empregado para com a prestação dos serviços ao empregador e que origina o dever de contraprestação – recebimento de salários.

De acordo com o art. 4º da CLT o empregado diariamente fica à disposição do empregador executando serviços ou aguardando ordens do empregador, sendo que são computados o início e o término de uma jornada, bem como os seus respectivos intervalos[72].

A diferença que se faz em relação ao término de uma jornada e o início de outra é que no Brasil o intervalo mínimo para o empregador iniciar uma nova jornada deve ser de 11 horas.

É claro que nem todos os trabalhadores serão submetidos às jornadas de trabalho previstas na CLT – Consolidações das Leis do Trabalho. No Brasil, estão excluídos por força normativa aqueles empregados que exercem funções incompatíveis com a função, como, por exemplo, vendedor viajante que não esteja vinculado a nenhum tipo de controle, os gerentes em cargos de gestão, os diretores, os chefes de departamento ou de filial.

A Constituição de 1988 supre a lacuna no caso dos empregados de jornadas ininterruptas de revezamento, para estes, salvo determinado o contrário em acordo coletivo, ela é de seis horas. O Tribunal Superior do Trabalho no Brasil entende por turno ininterrupto aquele no qual o trabalhador alterna entre períodos diurnos e noturnos. A Súmula n. 110 do TST expressa que, mesmo havendo o repouso semanal, se o período de onze horas de descanso entre jornadas for prejudicado, o empregado receberá como horas extras; exemplo de funcionário com tal jornada é o ferroviário.

3. FORMAS DE CONTROLE DE JORNADA DE TRABALHO

Por força do art. 74 da CLT as empresas devem manter um quadro de horário de trabalho, sendo obrigatório para aquelas empresas com mais de dez empregados, possibilitando ao empregado realizar controle de sua jornada de trabalho, quando este é realizado fora do estabelecimento.

Para o empregador é de extrema importância adotar um sistema de controle do registro da jornada de trabalho praticada pelo empregado. Um dos maiores problemas enfrentados pelas empresas na justiça do trabalho é a falta desse registro, devendo, então, receber uma atenção especial, não só na existência, mas também na presença de treinamento do empregado que irá operacionalizar o sistema, bem como uma política clara e extensiva aos empregados e que condiz com as atividades da empresa.

---

(69) BARROS, Alice Monteiro de. *Curso de Direito do Trabalho*. São Paulo: LTr, 2013.
(70) GRISOLIA, Julio Armando. *Manual de Derecho Laboral*. Novena edición revisada, ampliada y actualizada. 9. ed. Ciudad Autónoma de Buenos Aires: Abeledo Perrot, 2013.
(71) DELGADO, Mauricio Godinho. *Curso de Direito do Trabalho*. 12. ed. São Paulo: LTr, 2013.
(72) BRASIL. *Consolidação das Leis do Trabalho de 1943*.

Dessa forma, existem algumas opções que podem ser adotadas, e cada qual requer um procedimento diferente e adoção de controle específico, no cartão de ponto.

Cartão de Ponto Manual – É o controle feito de forma transcrita pelo empregado diretamente num livro ou folha individual de presença apropriado para o registro. É imprescindível que os dados do empregador e do empregado estejam corretamente registrados. Deve o registro transcrito ser fiel ao fato, ou seja, a justiça não tolera registro com hora fictícia ou pré-assinalada, por exemplo.

Cartão de Ponto Mecânico – Trata-se de um sistema utilizado com relógio mecânico e cartão de ponto. Devem ser preenchidos os dados do empregador ou colar uma etiqueta sem rasuras, o empregado registrará o seu horário de entradas e saídas no sistema de marcação mecânica.

Cartão de Ponto Eletrônico ou Digital – Atualmente o mais utilizado, podendo servir como crachá de identificação e no verso tarja magnética para registrar no relógio digital. A impressão da folha de ponto no final do mês não pode fugir aos itens já citados acima.

Seja qual for o modelo adotado, o registro é pessoal e a assinatura no apontamento mensal deve ser adotada. Alguns tribunais têm exigido a assinatura, mesmo por meio eletrônico, pois há entendimento de que, sendo possível alterar os dados, é direito do empregado ter o conhecimento do fechamento, de tal sorte que, se a assinatura não for lançada, são nulos os registros na folha de apontamento.

Os registros devem ser feitos obrigatoriamente no horário de entrada e saída. Mencionar no corpo da folha ou cartão de ponto o horário de intervalo. Nada impede que o empregado registre todos os movimentos (entrada – saída para intervalo – retorno do intervalo – término da jornada).

É importante ressaltar que o empregador que possuir até dez empregados não é obrigado a utilizar nenhum sistema de controle, porém não é aconselhável adotar esta opção, porque na prática o ônus para o empregador em uma eventual reclamação trabalhista o ajudará. A empresa que adotar registros manuais, mecânicos ou eletrônicos individualizados de controle de horário de trabalho, contendo a hora de entrada e saída, bem como a pré-assinalação do período de repouso ou alimentação, está dispensada do uso de quadro horário.

A legislação prevê a cobrança de multa do empregador que desobedecer as regras preestabelecidas para com o registro de controle de jornada de seus empregados de forma individualizada.

No Brasil, estão excluídos do controle de jornadas os empregados que exercem atividades externas incompatíveis com a fixação de jornada e os gerentes que exercem cargos de gestão que recebam acréscimo de salário igual ou superior a quarenta por cento do cargo efetivo.

4. CARACTERIZAÇÃO DA JORNADA DE TRABALHO

Como já abordado no início deste trabalho, jornada de trabalho é aquela em que o empregado está executando serviços para o empregador ou está à disposição deste, aguardando ordens para executar alguma atividade em função de um contrato de trabalho previamente ajustado pelas partes.

Outro critério que se utiliza para a fixação da jornada de trabalho é o tempo de deslocamento do empregado de sua residência para o trabalho e do trabalho para a sua residência. Trata-se de um critério criado pela jurisprudência, especificadamente, pelas Súmulas ns. 90, 320, 324 e 325, todas do TST – Tribunal Superior do Trabalho, aplicado apenas no Direito brasileiro, para alguns casos especificamente, como, por exemplo, os ferroviários, que ainda não está amparada totalmente, pelo disposto do art. 4º da CLT, embora o art. 58, § 2º, da mesma norma, faça a ressalva.

As expressões jornada de trabalho, duração de trabalho e horário de trabalho se distinguem à medida que a jornada do trabalho sendo mais ampla é caracterizada pelo tempo em que o empregado se encontra disponível para o empregador executando serviços ou aguardando ordem. Já na expressão duração do trabalho, o empregado pode ter uma jornada de trabalho diária, semanal, mensal e anual. Do outro lado, o horário de trabalho é uma expressão denominada para designar o espaço de tempo entre o início e o fim de uma jornada diária de trabalho.

Neste viés, passaremos a analisar a seguir as jornadas de trabalho permitidas pelo ordenamento jurídico.

4.1. Jornada Ordinária ou Normal de Trabalho

A jornada ordinária de trabalho sempre foi objeto de muita discussão em todo mundo, desde o surgimento da sociedade industrial (1760-1850) com o trabalho assalariado dos homens livres, onde os trabalhadores eram submetidos a duras condições de trabalho, em ambientes insalubres para obedecer à exigência imposta pelos empresários cuja finalidade era aumentar a produção, sem que fosse pago qualquer adicional na remuneração do empregado por isso.

Como não havia limitação da jornada de trabalho até por volta de meados do século XIX, os trabalhadores eram submetidos a longas jornadas diárias de trabalho que podiam chegar a até 16 horas. Os trabalhadores vendiam suas forças de trabalho aos empresários e em troca recebiam mercadoria.

Diante das péssimas condições de trabalho a que eram submetidos os trabalhadores, começam a surgir conflitos entre empresários e trabalhadores, até que em 1824 na Inglaterra, começam as surgir os centros de ajuda mútua e de formação profissional promovidos pelos sindicatos de alguns segmentos profissionais. Por volta de 1833, também na Inglaterra surge a primeira organização sindical (*trade unions*), cuja finalidade foi a busca por melhores condições de trabalho e de vida.

Muitas lutas organizadas pelos trabalhadores foram se intensificando até que dia 1º de Maio de 1886, em Chicago (EUA), ficou reconhecido como o dia do Trabalho, que é comemorado mundialmente. A partir daí, começam a nascer as greves para reivindicar seus direitos, dando margem, assim, ao aparecimento dos contratos coletivos de trabalho. Esses contratos coletivos de trabalho continham regras que protegiam os trabalhadores como, por exemplo, a limitação da jornada.

Depois disso a jornada de trabalho começou a ser revista pelos empresários por pressão dos trabalhadores organizados em sindicatos e já em meados do século XIX foi reduzida para 10 a 12 horas por dia. No final do mesmo século alguns países europeus reduziram entre 6 e 7 horas, o que foi seguido por outros países, principalmente com o surgimento da era tecnológica, especialmente o setor de informática.

No cenário internacional, merece destaque a Convenção n. 1 da Organização Internacional do Trabalho – OIT de 29 de outubro de 1919, ratificada pela Argentina, estipulando a jornada de trabalho em 08 horas diárias e 48 semanais.

A partir da Constituição Federal de 1988, no seu art. 7º, inciso XIII, fixou a jornada de trabalho ordinária máxima em 08 horas diárias e 44 horas semanais, confirmada através do art. 58 da CLT – Consolidação das Leis do Trabalho[73].

De destacar que algumas categorias de trabalhadores, em razão da atividade que exercem, possuem jornadas de trabalho diferenciadas e, portanto, estão excluídas da jornada de trabalho acima mencionada. Entre os trabalhadores que possuem jornadas de trabalho especiais, de acordo coma a CLT, estão os bancários (art. 224), com jornada de 6 horas diária e 30 semanais; os ascensoristas, telefonistas de mesa, profissionais de serviços de limpeza, de portaria, contínuos e serventes e empregados equiparados a casas bancárias (art. 226); trabalhadores em serviços de telefonia, telegrafia submarina e subfluvial, de radiotelegrafia e radiotelefonia (arts. 227 a 231); Operadores cinematográficos (arts. 234 e 235); de minas e subsolo (art. 293 e 295); entre outras categorias.

Já o professor está limitado a uma jornada de trabalho entre 4 e 6 horas diárias no mesmo estabelecimento (art. 318). Por outro lado o médico e o dentista que estão regidos por lei específica (Lei n. 3.999/1961) possuem uma jornada mínima de 2 horas e máxima de 4 horas diárias, não podendo ultrapassar a 6 horas diárias quando prestarem serviços para mais de um empregador.

De esclarecer que, embora sejam regidos por meio de normas específicas, os trabalhadores rurais (Lei n. 5.889/1973) e os domésticos (Lei n. 5.859/1972) possuem as mesmas jornadas de trabalho que os trabalhadores comuns, ou seja, 8 horas diárias e 44 horas semanais. Existem ainda outras categorias de trabalhadores regidos por leis específicas que preferimos não abordar neste trabalho em razão da extensão.

O trabalhador doméstico que está regido pela Lei n. 26.844/2013. Embora seja regulamentada por lei própria, a jornada de trabalho também é de 8 diárias e 48 horas semanais, permitindo-se a realização de horas extraordinárias.

Importante que se destaque que existem alguns trabalhos com jornada especial em razão da atividade que é desenvolvida pelo empresário.

Para melhor elucidar as características, há os trabalhadores que atuam em caráter intermitente – aquele que presta serviço sem a necessidade de permanência no local de serviço ou uma relação de continuidade. O trabalho preparatório ou complementário – "debe efectuar fuera de la jornada legal, resultando imprescindible para poner en marcha el establecimiento o finalizar la labor diária. Yá el trabajo por equipo – es el que realiza un número cualquiera de empleados u obreros cuya tarea comienza y termina a una misma hora y que por su naturaleza, no admite interrupciones y aquel cuya tarea esté coordinada de tal forma que el trabajo de unos no pueda realizarse sin la cooperación de los demás" (GRISOLIA, 2013, p.496)[74].

---

(73) BRASIL, *Constituição Federal de 1988*.
(74) GRISOLIA, Julio Armando. *Manual de Derecho Laboral*. Novena edición revisada, ampliada y actualizada. 9. ed. Ciudad Autónoma de Buenos Aires: Abeledo Perrot. 2013.

Assim, a jornada de trabalho por equipe tem tempo predeterminado para iniciar e tempo para finalizar, não se admitindo a realização de horas extraordinárias.

As jornadas de trabalho aqui apresentadas se referem às horas máximas diárias e semanal que o trabalhador pode executar para o empregador e que está disciplinada na legislação brasileira, como medida de proteção de higiene e saúde do trabalhador. Contudo, a lei permite que o empregado trabalhe além da jornada normal em situações esporádicas. Nesse caso, o empregador irá remunerar o empregado com essas horas excedentes com no mínimo 50% sobre o valor da hora normal de trabalho.

Caso o empregador necessite que o empregado execute atividades extraordinárias com frequências faz-se necessário ajustar a realização dessas horas extraordinárias por meio de instrumentos normativos permitidos, que deverão ser observados para cada situação específica, para definir que tipo de mecanismo deve ser adotado, o Acordo Coletivo ou a Convenção Coletiva de trabalho.

A legislação prevê que dentro da jornada ordinária ou normal existem algumas situações excepcionais que exige do trabalhador a obrigatoriedade de trabalhar com jornadas superiores às fixadas, para atender necessidades não previstas, como, por exemplo, a ocorrência de incêndio no estabelecimento empresarial, enchentes, em razão de exigências excepcionais relacionadas à economia nacional, entre outras situações.

4.2. Jornada de Trabalho Noturna

O trabalhado noturno é aquele que se realiza das 22 horas de um dia até as 05 horas do dia seguinte, segundo a legislação brasileira. Para a Organização Internacional do Trabalho (Convenção n. 171), no entanto, essa jornada está compreendida entre meia-noite e cinco horas da manhã.

Trabalhar nesse horário não faz bem ao trabalhador, pois "o trabalho noturno provoca no indivíduo agressão física e psicológica intensas, por supor o máximo de dedicação de suas forças físicas e mentais em período em que o ambiente físico externo induz ao repouso" (DELGADO, 2011, p. 878)[75].

Percebe-se, com isso, a necessidade de recompensar esses profissionais pelo desgaste proporcionado por conta da "desordenada" jornada de trabalho e é então que surge o adicional noturno. Com isso, a legislação brasileira (art. 73 da CLT) fixou o adicional noturno de no mínimo em 20% devido ao empregado, em relação à jornada diurna, ainda que o trabalhador esteja sujeito ao regime de revezamento, não se encaixando nessa concepção, entretanto, o trabalhador externo e os ocupantes de cargo de gestão.

A jornada de trabalho noturna permite especialidades, vedando o trabalho do menor de 18 anos (art. 7º, inciso XXXIII da Constituição Federal de 1988)[76], salvo na condição de aprendiz.

Já o adicional noturno de trabalhador rural, previsto no art. 7º, parágrafo único, da Lei n. 5.889/1973 é de 25% sobre a remuneração normal. A jornada noturna desta categoria se diferencia, pois para os trabalhadores da atividade pecuniária a jornada noturna compreende 20 horas de um dia e 04 horas do dia seguinte. Enquanto para os trabalhadores da atividade agrícola a jornada noturna compreende o período entre 21 horas de um dia e 05 horas do dia seguinte.

A redução da jornada de trabalho do trabalhador rural tem fundamento: "peculiaridad de las tareas rurales justifican um tratamento diferenciado de dicha temática com [la] relación al modelo industrial em el tradicionalmente se inspiraron las reglas laborales" (ACKERMAN, 2007, p. 225)[77].

É importante salientar que, havendo prorrogação do horário de trabalho durante o período noturno, o empregado irá receber horas extraordinárias, acrescidas do percentual legal e do adicional noturno.

Percebe-se, com isso, a necessidade de recompensar esses profissionais pelo desgaste proporcionado por conta da desordenada jornada de trabalho, e é então que surge o adicional noturno. A hora noturna corresponde a 52 minutos e 30 segundos.

4.3. Descanso Remunerado: Intrajornada e Interjornada

O corpo humano precisa de descanso para poder repor toda a energia gasta durante o período de trabalho. A legislação brasileira prevê a obrigatoriedade do empregador para com o empregado em relação a intervalos regulares durante a jornada (intervalo intrajornada), entre uma jornada de trabalho e outra (intervalo interjornada) e após determinados dias consecutivos de trabalho.

---

(75) DELGADO, Mauricio Godinho. *Curso de Direito do Trabalho*. 12. ed. São Paulo: LTr, 2013.
(76) BRASIL. *Constituição Federal de 1988*.
(77) ACKERMAN, Mario E. *Tratado de Derecho del Trabajo*. Estatutos y regulaciones especiales. Buenos Aires: Rubinzal-Culzoni Editores, 2007.

Quando o trabalho é realizado de forma contínua, é exigido pela legislação que o trabalhador tenha um intervalo dentro da execução da própria jornada, ou seja, um intervalo intrajornada. Esse intervalo será de 15 minutos para jornadas de quatro até seis horas, e de no mínimo uma hora e no máximo duas horas para jornadas acima de seis horas, sendo que esse descanso não é computado na jornada de trabalho. O trabalhador rural, por cumprir jornada superior a seis horas, terá o seu intervalo intrajornada segundo os usos e costumes da região, não podendo ser inferior a uma hora. O intervalo interjornada de trabalho é norma protetiva à saúde do trabalhador, não podendo haver sua redução nem por meio de contrato coletivo de trabalho, contudo pode ser estendido para além do limite máximo de duas horas, por meio de acordo coletivo individual escrito ou norma coletiva.

A segunda forma de intervalo é a dos denominados intervalos interjornada, considerando os intervalos entre duas jornadas de trabalho. O intervalo mínimo interjornada é de onze horas consecutivas, percebendo-se dessa forma um lapso temporal maior do que os dos intervalos intrajornada, uma vez que aquele busca a inserção do trabalhador no meio social e até mesmo no meio familiar a que pertence. Os intervalos interjornada dividem-se em: intervalos interjornadas e intersemanais; intervalos comuns e especiais; intervalos remunerados e não remunerados.

Quanto ao repouso semanal remunerado, este é consagrado pela legislação brasileira e garante ao empregado o direito a um descanso semanal equivalente a 24 horas consecutivas, preferencialmente aos domingos. Esse repouso não rompe o contrato, devendo ser, dessa forma, remunerado. O descanso semanal é direito trabalhista imperativo, exigindo para a real remuneração os requisitos criados pela ordem jurídica para incidência dessa remuneração, o valor a ela atribuído, o debate acerca da remuneração do dia de descanso que tenha sido realizado pelo trabalhador. Em relação ao valor do repouso, salienta-se que dependerá de como o salário é aferido, tendo o descanso nítida natureza salarial, incorporando dessa forma a remuneração do trabalhador para todos os efeitos legais. O empregado, no entanto, perde o direito à remuneração se, durante o período anterior, faltar por seis dias consecutivos sem justificativa.

4.4. Horas *In Itinere* ou Horas de Deslocamento

As horas "*in itinere*" ou horas de descolamento serão devidas a todos os empregados no Brasil, quando estes vierem a trabalhar para empregador em local de difícil acesso ou não servido por transporte público. Para a caracterização do requisito o empregador necessariamente deve fornecer transporte para o empregado, conforme disposto no art. 58, § 2º, da CLT, como já referenciado.

A CLT – Consolidação das Leis Trabalhistas do Brasil, em seu art. 4º, assevera que tempo de serviço não é só o tempo em que o empregado está efetivamente trabalhando, mas também aquele em que o empregado está à disposição do empregador, disponível para suprir necessidades de imediato. Esse período, no qual o empregado está à disposição quando a empresa estiver fora de perímetro urbano, em local de difícil acesso, é chamado de hora *in itinere* e será contabilizado na jornada de trabalho, mesmo que o trajeto seja realizado em transporte fornecido pela empresa (Súmula n. 90 do Tribunal Superior do Trabalho). Se o tempo gasto nesse percurso, acrescido à jornada, a torna superior à normal, serão, então, pagas horas extras[78].

A Súmula n. 90, inciso III, do TST, afirma, contudo, que a simples insuficiência de transporte ou dificuldade de acesso não implica pagamento das horas *in itinere*. No inciso anterior se expressa que este é obrigatório quando houver transporte, entretanto, o horário deste for incompatível com a jornada de trabalho, isso qualificaria uma ausência de transporte. O inciso IV da mesma Súmula ainda cita o caso de transporte misto, parte do percurso sendo público regular e o restante não o sendo, as horas *in itinere* serão pagas sobre o segundo, sendo inclusive ratificado o direito a vale-transporte para o primeiro trecho, como estipulado na Lei dos Vale-Transportes n. 7.418/1987.

De acordo com entendimento do TST, os empregados e empregadores, por meio de convenções e acordos coletivos de trabalho, podem prever isenção de pagamento destas horas ou estabelecer teto máximo para tal, aplicando, assim, a teoria do conglobamento.

O tema é bastante polêmico na seara trabalhista em razão da delimitação do que local considerado como de difícil acesso, muito embora muitos casos vêm sendo acolhidos em prol do trabalhador em demandas na justiça do trabalho.

4.5. Jornada de Trabalho por Tempo Parcial ou Reduzido

Por esta jornada, o empregado está limitado à realização máxima de 25 horas semanais. A sua remuneração será calculada de forma proporcional à sua jornada, considerando-se a outro empregado que ocupa a mesma

---

(78) BRASIL. *Consolidação das Leis do Trabalho de 1943.*

função com horário integral (art. 58-A da CLT)[79]. Terá direito às férias de forma proporcional o empregado que, após doze meses de contrato de trabalho com o mesmo empregador, sendo de dezoito dias para jornada semanal de 18 a 25 horas e no mínimo 08 dias de férias para jornada de trabalho igual ou inferior a cinco horas semanais (art. 130-A da CLT)[80].

O contrato de trabalho por tempo parcial se justifica para atender o funcionamento de determinadas atividades em períodos de finais de semana, por exemplo, como é o caso de supermercados.

De recordar, que a redução de jornada de trabalho deverá ocorrer por meio Convênio Coletivo de Trabalho[81].

4.6. Jornada de Trabalho Insalubre e Perigosa

Atividade insalubre é aquela que expõe o trabalhador em contato com agentes nocivos à saúde ou aquela atividade que se "desarrolla en lugares que por las condiciones del lugar de trabajo, por las modalidades o por su naturaleza, ponen en peligro la salud de los trabajadores y que la autoridad administrativa determinó como insalubres" (GRISOLIA, 2013, p. 500)[82].

Enquanto a atividade perigosa é aquela em que o empregado exerce atividade em condições que colocam a sua própria vida em risco ou a sua incolumidade física, como produtos inflamáveis e explosivos. O valor do adicional devido ao empregado é de 30% sobre o salário contratual.

A legislação brasileira veda expressamente o recebimento de forma acumulada do adicional de insalubridade e periculosidade pelo empregado. Em caso da existência dos dois institutos na mesma atividade, ele deve optar por receber apenas um. É o que dispõe o art. 192, § 2º, da CLT[83].

O valor a ser calculado para o adicional de insalubridade depende do grau de classificação de nocividade, sendo de 10% para grau leve, 20% para grau médio e 30% de grau elevado, tendo como referência o salário mínimo, de acordo com o art. 192 da CLT. A realização de horas extraordinárias depende de autorização do Ministério do Trabalho e Emprego do Brasil e de autoridades sanitárias.

4.7. Jornada de Trabalho Extraordinário

O trabalho extraordinário é aquele realizado após uma jornada normal de trabalho e o trabalhador não está obrigado a realizar, salvo em situações específicas.

Sabe-se que a jornada regular brasileira é de no máximo de 8 horas diárias e 44 horas por semana e a jornada máxima de trabalho regular argentina é de 8 horas diárias e 48 horas semanais.

A jornada de trabalho extraordinária deve ser encarada como uma situação de excepcionalidade, pois, ela não é benéfica à saúde física, mental e social do trabalhador.

Observe que a legislação brasileira no art. 7º, incisos XIII e XIV da Constituição de 1988, e a CLT no art. 59, que regula a Jornada de Trabalho, admite em casos de necessidade imperiosa, quando por força maior, recuperação do tempo perdido em virtude de força maior ou causas acidentais, conclusão de serviços inadiáveis ou cuja inexecução possa acarretar prejuízos manifestos ao empregador.

Para melhor esclarecimento, entende-se por: a) **Força maior**: é acontecimento imprevisível, como uma tempestade que cause apagão, por exemplo. Embora não expresso, neste caso o horário máximo é de 12 horas, por entender ser necessário um período mínimo de 11 horas de descanso e que a cada 6 horas o trabalhador tem direito a uma hora para refeição. Na CLT falta estabelecer nestas situações um adicional, por isso usa-se o art. 7º da Constituição Federal de 1988, no qual o adicional mínimo é de 50%; b) **Recuperação do tempo perdido em decorrência de força maior:** as horas extras neste caso não podem exceder de duas horas diárias, muito menos ter ocorrência superior a 45 dias por anos, consecutivos ou não; c) **Serviços inadiáveis ou cuja inexecução possa acarretar prejuízos manifestos ao empregador**: só será aceita essa prorrogação quando a causa tiver sido acidental e imprevisível, são os serviços aqui admitidos quando inadiáveis, imprescindíveis para a realização do trabalho ou quando são complementares, a matéria-prima não usada será perdida, por exemplo. Estes terão até 4 horas mesmo que após o exercício regular das oitos horas diárias.

---

(79) Idem.
(80) Idem.
(81) Idem.
(82) GRISOLIA, Julio Armando. *Manual de Derecho Laboral*. Novena edición revisada, ampliada y actualizada. 9. ed. Ciudad Autónoma de Buenos Aires: Abeledo Perrot, 2013.
(83) BRASIL. *Consolidação das Leis do Trabalho de 1943*.

Há ainda o trabalho extraordinário não previsto como de necessidade imperiosa, que é resultado de acordo escrito estabelecido pelas partes, acordos ou convenções coletivas. Estas, porém, devem ser de no máximo duas horas diárias e pagas com adicional de 50% quando se tratar de dias comuns e com acréscimo de 100% quando o trabalho se resultar aos domingos e feriados.

O pagamento das horas extraordinárias está ligado ao trabalho realizado em tempo além da jornada normal. As horas extras habituais são aquelas prestadas durante um ano a um único empregador, conforme Súmula n. 291 do Tribunal Superior do Trabalho, sendo incorporadas à remuneração para fins de indenizações do aviso-prévio, repouso semanal e feriado, além do cálculo das férias e do terço constitucional a teor da Súmula n. 24 do mesmo Tribunal. Em relação ao FGTS, a Súmula n. 63 do TST expressa que independe de ser habitual ou eventual a realização das horas extraordinárias para ser incorporada a remuneração. De lembrar que na Argentina a legislação não prevê um Fundo de Garantia por Tempo de Serviço em favor do empregado.

O cálculo da hora extraordinária tem-se por base a remuneração mensal do empregado, incluindo adicionais de insalubridade ou periculosidade, como também o adicional noturno, e dividido pela quantidade de horas mensais do trabalhador. O resultado será o valor da hora normal, seguida pelo acréscimo de cinquenta ou cem por cento, dependendo do caso. Se a hora extraordinária foi realizada durante dias normais, o percentual de acréscimo é de 50% e se foi em feriados ou finais de semana será de 100%. Se o empregado tiver salário misto, com valor fixo e comissões, a hora extraordinária será embasada no valor fixo.

Não são consideradas como jornada extraordinária as variações de horário de cinco minutos, aceitando até dez minutos diários, conforme art. 58, § 1º, da CLT.

Ainda são admitidas horas extras em trabalhos com condições insalubres, estando assim expresso no art. 60 da CLT, impondo, porém, que o ambiente de trabalho seja inspecionado pelo Ministério do Trabalho, atestando ser possível exposição prolongada aos agentes que fazem mal à saúde do trabalhador. Neste caso o adicional de hora extraordinária será calculado baseado no salário fixo. De ressaltar que no sistema jurídico brasileiro não é permitido ao trabalhador receber adicionais de insalubridade ou periculosidade de forma acumulada no mesmo empregador.

Alguns empregados como trabalhadores em estabelecimentos em que atuam apenas os membros ou o chefe de família, o proprietário, o empresário, o gerente e o diretor principal habilitado como gerentes, por exercerem cargos de gestão, desde que estes recebam gratificação pela função não inferior ao salário efetivo, com acréscimo de 40%, estão excluídos do recebimento das horas extraordinárias em razão da função que ocupam.

A jurisprudência brasileira, por meio da Orientação Jurisprudencial n. 332 do TST, exclui os trabalhadores que exercem atividade externa, por não serem passíveis de uma jornada fixa, somente receberão horas extras quando for possível fazer controle do horário de trabalho através de tacógrafo e rotas preestabelecidas do veículo objeto de trabalho.

4.8. Horas Compensatórias ou Banco de Horas

O empregador pode fazer um acordo com seu empregado para que este trabalhe mais horas em determinado dia para prestar serviços em uma jornada reduzida, comparada ao normal, em outros dias. Isso nada mais é do que o acordo de compensação de horas, comumente chamado de banco de horas, previsto no § 2º do art. 59 das Consolidações das Leis do Trabalho, sem que esse empregado receba efetivamente pelas horas a mais realizadas.

O exemplo mais prático, nesse caso, é o empregado que se utiliza da compensação para usufruir o não trabalho ao sábado, implicando assim até em uma economia com o transporte. Lembrando que hoje, já se fala até no "banco" de dias, que tem a mesma finalidade do banco de horas.

O argumento utilizado pelo sistema de "banco de horas" é evitar dispensa de trabalhadores em épocas se crise, adequar a produção, evitar ociosidade do trabalhador, reduzir horas extras e seu custo, compensar o sábado, compensar dias no final do ano etc.

É imprescindível dizer que, para ter validade, o banco de horas depende de prévio ajuste entre os sindicatos patronais e de empregados, através de autorização em convenção ou acordo coletivo de trabalho. A simples existência do sistema, sem a devida comprovação de sua implantação legal, torna-o nulo.

Procurou ainda o legislador brasileiro, no mesmo artigo citado anteriormente, limitar o período, sendo válida a compensação que vigore por um ano. Lembrando que o período anual será contado a partir do momento que o acordo for firmado entre as partes, empresa e sindicato, ou implantação do regime de compensação, caso haja previsão na norma coletiva. Após esse período, havendo interesse do empregador, deverá ser firmado novo acordo.

Na ocorrência da rescisão contratual, as horas realizadas no período de compensação ou banco de horas devem ser pagas como horas extras, incidindo, inclusive, como reflexo nas verbas rescisórias. Também deverão ser consideradas como horas extras as horas de compensação ou banco de horas que ultrapassarem o vencimento de um ano do acordo de compensação.

O acordo de compensação, não ajustado e seguido corretamente, poderá ser descaracterizado que permite ao empregado reclamar as horas extras, como legalmente aparece na Súmula n. 85 do Tribunal Superior do Trabalho brasileiro.

O sistema de compensação de horas extraordinária é uma das hipóteses de flexibilização das normas trabalhistas que só favorece o empregador e que traz consequência negativa ao trabalhador, uma vez que traz prejuízos financeiros.

5. FLEXIBILIZAÇÃO DA JORNADA DE TRABALHO

O que significa flexibilizar as jornadas de trabalho? Antes mesmo de responder a indagação, é preciso trazer comentários e conceito para entendermos este instituto que é pouco abordado pelos estudiosos justrabalhistas.

Na seara trabalhista a flexibilização das normas trabalhistas está presente em quase todos os direitos do trabalhador em razão das possibilidades negociativas permitidas pelas legislações mundiais ao empregador, que de forma sutil acaba por trazer consequências impactantes ao bolso do trabalhador.

A Lei brasileira n. 9.601/1998, que dispõe sobre o contrato de trabalho por prazo determinado, foi criada para possibilitar ao empregador contratar empregados por prazos pequenos e predeterminados. Esta lei recebeu o nome de Lei do Contrato Precário, porque os direitos trabalhistas do trabalhador são mais restritos do que as tradicionais.

Assim, podemos dizer que a flexibilização das normas trabalhistas é o poder que confere ao empregador negociar com o empregado um direito disponível a fim de obter alguma vantagem econômica. Como se sabe, o contrato de trabalho gira em torno de uma atividade econômica empresarial, portanto, a partir do momento em que o empregador negocia com o empregado, estão envolvidas as questões econômicas daquele contrato de trabalho. Por outro lado, a negociação só é permitida no que diz respeito a direitos trabalhistas disponíveis. Por exemplo, não pode o empregador realizar uma negociação com o empregado para que ele renuncie o direito a férias.

Existe uma gama de possibilidades de negociação entre o empregador e o empregado, mas, para este trabalho, abordaremos apenas a questão da flexibilização no que diz respeito às jornadas de trabalho.

Depois da fixação das jornadas de trabalho de 8 horas diárias e 44 horas semanais prevista na legislação trabalhista, facultou a compensação e redução da jornada, mediante acordo em convenção coletiva de trabalho. Pela legislação brasileira, por exemplo, nos turnos ininterruptos de revezamento, a jornada máxima de trabalho é de 6 horas, sendo que a prorrogação da jornada está sujeira a tutela sindical, por meio de negociação coletiva.

Desse modo, como se observa, o trabalhador não tem muita saída quando o empregador propõe uma negociação com a finalidade de reduzir algum direito disponível. O empregado quase sempre concorda com o que lhe foi proposto, visto que necessita do trabalho para sobreviver.

Neste viés, dá-se a entender que o princípio da proteção não põe o empregado em condições de discutir um direito em face do empregador, pois, outro princípio, o *ius variandi* sobrepõe o primeiro. A ideia considerada de hipossuficiência do empregado frente ao empregador é relativizada ou até mesmo ignorada, manejada por força do poder econômico estabelecido movido pelo pudor do Estado capitalista.

Os fundamentos justificadores da necessidade de flexibilizar as normas trabalhistas nada mais são do que um retrocesso dos direitos garantidos em todo o mundo ao longo de um processo de muitas lutas, em detrimento do período revolucionista do setor industrial na antiguidade, e aos poucos esses direitos vão desaparecendo.

Por se tratar de uma discussão mais abrangente, pode-se dizer que a flexibilização das normas trabalhistas, em especial a jornada de trabalho, é uma resposta promovida pelo Estado falido, que não consegue criar mecanismos para inserir as pessoas no mercado de trabalho para poder equilibrar a economia e manter os indicadores sociais em equilíbrio, tendo como consequência o empobrecimento cada vez maior do trabalhador.

CAPÍTULO X
O descanso semanal e férias remuneradas e do Direito do Trabalho

Descanso semanal e as férias remuneradas são garantidos por lei no Brasil.

Dentro da CLT, existem dois tipos de férias: anuais e coletivas. Além disso, existem feriados nacionais, estaduais e municipais. As regras podem variar de acordo com o tipo de trabalho realizado pelo empregado, como por exemplo, o empregado que trabalha em tempo parcial, razão pela qual gera tanta confusão sobre este assunto no Brasil.

Em relação às férias, o trabalhador tem o direito ao descanso semanal (24 horas consecutivas), preferencialmente aos domingos (ou outro dia da semana), e ao descanso anual, que são as férias. Todo empregado tem direito a descansar até 30 (trinta) dias, depois de ter trabalhado por 12 (doze) meses, e a receber o salário com mais um terço (1/3) do seu valor. Após 12 (dozes) meses de trabalho, o trabalhador adquire o seu direito às férias, e o empregador deve concedê-las dentro do período de 12 (doze) meses seguintes.

As férias existem para a preservação da saúde do trabalhador, devido a isso somente será possível a venda de até dez (10) dias das férias. No caso de ruptura do contrato, o trabalhador tem direito ao pagamento das férias proporcionais, mesmo antes de ser completado um ano de trabalho, exceto se for dispensado por justa causa. No caso de as férias não serem concedidas no período legal, elas deverão ser pagas em dobro e é sobre esse valor que deverá ser pago o 1/3 constitucional.

No Brasil, qualquer trabalhador tem o direito a 30 dias de férias pagas por ano. Tais férias podem ser anuais com prazo fixado pelo empregador para cada indivíduo – ou coletiva – de férias para toda a empresa ou apenas para alguns setores da empresa.

A principal condição que os trabalhadores devem seguir para ter o direito de 30 dias-férias é não ter mais de cinco faltas injustificadas em um ano. Se isso acontecer, os dias de férias são reduzidos da seguinte forma:

- 24 dias, se o empregado tinha de 6 a 14 faltas injustificadas;
- 18 dias, se o empregado tinha de 15 a 23 faltas injustificadas;
- 12 dias, se o empregado tinha de 24 a 32 faltas injustificadas e nenhum, se o empregado teve mais de 32 faltas não justificadas em um ano.

A CLT estabelece que uma empresa pode considerar como injustificada qualquer ausência que não se encaixa nos seguintes casos[84]:

- No caso de morte do cônjuge, ascendentes, descendentes, irmãos ou quaisquer dependentes econômicos, o empregado pode perder dois dias consecutivos;
- Se um funcionário se casar, é possível perder três dias consecutivos;
- Se o filho de um empregado nasce, é possível perder cinco dias úteis durante a primeira semana de vida do bebê;
- Em caso de doação de sangue, um trabalhador pode perder um dia de trabalho em um período de 12 meses;
- Os funcionários podem perder até dois dias úteis se eles alistam-se como um eleitor;
- As ausências que aconteceram devido ao serviço militar;

---

(84) BRASIL. *Consolidação das Leis do Trabalho de 1943.*

- As ausências que aconteceram enquanto o trabalhador estava fazendo vestibular;
- As ausências que aconteceram enquanto o trabalhador estava participando de tribunal.

De acordo com a CLT, as férias no Brasil são remuneradas: os funcionários devem receber o salário correspondente a esse período, acrescido de um adicional de um terço do salário, a mais tardar, dois dias antes das férias é inicializado[85].

Após cada período de 12 meses, os trabalhadores têm o direito de férias anuais. O empregador é o responsável por selecionar o período de férias, mas comumente ambas as partes chegaram a um acordo.

Os funcionários têm o direito de receber um bônus de férias. Isso significa que até 10 dias de férias podem ser convertidos em dinheiro real. Isso é direito do trabalhador e não pode ser negada pelo empregador.

Férias coletivas ocorrem em muitas empresas no Brasil que preferem conceder essas férias em vez de arranjar períodos individuais para cada funcionário. O empregador pode conceder dois períodos de férias coletivas por ano, e ambos devem ser de pelo menos 10 dias. Empresas dispostas a conceder férias coletivas deve notificar o Ministério do Trabalho com, pelo menos, 15 dias de antecedência. Para aqueles funcionários que trabalharam por menos de 12 meses na empresa, as férias serão concedidas proporcionalmente.

É possível substituir férias coletivas para um bônus de férias, mas um acordo deve ser definido entre o empregador e o respectivo sindicato. De acordo com a lei brasileira, é proibido fazer os funcionários trabalharem durante feriados nacionais e locais, a não ser que o trabalho naquele dia seja considerado essencial para o funcionamento da empresa.

Se este for o caso, as empresas deverão conceder um dia compensatório fora ou pagar o dobro do salário para esse dia.

No Brasil, existem vários tipos de feriados: os locais, que incluem o aniversário da cidade ou outras datas específicas; e também há feriados nacionais, concedidos a todos os trabalhadores em todo o país.

Sobre o descanso semanal remunerado verifica-se que ele se encontra registrado no art. 1º a Lei n. 605/1949: "Todo empregado tem direito ao repouso semanal remunerado de vinte e quatro horas consecutivas, preferentemente aos domingos e, nos limites das exigências técnicas das empresas, nos feriados civis e religiosos, de acordo com a tradição local"[86].

Também encontra respaldo no inciso XV da CF/1988 "repouso semanal remunerado, preferencialmente aos domingos".

Na CLT Art. 67 – "Será assegurado a todo empregado um descanso semanal de 24 (vinte e quatro) horas consecutivas, o qual, salvo motivo de conveniência pública ou necessidade imperiosa do serviço, deverá coincidir com o domingo, no todo ou em parte".[87]

As horas extras aumentam a jornada de trabalho, e por isso refletirão no pagamento no dia do descanso, que geralmente recai em um domingo ou feriado. Quando uma empresa conceder, além do domingo, o sábado para descanso, tal dia não será contemplado pela lei para descontos, podendo ser interpretado como licença remunerada, conforme está preceituado na Súmula n. 172 do TST[88].

---

(85) BRASIL. *Consolidação das Leis do Trabalho de 1943*.
(86) TST N. 172 REPOUSO REMUNERADO. HORAS EXTRAS. CÁLCULO – Computam-se no cálculo do repouso remunerado as horas extras habitualmente prestadas.
(87) BRASIL. *Consolidação das Leis do Trabalho de 1943*.
(88) Súmula 172 do TST – REPOUSO REMUNERADO – HORAS EXTRAS – CÁLCULO – Computam-se no cálculo do repouso remunerado as horas extras habitualmente prestadas.

CAPÍTULO XI
Férias

A concessão de férias está prevista na Carta Magna de 1988 no art. 7º, XVII, CF/1988:

Art. 7º São direitos dos trabalhadores urbanos e rurais, além de outros que visem à melhoria de sua condição social:

XVII – gozo de férias anuais remuneradas com, pelo menos, um terço a mais do que o salário normal;

As férias também são previstas na CLT nos arts. 129 a 153 da CLT[89], também estão previstas nas Súmulas ns. 7[90], 46[91], 81[92], 89[93], 450[94] do TST e na Súmula n. 198 do STF[95].

---

(89) Art. 129 – Todo empregado terá direito anualmente ao gozo de um período de férias, sem prejuízo da remuneração. Art. 130 – Após cada período de 12 (doze) meses de vigência do contrato de trabalho, o empregado terá direito a férias, na seguinte proporção: I – 30 (trinta) dias corridos, quando não houver faltado ao serviço mais de 5 (cinco) vezes; II – 24 (vinte e quatro) dias corridos, quando houver tido de 6 (seis) a 14 (quatorze) faltas; III – 18 (dezoito) dias corridos, quando houver tido de 15 (quinze) a 23 (vinte e três) faltas; IV – 12 (doze) dias corridos, quando houver tido de 24 (vinte e quatro) a 32 (trinta e duas) faltas. § 1º – É vedado descontar, do período de férias, as faltas do empregado ao serviço. § 2º – O período das férias será computado, para todos os efeitos, como tempo de serviço. Art. 130-A. Na modalidade do regime de tempo parcial, após cada período de doze meses de vigência do contrato de trabalho, o empregado terá direito a férias, na seguinte proporção: I – dezoito dias, para a duração do trabalho semanal superior a vinte e duas horas, até vinte e cinco horas; II – dezesseis dias, para a duração do trabalho semanal superior a vinte horas, até vinte e duas horas; III – quatorze dias, para a duração do trabalho semanal superior a quinze horas, até vinte horas; IV – doze dias, para a duração do trabalho semanal superior a dez horas, até quinze horas; V – dez dias, para a duração do trabalho semanal superior a cinco horas, até dez horas; VI – oito dias, para a duração do trabalho semanal igual ou inferior a cinco horas. Parágrafo único. O empregado contratado sob o regime de tempo parcial que tiver mais de sete faltas injustificadas ao longo do período aquisitivo terá o seu período de férias reduzido à metade. Art. 131 – Não será considerada falta ao serviço, para os efeitos do artigo anterior, a ausência do empregado: I – nos casos referidos no art. 473; II – durante o licenciamento compulsório da empregada por motivo de maternidade ou aborto, observados os requisitos para percepção do salário-maternidade custeado pela Previdência Social; III – por motivo de acidente do trabalho ou enfermidade atestada pelo Instituto Nacional do Seguro Social – INSS, excetuada a hipótese do inciso IV do art. 133; IV – justificada pela empresa, entendendo-se como tal a que não tiver determinado o desconto do correspondente salário; V – durante a suspensão preventiva para responder a inquérito administrativo ou de prisão preventiva, quando for impronunciado ou absolvido; e VI – nos dias em que não tenha havido serviço, salvo na hipótese do inciso III do art. 133. Art. 132 – O tempo de trabalho anterior à apresentação do empregado para serviço militar obrigatório será computado no período aquisitivo, desde que ele compareça ao estabelecimento dentro de 90 (noventa) dias da data em que se verificar a respectiva baixa. Art. 133 – Não terá direito a férias o empregado que, no curso do período aquisitivo: I – deixar o emprego e não for readmitido dentro de 60 (sessenta) dias subsequentes à sua saída; II – permanecer em gozo de licença, com percepção de salários, por mais de 30 (trinta) dias; III – deixar de trabalhar, com percepção do salário, por mais de 30 (trinta) dias, em virtude de paralisação parcial ou total dos serviços da empresa; e IV – tiver percebido da Previdência Social prestações de acidente de trabalho ou de auxílio-doença por mais de 6 (seis) meses, embora descontínuos. § 1º – A interrupção da prestação de serviços deverá ser anotada na Carteira de Trabalho e Previdência Social. § 2º – Iniciar-se-á o decurso de novo período aquisitivo quando o empregado, após o implemento de qualquer das condições previstas neste artigo, retornar ao serviço. § 3º – Para os fins previstos no inciso III deste artigo a empresa comunicará ao órgão local do Ministério do Trabalho, com antecedência mínima de 15 (quinze) dias, as datas de início e fim da paralisação total ou parcial dos serviços da empresa, e, em igual prazo, comunicará, nos mesmos termos, ao sindicato representativo da categoria profissional, bem como afixará aviso nos respectivos locais de trabalho.

(90) FÉRIAS (mantida) – Res. n. 121/2003, DJ 19, 20 e 21.11.2003.

(91) ACIDENTE DE TRABALHO (mantida) – Res. 121/2003, DJ 19, 20 e 21.11.2003.

(92) FÉRIAS (mantida) – Res. n. 121/2003, DJ 19, 20 e 21.11.2003 Os dias de férias gozados após o período legal de concessão deverão ser remunerados em dobro.

(93) FALTA AO SERVIÇO (mantida) – Res.n. 121/2003, DJ 19, 20 e 21.11.2003 Se as faltas já são justificadas pela lei, consideram-se como ausências legais e não serão descontadas para o cálculo do período de férias.

(94) FÉRIAS. GOZO NA ÉPOCA PRÓPRIA. PAGAMENTO FORA DO PRAZO. DOBRA DEVIDA. ARTS. 137 E 145 DA CLT. (conversão da Orientação Jurisprudencial n. 386 da SBDI-1) – Res. n. 194/2014, DEJT divulgado em 21, 22 e 23.05.2014 É devido o pagamento em dobro da remuneração de férias, incluído o terço constitucional, com base no art. 137 da CLT, quando, ainda que gozadas na época própria, o empregador tenha descumprido o prazo previsto no art. 145 do mesmo diploma legal.

(95) Trabalhista. Férias. Ausência do trabalho por acidente de trabalho. Inexistência de desconto do período aquisitivo. CLT, arts. 132, *a* e 134. "As ausências motivadas por acidente do trabalho não são descontáveis do período aquisitivo das férias."

Para gozar das férias o empregado precisa ter trabalhado por 1 (um) ano na empresa (período aquisitivo). Nesse caso, as férias serão concedidas no ano seguinte (período concessivo).

Se as empresas não concederem férias, poderão sofrer sanções, tendo que pagar as férias ou o terço constitucional em dobro, da mesma forma, se usufruídas após período concessivo, estas deverão ser remuneradas em dobro, conforme exposto na Súmula n. 81 do TST (FÉRIAS (mantida) – Res. n. 121/2003, DJ 19, 20 e 21.11.2003: Os dias de férias gozados após o período legal de concessão deverão ser remunerados em dobro).

Dessa forma, verifica-se que, de acordo com o art. 130 da CLT, as férias terão 30 dias corridos, se o funcionário tiver faltado sem justificativa no período aquisitivo serão descontados os dias proporcionalmente no período de férias. As ausências legais estão dispostas no art. 131 da CLT. Assim, enquadram-se o licenciamento compulsório da empregada por motivo de maternidade ou aborto não criminoso, observados os requisitos para percepção do salário-maternidade custeado pela Previdência Social; durante o licenciamento compulsório da empregada por motivo de maternidade ou aborto, observados os requisitos para percepção do salário-maternidade custeado pela Previdência Social (Redação dada pela Lei n. 8.921, de 25.7.1994), por motivo de acidente do trabalho ou de incapacidade que propicie concessão de auxílio-doença pela Previdência Social, excetuada a hipótese do inciso IV do art. 133 (Incluído pelo Decreto-lei n. 1.535, de 13.4.1977), por motivo de acidente do trabalho ou enfermidade atestada pelo Instituto Nacional do Seguro Social – INSS, excetuada a hipótese do inciso IV do art. 133 (Redação dada pela Lei n. 8.726, de 5.11.1993), justificada pela empresa, entendendo-se como tal a que não tiver determinado o desconto do correspondente salário (Incluído pelo Decreto-lei n. 1.535, de 13.4.1977), durante a suspensão preventiva para responder a inquérito administrativo ou de prisão preventiva, quando for impronunciado ou absolvido, e (Incluído pelo Decreto-lei n. 1.535, de 13.04.1977) e nos dias em que não tenha havido serviço, salvo na hipótese do inciso III do art. 133 (Incluído pelo Decreto-lei n. 1.535, de 13.4.1977).

De acordo com o art. 473 da CLT o empregado poderá deixar de comparecer ao serviço sem prejuízo do salário, até 2 (dois) dias consecutivos, em caso de falecimento do cônjuge, ascendente, descendente, irmão ou pessoa que, declarada em sua carteira de trabalho e previdência social, viva sob sua dependência econômica, até 3 (três) dias consecutivos, em virtude de casamento; por um dia, em caso de nascimento de filho no decorrer da primeira semana; por um dia, em cada 12 (doze) meses de trabalho, em caso de doação voluntária de sangue devidamente comprovada; até 2 (dois) dias-consecutivos ou não, para o fim de se alistar eleitor, nos termos da lei respectiva, no período de tempo em que tiver de cumprir as exigências do Serviço Militar, nos dias em que estiver comprovadamente realizando provas de exame vestibular para ingresso em estabelecimento de ensino superior, pelo tempo que se fizer necessário, quando tiver que comparecer a juízo, pelo tempo que se fizer necessário, quando, na qualidade de representante de entidade sindical, estiver participando de reunião oficial de organismo internacional do qual o Brasil seja membro.

Entre as hipóteses de ausências legais, na CLT, art. 392, vemos aqueles casos onde: A empregada gestante tem direito à licença-maternidade de 120 (cento e vinte) dias, sem prejuízo do emprego e do salário. Nesses casos, a empregada deve, mediante atestado médico, notificar o seu empregador da data do início do afastamento do emprego, que poderá ocorrer entre o 28º (vigésimo oitavo) dia antes do parto e a ocorrência deste. Os períodos de repouso, antes e depois do parto, poderão ser aumentados de 2 (duas) semanas cada um, mediante atestado médico. Em caso de parto antecipado, a mulher terá direito aos 120 (cento e vinte) dias previstos neste artigo. É garantido à empregada, durante a gravidez, sem prejuízo do salário e demais direitos: a transferência de função, quando as condições de saúde o exigirem, assegurada a retomada da função anteriormente exercida, logo após o retorno ao trabalho; e a dispensa do horário de trabalho pelo tempo necessário para a realização de, no mínimo, seis consultas médicas e demais exames complementares.

As mulheres que adotarem filhos ou obtiverem guarda judicial também terão o direito de ausência legal, conforme a CLT, no art. 392-A. São também entendidos como ausência legal casos em que seja comprovado aborto não criminoso, comprovado por atestado médico oficial. A mulher terá um repouso remunerado de 2 (duas) semanas, ficando-lhe assegurado o direito de retornar à função que ocupava antes de seu afastamento, conforme art. 395 da CLT.

As faltas que forem causadas por acidentes de trabalho não contabilizarão para o cálculo das férias ou de gratificação conforme a Súmula n. 46 do TST, exceto naqueles casos que for recebido mais de 6 meses o benefício previdenciário conforme a CLT, art. 133, V.

A concessão de férias será comunicada ao empregado com o prazo de 30 dias (no mínimo). Dessa participação o interessado dará recibo. O empregado não poderá entrar no gozo das férias sem que apresente ao empregador sua Carteira de Trabalho e Previdência Social, para que nela seja anotada a respectiva concessão. A concessão das férias será, igualmente, anotada no livro ou nas fichas de registro dos empregados, de acordo com a CLT, art. 135.

De acordo com o art. 136 da CLT, a época das férias será resolvida entre o empregador e o empregado. Nos casos em que os membros de uma família trabalhem no mesmo estabelecimento ou empresa, terão direito a gozar férias no mesmo período, se assim o desejarem e se disso não resultar prejuízo para o serviço. O empregado estudante, menor de 18 (dezoito) anos, terá direito a fazer coincidir suas férias com as férias escolares.

O trabalhador poderá perder o direito às férias remuneradas quando deixar o emprego e não for readmitido dentro de 60 (sessenta) dias subsequentes à sua saída; permanecer em gozo de licença, com percepção de salários, por mais de 30 (trinta) dias; deixar de trabalhar, com percepção do salário, por mais de 30 (trinta) dias, em virtude de paralisação parcial ou total dos serviços da empresa; e tiver percebido da Previdência Social prestações de acidente de trabalho ou de auxílio-doença por mais de 6 (seis) meses, embora descontínuos, conforme art. 133 da CLT.

Quando o empregado pedir demissão há menos de 1 ano do contrato vigente, ele terá direito a férias proporcionais (SÚMULA n. 161, do TST). De acordo com a Súmula n. 171 do TST, "salvo na hipótese de dispensa do empregado por justa causa, a extinção do contrato de trabalho sujeita o empregador ao pagamento da remuneração das férias proporcionais, ainda que incompleto o período aquisitivo de 12 (doze) meses (art. 147 da CLT) (ex--Prejulgado n. 51)".

Reconhecida a culpa recíproca na rescisão do contrato de trabalho (art. 484 da CLT), o empregado tem direito a 50% (cinquenta por cento) do valor do aviso prévio, do décimo terceiro salário e das férias proporcionais (SÚMULA n. 14 do TST).

Para o valor das férias, de acordo com a CLT, art. 142, alguns aspectos deverão ser percebidos. O empregado perceberá, durante as férias, a remuneração que lhe for devida na data da sua concessão. Quando o salário for pago por hora com jornadas variáveis, apurar-se-á a média do período aquisitivo, aplicando-se o valor do salário na data da concessão das férias. Quando o salário for pago por tarefa, tomar-se-á por base a média da produção no período aquisitivo do direito a férias, aplicando-se o valor da remuneração da tarefa na data da concessão das férias. Quando o salário for pago por percentagem, comissão ou viagem, apurar-se-á a média percebida pelo empregado nos 12 (doze) meses que precederem à concessão das férias. A parte do salário paga em utilidades será computada de acordo com a anotação na Carteira de Trabalho e Previdência Social. Os adicionais por trabalho extraordinário, noturno, insalubre ou perigoso serão computados no salário que servirá de base ao cálculo da remuneração das férias. Se, no momento das férias, o empregado não estiver percebendo o mesmo adicional do período aquisitivo, ou quando o valor deste não tiver sido uniforme, será computada a média duodecimal recebida naquele período, após a atualização das importâncias pagas, mediante incidência dos percentuais dos reajustamentos salariais supervenientes.

O pagamento das férias deverá ser efetuado até 2 dias antes, conforme o art. 145 da CLT, sob o pagamento em dobro, inclusive do terço constitucional. Outro fato a se destacar é que o período prescritivo das férias será contado, a partir da finalização do período concessivo, e não da extinção do contrato de trabalho propriamente dito.

CAPÍTULO XII
Fundo de Garantia por Tempo de Serviço

O Código do Trabalho foi criado em 1943 e desde então tem governado a relação capital-trabalho. A legislação trabalhista brasileira tem sofrido algumas mudanças importantes nos últimos sessenta anos. As duas principais revisões foram feitas em 1964 e 1988.

A primeira revisão foi destinada a reduzir o poder dos sindicatos e sua capacidade de organizar. O direito de greve foi severamente reduzido e muito líderes sindicais foram perseguidos durante esse tempo. Além disso, entre 1965 e 1995, a política salarial foi fortemente influenciada pelos governos por uma política de indexação dos salários.

Em 1988, a nova Constituição fez muitas modificações na legislação trabalhista. Muitas delas foram incorporadas à Constituição, tornando mais difíceis as alterações. O objetivo das mudanças foi aumentar os benefícios para os trabalhadores e inverter as restrições aos direitos de organização, o que representou um aumento significativo nos custos trabalhistas. Outras mudanças foram: o número máximo de horas trabalhadas por semana que foi reduzido de 48 para 40 horas; o custo mínimo de horas extras aumentou de 20% para 50%; o número máximo de horas de trabalho contínuo diminuiu 8-6 pm; o período de maternidade aumentou de 3 a 4 meses; e férias pagas por um salário mensal aumentou para 3 salários mensais. O custo de demissão também aumentou.

Em 1998, foram introduzidos os contratos a termo, pelos quais os trabalhadores poderiam ser contratados para um número fixo de meses (mais de 2 anos), com salários mais baixos e sem custos de indenizações. No entanto, esta medida deixou de vigorar em janeiro de 2003. Em 1998, o banco de horas permitia que as empresas acumulassem um número médio de horas trabalhadas ao longo de um período de 4 meses, em vez de uma semana, o que possibilitou a criação do número de horas extras.

Isto permitiu às empresas maior flexibilidade para usar horas adicionais em semanas com alta demanda e compensar com cortes de horas semanais, com pouca demanda, por um período de quatro meses.

Os fundos de pensões têm existido no Brasil desde os anos quarenta do século passado. De 1940 a 1966 trabalhadores com menos de 10 anos trabalhados tinham direito a uma remuneração equivalente a um salário mensal por ano trabalhado empresa. Aos trabalhadores com mais de 10 anos de trabalho na empresa era garantida a segurança do emprego. Esses trabalhadores só poderiam ser demitidos por justa causa e a única maneira de acabar com o contrato de trabalho era através de um pagamento equivalente a dois salários mensais por ano trabalhado na empresa.

Em 1966 foi criado o Fundo de Garantia por Tempo de Serviço (FGTS). De acordo com esse sistema, o empregador deve depositar cada mês 8,5% do salário mensal em uma conta individual gerida por um banco estatal. Depósitos são ajustados periodicamente para a inflação, além de uma taxa de juros de 3% ao ano.

A lei prevê que os trabalhadores despedidos sem justa causa, exceto aqueles em liberdade condicional, devem receber o dinheiro adicional pagando o equivalente a uma parte do saldo acumulado do FGTS durante o período em que o empregado estava trabalhando na empresa. Esta proporção foi de 10% entre os anos de 1966-1988, mas a Constituição de 1988 aumentou essa proporção para 40%. A partir de setembro de 2001, as empresas começaram a pagar adicionalmente 40% do FGTS, quando um trabalhador é despedido sem qualquer justificação.

Outra medida importante da legislação trabalhista no Brasil é o aviso prévio. Desde 1940, os empregadores são obrigados a fazer os trabalhadores cientes da demissão com um mês de antecedência, com exceção dos que estão no período experimental (primeiros três meses). Durante esse mês, os trabalhadores podem usar duas horas por dia para procurar um novo emprego.

O Fundo de Garantia por Tempo de Serviço (FGTS) é um tipo de plano de pensão obrigatório pago pelo empregador para garantir que os funcionários tenham uma reserva de salário em caso de demissão sem justa causa. O valor pago pelo empregador ao FGTS é igual a 8% do salário mensal e deve ser depositado mensalmente. Quando um funcionário é demitido sem justa causa, o empregador é obrigado a pagar uma multa equivalente a 40% com base no saldo da conta vinculada na data do efetivo pagamenro das verbas rescisórias, excluída a projeção do aviso-prévio indenizado(OJ n. 42.55 SDJ-1 TST).

Uma das principais características do mercado de trabalho brasileiro são as impressionantes taxas de rotatividade de trabalhadores e empregos. Isso contrasta com a visão de muitos analistas que pensam que o Brasil tem um mercado de trabalho altamente regulado. Embora o código do trabalho seja muito protecionista, custos de demissão não são tão elevados em comparação com outros países da região. No entanto, outros argumentam que a concepção de programas de seguro de emprego cria incentivos perversos que encorajam a rotação de trabalho para níveis mais elevados.

Os críticos dos fundos de pensões geralmente argumentam que os custos de demissão tendem a criar obstáculos funcionais para a flexibilidade do mercado laboral. Enquanto apoiantes disparam que os custos de enfatizar os benefícios de reduzir a volatilidade das receitas e aumentar o investimento em capital humano poderia aumentar a produtividade em médio prazo. De acordo com o último ponto de vista, uma alta taxa de rotatividade é um problema, pois reduz o investimento em capital humano e reduz as obrigações dos trabalhadores e empregadores.

O Brasil é um país com uma das mais elevadas rotações de trabalho em todo o mundo. Em média, 3,4 por cento dos trabalhadores formais mudam de emprego a cada mês. A alta rotatividade é explicada parcialmente pela baixa qualidade dos empregos no Brasil.

Melhores níveis de produtividade do trabalho dependem essencialmente do nível de educação e formação de capital humano. A alta rotatividade é um desincentivo ao investimento em formação e, portanto, reduz a produtividade do trabalho.

Alguns argumentam que o desenho da legislação em matéria de custos de demissão fornece fortes incentivos para que os trabalhadores induzam a sua própria demissão. As três características principais de FGTS para criar esses incentivos são: em primeiro lugar, os fundos são detidos com taxas de juros abaixo do mercado, o que incentiva os trabalhadores a tirar o dinheiro do FGTS. Em segundo lugar, o despedimento é um acesso importante para as contas do FGTS, e terceiro, a pena para o despedimento sem justa causa é paga diretamente pelo empregador ao empregado, o que cria espaço para falsas demissões.

Estudos usam dados do Ministério do Trabalho para calcular medidas de redistribuição dos postos de trabalho e dos trabalhadores. A informação refere-se apenas aos trabalhadores do setor formal. Observa-se uma reafetação de emprego anual médio de 33% durante o período 1991-1998, que é substancialmente mais elevado do que o crescimento líquido anual médio do emprego de 1,5%. As taxas médias de emprego e a criação de postos de trabalho foram de 17,3% e 15,5%, respectivamente. Alguns setores têm taxas de realocação surpreendentes como a construção, cuja taxa é de 63,9%. Isso pode ser devido às características deste setor, que tende a contratar muitos trabalhadores para projetos específicos. Todas essas medidas colocam o Brasil entre os países com as maiores taxas de rotação de trabalho em todo o mundo (ALMEIDA, 2010)[96].

Analisando os custos de substituição de empregos no Brasil. Descobriu-se que, em média, de 2002 a 2008, 29,9% dos trabalhadores formais trabalharam menos de um ano com a mesma empresa; 44% trabalhavam menos de dois anos, e apenas 34,1% por mais de 5 anos. Para o período 2008-2012, em média, 3,4% dos trabalhadores formais foram admitidos para um novo emprego a cada mês ao mesmo tempo, 3,4% dos trabalhadores formais deixaram seus empregos a cada mês durante o mesmo período. Estas medidas correspondem a taxas anuais de rotatividade de aproximadamente 40% (PINTO, 2013)[97].

Estudos refletem sobre os determinantes da rotação de trabalho. Analisando-se os determinantes das aposentadorias e demissões para a região metropolitana de São Paulo. Descobriu-se que a educação reduz a probabilidade de demissões em todos os setores e recua no setor industrial. O Gênero é desprezível em muitas regressões e a idade reduz a probabilidade de demissões. O desemprego aumenta a probabilidade de demissões e reduz a probabilidade de retiradas (CASSAR, 2010)[98].

Para este estudo levou em consideração as informações do inquérito mensal de emprego abrangendo seis principais regiões metropolitanas do Brasil. A pesquisa mensal abrange 38.500 domicílios, e são realizadas entrevistas

---

(96) ALMEIDA, Wanderley J. Manso de & CHAUTARD, José Luiz. *FGTS*: uma política de bem-estar social. Rio de Janeiro: IPEA NPES, 2010.
(97) PINTO, José Alexandre Pereira. *Apontamentos de Direito do Trabalho*. 4. ed. Natal-RN: Lucgraf, 2013. p. 250.
(98) CASSAR, Vólia Bomfim. *Direito do Trabalho*. 4. ed. Niterói: Impetus, 2010. p. 1.164.

que contenham informações demográficas e de alguns indicadores do mercado de trabalho. Segundo a pesquisa, a duração da utilização do trabalho anterior no Brasil aumentou de 1,3 anos em 1982 para dois anos, em 2002, tendo em conta todos os trabalhadores desempregados. A duração média do emprego de trabalhadores que foram demitidos e não receberam nada do FGTS foi elevada e aumentou de 1,4 anos para 2,4 anos. Este último grupo inclui trabalhadores em período de julgamento formal (3 meses) que não tinham direito ao FGTS, trabalhadores que as empresas não fizeram adequadamente depósitos no FGTS e os trabalhadores que foram demitidos por justa causa (PINTO, 2009[99]).

Dadas as mudanças nas leis trabalhistas, os trabalhadores diminuíram a sua participação no setor da indústria transformadora e aumentou significativamente no setor de serviços. Enquanto a proporção de trabalhadores informais manteve-se praticamente constante no setor manufatureiro, aumentou ligeiramente no setor dos serviços na última década. A liberalização do comércio é uma mudança importante que ocorreu quando mudou a Constituição. Para este efeito, foi considerada como uma aproximação da abertura, a soma das importações e exportações. Outra variável econômica tida em conta e que teve vários efeitos sobre o volume de trabalho foi a aceleração da inflação, o que causou um declínio no poder de compra das contas do FGTS. Isso aumentou o incentivo de alguns trabalhadores que estavam pensando em se retirar para encontrar uma maneira de serem demitidos e assim retirar dinheiro do FGTS.

Outra mudança estrutural foi o programa de seguro para os desempregados, criado em 1986 e modificado em 1990. Os trabalhadores formais que foram incluídos no programa tiveram um incentivo adicional para concordar com os empregadores para serem demitidos e recolherem o seguro-desemprego. As mudanças na Constituição e no fundo de pensão minimizam a rotação de trabalhadores formais. Ele também fornece evidências de que estas alterações legislativas reduzem a probabilidade de falsos disparos, embora haja ainda um grande número de acordos entre trabalhadores e seus empregadores.

---

(99) PINTO, José Alexandre Pereira. *Apontamentos de Direito do Trabalho*. 4. ed. Natal-RN: Lucgraf, 2009.

CAPÍTULO XIII
Constituição e alteração do contrato de trabalho

As alterações do contrato de trabalho podem ocorrer de diversas maneiras, entre as quais se destacam as alterações: do local de trabalho, da função, da jornada de trabalho e da alteração salarial.

De acordo com o art. 469 da CLT ao empregador é vedado transferir o empregado, sem a sua anuência, para localidade diversa da que resultar do contrato, não se considerando transferência a que não acarretar necessariamente a mudança do seu domicílio. Não estão compreendidos na proibição deste artigo: os empregados que exerçam cargo de confiança e aqueles cujos contratos tenham como condição, implícita ou explícita, a transferência, quando esta decorra de real necessidade de serviço. É lícita a transferência quando ocorrer extinção do estabelecimento em que trabalhar o empregado. Em caso de necessidade de serviço, o empregador poderá transferir o empregado para localidade diversa da que resultar do contrato, não obstante as restrições do artigo anterior, mas, nesse caso, ficará obrigado a um pagamento suplementar, nunca inferior a 25% (vinte e cinco por cento) dos salários que o empregado percebia naquela localidade, enquanto durar essa situação.

De qualquer modo a transferência deverá acontecer com o consentimento do empregando, não lhe acarretando nenhum prejuízo (RUSSOMANO, 2003)[100]. Nesse ponto, também recai a aplicação do princípio geral da inalterabilidade unilateral do contrato de trabalho, em que as cláusulas devem ser consentidas em prévio acordo entre o empregador e o empregado.

O poder de direção do empregador é exercido quando ele determina a função que o empregado exercerá, já que ele poderá qualificar o empregado por atividade que ele exercerá. A alteração de função durante o período contratual é denominada ajuste tácito. A alteração vertical para baixo irá ocorrer quando o empregado for reposicionado em uma função que seja inferior àquela colocada no contrato. Esse rebaixamento não encontra respaldo legal. Quando o empregado é promovido mediante melhoras de salário e remuneração, esta alteração é válida, desde que vantajosa para o empregado, porém, se houver prejuízo na promoção, o empregado poderá recusá-la. Se o cargo for extinto, a função do empregado poderá sofrer alteração na empresa, por necessidade do empreendimento econômico, o empregado que exercia tal função extinta poderá ser realocado em outra função compatível; se não for compatível, o empregado poderá recusar a nova função. Nos casos de realocação, os direitos da qualificação profissional deverão ser respeitados (BERNARDES, 1989)[101].

A modificação da prestação de serviços poderá acarretar na alteração da jornada de trabalho, que está prevista na lei, nos acordos e nas convenções coletivas de trabalho ou no contrato de trabalho (SÜSSEKIND, 2002)[102]. A jornada de trabalho poderá ser reduzida e alterada, na medida em que a Carta Magna de 1988 dispõe sobre a redução da jornada de trabalho e a compensação de horários no inciso XIII do art. 7º.

O horário de trabalho poderá sofrer as alterações, e nestes casos prevalecerá o *jus variandi* do empregador, pois ele poderá distribuir as horas de trabalho conforme as necessidades do serviço, desde que o empregado preste a mesma quantidade de horas de trabalho previstas anteriormente, e que não ocorra uma alteração do trabalho diurno para o noturno ou vice-versa (DELGADO, 2003)[103].

---

(100) RUSSOMANO, Mozart Victor. *Comentários à CLT*. Rio de Janeiro: Forense, 1990. v. I. SAAD, Eduardo Gabriel. *Consolidação da Leis do Trabalho comentada*. 23. ed. São Paulo: LTr, 1993.
(101) BERNARDES, Hugo Gueiros. *Direito do Trabalho*. São Paulo: LTr, 1989. v. I.
(102) SÜSSEKIND, Arnaldo *et al*. *Instituições de Direito do Trabalho*. São Paulo: LTr, 2002.
(103) DELGADO, Maurício Godinho. *Curso de Direito do Trabalho*. São Paulo: LTr, 2003.

De acordo com o art. 7º, inciso VI, da Carta Magna de 1988, o salário não poderá ser reduzido. Conforme os ensinamentos de Sussekind (2002, p. 188):

> sendo o salário o principal, senão o único meio de sustento do trabalhador e de sua família, procurou a lei brasileira cercá-lo de proteção especial de caráter imperativo, a fim de assegurar o seu pagamento ao empregado, de forma inalterável, irredutível, integral e intangível, no modo, na época, no prazo e no lugar devido. Outrossim, estabeleceu regras favoráveis ao trabalhador no que tange à prova do pagamento do salário e à ação para sua cobrança.

A irredutibilidade salarial também é abordada por Nascimento (2009). Ela tem como "destinatário o governo e diz respeito à política salarial posta em prática. Essa política não deve ser de molde a trazer para os salários a sua desvalorização, a diminuição do seu poder aquisitivo diante da elevação dos preços"[104]. Não é cabível para o empregador, nesses termos, a redução do valor nominal do salário.

Outra alteração prevista advém da flexibilização do Direito do Trabalho no art. 7º, incisos VI, XIII e XIV da Constituição Federal de 1988 por intermédio da negociação coletiva, ou seja, a alteração ou a redução de direitos mediante a participação, na negociação coletiva, do sindicato profissional, formalizada em convenção ou acordo coletivo de trabalho (MACIEL, 1989)[105].

Existe uma flexibilização no contrato individual previsto na Lei n. 6.019/1974 (GIGLIO, 2003)[106] que se refere a contratação de mão de obra temporária e consubstanciado no art. 468 da CLT, que dispõe que: "Nos contratos individuais de trabalho só é lícita a alteração das respectivas condições por mútuo consentimento, e ainda assim desde que não resultem, direta ou indiretamente, prejuízos ao empregado, sob pena de nulidade da cláusula infringente desta garantia. Não se considera alteração unilateral a determinação do empregador para que o respectivo empregado reverta ao cargo efetivo, anteriormente ocupado, deixando o exercício de função de confiança (BARROS JÚNIOR, 1994)[107].

---

(104) NASCIMENTO, Amauri Mascaro. *Direito do Trabalho na Constituição de 1988*. São Paulo: Saraiva, 2009.
(105) MACIEL, José Alberto Couto. A irredutibilidade do salário assegurada pela Constituição Federal, art. 7º, inciso VI, é a nominal ou jurídica e não a real, ou econômica. *Revista LTr*, v. 55. São Paulo, 1989.
(106) GIGLIO, Wagner. *Alteração do contrato de trabalho*. São Paulo: Revista LTr, 2003. v. 47.
(107) BARROS JUNIOR, Cássio Mesquita. Flexibilização no Direito do Trabalho. *Revista trabalho e Processo*, São Paulo, n. 2, 1994.

CAPÍTULO XIV
Interrupção e suspensão do contrato de trabalho

Os termos são parecidos, mas são matérias diferentes. De acordo com Nascimento (2008):

Nossa lei se utiliza de dupla terminologia, suspensão e interrupção, a nosso ver sem caráter substancial porque diz respeito unicamente aos efeitos e não ao conceito. A figura tem um pressuposto comum, *paralisação do trabalho*, sendo diferentes os efeitos que a paralisação produzirá, especialmente quanto aos salários; haverá interrupção quando devidos os salários, e suspensão quando não devidos. Essa é a linguagem do nosso direito, mas outra poderia ser sem alteração básica, chamando-se de suspensão remunerada ou não remunerada as duas hipóteses, ou suspensão parcial ou total, como fazem alguns doutrinadores[108].

De um lado, a interrupção pode ser compreendida como uma cessação parcial e provisória do Contrato de Trabalho, enquanto que a suspensão é uma cessação provisória e total dos efeitos do Contrato de Trabalho.

Assim, verifica-se que de acordo com Almeida (2008):

...A suspensão, como o próprio nome indica, apenas suspende os efeitos do pacto laboral, subsistindo, todavia, o vínculo jurídico. Não há prestação de serviços, tampouco pagamento salarial. O período da suspensão, outrossim, não é computado no tempo de serviço. ...Caracteriza-se a interrupção pela simples paralisação dos serviços; o empregado não presta serviços, mas o empregador paga seus salários; e o período de interrupção é computado no tempo de serviço[109].

Dessa forma, compreende-se que a suspensão não computará o tempo de serviço, enquanto a interrupção é apenas a paralisação dos serviços mais o período interrompido é computado como tempo de serviço. Assim, concorda Martins (2008):

Haverá interrupção quando o empregado deva ser remunerado normalmente, embora não preste serviços, contando-se também o seu tempo de serviço, mostrando a existência de uma cessação temporária e parcial dos efeitos do contrato de trabalho. Na suspensão, o empregado fica afastado, não recebendo salário, nem é contado o seu tempo de serviço, havendo a cessação temporária e total dos efeitos do contrato de trabalho[110]".

Exemplos de interrupção são: Férias; Aviso-prévio não trabalhado; Licença-Maternidade; Auxílio doença; Repouso Remunerado; Faltas ao serviço; Feriados; Casamento; Licença-paternidade; Falecimento do Cônjuge; Doação de sangue; Alistamento Militar; Jurado; Comparecimento a juízo; Alistamento Eleitoral; Vestibular e Acidente do trabalho (ALMEIDA, 2008)[111].

Exemplos de suspensão são: Auxílio-doença após 15 dias. O INSS é quem paga; Aposentadoria provisória por Invalidez; Aborto Criminoso; Greve legal/legítima. Art.. 7º da Lei n. 7.783/1989; Cargo Eletivo – Súmula n. 269 TST; Licença não remunerada; Exercício de cargo público e Mandato Sindical (ALMEIDA, 2008)[112].

---

(108) NASCIMENTO, Amauri Mascaro. *Curso de Direito do Trabalho*. 23. ed. São Paulo: Saraiva, 2008.
(109) ALMEIDA, Amador Paes de. *CLT Comentada*. 5. ed. revista, atualizada e ampliada. São Paulo: Saraiva, 2008.
(110) MARTINS, Sergio Pinto. *Comentários à CLT*. 12. ed. São Paulo: Atlas, 2008.
(111) ALMEIDA, Amador Paes de. *CLT Comentada*. 5. ed. revista, atualizada e ampliada. São Paulo: Saraiva, 2008.
(112) ALMEIDA, Amador Paes de. *CLT Comentada*. 5. ed. revista, atualizada e ampliada. São Paulo: Saraiva, 2008.

CAPÍTULO XV
Extinção e efeitos do contrato de trabalho

Extinguir o contrato de trabalho existente entre empregado e empregador é um ato complexo, e a sua proteção legal, inevitável. A OIT, na Convenção n. 158, dispõe sobre a extinção do contrato de trabalho por iniciativa do empregador, estabelecendo, para tanto, critérios para a impossibilidade de haver ocorrência de dispensas arbitrárias, sendo que essa modalidade de extinção somente seria possível com a justificação dos motivos da dispensa.

Essa Convenção foi retificada pelo Brasil, o que levou a muitas interpretações errôneas e muitas discussões sobre a constitucionalidade desta norma, fato que levou o Brasil a denunciar a convenção, e ela deixou de ter validade desde 1997.

De acordo com a Carta Magna de 1988, inciso I, do art. 7º, é vedada a dispensa arbitrária ou sem justa causa. A dispensa arbitrária, porém, precisa estar apoiada em leis complementares, como no caso daquelas que se referem a estabilidade da gestante ou de um dirigente sindical. A dispensa, nesse caso, apenas encontra redação no art. 165 da CLT.

> Art. 165 – Os titulares da representação dos empregados nas CIPA (s) não poderão sofrer despedida arbitrária, entendendo-se como tal a que não se fundar em motivo disciplinar, técnico, econômico ou financeiro. (Redação dada pela Lei n. 6.514, de 22.12.1977)
>
> Parágrafo único – Ocorrendo a despedida, caberá ao empregador, em caso de reclamação à Justiça do Trabalho, comprovar a existência de qualquer dos motivos mencionados neste artigo, sob pena de ser condenado a reintegrar o empregado. (Redação dada pela Lei n. 6.514, de 22.12.1977)

Em relação à estabilidade poderíamos defini-la como a limitação do empregador em dispensar arbitrariamente o empregado, cuja aplicação pode decorrer de lei ou pela força de cláusulas de contrato de trabalho, sem que houvesse a possibilidade da recusa pelo empregador. O contrato de trabalho que desfavorece o empregado pode ser considerado ilegal, se observado que as cláusulas apenas favorecem o contratante.

A estabilidade é uma garantia legal/contratual, não devemos confundir estabilidade com garantia de emprego. De um lado, está a necessidade de garantir ao trabalhador a possibilidade ter um emprego, de outro a estabilidade decorrerá da impossibilidade de ocorrer uma dispensa arbitrária e sem uma causa justificada.

A estabilidade pode ser definitiva ou provisória. A estabilidade provisória é aquela que garantirá ao empregado, no decurso do seu emprego, uma estabilidade na qual não ocorrerá a dispensa arbitrária ou sem causa justificável. Como ocorre, por exemplo, a estabilidade da gestante, uma vez que finalize o prazo determinado em lei para cessar a estabilidade, esta não encontrará mais proteção do instituto, nesse caso ela pode ser dispensada pelo empregador. A estabilidade definitiva garante ao empregado ficar no emprego de forma indefinida.

O aviso prévio é outro critério que deve ser observado na limitação do poder potestativo do empregador. Ele impõe critérios que devem ser aplicados na concretização e na dispensa sem justa causa. Este serve de amparo ao empregador, já que impossibilita o empregado de pedir demissão sem possibilitar tempo hábil para a empresa recolocar outro empregado em seu lugar, sem que isso ocorra em indenização em favor do empregador.

Para Nascimento (2000):

> O aviso prévio é a denúncia do contrato por prazo indeterminado, sendo o ato daquela parte que pretende extinguir o contrato de trabalho indeterminado, cujo prazo deste aviso pode ser considerado como remanescente da relação de emprego a ser observado pelas partes até o término da sua duração[113].

---

(113) NASCIMENTO, Amauri. *Curso de Direito do Trabalho*. 14. ed. São Paulo: Saraiva, 2000.

O aviso prévio está esculpido no art. 1.221, do Código Civil: "As benfeitorias compensam-se com os danos, e só obrigam ao ressarcimento se ao tempo da evicção ainda existirem". Também encontra respaldo no art. 119 do Código Civil, que diz que é anulável o negócio concluído pelo representante em conflito de interesses com o representado, se tal fato era ou devia ser do conhecimento de quem com aquele tratou. É de cento e oitenta dias, a contar da conclusão do negócio ou da cessação da incapacidade, o prazo de decadência para pleitear-se a anulação prevista neste artigo.

A matéria também é regulada pelo art. 487 da CLT. Não havendo prazo estipulado, a parte que, sem justo motivo, quiser rescindir o contrato deverá avisar a outra da sua resolução com a antecedência mínima de: 3 dias, se o empregado receber, diariamente, o seu salário; oito dias, se o pagamento for efetuado por semana ou tempo inferior; 8 dias, se o pagamento for efetuado por semana ou tempo inferior; trinta dias aos que perceberem por quinzena ou mês, ou que tenham mais de 12 (doze) meses de serviço na empresa. A falta do aviso prévio por parte do empregador dá ao empregado o direito aos salários correspondentes ao prazo do aviso, garantida sempre a integração desse período no seu tempo de empregador.

A dispensa arbitrária ou sem justa causa, está esculpida no art. 165 da CLT. Segundo esse artigo os titulares da representação dos empregados nas CIPA(s) não poderão sofrer despedida arbitrária, entendendo-se como tal a que não se fundar em motivo disciplinar, técnico, econômico ou financeiro. Ocorrendo a despedida, caberá ao empregador, em caso de reclamação à Justiça do Trabalho, comprovar a existência de qualquer dos motivos mencionados neste artigo, sob pena de ser condenado a reintegrar o empregado.

A dispensa arbitrária é entendida atualmente, pela possibilidade do empregador utilizar de seu poder potestativo, para a extinção do contrato de trabalho firmado entre o empregador e o empregado sem que haja qualquer razão que justifique o ato, não é vedado pela legislação brasileira, mas necessita ser amparada por uma lei complementar para regular a matéria, excetuando-se apenas os casos acima já especificados.

Já a dispensa sem justa causa pode ser caracterizada como um ato voluntário do empregador realizar a extinção do contrato de trabalho estabelecido com o seu empregado, esta é uma declaração de vontade do empregador. Assim, se o empregado for dispensado em período anterior do termo determinado como final na relação de emprego, o empregador deverá indenizar o empregado com a metade dos valores que lhe seriam devidos até o prazo que foi pré-estipulado, conforme descrito no art. 479 da CLT, que dispõe que nos contratos que tenham termo estipulado, o empregador que, sem justa causa, despedir o empregado será obrigado a pagar-lhe, a título de indenização, e por metade a remuneração a que teria direito até o termo do contrato. Para a execução do que dispõe o presente artigo, o cálculo da parte variável ou incerta dos salários será feito de acordo com o prescrito para o cálculo da indenização referente à rescisão dos contratos por prazo indeterminado.

A dispensa do empregado, quando está apoiada por uma das hipóteses contidas no art. 482 da CLT, será compreendida como justa causa. Entre essas hipóteses estão: ato de improbidade; incontinência de conduta ou mau procedimento; negociação habitual por conta própria ou alheia sem permissão do empregador, e quando constituir ato de concorrência à empresa para a qual trabalha o empregado, ou for prejudicial ao serviço; condenação criminal do empregado, passada em julgado, caso não tenha havido suspensão da execução da pena; desídia no desempenho das respectivas funções; embriaguez habitual ou em serviço; violação de segredo da empresa; ato de indisciplina ou de insubordinação; abandono de emprego; ato lesivo da honra ou da boa fama praticado no serviço contra qualquer pessoa, ou ofensas físicas, nas mesmas condições, salvo em caso de legítima defesa, própria ou de outrem; ato lesivo da honra ou da boa fama ou ofensas físicas praticadas contra o empregador e superiores hierárquicos, salvo em caso de legítima defesa, própria ou de outrem e prática constante de jogos de azar. Constitui-se igualmente justa causa para dispensa de empregado a prática, devidamente comprovada em inquérito administrativo, de atos atentatórios à segurança nacional.

Para Nascimento (2000), a "justa causa é a ação ou omissão de um dos sujeitos da relação de emprego, ou ambos, contrária aos deveres normais impostos pelas regras de conduta que disciplinam as suas obrigações resultantes do vínculo jurídico"[114].

Ao pedir demissão o empregado solicita a extinção do contrato de trabalho, nesses casos, este deverá conceder o aviso prévio ao empregador para que este possa contratar/treinar outra pessoa para substituir o empregado, a recusa deste prazo pelo empregado poderá ocasionar no pagamento destes dias ao empregador. Esta situação somente será aplicável nos casos em que ocorra uma dispensa sem justa causa, somente verificável naquelas hipóteses de contratos por prazo indeterminado.

Esclarece-se aqui que neste tipo de contrato, quando o empregado faz o pedido de demissão, ele não receberá multa de 40% sobre o FGTS e também não receberá as férias proporcionais nos casos de contratos de trabalho inferiores a 1 ano.

---

(114) NASCIMENTO, Amauri. *Curso de Direito do Trabalho*. 14. ed. Editora Saraiva, 2000.

Já nos contratos por prazo determinado, se o empregado pedir demissão antes de encerrado, este deverá realizar a indenização nos prejuízos que seu ato resultar ao empregador, porém esse valor não poderá ultrapassar os limites previstos no art. 480 da CLT. "Havendo termo estipulado, o empregado não se poderá desligar do contrato, sem justa causa, sob pena de ser obrigado a indenizar o empregador dos prejuízos que desse fato lhe resultarem. A indenização, porém, não poderá exceder àquela a que teria direito o empregado em idênticas condições".

A CLT concede ao empregado à possibilidade de rescindir o contrato quando comprovada uma falta grave cometida pelo empregador, conforme art. 483, quando, forem exigidos serviços superiores às suas forças, defesos por lei, contrários aos bons costumes, ou alheios ao contrato; for tratado pelo empregador ou por seus superiores hierárquicos com rigor excessivo; correr perigo manifesto de mal considerável; não cumprir o empregador as obrigações do contrato; praticar o empregador ou seus prepostos, contra ele ou pessoas de sua família, ato lesivo da honra e boa fama; o empregador ou seus prepostos ofenderem-no fisicamente, salvo em caso de legítima defesa, própria ou de outrem; o empregador reduzir o seu trabalho, sendo este por peça ou tarefa, de forma a afetar sensivelmente a importância dos salários. O empregado poderá suspender a prestação dos serviços ou rescindir os contratos, quando tiver de desempenhar obrigações legais, incompatíveis com a continuação do serviço.

No caso de morte do empregador constituído em empresa individual, é facultado ao empregado rescindir o contrato de trabalho, ou seja, quando ocorrer esses fatos haverá a extinção de contrato pela hipótese da rescisão indireta. O empregado poderá receber todas as verbas que lhe seriam devidas em casos da extinção do contrato por rescisão sem causa justificada.

Já a culpa recíproca ocorrerá quando ambas as partes cometerem faltas graves, essas faltam tornam impossível a continuação das relações de trabalho, nesse caso a extinção do contrato de trabalho é tanto do empregado quanto do empregador. Nesses casos, o empregador deverá pagar ao empregado uma multa sobre o FGTS inferiores aos 40% em casos da ocorrência de uma dispensa sem justa causa, sendo indevidas as demais verbas trabalhistas, como: 13º proporcional. Aviso Prévio e férias proporcionais. As verbas adquiridas durante o contrato de trabalho em sua integralidade deverão ser pagas pelos empregados.

A aposentadoria é uma forma de extinção do contrato de trabalho compulsória, o empregado nesse caso terá direito a todas as verbas rescisórias, com exceção do aviso prévio e da multa de 40% sobre os valores depositados no FGTS.

Ressalta-se que com o aumento da longevidade populacional intensificou-se o debate sobre o posicionamento de idosos, no mercado de trabalho, sobretudo em países em desenvolvimento como o Brasil. O crescimento da participação da população idosa, tanto em relação aos números absolutos quanto em relativos é um dos fenômenos mais notáveis nos últimos tempos e vem ocorrendo tanto em países desenvolvidos quanto em países em desenvolvimento, como é o caso do Brasil, porém é interessante observar que nem sempre os avanços conquistados com o aumento da longevidade se traduzem em um acréscimo de qualidade de vida das pessoas.

Em português, a palavra aposentar etimologicamente tem relação com hospedagem, abrigo nos aposentos. Levando-se em conta que o aposento é o mesmo que quarto, o termo então nos remete à noção de abrigar-se no interior da habitação. Portanto, é possível traduzir a aposentadoria como separação entre o espaço do trabalho e o espaço doméstico (CARLOS, 1999)[115].

A aposentadoria por tempo de contribuição e idade, dentre outras possíveis e previstas por lei, é modalidade existente no Brasil, que se efetiva quando o trabalhador recolhe ao Instituto Nacional de Seguridade Social – INSS uma contribuição por 30 anos no caso de mulher ou 35 anos no caso dos homens, ou completar 60 anos de idade no caso das mulheres e 65 anos no caso dos homens, estas ocorrem em condições normais no Brasil, tanto no serviço público, quanto no regime geral da previdência social, e constituem as condições obrigatórias para o trabalhador se aposentar voluntariamente. A aposentadoria por incapacidade ou invalidez é outra modalidade de aposentadoria existente no Brasil.

Livrar-se de obrigações como horário, de regras e de cobranças do chefe, poder tirar férias infindáveis, sem obrigações nem funções é, para muitos trabalhadores, um sonho. Passear, descansar, curtir a vida e a família são ocupações mais prazerosas. Porém para o trabalhador alcançar os pontos acima dependerá de duas características fundamentais que definem a aposentadoria: I) a inatividade após o tempo de serviço; II) a manutenção da remuneração quando aposentado (RODRIGUES, 2000)[116].

---

(115) CARLOS, Antonio; JACQUES, Maria da Graça Correa & LARRETEEA, Sandra Vieira. O envelhecer no Brasil: um processo de continuidade *versus* exclusão no mercado de trabalho. *Revista de Psicologia, Educação e Cultura*, 3 (2), p. 397-407, 1999.

(116) RODRIGUES, N. C. Aspectos sociais da aposentadoria. In SCHONS, C. R. & PALMA, L. S. (org.). *Conversando com Nara Costa Rodrigues: sobre gerontologia social* (p. 21-25). Passo Fundo, RS: UPF, 2000.

Desde que inicia sua vida profissional, o trabalhador sabe da possibilidade da aposentadoria, e esta passa a ser o desejo de muitos durante toda a atividade profissional. Kid & Green (2006) apontam quatro dimensões principais na aposentadoria: I) a transição para o descanso (tempo para descansar e para diminuir as atividades); II) novo começo (nova fase, maior tempo livre, outras metas); III) continuidade (a aposentadoria não é um evento principal, mas representa um tempo maior para outras atividades importantes); IV) uma ruptura imposta (falta de sentido e frustração)[117].

Este benefício é concedido para os empregados que tenham trabalhado em condições prejudiciais à sua integridade física e mental. Para ser elegível para a aposentadoria especial, o trabalhador deverá comprovar, além do tempo de trabalho, efetiva exposição aos agentes físicos, biológicos ou associação de agentes prejudiciais que ele foi exposto durante o seu trabalho. Aposentadoria especial pode ser solicitado por pessoas que têm 15, 20 ou 25 anos de contribuição ao INSS, dependendo das circunstâncias.

Conforme o art. 189 da CLT: "Serão consideradas atividades ou operações insalubres aquelas que, por sua natureza, condições ou métodos de trabalho, exponham os empregados a agentes nocivos à saúde, acima dos limites de tolerância fixados em razão da natureza e da intensidade do agente e do tempo de exposição aos seus efeitos".

O direito a dignidade humana é um princípio basilar da Carta Magna de 1988. Empregadores que burlam os direitos dos empregados, fazendo-os trabalhar em condições insalubres, sem equipamentos de segurança e sem fiscalizações e orientações, estão cometendo crimes.

Sujeitos às condições adversas de trabalhos, com a aproximação de agentes químicos, muitas luzes nos olhos, muitos ruídos podem levar a aquisição de doenças. E os trabalhadores que forem acometidos com esses problemas podem recorrer a aposentadoria especial.

Conforme o art. 189 da CLT: "Serão consideradas atividades ou operações insalubres aquelas que, por sua natureza, condições ou métodos de trabalho, exponham os empregados a agentes nocivos à saúde, acima dos limites de tolerância fixados em razão da natureza e da intensidade do agente e do tempo de exposição aos seus efeitos".

No desenvolvimento do estudo, descreveu-se que dentro da legislação aplicável no Brasil o empregador tem o dever de garantir a segurança dos trabalhadores, a saúde e o bem-estar no trabalho, tanto quanto for razoavelmente possível. A fim de prevenir acidentes de trabalho e problemas de saúde é obrigado o empregador, entre outras coisas, a: Fornecer e manter um ambiente de trabalho seguro, que utiliza plantas e equipamentos de segurança; Prevenir os riscos do uso de qualquer artigo ou substância e da exposição a agentes físicos, ruído e vibração; Impedir qualquer conduta abusiva ou comportamento susceptível de pôr a segurança, saúde e bem-estar dos funcionários em risco; Fornecer instruções e treinamento para os funcionários de saúde e segurança; Fornecer roupas e equipamentos de proteção para os funcionários.

Observou-se que benefício é concedido para os empregados que tenham trabalhado em condições prejudiciais à sua integridade física e mental.

Para ser elegível para a aposentadoria especial, o trabalhador deverá comprovar, além do tempo de trabalho, efetiva exposição aos agentes físicos, biológicos ou associação de agentes prejudiciais a que ele foi exposto durante o seu trabalho. Aposentadoria especial pode ser solicitada por pessoas que têm 15, 20 ou 25 anos de contribuição ao INSS, dependendo das circunstâncias.

---

(117) KIDD, J. M. & GREEN, F. The careers of research scientists: predictors of three dimensions of career commitment and intention to leave science. *Personal Review*, 2006, 35(3), 229-251.

CAPÍTULO XVI
Formas de estabilidades e garantias de emprego

1. INTRODUÇÃO

A Revolução Industrial (século XVIII) ficou conhecida em todo o mundo pela passagem da indústria da manufatura para a indústria mecânica, para atender as demandas do setor têxtil e de mineração que passam a produzir em série, assim como na invenção dos navios e de locomotivas a vapor que acelerou a circulação das mercadorias e o consequente aumento do capital do empresariado naquela época.

Como a intenção era aumentar o lucro, os empresários submetiam os trabalhadores a duras condições de trabalho, sem oferecer nenhum tipo de direitos ou garantias. Os trabalhadores recebiam em troca pelos serviços prestados mercadoria para sobreviver, sem falar ainda nos constantes acidentes sofridos no trabalho pelas altas jornadas de trabalho, em condições insalubres e perigosas.

Diante da rigidez imposta pelos empregadores, os trabalhadores começaram a se organizar por segmento de atividade em busca de direitos trabalhistas. Criaram sindicatos e centros de formação mútua para um ajudar o outro, até que o dia 1º de Maio de 1886, em Chicago (EUA), ficou reconhecido o Dia do Trabalho, depois de muitas lutas. A partir de então, nascem as greves para reivindicar seus direitos, dando margem, assim, ao aparecimento dos contratos coletivos de trabalho que continham regras que protegiam os trabalhadores, como, por exemplo, a limitação da jornada que era indefinida.

No Brasil, entre 1917 e 1920, houve um ciclo de greves, provocadas pela carestia gerada pela Primeira Guerra e influenciadas pela Revolução de Outubro na Rússia.

O principal motivo para a criação da estabilidade no emprego deveu-se à necessidade de assegurar o custeio do sistema previdenciário, advindo dos recursos das contribuições previdenciárias do empregado e empregador, como forma de dificultar as dispensas, o que só era possível com o emprego de mão de obra permanente.

A Lei Eloy Chaves (1923) constituiu um marco histórico na implementação da estabilidade no emprego no Brasil no setor privado, onde o representante era eleito pela categoria dos ferroviários e que "as ferrovias eram poucas, mas poderosas e tinham grande número de empregados. Os empregados mais velhos ficavam sujeitos a doenças e a dispensas antes dos outros empregados" (MARTINS, 2000, p. 354)[118].

Com a Lei Eloy Chaves, a estabilidade para os trabalhadores ferroviários, que após 10 anos de serviço efetivos junto ao mesmo empregador não podiam ser dispensados, salvo em casos de falta grave, comprovada em inquérito judicial, o que dificultava as dispensas.

A política trabalhista da Era Vargas (1930-1945), a carência de leis, direitos e a frágil organização operária permitiram que o Estado passasse à condição de árbitro, mediando as relações entre capital e trabalho.

Com isso, a estabilidade passou a ser estendida a trabalhadores de outras categorias, como definido nas leis de n. 5.109/26, para os trabalhadores de navegação marítima ou fluvial; os portuários no Decreto n. 17.940/1927; Decreto n. 20.465/1930, para os empregados de empresas de transportes urbanos, luz, força, telefone, telégrafos, água e esgoto instituídos; aos mineiros com o Decreto n. 22.096/1932. Aos bancários, Decreto n. 24.615/1934, este último com direito a estabilidade aos dois anos de serviço, revogado, por conseguinte, pelo art. 919 da CLT.

---

(118) MARTINS, Sergio Pinto. *Direito do Trabalho*. 10. ed. São Paulo: Saraiva, 2000.

Na era do governo Vargas, foi criado o Ministério do Trabalho, Indústria e Comércio e a Justiça do Trabalho para arbitrar conflitos entre patrões e empregados. Instituiu uma extensa legislação de caráter assistencialista para o proletariado urbano, apresentando-se como "doador" dessas leis, incorporadas à Constituição de 1934 e, posteriormente, organizadas na CLT (Consolidação das Leis do Trabalho), que em 10 de novembro de 1943 passou a ter vigência, para reger as relações de trabalho e que se encontra em plena aplicação na atualidade.

Em 1935, com o instituto da Lei n. 62, essas garantias estenderam-se também para os industriários e comerciários, desde que completassem 10 anos de serviço no mesmo emprego. Contudo, a carta de 1937 foi a primeira a tratar da estabilidade, incluída no seu art. 137, alínea *f*, que então a CLT passou a disciplinar a estabilidade nos arts. 492 ao 500 a partir de 1943. Por conseguinte, a Constituição Federal de 1946 dispôs em seu art. 157, XII, assegurando a estabilidade também na "empresa ou exploração rural". A Constituição de 1967 optou por um sistema alternativo entre estabilidade ou FGTS, já que, com a promulgação da Lei n. 5.107/1966 sobre o FGTS, o sistema de estabilidade ficou enfraquecido. Neste sistema o trabalhador optaria por estabilidade com indenização ou fundo de garantia equivalente, porém, as empresas só admitiam trabalhadores optantes pelo FGTS.

É importante deixar claro que as normas vigentes que disciplinam as relações trabalhistas foram criadas, principalmente, com a intenção de proteger o empregado, por ser a pessoa dotada de hipossuficiência em relação ao empregador, ou seja, o empregado sempre se encontra em situação de desvantagem economicamente perante o seu empregador. E é por isso que o Direito do Trabalho tem como regra basilar a proteção do trabalhador em relação aos direitos conferidos pela legislação. Esta afirmação não significa dizer que empregado esteja livre de cumprir suas obrigações e responsabilidades para com o empregador. Ambos possuem direitos e deveres na relação contratual.

No âmbito do Direito do Trabalho o que rege é o princípio da continuidade da relação de emprego, ou seja, os contratos de trabalho em regra possuem prazo indeterminados e, por essa razão, a legislação pátria criou meios para proteger o empregado em determinados casos, como a estabilidade no emprego, objeto do nosso estudo, como uma espécie de garantia do vínculo empregatício, pois inclui todos os atos e normas criados pelos instrumentos jurídicos vigentes, assim sendo, a Constituição Federal, Código Civil, Convenção Coletiva, etc., no sentido de impedir ou dificultar a dispensa imotivada, isto é, sem justa causa, ou arbitrária do trabalhador.

Com o advento da Constituição Federal de 1988, art. 7º, inciso I, o sistema de estabilidade decenal no emprego foi eliminada do cenário jurídico, salvo o direito adquirido dos trabalhadores que já possuíam por já contar 10 anos de serviço na mesma empresa e não terem optado pelo regime FGTS, passando a vigorar as estabilidades de empregados públicos depois de cumprido o disposto do art. 41 da CF/1988 e empregados do setor privado, regidos pela CLT e as leis esparsas.

2. ESTABILIDADE E GARANTIA DE EMPREGO

O conceito da palavra estabilidade é bastante amplo e comporta diversos entendimentos nas diversas áreas do saber. Em latim, denomina-se "stabilitate", cuja ideia extraiu o sentido de segurança, firmeza ou até mesmo fidelidade.

No campo jurídico *lato sensu*, a estabilidade é o limite imposto pela norma na aplicação do direito e está diretamente vinculado ao princípio da segurança jurídica, a fim de evitar injustiças para a toda sociedade trabalhadora e no momento de o julgador dizer o direito.

Para o Direito do Trabalho a estabilidade é o direito do empregado de manter-se no seu emprego, independente da vontade do empregador, quando este fica impedido, temporária ou definitivamente, de dispensar o empregado sem justa causa, salvo motivo relevante (falta grave ou força maior), sob pena de ver-se obrigado a reintegrá-lo por força da lei ou do contrato.

Para melhor visualizar, um exemplo de garantia de emprego é o disposto no art. 429 da CLT, que assegura o emprego a menores aprendizes na indústria. E o art. 93 da Lei n. 8.213/1991, que estabelece que as empresas com 100 empregados ou mais ficam obrigadas a admitir de 2% a 5% de seus cargos com pessoas com deficiência.

A Estabilidade no setor privado e a estabilidade no setor público diferem no sentido de que aquela era adquirida quando o empregado completava 10 anos na empresa, prevista nos arts. 492 a 500 da CLT. Contudo, o funcionário de setor público torna-se estável após três anos de exercício efetivo, como previsto no art. 41 da Constituição Federal de 1988, excetuando-se desta regra os empregados das empresas públicas e das sociedades de economia mista, que são regidos pela CLT.

Ainda que a doutrina e a jurisprudência utilizem a expressão *estabilidade provisória* ou *estabilidade especial*, "o nome adequado para esta forma de estabilidade deveria ser garantia de emprego, pois se é provisória, não poderá ser estabilidade, havendo, portanto, contradição entre os termos" (BARROS, 2011, p. 774)[119].

---

(119) BARROS, Alice Monteiro. *Curso de Direito do Trabalho*. 7. ed. São Paulo: LTr, 2011.

Em síntese, a garantia de emprego é provisória, pois o empregador pode dispensar o empregado no momento em que bem entender, devendo, portanto, pagar as verbas indenizatórias previstas na CLT. A estabilidade é definitiva, porque o empregador está obrigado a manter o contrato de trabalho com o empregado durante o período mínimo legal, exceto se pagar as indenizações e multas decorrentes do contrato pelo período em que o empregado ficaria prestando serviço ou à disposição do empregador.

3. CLASSIFICAÇÃO DAS ESTABILIDADES

Como já abordado as estabilidades são conferidas aos empregados, aos empregadores não e se subdividem em: a) estabilidade definitiva, isto é, produz efeitos para toda a relação de emprego e b) estabilidade transitória, ou seja, somente enquanto persistir uma causa especial que a motive.

Em relação à classificação, destacam-se, dentre as diversas formas de estabilidade no emprego, como: a) legal, como o próprio nome já diz, está prevista em lei; b) contratual, que é prevista em contrato individual de trabalho, convenção ou acordo coletivo e a instituída no regulamento de empresa.

A estabilidade está prevista nos arts. 492 ao 500 da CLT, como uma garantia de emprego, válida por prazo estipulado em lei. É o caso dos dirigentes sindicais, cipeiro, gestante, acidentado, etc. A estabilidade é aquela pela qual, uma vez que o empregado alcance direito, o empregador não mais pode despedi-lo, salvo motivo previsto em lei.

A Estabilidade Definitiva também é conhecida como própria ou absoluta, o que significa que o empregado só pode ser dispensado em situações previstas na lei ou em casos de justa causa, apurada através de inquérito judicial de falta grave, previstos nos arts. 853 a 855 da CLT e não mais subsiste no setor privado.

Por seu turno, a Estabilidade Provisória, também chamada de imprópria ou relativa, tem-se como um meio temporário da garantia de emprego, permitindo-se a dispensa do empregado a qualquer momento, excetuadas as hipóteses previstas no art. 165 da CLT, ou ainda, no caso de aprendiz, disposto no art. 433 da CLT.

4. ESPÉCIES DE ESTABILIDADES

Vimos que as estabilidades são tratadas pela doutrina com terminologias diferentes, com os mesmos significados e que nada altera o sentido dos institutos. Por questões acadêmicas, usar-se-ão as nomenclaturas de **estabilidades definitivas** e **estabilidades provisórias** para diferenciar a divisão das espécies, conforme passamos a expor a seguir:

4.1. Estabilidades Definitivas

Conforme prevê a legislação, as estabilidades definitivas representam uma limitação do direito potestativo do empregador no momento da despedida do empregado sem justa causa, ou seja, o empregador só poderá efetuar a dispensa do empregado quando configurada a justa causa, devidamente comprovada por meio de processo judicial de apuração de falta grave, conforme arts. 853 a 855 da CLT.

A afirmação acima remete à ideia de que o empregador é obrigado a manter o contrato de trabalho com o empregado mesmo contra a sua vontade. E assim o é, pois o empregador deve permanecer com o contrato de trabalho em plena vigência, depois que o empregado adquire os requisitos para ter em seu favor a estabilidade definitiva.

Mas a pergunta que nos deixa inquietos é a seguinte: O empregador não quer manter o contrato de trabalho com o empregado por entender que não há mais clima entre ambos e que pode gerar problemas no ambiente de trabalho. Nesse caso, pode o empregador dispensar o empregado, detentor da estabilidade definitiva?

De maneira geral, seguindo a literalidade da lei, não pode o empregado ser dispensado. No entanto, vislumbrando o poder diretivo que o empregador possui, ele não é obrigado a manter o empregado, mesmo que este seja detentor de estabilidade definitiva, na sua empresa.

Nesse caso, o empregador terá que dispensar o empregado sem justa causa e pagar as indenizações previstas na recisão do contrato de trabalho, mais a indenização correspondente ao período em que o empregado estiver acobertado pelo direito a ser assegurado.

4.2. Estabilidade Decenal

Tratava de uma hipótese de estabilidade definitiva, com previsão nos arts. 492 ao 500 e do arts. 853 ao 855 da CLT nos seguintes termos.

Antes do ano de 1990, e, de acordo com o art. 492 da CLT, que diz que o empregado que contar com mais de dez anos de serviço na mesma empresa não poderá ser dispensado senão por motivo de falta grave ou situação de força maior, devidamente comprovada. Assim, embora a CLT ainda preveja esta hipótese, a referida estabilidade foi extinta porque passou a ser considerada o regime do FGTS, crida pela Lei n. 8.036/1990. Portanto, o art. 492 da CLT não possui mais eficácia na atual regra trabalhista.

4.3. Estabilidades Provisórias

Enquanto nas estabilidades definitivas se proíbe o empregador de dispensar o empregado por vontade própria, o legislador também criou as estabilidades provisórias ou temporárias, a fim de proteger o empregado em algumas circunstâncias, como passaremos a analisar a seguir.

4.4. Dirigentes Sindicais

A norma jurídica optou por preservar o emprego de tais trabalhadores a fim de evitar que o trabalhador sofresse represálias do empregador pelo fato de o dirigente postular direito para a categoria e para que o mesmo pudesse desempenhar suas funções com independência, não sendo, portanto, uma garantia pessoal do empregado. A garantia de estabilidade aos dirigentes sindicais, está assegurada pelo art. 8º, VIII, da Constituição Federal: "[...] é vedada a dispensa do empregado sindicalizado a partir do registro da candidatura a cargo de direção ou representação sindical e, se eleito, ainda que suplente, até um ano após o final do mandato, salvo se cometer falta grave nos termos da Lei".

E, desde antes, já vinha contemplada no art. 543, § 3º, da CLT:

[...] Fica vedada a dispensa do empregado sindicalizado ou associado, a partir do memento de registro de sua candidatura a cargo de direção ou representação de entidade sindical ou de associação profissional, até 1 (um) ano após o final do seu mandato, caso seja eleito, inclusive como suplente, salvo se cometer falta grave devidamente apurada nos termos desta Consolidação.

Vale ressaltar que a estabilidade prevista no art. 8º, VIII, e no art. 543, § 3º, da CLT, é assegurada somente aos dirigentes de sindicato, e não aos dirigentes de simples associações. Não é válido falar em extensão da garantia da estabilidade, isto é, de garantia de emprego por mais um ano, ao dirigente sindical que for destituído de suas funções não concluindo o seu mandato, visto que, na Lei, a extensão é somente autorizada "após o final do mandato".

Acerca da estabilidade provisória do dirigente sindical, cabe ainda destacar a Súmula n. 369, I, do TST, "[...] É indispensável a comunicação, pela entidade sindical, ao empregador, na forma do § 5º do art. 543 da CLT". Bem como, o inciso IV da mesma Súmula: "[...] Havendo extinção da atividade empresarial no âmbito da base territorial do sindicato, não há razão para subsistir a estabilidade". Por fim, o inciso 5º da mesma Súmula, dispõe sobre a hipótese de "[...]candidatura no período de aviso prévio, ainda que indenizado, não lhe assegura a estabilidade, visto que inaplicável a regra do § 3º do art. 543 da CLT".

4.5. Membros da Cipa – Comissão Interna de Prevenção de Acidentes

O objetivo da garantia de emprego ao "cipeiro" se dá para que o empregador não venha a prejudicar ou dispensar o trabalhador pois este está cuidando de interesses de prevenção de acidentes na empresa. Essa garantia se fundamenta na necessidade de conceder ao cipeiro a autonomia no exercício do mandato.

Segundo o disposto no art. 10, inciso II, alínea *a*, do ADCT, da Constituição Federal de 1988 que, "[...] fica vedada a dispensa arbitrária ou sem justa causa do empregado eleito para cargo de direção de comissões internas de prevenção de acidentes, desde o registro de sua candidatura até um ano após o final de seu mandato".

Por seu turno, o art. 482 da CLT fundamenta que a dispensa arbitrária ou sem justa causa do cipeiro não é proibida, isto é, a estabilidade não protegerá o cipeiro que for despedido por motivo disciplinar, técnico, econômico ou financeiro, como versa o art. 165 da CLT. Nesse sentido a Súmula n. 339, I, do TST, dispõe que o "suplente da Cipa goza de garantia de emprego prevista no art. 10, I, *a*, do ADCT, da CF/1988. No mesmo sentido, a Súmula n. 676 do STF. Somente a extinção do estabelecimento poderá justificar a perda da garantia de emprego estendida ao cipeiro.

4.6. Empregada Gestante

No tocante à legislação, a previsão encontra-se no art. 10, inciso I, alínea *b*, do ADCT, da Constituição Federal de 1988, ficando vedada a dispensa arbitrária ou sem justa causa de empregada gestante, desde a confirmação da gravidez até cinco meses após o parto.

A garantia de emprego da empregada gestante destaca-se pelas teorias da responsabilidade objetiva e subjetiva. O Brasil adota a teoria da responsabilidade objetiva, ao considerar a estabilidade da empregada gestante, apenas com a confirmação da gravidez pela própria gestante e não para o empregador, assim, pouco importa se o empregador conhecia o estado de gravidez da empregada. Nesse sentido é de responsabilidade objetiva do empregador garantir o nascituro.

A exceção legal se encontra nos contratos por prazo determinado, entre eles o contrato de experiência, no qual a gestante não goza de estabilidade, visto que as partes já sabiam do término final do contrato.

4.7. Empregado Acidentado

De acordo com o art. 118 da Lei n. 8.213/1991, a estabilidade do empregado em decorrência de acidente de trabalho, "que sofreu acidente de trabalho tem garantida, pelo prazo mínimo de doze meses, a manutenção do seu contrato de trabalho na empresa, após a cessação do auxílio-doença acidentário, independente de percepção de auxílio-acidente". A doutrina discute a constitucionalidade deste artigo ante a Constituição Federal, porém o TST por meio da Súmula n. 378, I, decidiu pela constitucionalidade do dispositivo.

Semelhante à garantia de emprego da gestante, o contrato por prazo determinado, entre eles o contrato de experiência, mesmo que o trabalhador sofra acidente de trabalho, não há direito a estabilidade, visto que as partes já conheciam o término final do contrato. Contudo, no período do aviso prévio a estabilidade ao trabalhador acidentado não é garantida, porém provoca a suspensão do contrato de trabalho até o retorno do trabalhador do auxílio-doença.

4.8. Empregados Representantes dos Empregados no Conselho Curador do FGTS

Os representantes de empregados no conselho curador do FGTS têm direito a estabilidade, desde a nomeação até um ano após o término do mandato, podendo ser dispensado, somente por motivo de falta grave, apurada por meio de processo sindical, nos termos do art. 3º, § 9º, da Lei n. 8.036/1990, que dispõe sobre o Fundo de Garantia por Tempo de Serviço.

4.9. Empregados Membros do Conselho Previdenciário

De acordo com o art. 3º, § 7º, da Lei n. 8.213/1991, os representantes dos empregados no âmbito do Conselho Nacional de Previdência Social – CNPS, os representantes efetivos e os respectivos suplentes, estão protegidos pela estabilidade provisória, desde a sua nomeação, até um ano após o final do mandato, salvo na hipótese de cometerem falta grave.

4.10. Empregados Eleitos Diretores de Sociedades Cooperativas

A Lei n. 5.764/1971 em seu art. 55, bem como o art. 543, § 3º, da CLT, veda a dispensa do empregado sindicalizado ou associado, a partir do momento do registro de sua candidatura a cargo de direção ou representação de entidade sindical ou de associação profissional, até 1 (um) ano após o final do seu mandato, desde a ciência do empregador da candidatura (Súmula n. 369, I do TST), caso seja eleito, inclusive como suplente também, possui a mesma garantia, salvo se cometer falta grave que será devidamente apurada por meio de processo judicial.

4.11. Empregados Membros da Comissão de Conciliação Prévia

A Comissão de Conciliação Prévia, instituída pela CLT no art. 625-A, permite que as empresas e os sindicatos criem comissão de conciliação no âmbito das atividades que atuam, devendo, para tanto, que no âmbito da empresa deve possuir no mínimo dois e no máximo dez membros. Já a comissão sindical será constituída depois que as normas forem definidas em acordo ou convenção coletiva, momento em que se definirá a quantidade de membros.

A estabilidade provisória para os membros da Comissão de Conciliação Prévia protege a todos os representantes dos empregados e, dos empregadores, se estes possuírem contrato de trabalho, sejam eles titulares e suplentes, até um ano após o final do mandato, salvo se cometerem falta grave, consoante disposto no art. 625-B, § 1º, da CLT.

4.12. Empregados em Período Pré-Eleitoral

O legislador constituinte optou de forma severa pela obrigatoriedade do alistamento eleitoral e do voto, conforme preleciona o art. 14 da Constituição Federal de 1988.

No entanto, para compensar a exigência e evitar excessos por parte dos empregadores, em período próximo às eleições é vedado aos agentes públicos, servidores ou não, nos termos do art. 73, inciso V, da Lei n. 9.504/1997, "nomear, contratar ou de qualquer forma admitir, dispensar sem justa causa, remover, transferir ou exonerar servidor público, na circunscrição do pleito, nos três meses que antecedem e até a posse dos eleitos, sob pena de nulidade, ressalvada a nomeação ou exoneração de cargos em comissão e designação ou dispensa de funções de confiança" (MARTINS, 2012, p. 461)[120].

Observe que, de acordo com o diploma legal, não dar direito ao empregado a garantia no emprego pelo período de doze meses, como ocorre nos casos anteriores. No entanto, caso o empregado sofra alguma sanção por parte do empregador, o ato será anulado pelo juiz, suportando, o empregador, todos os prejuízos sofridos pelo empregado no período compreendido da referida lei.

É claro que, se o empregado comete falta grave, devidamente comprovada, não estará legalmente protegido.

4.13. Contrato de Aprendizagem

De acordo com o Estatuto da Criança e do Adolescente, no art. 62, a aprendizagem é a formação técnico-profissional ministrada ao adolescente ou jovem segundo as diretrizes e bases da legislação de educação em vigor, implementada por meio de um contrato de aprendizagem.

O trabalho de aprendizagem é regido pela Lei n. 10.097/2000, onde temos que será considerado aprendiz toda pessoa que tiver quatorze até vinte e quatro anos incompletos e o contrato de aprendizagem terá duração máxima de dois anos. De ressaltar que não se aplica o limite de 24 anos para o jovem com deficiência, inscrito em programa de aprendizagem, uma formação técnico-profissional metódica, compatível com seu desenvolvimento físico, moral e psicológico.

Assim, de acordo com regra legal, o aprendiz não pode ser dispensado pelo empregador, exceto nas hipóteses previstas no art. 433 da CLT, assim sendo, por desempenho insuficiente ou inadaptação; por falta disciplinar grave; e na ausência injustificada à escola que implique perda de ano letivo.

A estabilidade prevista para esta categoria também é diferenciada em relação às demais, isto porque, também, não será garantido o período mínimo de doze meses. A título de ilustração, imagine que um aprendiz possuía um contrato de 24 meses e já havia trabalhado para o empregador por 15 meses, quando foi dispensado sem justo motivo. Nesse caso, a garantia devida será a quantidade de meses faltante para completar os 24 meses, ou seja, 9 meses. Isso porque a lei não permite essa modalidade de contrato de trabalho superior a vinte e quatro meses, mesmo que o aprendiz só tenha 20 anos de idade.

5. A PERDA DA ESTABILIDADE

Como vimos, o empregado detentor da estabilidade definitiva ou provisória só perderá esse direito nas hipóteses previstas na lei.

A falta grave mencionada pela CLT deve ser apurada pelo empregador, através da Ação Inquérito Judicial para Apuração da falta grave do empregado, obedecendo às regras do art. 482 da CLT. No período de apuração da falta grave, o empregado poderá ser suspenso das suas funções, até a decisão final do processo, quando será ou não confirmada a sua despedida.

Caso seja reconhecida a falta grave do empregado, automaticamente, encerra a relação contratual com o empregador. No entanto, se o empregador não comprovar a falta grave do empregado, estará obrigado a reintegrar na função e, ainda, pagar os salários pelo período da suspensão do empregado. Todavia, caso a reintegração seja desaconselhada em razão de o ambiente de trabalho tornar-se desagradável entre as partes, em especial, quando for empregador, pessoa física, a justiça do trabalho, poderá converter as obrigações em indenização em favor do empregado.

Extinguindo-se a empresa, sem a ocorrência de motivo de força maior, ao empregado estável despedido é garantida a indenização por rescisão do contrato por prazo indeterminado, paga em dobro, conforme art. 497 da CLT. Quando for o caso de fechamento do estabelecimento, filial ou agência, ou supressão necessária de atividade, sem ocorrência de motivo de força maior, é assegurado aos empregados estáveis, que ali exerçam suas funções, direito à indenização.

O exercício de cargos de diretoria, gerência ou outros de confiança imediata do empregador não gera direito à estabilidade, ressalvado o cômputo do tempo de serviço para todos os efeitos legais, à luz do art. 499 da CLT. Fica ainda garantido pela estabilidade o empregado que deixar de exercer cargo de confiança, excetuando, caso de falta grave, a reversão ao cargo efetivo que haja anteriormente ocupado.

No entanto, se o empregado for despedido sem justa causa e só tenha exercido cargo de confiança e contar com mais de 10 (dez) anos de serviço na mesma empresa, é garantida a indenização proporcional ao tempo de serviço nos termos dos arts. 477 e 478 da CLT.

---

(120) MARTINS, Sergio Pinto. *Direito do Trabalho*. 10. ed. São Paulo: Saraiva, 2000.

Se o empregador dispensar o empregado com o fim de obstar a aquisição de estabilidade, sujeitará o empregador a pagamento em dobro da indenização prescrita nos arts. 477 e 478 da CLT.

O art. 500 da CLT diz que se o pedido de demissão for por parte do empregado estável, este só será válido quando feito com a assistência do respectivo Sindicato e, se não o houver, perante autoridade local competente do Ministério do Trabalho e Previdência Social ou da Justiça do Trabalho.

Para apuração do Inquérito Judicial de Falta Grave do Empregado estável, o empregador deve obedecer às regras contidas nos arts. 853 a 855 da CLT, quais sejam: a) o empregador apresentará reclamação por escrito ao Juízo do Trabalho ou Juízo de Direito, conforme o caso, dentro de 30 (trinta) dias, contados da data da suspensão do empregado; b) Se tiver havido prévio reconhecimento da estabilidade do empregado, o julgamento do inquérito pelo Juiz do Trabalho não prejudicará a execução para pagamento dos salários devidos ao empregado, até a data da instauração do mesmo inquérito.

Por fim, cumpre ressaltar que, diferentemente do processo ordinário, o número de testemunhas previstas pelo art. 821 da CLT, em Ação de Apuração do Inquérito por Falta Grave, poderá chegar até seis, enquanto no processo ordinário o número máximo é de apenas três.

CAPÍTULO XVII
Medicina e segurança do trabalho

1. ASPECTOS HISTÓRICOS

A relação entre trabalho e saúde tem sido observada desde a Antiguidade; por exemplo, Hipócrates mencionou o saturnismo já no século IV a.C. No século I de nossa era, Plínio, o Velho, descreveu problemas de saúde em mineiros expostos a chumbo, mercúrio e poeiras minerais; ele incusive prescreveu algumas medidas preventivas como, por exemplo, uma máscara feita de bexiga de animais.

Segundo Oga (2008), no século XVI, vários pesquisadores já pensavam nos riscos da exposição ocupacional a certos tipos de substâncias. Como a afirmação de Paracelsus (1493-1541) de que "toda substância é um veneno – é uma questão de dose", sendo assim talvez o primeiro a lançar as bases do que hoje conhecemos como "limites de exposição ocupacional". Em 1556, foi publicado o Tratado de Agrícola *De Re Metallica*, no qual o autor descreveu problemas de saúde dos trabalhadores em minas de metal, e recomendou algumas medidas preventivas (por exemplo, ventilação) a fim de melhorar a situação nas minas[121].

Ainda de acordo com Oga (2008), com o passar dos anos, estes saberes foram constantemente evoluindo, de modo que em 1700 Ramazzini publicou seu livro *De Morbis Artificum Diatriba* (Tratado sobre as doenças dos trabalhadores), no qual descreveu perfis de adoecimento em mais de 50 profissões, assim reforçando o nexo entre trabalho e saúde. Ramazzini recomendou a seus colegas médicos que incluíssem na anamnese a seguinte pergunta: "qual é sua ocupação?" Infelizmente o subdiagnóstico e a subnotificação das doenças ocupacionais fazem com que os problemas de saúde ocupacional sejam subestimados. As recomendações de Ramazzini de que os locais de trabalho deveriam ser ventilados e melhorados e de que os trabalhadores deveriam ser informados sobre os riscos somente foram postas em prática muito depois e, mesmo assim, não universalmente[122].

Em relação ao benzeno, há mais de 100 anos são conhecidos seus efeitos sobre a saúde dos trabalhadores. Desde 1897 existem relatos na literatura científica dando conta de efeitos da exposição repetida ao benzeno, principalmente sobre a formação do sangue de trabalhadores expostos (OGA, 2008)[123].

Oga (2008) fez descrições clínicas mais detalhadas, publicadas a partir da década de 1930, mostraram a elevada ocorrência de multiformes achados hematológicos afetando as séries vermelha, branca e plaquetária. A atenção ficou concentrada na anemia aplástica ou aplasia medular que representava a fase irreversível e terminal de muitos casos. Os relatos mais dramáticos faziam menção a níveis de exposição ao benzeno que iam de 75ppm a cerca de 1300 ppm[124].

Com efeito, os estudos epidemiológicos de avaliação de risco, conduzidos pela OSHA (Occupational Safety and Health Administration), estimam que a exposição ao nível de 1ppm, durante toda a vida laboral, produz um excesso de 95 mortes por leucemia em cada 1000 trabalhadores que foram expostos ao benzeno (COSTA, 2009)[125].

---

(121) OGA. Seizi, *Fundamentos de Toxicologia*. 3. ed. São Paulo: Atheneu, 2008. p. 474.
(122) *Idem*.
(123) *Idem*.
(124) *Idem*.
(125) COSTA, Danilo Fernandes. *Prevenção da Exposição de Benzeno no Brasil*. 184 f. (Tese de doutorado em ciências). São Paulo: USP, 2009.

2. O MEIO AMBIENTE DE TRABALHO, O PRINCÍPIO DA DIGNIDADE HUMANA E OS DIREITOS SOCIAIS

A segurança do trabalho se aplica a todos os empregadores, empregados (incluindo a termo e os trabalhadores temporários) e trabalhadores por conta própria em seus locais de trabalho. A lei estabelece os direitos e obrigações dos empregadores e empregados e prevê multas substanciais e as sanções em caso de incumprimento da legislação de saúde e segurança. Como as normas regulamentadoras da segurança no trabalho no Brasil, menciona-se NR-18 (Condições e Meio Ambiente de Trabalho na Indústria da Construção), NR-9 (Programas de Prevenção de Riscos Ambientais) e NR-7 (Programas de Controle Médico de Saúde Ocupacional), as quais formam o Programa de Saúde e Segurança no Trabalho (SST). As normas internacionais abordadas são: OSHA (*Title 29 odf code of Federal Regulations (CFR) Part 1926*) dos EUA e a Diretiva da União Europeia n. 92/57/CEE (Prescrições Mínimas de Segurança e de Saúde a Aplicar nos Canteiros Temporários e Móveis). As normas opcionais são relacionadas aos Sistemas Integrados de Gestão (SIG), sendo abordadas neste item as seguintes: NBR ISO 9001: 2000 (Sistema de Gestão da Qualidade), NBR ISO 14001: 1996 (Gestão Ambiental) e OSHAS 18001 (Sistema de Gestão de Segurança e Higiene no Trabalho).

Dentro da legislação aplicável no Brasil o empregador tem o dever de garantir a segurança dos trabalhadores, a saúde e o bem-estar no trabalho, tanto quanto for razoavelmente possível. A fim de prevenir acidentes de trabalho e problemas de saúde é obrigado o empregador, entre outras coisas, a: Fornecer e manter um ambiente de trabalho seguro, que utiliza plantas e equipamentos de segurança; Prevenir os riscos do uso de qualquer artigo ou substância e da exposição a agentes físicos, ruído e vibração; Impedir qualquer conduta abusiva ou comportamento susceptível de pôr a segurança, saúde e bem-estar dos funcionários em risco; Fornecer instruções e treinamento para os funcionários de saúde e segurança; Fornecer roupas e equipamentos de proteção para os funcionários.

De outro lado são deveres dos empregados: tomar o devido cuidado para proteger a saúde e segurança de si mesmos e de outras pessoas no local de trabalho; Não se envolver em comportamento inadequado que prejudique a si mesmos ou aos outros; Não estar sob a influência de álcool ou drogas no local de trabalho; Para passar por qualquer avaliação médica ou outro razoável, se solicitado a fazê-lo pelo empregador e relatar quaisquer defeitos no local de trabalho ou equipamento que possa ser um perigo para a saúde e segurança.

Cada empregador é obrigado a realizar uma avaliação para o ambiente de trabalho que deverá identificar os riscos presentes no local de trabalho, e identificar as medidas a serem tomadas para lidar com quaisquer deles. O empregador também deve preparar uma demonstração de segurança com base nos dados levantados. A declaração deverá conter também os detalhes de pessoas na força de trabalho que são responsáveis por questões de segurança. Os funcionários devem ter acesso a esta declaração e os empregadores devem analisá-lo em uma base regular (ALKIMIN, 2009)[126].

O empregador deve informar os trabalhadores sobre os riscos que requerem o uso de equipamentos de proteção. O empregador deve fornecer equipamentos de proteção (como roupas de proteção, chapelaria, calçados, óculos, luvas), juntamente com o treinamento sobre como usá-lo, se necessário. Um empregado tem o dever de cuidar devidamente de seu / sua própria segurança e de uso de qualquer equipamento de proteção fornecido. O equipamento de proteção deve ser fornecido gratuitamente aos empregados para o uso em apenas local de trabalho. Normalmente, os funcionários devem ter fornecidos com o seu próprio equipamento pessoal (ROCHA, 2004)[127].

Entende-se como lugares Ambientes de Trabalho, local ou locais, interior ou exterior, onde as pessoas que prestam serviços a empresas, independentemente do setor econômico. Associações comunitárias e outras formas de serviço produtivo ou; ou de qualquer outra natureza, pública ou privada (SANTOS, 1997)[128].

O meio ambiente de trabalho também é entendido pelo ar, água e terra espaços em torno da empresa, a exploração no local de trabalho, o abate, o estabelecimento; bem como outras formas de associativismo comunitário que estão inseridas no mesmo. A conquista de melhores condições de trabalho não tem sido fácil, basta lembrar a luta por 8 horas de trabalho que nos dá um nível de resistência para as exigências dos trabalhadores para melhorar as condições que afetam a sua saúde (SANTOS, 1993)[129].

As leis que protegem a saúde dos trabalhadores não são apenas proteção parcial, mas o que é lamentável é que o trabalhador nunca é consultado quando querem definir mudanças nos sistemas de produção, incorporar novos

---

(126) ALKIMIN, Maria Aparecida. *Assédio Moral na Relação de Trabalho*. 2. ed. revista e atualizada. Curitiba: Juruá, 2009.
(127) ROCHA, Cármen Lúcia Antunes. *O direito à vida digna*. 6. ed. Madrid: Tecnos, 2004. p. 38.
(128) SANTOS, Neri. *Manual de Análise Ergonômica do Trabalho*. Curitiba: Genesis. 2. ed. 1997. 316p.
(129) SANTOS, Neri. *Curso de engenharia Ergonômica do Trabalho*. Florianópolis: UFSC/Dep. de Engenharia de Produção, 1993.

materiais ou modificar as condições de trabalho. Em alguns casos, após sinais claros de deterioração da saúde em um grupo de trabalhadores, verificados por especialistas, é declarada atividade insalubre mas a causa não é eliminada, ou, em alguns casos, paga-se um prêmio para o trabalho arriscado, e dando um efeito "legal", onde há a troca de saúde pelo dinheiro (DILERMANDO, 1998)[130].

Como qualquer legislação o primeiro passo para o cumprimento eficaz é que ela seja conhecida por seus beneficiários e que é o nosso primeiro objetivo: a divulgação, a segunda etapa ou meta é promover a sua aplicação efetiva, sem limitação ou distorção. As organizações sindicais devem cumprir o papel fundamental de garantir a aplicação (COUTO, 1995)[131].

De acordo com a NR-15 (2013) são chamadas de insalubres aquelas atividades que ultrapassam um limite de tolerância determinada pela ilustre norma, são consideradas as intensidades máximas ou mínimas relacionadas com a natureza da exposição ou o tipo de exposição que sofre o agente. Essas exposições em longo prazo podem ser muito danosas para a vida dos trabalhadores. Constatada a insalubridade a empresa precisa se adaptar com a adoção de medidas que ajudem na promoção de atividades internas que estejam dentro dos níveis de segurança, se as empresas não se adequarem elas poderão sofrer sanções judiciais[132].

Para a maioria é um fardo. Para muitos as condições dolorosas e perigosas não podem ser separadas da sua tarefa. Os trabalhadores estão exigindo o reconhecimento, a dignidade e o respeito. No início, era possível fazê-lo dez horas, e depois reduzido a oito. No entanto, nem todos os tempos são os mesmos, durante a noite uma pessoa não pode pagar o mesmo que durante o dia (FONTOURA, 1993)[133].

Alguns aspectos devem ser observados no ambiente de trabalho, como por exemplo ar, limpeza, ruído, iluminação e radiação (IIDA, 1993[134]).

1. Ar: Em geral ninguém se importa. Para ser bom, para ser agradável (cheiro), frescos, deve fluir, mas sem corrente. A pressão atmosférica é também importante. Deve-se também tomar cuidado com as partículas em suspensão, que podem ser muito prejudiciais para a saúde.

2. Limpeza: Onde há sujeira ocorrem infecções comuns da pele. Nem sempre são visíveis, de modo que os trabalhadores devem contribuir para a limpeza adequada.

3. Ruído: O ruído intenso é prejudicial à saúde e ao sistema nervoso. As vibrações também são importantes.

Tabela 1 – Nível de ruído x Máxima exposição

NÍVEL DE RUÍDO DB (A)	MÁXIMA EXPOSIÇÃO DIÁRIA PERMISSÍVEL
85	8 horas
86	7 horas
87	6 horas
88	5 horas
89	4 horas e 30 minutos
90	4 horas
91	3 horas e 30 minutos
92	3 horas
93	2 horas e 40 minutos
94	2 horas e 15 minutos
95	2 horas
96	1 hora e 45 minutos
98	1 hora e 15 minutos
100	1 hora

---

(130) DILERMANDO, Brito Filho. *Toxicologia Humana e Geral*. 2. ed. Rio de Janeiro, 1988.
(131) COUTO, Araujo Hudson. *Ergonomia Aplicada ao Trabalho*. Belo Horizonte: Ergo Editora, 1995. v. 1 e 2.
(132) BRASIL. NR-15: Atividades e Operações insalubres.
(133) FONTOURA, Ivens. *Ergonomia*: Apoio para a Engenharia de Segurança, Medicina e Enfermagem do Trabalho. Curitiba: UFPR/Dep. Transporte, 1993. 36p.
(134) IIDA, Itiro. *Ergonomia Projeto e Produção*. São Paulo: Edgard Blücher Ltda., 1993. 465p.

NÍVEL DE RUÍDO DB (A)	MÁXIMA EXPOSIÇÃO DIÁRIA PERMISSÍVEL
102	45 minutos
104	35 minutos
105	30 minutos
106	25 minutos
108	20 minutos
110	15 minutos
112	10 minutos
114	8 minutos
115	7 minutos

Fonte: Fontoura (1993)[135]

O Decreto-Lei n. 5.452, promulgado no dia 1º de maio de 1943, aprovou a Consolidação das Leis do Trabalho – CLT[136]. De acordo com o artigo I da supracitada lei:

Art. 1º – Esta Consolidação estatui as normas que regulam as relações individuais e coletivas de trabalho, nela previstas.

Art. 2º – Considera-se empregador a empresa, individual ou coletiva, que, assumindo os riscos da atividade econômica, admite, assalaria e dirige a prestação pessoal de serviço.

§ 1º Equiparam-se ao empregador, para os efeitos exclusivos da relação de emprego, os profissionais liberais, as instituições de beneficência, as associações recreativas ou outras instituições sem fins lucrativos, que admitirem trabalhadores como empregados.

§ 2º Sempre que uma ou mais empresas, tendo, embora, cada uma delas, personalidade jurídica própria, estiverem sob a direção, controle ou administração de outra, constituindo grupo industrial, comercial ou de qualquer outra atividade econômica, serão, para os efeitos da relação de emprego, solidariamente responsáveis a empresa principal e cada uma das subordinadas.

Art. 3º – Considera-se empregado toda pessoa física que prestar serviços de natureza não eventual a empregador, sob a dependência deste e mediante salário.

Parágrafo único – Não haverá distinções relativas à espécie de emprego e à condição de trabalhador, nem entre o trabalho intelectual, técnico e manual (BRASIL, 1943).

A NR-15 é uma norma que aborda as atividades e operações insalubres, ela foi publicada por intermédio da regulamentação da Portaria MTb n. 3.214, de 08 de junho de 1978[137].

A NR-6 é uma normatização que regula sobre a utilização de equipamentos de proteção individual. A supracitada norma foi regulamentada por intermédio da adoção da Portaria GM n. 3.214, de 08 de junho de 1978[138]. De acordo com a NR-6 EPI é considerado todo o dispositivo ou produto de uso individual utilizado pelo trabalhador, destinado à proteção de riscos suscetíveis de ameaçar a segurança e a saúde no trabalho[139].

---

(135) FONTOURA, Ivens. *Ergonomia*: Apoio para a Engenharia de Segurança, Medicina e Enfermagem do Trabalho. Curitiba: UFPR/Dep. Transporte, 1993. 36p.

(136) *Vide* Decreto-lei n. 127, de 1967 (*Vide* Lei n. 12.619, de 2012)

(137) Alterações/Atualizações D.O.U. Portaria SSMT n. 12, de 12 de novembro de 1979 (23.11.1979). Portaria SSMT n. 01, de 17 de abril de 1980 (25.04.1980). Portaria SSMT n. 05, de 09 de fevereiro de 1983 (17.02.1983). Portaria SSMT n. 12, de 06 de junho de 1983 (14.06.1983). Portaria SSMT n. 24, de 14 de setembro de 1983 (15.09.1983). Portaria GM n. 3.751, de 23 de novembro de 1990 (26.11.1990). Portaria DSST n. 01, de 28 de maio de 1991 (29.05.1991). Portaria DNSST n. 08, de 05 de outubro de 1992 (08.10.1992). Portaria DNSST n. 09, de 05 de outubro de 1992 (14.10.1992). Portaria SSST n. 04, de 11 de abril de 1994 (14.04.1994). Portaria SSST n. 22, de 26 de dezembro de 1994 (27.12.1994). Portaria SSST n. 14, de 20 de dezembro de 1995 (22.12.1995). Portaria SIT n. 99, de 19 de outubro de 2004 (21.10.2004). Portaria SIT n. 43, de 11 de março de 2008. (Rep.) 13/03/08. Portaria SIT n. 203, de 28 de janeiro de 2011 (01.02.2011).

(138) EQUIPAMENTO DE PROTEÇÃO INDIVIDUAL – EPI Publicação D.O.U. Portaria GM n. 3.214, de 08 de junho de 1978 (06.07.1978) Alterações/Atualizações D.O.U. Portaria SSMT n. 05, de 07 de maio de 1982 (17.05.1982). Portaria SSMT n. 06, de 09 de março de 1983 (14.03.1983). Portaria DSST n. 05, de 28 de outubro de 1991 (30.10.1991). Portaria DSST n. 03, de 20 de fevereiro de 1992. Portaria DSST n. 02, de 20 de maio de 1992 (21.05.1992). Portaria DN SST n. 06, de 19 de agosto de 1992 (20.08.1992). Portaria SSST n. 26, de 29 de dezembro de 1994 (30.12.1994). Portaria SIT n. 25, de 15 de outubro de 2001 (17.10.2001). Portaria SIT n. 48, de 25 de março de 2003 (28.03.2004). Portaria SIT n. 108, de 30 de dezembro de 2004 (10.12.2004). Portaria SIT n. 191, de 04 de dezembro de 2006 (06.12.2006). Portaria SIT n. 194, de 22 de dezembro de 2006 (22.12.1906). Portaria SIT n. 107, de 25 de agosto de 2009 (27.08.2009). Portaria SIT n. 125, de 12 de novembro de 2009 (13.11.2009). Portaria SIT n. 194, de 07 de dezembro de 2010 (08.12.1910). (Texto dado pela Portaria SIT n. 25, de 15 de outubro de 2001)

(139) O equipamento de proteção individual, de fabricação nacional ou importada, só poderá ser posto à venda ou utilizado com a indicação do Certificado de Aprovação – CA, expedido pelo órgão nacional competente em matéria de segurança e saúde no trabalho do Ministério do Trabalho e Emprego. A empresa é obrigada a fornecer aos empregados, gratuitamente, EPI adequado ao risco, em perfeito estado de conservação e funcionamento, nas seguintes circunstâncias: a) sempre que as medidas de ordem geral não ofereçam completa proteção contra os riscos de acidentes do trabalho ou de doenças profissionais e do trabalho; b) enquanto as medidas de proteção coletiva estiverem sendo implantadas; e, c) para atender a situações de emergência.

Estudos de Santos (1997) ressaltam que a NR15 estabelece os limites de tolerância do ruído. As empresas atuais estão cientes dessa legislação e elas estão adotando estratégias para mensurar/avaliar os possíveis riscos para o trabalhador. Muitas empresas já utilizam o laudo de risco, onde são descritos a análise da exposição do trabalhador também é desenvolvido um PPRA como o objetivo de descrever as etapas e monitorar todos os riscos que podem afetar a saúde do trabalhador em longo prazo[140].

Essas avaliações para a caracterização do ruído dentro das empresas podem ser realizadas tanto de forma qualitativa quanto de forma quantitativa (SANTOS 1992)[141].

Nas duas formas de avaliação são analisados os equipamentos disponíveis para a verificação dos níveis aceitáveis de exposição aos ruídos. Interessante notar que cada opção possui uma tabela com o número máximo de ruído suportado em relação ao tempo de exposição (SANTOS 1997)[142].

De acordo com Santos (1992), as avaliações qualitativas ocorrem na análise da/s (o/s)[143]:

- Duração da construção (geral e em locais específicos);
- Equipamento deve ser usado, por exemplo, as operações ruidosas;
- Programação com limites de tempos de operação;
- Monitoramento de ruído;
- Fórum para a comunicação com o público;
- Compromissos para limitar os níveis de ruído a determinados níveis, incluindo quaisquer leis locais que se aplicam;
- Consideração de aplicação de tratamentos de controle de ruído utilizados com sucesso em outros projetos.

Nessa fase são altamente recomendáveis as relações com a comunidade. A informação inicial sendo divulgada ao público sobre os tipos de equipamentos, os níveis de ruído esperados e durações vão ajudar a prevenir potencialmente os vizinhos e demais interessados.

Nestes casos, uma descrição geral da variação de níveis de ruído durante um dia típico de construção pode ser útil.

Para IIDA (1993) as avaliações quantitativas devem englobar:

- Escala do projeto;
- Proximidade de ruído sensível aos usos da terra para as zonas de construção;
- Número de receptores sensíveis ao ruído na área do projeto;
- Duração das atividades de construção perto de receptores sensíveis ao ruído;
- Agenda (construção dias, horários e períodos de tempo);
- Método (por exemplo, cut-and-cover vs entediado tunneling).
- A preocupação com o barulho expresso em comentários do público em geral (de escopo, público reuniões)[144].

A avaliação quantitativa de ruído na construção civil requer a disponibilização de informações sobre os níveis de fonte, as operações, proximidade de locais sensíveis ao ruído, e os critérios contra os quais os níveis serão comparados.

4. Iluminação: Trabalho com pouca luz é ruim, mas também a luz forte é ainda pior. Exemplo: Luz emitida por soldadores.

- Radiação

Não tendo nenhuma sensação física, o trabalhador não tem conhecimento dos danos causados a menos que tenha formação adequada.

---

(140) SANTOS, Neri e FIALHO, Francisco. *Manual de Análise Ergonômica do Trabalho*. 2. ed. Curitiba: Genesis. 1997. 316p.
(141) SANTOS, Neri. *Curso de engenharia Ergonômica do Trabalho*. Florianópolis: UFSC/Dep. de Engenharia de Produção. 1992. 123p.
(142) SANTOS, Neri e FIALHO, Francisco. *Manual de Análise Ergonômica do Trabalho*. 2. ed. Curitiba: Genesis. 1997. 316p.
(143) SANTOS, Neri. *Curso de engenharia Ergonômica do Trabalho*. Florianópolis: UFSC/Dep. de Engenharia de Produção. 1992. 123p.
(144) IIDA, Itiro. *Ergonomia Projeto e Produção*. São Paulo: Edgard Blücher Ltda., 1993. 465p.

A satisfação não depende apenas de reduzir o tempo e os riscos de trabalho. Também devem tratar o trabalhador como um ser humano. O trabalhador procura trabalhar e ganhar dinheiro, mas pode ter essa necessidade e ainda ser infeliz, pois sua tarefa é desprovida de todas as participações e não tem chance de ver o resultado final do seu produto/esforço.

O salário é um dos principais aspectos do trabalho que faz parte das condições de emprego, em vez do trabalho. Deve-se compensar a produtividade que foi roubada. Embora seja agora aceita a crítica. As horas extras, mesmo que sejam pagas, são prejudiciais à sua saúde.

Os trabalhadores cujas condições de vida e habitação são muito pobres não podem gozar de boa saúde física e mental e são, portanto, mais expostos às doenças físicas ou acidentes.

Geralmente o trabalhador não está prestando atenção. Com o aumento do uso das máquinas, a maioria dos acidentes é causada por falta de prevenção. O acidente prejudica não só a família do trabalhador, mas a empresa e a sociedade como um todo, uma vez que investiram nele. Todos podem sofrer acidentes. O trabalhador deve ser cauteloso, mas isso não é suficiente. O Estado deve adotar leis e verificar o cumprimento e os empregadores devem também cumprir a lei, interpretar o seu espírito (RUSSO, 1999)[145].

Muitos acidentes são causados pela ignorância. Os funcionários devem ser educados e treinados. Os incentivos de produtividade, por vezes, causam acidentes e causam negligência as normas de segurança. Existem doenças que não são percebidas à primeira vista e podem ser tão graves como acidentes (SANDERS, 1987)[146].

Saúde pode ser atacada por (SALIBA, 2000)[147]:

- Contaminação do ar;
- Doenças de pele;
- A falta de higiene pessoal ao lidar com substâncias perigosas;
- O ruído excessivo;
- A deficiência visual;
- Estresse.

Nos últimos anos tem sido lançada uma nova abordagem para a segurança no trabalho. O governo deve estabelecer normas de segurança e proteção ambiental. Existe responsabilidade do empregador, mas também os trabalhadores devem colaborar com o cumprimento das suas obrigações de saúde e segurança. O trabalhador também deve receber formação e ser consultado sobre as medidas de segurança e saúde adotadas pelo empregador (IIDA, 1993)[148].

Quando definido qual é o trabalho, também deve ser considerada a viagem do trabalhador ao local de trabalho, o tempo gasto sem ferramentas, etc. Duração excessiva é um grande problema. A tendência atual é a de reduzir a duração do dia e da necessidade de descanso e feriados (SALIBA, 2000)[149].

Às vezes, a duração é de oito horas, mas surgem outros problemas. O trabalhador deve esperar entre um turno e outro um longo tempo. Isso é como se tivesse trabalhado mais horas. Em outros momentos, trabalha em turnos rotativos. Isso impede que o trabalhador organize as suas atividades, obriga que fique longe de sua família e traz graves problemas devido à falta de adaptação e não ter um bom descanso. O trabalho por turnos deve ser recompensado. Outro aspecto a considerar é o de horas extras. Estas não devem ser excessivas, pois o trabalhador não vai descansar o tempo suficiente para se recuperar (GRANDJEAN, 1998)[150].

O trabalhador deve ser tratado como uma pessoa. Deve haver espaço para a criatividade e iniciativa pessoal. Quando a participação dos trabalhadores é solicitada a partir de uma iniciativa é muito positivo para a organização. É importante dar participação nas decisões. Os serviços sociais não compensam os baixos salários, eles são complementares. Eles são benefícios para a empresa e o trabalhador. Eles devem ser feitos de comum acordo (COUTO, 1995)[151].

---

(145) RUSSO, Iêda C. P. *Acústica e Psicoacústica aplicadas à Fonoaudiologia*. São Paulo: Lovise, 1999.
(146) SANDERS, M. S. and McCormick, E. J. *Human Factors in Engineering and Design*. New York. Mcgraw-Hill Book Co., 1987, 667p.
(147) SALIBA, T. M. *Manual prático de avaliação e controle do ruído*: PPRA. 1. ed. São Paulo: LTr, 2000. 112p.
(148) IIDA, Itiro. *Ergonomia Projeto e Produção*. São Paulo: Edgard Blücher Ltda., 1993. 465p.
(149) SALIBA, T. M. *Manual prático de avaliação e controle do ruído*: PPRA. 1. ed. São Paulo: LTr, 2000. 112p.
(150) GRANDJEAN, Etienne. *Manual de Ergonomia* – Adaptando o Trabalho ao Homem. Porto Alegre: Artes Médicas Sul Ltda. 4. ed. 1998. 338p.
(151) COUTO, Araujo Hudson. *Ergonomia Aplicada ao Trabalho*. Belo Horizonte: Ergo Editora, 1995. v. 1 e 2.

Oferecimento de jantar garante que o funcionário seja bem alimentado. O empregador não deve fornecer alojamento de trabalhadores, mas deve se preocupar com isso, pois permite relaxamento e tranquilidade. O exercício é importante, mas não deve ser obrigatório. As mães que trabalham devem receber creche ou serviço doméstico, protegendo, assim, a família do trabalhador. Deve haver uma sala de primeiros socorros com assistência médica objetiva. Em alguns países, bolsas de estudo e prêmios também são dadas no estudo favorecendo assim o desenvolvimento dos trabalhadores (COUTO, 1995)[152].

O homem vive uma única vida. As condições em que as pessoas vivem fora da empresa e no interior não podem ser separadas. O trabalhador tem direito a conhecer a composição e os riscos das substâncias com que lida. As organizações de trabalhadores devem estar preocupadas com o meio ambiente e serem consultadas sobre decisões que têm a ver com isso.

O Direito, uma produção cultural humana, se constitui de fórmulas de organização e conduta para serem seguidas ou absorvidas na comunidade nas práticas de convivência social.

Em sua relação com a dinâmica social, o Direito tende a atuar, essencialmente, de duas maneiras: antecipa fórmulas de organização e conduta para serem seguidas na comunidade ou absorve práticas organizacionais e de conduta já existentes na convivência social, adequando-as às regras e princípios fundamentais do sistema jurídico circundante (LORENZETTI, 1998)[153]. Enquanto a primeira maneira é cumprida, em geral, pelo legislador, ao editar novos diplomas normativos, a segunda tende a ser cumprida, em geral, pela jurisprudência, ao interpretar a ordem jurídica e encontrar nela soluções normativas para situações aparentemente não tratadas pelos diplomas legais disponíveis.

A organização jurídica contemporânea do trabalho prescinde de normas que se assentem e que considerem a dignidade da pessoa humana. Este que é atualmente um princípio expresso na grande maioria das cartas constitucionais dos estados democráticos de direito, cuja conceituação já foi dada ou ao menos pensada, na Grécia antiga pelos filósofos, passando pelo Cristianismo, chegando a Kant (2002) no século XVIII, que realmente dá o suporte para sua compreensão mais profunda[154].

Considerado um princípio ético, que paira, norteia e pressupõe vários outros princípios, a dignidade é tudo que envolve a pessoa, sem ela não é possível pensar em ser humano (ALEXY, 1997)[155].

Neste sentido, com a compreensão de que o sujeito de direito é também um sujeito movido pelos desejos, isto é, que o sujeito do inconsciente está presente nos atos, fatos e negócios jurídicos e feita a distinção entre moral e ética, é possível e necessário explorar o princípio da dignidade da pessoa humana para o Direito do Trabalho (ANTUNES, 2000)[156]. Isto significa que toda e qualquer decisão deve, necessariamente, considerar o princípio ora apresentado, pois, sem ele, as decisões e concepções doutrinárias certamente se distanciarão do ideal de justiça ou ficarão contraditórias com um sistema jurídico que se pretende ético, universal e sem aporte particular moralista.

Logo, diversamente do já afirmado, a dignidade não é partida, partilhada ou compartilhada em seu conceito e em sua experimentação, conforme será vista. Ao contrário, ela se mostra uma postura na vida e uma compostura na convivência. Ela não é como a igualdade, como o conhecimento racionalmente apreendido e trabalhado. Mostra-se no olhar que o homem volta a si mesmo, no trato que a si confere e no cuidado que ao outro despende.

Neste contexto, a seguir, têm-se as concepções do que é o homem enquanto ser humano revestido de dignidade. A origem da dignidade humana e a dignidade humana enquanto um macro princípio (ARCE, 1990)[157]. A dignidade humana como um valor que antecede o Direito e o informa, por conseguinte, afigura-se um vetor fundamental na operacionalização dos institutos jurídicos, tanto os de Direito Público como os de Direito Privado.

O ponto de partida de uma argumentação que explora o aparecimento do princípio da dignidade da pessoa humana e a dignidade humana do trabalhador somente há de ser consistente, se envolto em considerações focadas no sujeito de tal atributo: o ser humano; o homem, sem qualquer pretensão de conceituá-lo ou defini-lo, dada a complexidade que envolve tanto a essência quanto a existência humanas.

A história do ser humano pode ser vista como um longo relato de lutas entre a manifestação das paixões desejosas de domínio do homem sobre o homem e a busca de domesticação racional destas, visando à superação de tal

---

(152) COUTO, Araujo Hudson. *Ergonomia Aplicada ao Trabalho*. Belo Horizonte: Ergo Editora, 1995. v. 1 e 2.
(153) LORENZETTI, Ricardo Luis. *Fundamentos do direito privado*. Trad. Vera Maria Jacob de Fradera. São Paulo: Revista dos Tribunais, 1998.
(154) KANT, Immanuel. *Crítica da razão pura*. Col. Os pensadores. São Paulo: Abril, 2002. p. 33-35.
(155) ALEXY, Robert. *Teoría de los Derechos Fundamentales*. Madrid: Centro de Estudios Constitucionales, 1997. p. 82, 86 e ss.
(156) ANTUNES ROCHA, Carmem Lúcia. O princípio da dignidade humana e a exclusão social. In: *Anais do XVVI Conferência Nacional dos Advogados* – Justiça: realidade e utopia. Brasília: OAB, Conselho Federal, 2000. p. 72. v. I.
(157) ARCE Y FLÓREZ-VALDÉZ, Joaquin. *Los principios generales del Derecho y su formulación constitucional*. Madrid: Civitas, 1990.

conflito. Em tal epopeia, a defesa dos direitos humanos, desejosa de construir um mundo civilizado, no qual haja mútuo respeito e igual consideração entre os indivíduos, pelo simples fato de serem pessoas, revela o ser humano, como homem, pessoa dotada de um atributo que o individualiza dos seus semelhantes (SARLET, 2005, p. 09)[158].

Ao longo da história, mas a partir de um passado longínquo, conceitos e explicações, foram imaginadas e defendidas convictamente pelos filósofos gregos, como Sócrates, Platão e Aristóteles (COMPARATO, 2004, p. 13)[159]. No final da Idade Média, Anselmo, Tomás de Aquino, Dum Scoto, Boaventura trouxeram a luz da teologia para interpretar e definir o homem (SARLET, 2005, p. 09)[160].

Em tempos mais recentes, René Descartes, Hegel, Auguste Comte. Vieram os existencialistas, marxistas, neopositivistas; os estruturalistas ofereceram outras contribuições dentro da filosofia. Freud, com a psiquiatria, interpretou o comportamento humano, sobretudo quando se refere à afetividade, por meio da libido. Entretanto, não se conseguiu explicar a verdadeira origem do homem, o sentido da vida e seu destino, mesmo em tempos modernos (SARLET, 2001, p. 86)[161].

Outras tentativas de definir o homem foram feitas, "Um ente único, uma pessoa ou unidade espiritual", segundo Reale (1989, p. 219), "a fonte, a base de toda a Axiologia, e de todo processo cultural". "O homem é, senão, um valor fundamental"[162]. "O único animal que possui a razão", disse Aristóteles, a qual, "serve para indicar-lhe o útil e o nocivo, o justo e o injusto". Segundo ele, o homem é naturalmente um animal político, destinado a viver em sociedade. Assim, em razão de sua própria natureza, o homem necessita viver em sociedade (REALE, 1989, p. 219)[163].

Já ao final da Idade Média, São Tomás de Aquino, ao analisar o pensamento de Aristóteles sobre o homem, o acolhe em parte, com o intuito de conhecer e revelar de modo mais profundo e amplo o que é o homem. No século XVIII, de acordo com Kant (2002, p. 86), o homem é algo que é fim em si mesmo[164]. A pessoa é o modo como o homem se revela ao mundo de sentidos e significados que o permeiam (Kant, 2002, p. 86). Então se distinguiu no mundo o que tem um preço e o que tem uma dignidade[165].

No horizonte do Direito o homem é o que tem dignidade. É uma condição que é essencialmente própria à pessoa humana. O fundamento e o fim de todo o direito é o homem em qualquer de suas representações: *homo sapiens* ou, mesmo, *homo demens*; *homo faber* ou *homo ludens*; *homo socialis, politicus, o economicus, tecnologicus, mediaticus*. Vale dizer que todo o direito é feito pelo homem e para o homem, que constitui o valor mais alto de todo o ordenamento jurídico. Sujeito primário do direito, ele é o destinatário final tanto da mais prosaica quanto da mais elevada norma jurídica (ARCE, 1990)[166].

Do latim *dignitas*, a terminologia foi adotada desde o final do século XI, significando cargo, honra, podendo, ainda, ser o seu sentido de postura socialmente conveniente diante de determinada pessoa ou situação. Entretanto, há vestígios da ideia da dignidade da pessoa humana na Antiguidade Clássica, no Código de Hamurabi (1780 a.C)" (...) Para que o forte não prejudique o mais fraco, a fim de proteger as viúvas e os órfãos, ergui a Babilônia (...) para falar de justiça a toda a terra, para resolver todas as disputas e sanar todos os ferimentos, elaborei estas palavras preciosas (...)"; no Código de Manu (1300 e 800 a.C.), que em reflexão filosófica sobre o homem, tanto o Código de Hamurabi, como o de Manu estabeleciam leis destinadas a resguardar e proteger o indivíduo. Tendo sido estes a grande influência para o que hoje se compreende a respeito da preservação dos indivíduos e da sociedade (COMPARATO, 2004, p. 13)[167].

Ainda antes do Cristianismo, o livro do Êxodo do profeta Moisés (segunda metade do segundo milênio antes de Cristo) e o livro de provérbios do rei Salomão (950 a.C.) lançaram semente sobre a compaixão entre os homens, sobre a necessidade de se pagar amor com amor, senão estaria o homem que não tem compaixão pelo seu semelhante amontoando brasas sobre sua cabeça (MAURER, 2005)[168].

---

(158) SARLET, Ingo Wolfgang. *A eficácia dos direitos fundamentais*. 2. ed. Porto Alegre: Livraria do Advogado, 2001.
(159) COMPARATO, Fábio Konder. *A afirmação histórica dos direitos humanos*. 3. ed. São Paulo: Saraiva, 2004. p. 12-13.
(160) SARLET, Ingo Wolfgang. *A eficácia dos direitos fundamentais*. 2. ed. Porto Alegre: Livraria do Advogado, 2001.
(161) SARLET, Ingo Wolfgang. *A eficácia dos direitos fundamentais*. 2. ed. Porto Alegre: Livraria do Advogado, 2001.
(162) REALE, Miguel. *Introdução à filosofia*. 2. ed. São Paulo: Saraiva, 1989. p. 219.
(163) REALE, Miguel. *Introdução à filosofia*. 2. ed. São Paulo: Saraiva, 1989. p. 219.
(164) KANT, Immanuel. *Crítica da razão pura*. Col. Os pensadores. São Paulo: Abril, 2002. p. 33-35.
(165) KANT, Immanuel. *Crítica da razão pura*. Col. Os pensadores. São Paulo: Abril, 2002. p. 33-35.
(166) ARCE Y FLÓREZ-VALDÉZ, Joaquin. *Los principios generales del Derecho y su formulación constitucional*. Madrid: Civitas, 1990.
(167) COMPARATO, Fábio Konder. *A afirmação histórica dos direitos humanos*. 3. ed. São Paulo: Saraiva, 2004. p. 12-13.
(168) MAURER, Beátrice. Notas sobre o respeito da dignidade da pessoa humana... ou pequena fuga incompleta em torno de um tema central. In: *Dimensões da dignidade*: ensaio de filosofia do Direito e Direito Constitucional. SARLET, Ingo Wolfgang (Org.). Tradução de Rita Dostal Zanini. Porto Alegre: Livraria do Advogado, 2005. p. 61-87.

Na Grécia antiga, embora não haja notícia de dispositivos normativos que se referissem à existência de reflexão filosófica sobre o homem e sua dignidade. O poeta grego era filósofo. Já na época procurou construir a ideia universal e normativa de que todos os seres humanos têm direito a ser igualmente respeitados, pelo simples fato de sua humanidade.

Protágoras (480-410 a.C.) apresentou seu conceito que na verdade anunciava um aspecto da dignidade do homem: "*O homem é a medida de todas as coisas, das coisas que são, enquanto são, das coisas que não são, enquanto não são.*" Visão, aliás, antropomórfica do homem (MAURER, 2005)[169].

Platão (427-347 a.C.) apresentou o homem com uma dignidade porque uma de suas partes é radicada e fundamentada na divindade. Aristóteles (384-322 a.C.) assegura a dignidade do homem e o define como "*um ser com alma, dotado de razão, capaz de conhecer e elevar-se ao eterno e divino*", razão que o faz, ser revestido de especial dignidade. Epicuro (341-270 a.C.) considerava que "*o acúmulo de amigos é a sabedoria que enriquece o homem e o torna feliz*", assim, segundo ele, possui sem dúvida dignidade (BITTAR, 2009, p. 219)[170].

Para Comparato (2004, p. 13) a ideia de dignidade lançada na Grécia, particularmente em Atenas, fez nascer à instituição social, que se conhece hoje como lei escrita, uma regra geral e uniforme, igualmente aplicável a todos os indivíduos que vivem em uma sociedade organizada. Com isto se observa que a ideia de dignidade, surgiu do subjetivismo dos gregos, resultante de suas reflexões filosóficas[171].

Na Idade Cristã, a <u>dignidade</u> da pessoa vinculou-se ao Cristianismo, pelo fato da identificação do homem com Deus, tendo em vista que na Bíblia, se encontra descrito que o indivíduo foi criado à imagem e semelhança do próprio Criador. A esta altura, o termo tornou-se norma positivada, surgindo às declarações, sendo, posteriormente inclusas nas constituições de diversos países, de forma que possibilitou o seu reconhecimento, aplicabilidade e concreta promoção. "A natureza humana passou a ser enfim criatura de Deus que deve submeter-se à sua vontade e julgamento". Nesta época, os ideais éticos se identificavam com os religiosos (AGOSTINHO, 2002)[172].

Tomás de Aquino (1225-1274) entende que a dignidade é aquilo que confere perfeição ao homem (REALE, 1989, p. 12)[173]. Também, Santo Agostinho, Doutor da Igreja Católica, numa síntese de seu pensamento filosófico, teológico e político em sua obra *A Cidade de Deus*, no Livro XIX, Cap. 12, "Paz, Suprema Aspiração dos Seres", disse:

> Quem quer que repare nas coisas humanas e na natureza delas reconhecerá comigo que, assim como não há ninguém que não queira sentir alegria, assim também 'não há ninguém que não queira ter paz'. Com efeito, os próprios amigos da guerra apenas desejam vencer e, por conseguinte, anseiam, guerreando, chegar à gloriosa paz. E em que consiste a vitória senão em sujeitar os rebeldes? Logrado esse efeito, chega à paz. A paz é, pois, também o fim perseguido por aqueles mesmos que se afanam em demonstrar valor guerreiro, comandando e combatendo. Donde se segue ser a paz o verdadeiro fim da guerra. O homem, com a guerra, busca a paz, mas ninguém busca a guerra com a paz. Mesmo os que de propósito perturbam a paz não odeiam a paz, apenas anseiam mudá-la a seu talante. Sua vontade não é que não haja paz, e sim que a paz seja segundo sua vontade. Se por causa de alguma sedição chegam a separar-se de outros, não executam o que intentam se não têm com os cúmplices uma espécie de paz. Por isso, os bandoleiros procuram estar em paz entre si para alterar com mais violência à paz dos outros (AGOSTINHO, 2002, p. 15)[174].

Na Inglaterra de 1215, o rei João Sem-Terra, perante o alto clero e os barões do reino, assinou a histórica *Magna Charta Libertatum*, que proclamou que nenhum homem livre será detido ou sujeito à prisão, ou privado dos seus bens, ou colocado fora da lei, exilado, molestado, não se procedendo contra ele senão mediante um julgamento regular pelos seus pares ou de harmonia com a lei do país. Indispensável, portanto, reconhecer o valor da pessoa humana e garantir sua dignidade, protegendo-a de quaisquer atos atentatórios à sua condição de ser humano (MAURER, 2005)[175].

---

(169) MAURER, Beátrice. Notas sobre o respeito da dignidade da pessoa humana... ou pequena fuga incompleta em torno de um tema central. In: *Dimensões da dignidade*: ensaio de filosofia do Direito e Direito Constitucional. SARLET, Ingo Wolfgang (Org.). Tradução de Rita Dostal Zanini. Porto Alegre: Livraria do Advogado, 2005. p. 61-87.
(170) BITTAR, Carlos Alberto. *Reparação civil por danos morais*. 2. ed. São Paulo: Revista dos Tribunais, 1994.
(171) COMPARATO, Fábio Konder. *A afirmação histórica dos direitos humanos*. 3. ed. São Paulo: Saraiva, 2004. p. 12-13.
(172) AGOSTINHO. *A Cidade de Deus*. 7. ed. Trad. Oscar Paes Lemes. Rio de Janeiro: Editora Vozes, 2002. Parte I.
(173) REALE, Miguel. *Introdução à filosofia*. 2. ed. São Paulo: Saraiva, 1989. p. 219.
(174) AGOSTINHO. *A Cidade de Deus*. 7. ed. Trad. Oscar Paes Lemes. Rio de Janeiro: Editora Vozes, 2002. Parte I.
(175) MAURER, Beátrice. Notas sobre o respeito da dignidade da pessoa humana... ou pequena fuga incompleta em torno de um tema central. In: *Dimensões da dignidade*: ensaio de filosofia do Direito e Direito Constitucional. SARLET, Ingo Wolfgang (Org.). Tradução de Rita Dostal Zanini. Porto Alegre: Livraria do Advogado, 2005. p. 61-87.

Na Itália, no ano de 1486, o humanista renascentista Mirandola (2006, p. 55) apresentou o conceito de humanismo como uma espécie de promoção dos valores do homem. Segundo ele, o homem é livre e responsável diante da vida que tem e a vida que deseja ter, porque "ele é o ser mais digno da criação de Deus, porque foi colocado no centro do universo e porque de tudo quanto foi criado ele possui as sementes". Assim, a sua dignidade reside, sobretudo, no fato dele ser uma criatura feita à imagem e semelhança de Deus, com capacidade plena para atingir a salvação.

Compreende-se que, para Mirandola (2006, p. 55), a noção de dignidade se baseia na concepção de potencialidade, algo que exige do homem a tarefa de um frequente aprendizado, de um contínuo labor, de um aprimoramento incessante; nesse sentido ele é que cria a sua natureza, é autor, é projeto de si mesmo[176].

Para o autor renascentista a dignidade do homem está muito distante de ser algo dado ou acabado e mecanicamente fixo, isto é, o homem se constrói por si mesmo, tendo em vista que sua perfeição encontra-se condicionada pela liberdade.

No fim da idade média e início da idade moderna, Erasmo de Rotterdam (1469-1536) entende que é a dignidade que faz o homem ser divino. Renê Descartes (1596-1650) defende a dignidade do homem admitindo sua imortalidade. Blaise Pascal (1623-1662) defende a dignidade do homem porque é um ser que pensa, segundo ele, é no pensamento que consiste a dignidade e todo o seu mérito (SARLET, 2003, p. 12)[177].

Immanuel Kant (1724-1804) foi quem, de certa forma, completou o processo de secularização da dignidade, abandonando as vestes sacrais da terminologia dignidade[178]. Para Kant (2002, p. 68), o fundamento da dignidade humana repousa na autonomia do ser humano. Significando sob a perspectiva kantiana, que destaca o imperativo categórico: "Age apenas segundo uma máxima tal que possas ao mesmo tempo querer que ela se torne lei universal", ou seja, age somente pela tua vontade, esta que para ti, é lei universal[179].

De acordo com Kant (2002, p. 68), o agir humano independente de para si próprio ou para os outros deve ter como parâmetro final a ideia de humanidade. Significando, pois, que o homem, ao agir com humanidade, age por meio de princípios incondicionais no exercício de sua liberdade, e no entendimento do mundo[180].

Com isto, situa-se a concepção kantiana de dignidade na dimensão ontológica, pois para Kant (2002, p. 86) a dignidade está atrelada à condição do ser, enquanto humano, nucleado pela autonomia e na autodeterminação da pessoa. Para ele, o homem é capaz de pensar uma ação e, a partir da sua vontade autônoma, outorgar-se a sua própria lei. Destaca-se então, que a herança kantiana de dignidade é no sentido de repudiar situações em que possa a pessoa ser considerada como meio, "o homem é o fim em si mesmo", do contrário, ele é um instrumento ou coisa[181].

Em Habermas (2002, p. 51), a concepção de dignidade humana está relacionada, a uma simetria de relações entre os seres, enquanto membros de uma comunidade, que estabelecem obrigações recíprocas e se comportam conforme as leis. É as relações interpessoais que dão sentido à dignidade humana. Interessante notar que o foco está na individualização como processo social[182].

A construção da identidade pessoal acontece pela vida social, ou seja, por uma trama de relações de reconhecimento que as pessoas estabelecem entre si. Tal reconhecimento, somente ocorre após o nascimento, quando o indivíduo passar a atuar comunicativamente com as outras pessoas, processo paulatino em que aprenderá a identificar-se como pessoa e como membro de uma comunidade moral.

Para Habermas (2002, p. 52), enquanto aquele ser geneticamente individualizado estiver no útero da mulher ele não é pessoa. Somente o será quando se inserir no âmbito de uma sociedade de seres que se comunicam, antes disto, não há que falar em pessoa e em dignidade da pessoa humana, pois uma pessoa se individualiza por ação de socialização, construída em uma base comunicativa. "ninguém, por si só, consegue afirmar sua identidade". Esta afirmação habersiana faz entender que existem diferenças entre os significados de dignidade humana e dignidade da vida humana[183].

---

(176) MIRANDOLA, Giovanni Pico Della. *Discurso sobre a dignidade do homem*. Trad. de Maria de Lourdes Sirgado Ganho. Lisboa: Edições 70, 2006. p. 55.
(177) SARLET, Ingo Wolfgang. *A eficácia dos direitos fundamentais*. 2. ed. Porto Alegre: Livraria do Advogado, 2001.
(178) KANT, Immanuel. *Crítica da razão pura*. Col. Os pensadores. São Paulo: Abril, 2002. p. 33-35.
(179) *Idem*.
(180) *Idem*.
(181) *Idem*.
(182) HABERMAS, Jürgen. *El Futuro de la Naturaleza Humana*. Hacia una Eugenesia Liberal?. Tradução de R. S. Carbó. Barcelona: Paidós Ibérica, 2002. p. 51 e 53.
(183) *Idem*.

Neste contexto, ao considerar e analisar os pensamentos de Kant (2002) e Habermas (2002) sobre dignidade, percebe-se que ambas as concepções se complementam, já que tanto para um quanto para o outro, dignidade pressupõe a ideia com o outro, que assim constrói a identidade pessoal ao longo da vida, na vida de relação com as outras pessoas, na medida em que os horizontes das relações interpessoais se alargam[184].

Observa-se que a complementaridade das concepções ora analisadas se deve ao fato de que a autonomia da vontade não está desvinculada de uma visão de mundo, e, nessa perspectiva, as duas dimensões indicam o caminho: a ontológica de Kant (2002) e a não ontológica de Habermas, para a construção histórico-cultural da dignidade no âmbito de uma comunidade inclusiva, voltada para o reconhecimento, a proteção e a promoção da dignidade da pessoa nos ordenamentos jurídico-constitucionais[185].

Assim, expostas as concepções filosóficas da dignidade da pessoa humana, bem como a complementaridade delas, apresenta-se a compreensão jurídica da dignidade da pessoa, na perspectiva de que a dignidade não partiu de qualidades intrínsecas da própria pessoa, mas sim da concepção de reconhecimento, via mediação de vontades, notadamente no âmbito das declarações internacionais dos direitos do homem.

Neste teor, em 1789, a Declaração dos Direitos do Homem e do Cidadão, no seu art. 7º, estabelece: que todos os cidadãos são "igualmente admissíveis a todas as dignidades, cargos e empregos públicos". Aqui, numa observação mais direta, verifica-se que o conceito antes apresentado se afastou do que constituiu o seu âmbito da moral. Entretanto, o seu conceito não se despoja do significado ético e filosófico, relativo à condição essencial do homem, à sua humanidade. Mas é bem certo que se multiplicou o seu significado.

No Direito contemporâneo, a dignidade se referindo à pessoa humana ganha novo significado, passa a respeitar à integridade e à inviolabilidade do homem, em todas as dimensões existenciais nas quais se contém a sua humanidade (FRANÇA, 1968)[186]. Este novo significado se originou a partir dos inaceitáveis excessos da **ideologia nazista**, os então regimes totalitários, que transformaram os homens em coisas. Sempre que elas não correspondiam às expectativas do ditador eram tratadas com crueldade.

Desta forma, o holocausto praticado nos campos de concentração durante a II Guerra Mundial é exemplo de que para eles nada significava a ideia de dignidade humana. Entretanto, a hecatombe que eliminou milhões de vidas humanas, no período de 1939 a 1945, incorpora valores jurídicos à pessoa humana, dotada de dignidade, e, mais tarde, se converteu no pós-guerra, em princípio basilar do Direito Internacional dos Direitos Humanos (LAFER, 2006, p. 19).

Em 1945, a Carta das Nações Unidas, em seu preâmbulo, fez referência à dignidade da pessoa humana, ao afirmar:

> Nós, os povos das Nações Unidas, resolvidos a preservar as gerações vindouras do flagelo da guerra, que por duas vezes, no espaço da nossa vida, trouxe sofrimentos indizíveis à humanidade, e a reafirmar a fé nos direitos fundamentais do homem, na dignidade e no valor do ser humano, na igualdade dos direitos dos homens e das mulheres, assim como nas nações grandes e pequenas... (ONU, 2013)

Três anos mais tarde, a Declaração dos Direitos do Homem elaborada pela ONU, em 1948, traz em seu preâmbulo: "considerando que o reconhecimento da dignidade inerente a todos os membros da família humana e de seus direitos iguais e inalienáveis constitui o fundamento da liberdade, da justiça e da paz no mundo...". E ainda no art. 1º da mesma Declaração tem-se: "Todos os seres humanos nascem livres e iguais em dignidade e em direitos. São dotados de razão e de consciência e devem agir uns para com os outros num espírito de fraternidade" (ONU, 2013)[187].

E como a Declaração dos Direitos do Homem da ONU tornou-se vertente de muitos dos textos constitucionais subsequentes, a dignidade da pessoa humana passa a ser, pois, encarecida sobre qualquer outra ideia a embasar as formulações jurídicas do pós-guerra e se acentuou como valor supremo, no qual se contém mesmo a essência do direito que se projeta e se elabora a partir de então.

Em 1949, a Lei Fundamental da República Alemã torna-se a primeira a acolher como princípio fundamental do seu sistema a proteção da dignidade da pessoa humana, em texto expressa: "Art. 1º – A dignidade da pessoa humana é inviolável. Todas as autoridades públicas têm o dever de respeitá-la e proteger." O acatamento deste artigo pela Constituição de Weimar esposou e constituiu em norma-princípio matriz do constitucionalismo con-

---

(184) HABERMAS, Jürgen. *El Futuro de la Naturaleza Humana*. Hacia una Eugenesia Liberal?. Tradução de R. S. Carbó. Barcelona: Paidós Ibérica, 2002. p. 51 e 53.
(185) KANT, Immanuel. *Crítica da razão pura*. Col. Os pensadores. São Paulo: Abril, 2002. p. 33-35.
(186) FRANÇA, Limongi Rubens. Institutos de proteção à personalidade. *Revista dos Tribunais*. São Paulo, ano 57, n. 391, maio de 1968.
(187) ORGANIZAÇÃO DAS NAÇÕES UNIDAS. *Conferência das Nações Unidas sobre Meio Ambiente e Desenvolvimento*. Declaração do Rio, 1992.

temporâneo, a dignidade da pessoa humana, base de todas as definições e de todos os caminhos interpretativos dos direitos fundamentais (COMPARATO, 2004, p. 12)[188].

Assim, tanto a Declaração dos Direitos do Homem da ONU, de 1948, quanto a Constituição alemã de 1949, influenciaram as menções a esse princípio nos textos constitucionais que se seguiram, especialmente convertendo-se tal princípio em patrimônio jurídico-moral da pessoa humana estampado nos direitos fundamentais acolhidos e assegurados na forma posta no sistema constitucional.

Portanto, atual, dinâmico e instigante, o tema da dignidade da pessoa humana revela uma incessante busca para seu desvelamento, em especial pelo pensamento dos autores contidos neste trabalho. Razão pela qual a amplitude do assunto faz com que este estudo não tenha a pretensão de esgotar a matéria, mas, antes, servir de trilha para posteriores estudos e reflexões.

Na Ciência Jurídica, os princípios sempre hão de cumprir papel relevante, é que ela (a Ciência Jurídica) debruça-se à análise dos próprios princípios, das regras e dos institutos jurídicos, fenômenos que genericamente se designam como **dever-ser** (elemento nitidamente ideal, em suma) e não no *ser* (elemento nitidamente concreto-empírico). De modo que os princípios são diretrizes centrais que se inferem de um sistema jurídico e que, depois de inferidas, a ele se reportam, informando-o (CASTRO, 1990)[189].

Em decorrência da particularidade de seu objeto, e com base no respeito à dignidade da pessoa humana é que a Organização Internacional do Trabalho figura como um Organismo Internacional adequado, legitimado, competente no estabelecimento de Regras Internacionais do trabalho com reconhecimento na promoção dos direitos fundamentais trabalhistas.

Pertinente destacar que os princípios e direitos promovidos pela Organização Internacional do Trabalho têm importante relação com as Cartas Encíclicas: *Rerum Novarum*, do Papa Leão XIII, dada em 15 de maio de 1891, referente a condição dos operários; *Pacen in Terris*, do Papa João XXIII, dada em Roma, em 11 de abril de 1963, que tinha como objetivo promover a paz de todos os povos, baseada na verdade; e, a *Encíclica Laborem Exercens*, do Papa João Paulo II, dada em 14 de setembro de 1981, a respeito das condições do trabalho do homem, noventa anos após a Encíclica *Rerum Novarum* (BARRETO, 2007, p. 18)[190].

Tais cartas demonstram a preocupação com o bem-estar físico, moral e ambiental do homem, partindo do princípio de que, respeitando a dignidade humana, instala-se a harmonia, a paz, o progresso, a sobrevivência digna, enfim, o equilíbrio entre os homens e a ordem social.

Alguns pontos serão destacados por se apresentarem relevantes, contidos nessas Encíclicas, como sendo:

A Carta Encíclica *Rerum Novarum* mostra a preocupação da Igreja na sua devoção à doutrina social, tanto assim o é que na introdução faz referência à sede de inovações, consequência do acelerado processo de industrialização, que trouxe abalo na relação do capital com o trabalho, invocando aos legisladores e governantes que olhassem com rigor para a economia social. Tal Carta previa a dificuldade de conciliação entre os interesses que cercavam o capital e o trabalho, na imputação de direitos e deveres às partes da relação de trabalho, principalmente a exploração da mão de obra, os tratamentos desumanos, a ambição pelo lucro e o desequilíbrio na distribuição da riqueza oriunda do trabalho.

Dessa forma, a Encíclica *Rerum Novarum* apontou como causas do conflito a situação de miséria dos trabalhadores em face da indiferença de seus senhores, conforme destaca:

> Em todo caso, estamos persuadidos, e todos concordam nisto, de que é necessário, com medidas prontas e eficazes, vir em auxílio dos homens das classes inferiores, atendendo a que eles estão pela maior parte numa situação de infortúnio e de miséria imerecida (...) os trabalhadores, isolados e sem defesa, têm-se visto, com o decorrer do tempo, entregues à mercê de senhores desumanos e à cobiça duma concorrência desenfreada. (...) (PAPA LEÃO XIII, 2013)[191].

E continua, discorrendo ainda a Encíclica sobre as obrigações dos operários e patrões, no sentido de que o trabalhador tenha consciência de cumprir fielmente o seu trabalho a que se comprometeu de forma livre mediante instrumento contratual, evitando causar lesões ao patrão, de forma pessoal ou patrimonial, e que suas reivindicações sejam coerentes dentro da realidade apresentada pelo empregador, não usando de violência em seus pedidos

---

(188) COMPARATO, Fábio Konder. *A afirmação histórica dos direitos humanos*. 3. ed. São Paulo: Saraiva, 2004. p. 12-13.
(189) CASTRO, Federico de. *Los Principios Generales del Derecho y su Formulación Constitucional*. Madrid: Civitas, 1990. p. 53.
(190) BARRETO, Marco Aurélio Aguiar. *Assédio Moral no Trabalho*: da responsabilidade do empregador – perguntas e respostas. São Paulo: LTr, 2007. p. 124.
(191) PAPA LEÃO XIII. *Carta Encíclica do Papa Leão XIII*: rerum novarum, 1891.

de ajuste salarial. Por sua vez, os patrões teriam a obrigação de não tratar os operários como escravos, e o dever de respeitar-lhes a dignidade humana, estando proibidos de impor aos seus subordinados trabalhos superiores as suas forças ou que não fossem compatíveis com os fatores idade e sexo.

Destaca ainda a Carta que há necessidade da intervenção Estatal pelo fato de ter legitimidade para aplicar limites à força e à autoridade das leis, no sentido de reprimir os abusos porventura cometidos pelos patrões; e ainda, para proteger os bens da alma, o que se faz reportar aos problemas atuais que envolvem a discussão e proibição da prática do assédio moral em face do respeito à dignidade da pessoa humana. Destaca-se por isso a Encíclica a preocupação com a preservação do respeito aos direitos a que o homem faz jus no que concerne a sua dignidade:

A ninguém é lícito violar impunemente a dignidade do homem, do qual Deus mesmo dispõe, com grande reverência, nem pôr-lhe impedimentos, para que ele siga o caminho daquele aperfeiçoamento que é ordenado para o conseguimento da vida interna; pois nem mesmo por eleição livre, o homem pode renunciar a ser tratado segundo a sua natureza e aceitar a escravidão do espírito; porque não se trata de direitos cujo exercício seja livre, mas de deveres para com Deus que são absolutamente invioláveis (PAPA LEÃO XIII, 2013)[192].

Em relação à Carta Encíclica *Pacen in Terris*, a mesma ressalta a importância do respeito à dignidade humana, em particular, num momento histórico de progresso científico e tecnológico, visando a que o homem não seja vítima de sacrifícios no ambiente laboral, mas ao contrário, que seja sujeito participante do progresso e possa também se beneficiar deste. Alguns artigos dessa Encíclica mostra a preocupação da Igreja com a importância que se deve ter com a dignidade da pessoa humana.

Senão, veja-se:

Todo ser humano é pessoa, sujeito de direitos e deveres. (...). Em uma convivência humana bem constituída e eficiente, é fundamental o princípio de que cada ser humano é pessoa; isto é, natureza dotada de inteligência e vontade livre. Por essa razão possuem em si mesmo direitos e deveres, que emanam direta e simultaneamente de sua própria natureza. Trata-se, por conseguinte, de direitos e deveres universais, invioláveis e inalienáveis. Direitos que se referem aos valores morais e culturais:

12. Todo o ser humano tem direito natural ao respeito de sua dignidade e à boa-fama; direito à liberdade na pesquisa da verdade e, dentro dos limites da ordem moral e do bem comum, à liberdade na manifestação e difusão do pensamento bem como no cultivo da arte. Tem direito também à informação verídica sobre os acontecimentos públicos.

19. Semelhantes direitos comportam certamente a exigência de poder a pessoa trabalhar em condições tais que não se lhe minem as forças físicas nem se lese a sua integridade moral, como tampouco se comprometa o são desenvolvimento do ser humano ainda em formação. Quanto às mulheres, seja-lhe facultado trabalhar em condições adequadas às suas necessidades e deveres de esposas e mães. (...)

62. É, pois, função essencial dos poderes públicos harmonizarem e disciplinar devidamente os direitos com que os homens se relacionam entre si, de maneira a evitar que os cidadãos, ao fazer valer os seus direitos, não atropelem os de outrem; ou que alguém para salvaguardar os próprios direitos, impeça a outros de cumprir os seus deveres. Zelarão enfim os poderes públicos para que os direitos de todos se respeitem eficazmente na sua integridade e se reparem, se vierem a ser lesados (PAPA JOÃO XXIII, 2013)[193].

Deparando-se com os dias atuais, verifica-se que há uma identidade com a problematização do assédio moral, especialmente no trabalho, uma vez que aquele que viola a dignidade do seu companheiro de jornada de sobrevivência, sim, porque o empregador também luta pra sobreviver, terá de assumir a responsabilidade de seus atos, e o Estado deverá se fazer presente para manter a segurança jurídica, e assim obter a credibilidade esperada por todos, em razão de suas ações e decisões, mesmo porque, os países diante do impasse competitivo na seara da economia, passam a se preocupar cada vez mais com a qualidade dos seus produtos e com a redução de custos de produção. Como resultado, reconstroem suas estruturas e diminuem os postos de trabalho, causando desemprego.

Além do mais, as legislações trabalhistas, por força da nova realidade econômica, globalizada, sofrem alterações com o fim de se adequarem à nova realidade, o que faz com que possibilite o surgimento de novas formas de trabalho, terceirização de atividades e alteração nos direitos trabalhistas.

---

(192) PAPA LEÃO XIII. *Carta Encíclica do Papa Leão XIII*: rerum novarum, 1891.
(193) *Idem*.

O Papa João Paulo II demonstrou em sua Carta Encíclica *Laborem Exercens*, a sua preocupação com os efeitos das mudanças no mundo do trabalho e da produção, notadamente no que se refere à presença constante do respeito à dignidade e aos direitos dos homens no ambiente de trabalho.

Uma parte da referida Encíclica, no capítulo IV, mostra a nítida preocupação do Papa João Paulo II ao tratar do trabalho como fator essencial à sobrevivência e desenvolvimento do homem, e sobre o qual se demonstrará relevante ponto acerca da dignidade da pessoa humana do trabalhador:

O homem deve trabalhar por um motivo de consideração pela próximo especialmente consideração pela própria família, mas também pela sociedade de que faz parte, pela nação de que é filho ou filha, e pela inteira família humana de que é membro, sendo como é herdeiro do trabalho de gerações e, ao mesmo tempo, co-artífice do futuro daqueles que virão depois dele no suceder-se da história. Tudo isto, pois, constitui a obrigação moral do trabalho, entendido na sua acepção mais ampla. Quando for preciso considerar os direitos morais de cada um dos homens pelo que se refere ao trabalho, direitos correspondentes à dita obrigação, impõe-se ter sempre diante dos olhos este amplo círculo de pontos de referência, em cujo centro se situa o trabalho de todos e cada um dos sujeitos que trabalham. (...)A Encíclica inspira os cuidados em relação ao respeito ao homem em seu bem precioso, que é a dignidade. E extrai-se, ainda, a preocupação com o fato de que o trabalho pode, de forma inescrupulosa ser usado como arma para castigar e ferir além das forças físicas, mas também os sentimentos mais íntimos (PAPA JOÃO PAULO II, 2013)[194].

Observa-se através dessas Cartas Encíclicas que o trabalho, longe de ser apenas meio de sobrevivência, engrandece e dignifica o trabalhador; que o obreiro seja visto com o máximo respeito pelos empregadores, afinal ele é a alavanca para o desenvolvimento econômico, político e social do seu meio, afinal, é através do trabalho humano produtivo que se consegue o progresso dentro das exigências de uma economia globalizada.

Para Canotilho (2003, p. 522)

A proteção internacional de alguns direitos econômicos, sociais e culturais advém também do cumprimento, através da ratificação pelos órgãos políticos competentes e posterior execução, das Convenções da Organização Internacional do Trabalho (OIT), sobretudo no que respeita à política social, ao direito de trabalho, ao direito à segurança e à igualdade de tratamento. Além disso, é importante o Pacto Internacional sobre direitos econômicos, sociais e culturais (aprovado para ratificação pela Lei n. 45/1978, de 11 de julho), onde se garante o catálogo de direitos sociais, econômicos e culturais, impondo-se (art. 16º) o dever de os Estados-Partes apresentarem relatórios sobre as medidas adotadas com vistas a assegurar os direitos reconhecidos no Pacto[195].

É oportuno destacar que o Pacto Internacional sobre Direitos Econômicos, Sociais e Culturais foi adotado pela Resolução n. 2.200-A (XXI) da Assembleia Geral das Nações Unidas, em 16 de dezembro de 1966, aprovado no Brasil pelo Decreto Legislativo n. 226, de 12.12.1991, assinado em 24 de janeiro de 1992, tendo entrado em vigor em 24 de fevereiro de 1992 e sido promulgado pelo Decreto n. 591, de 6 de julho de 1992 (DEC. 591: PACTO, 2013)

O referido Pacto guarda pertinência com a Carta das Nações Unidas, que considera dentre outros, o reconhecimento da dignidade inerente a todos os homens, a igualdade e inalienabilidade de seus direitos decorrentes da própria dignidade.

Requer, portanto, o mesmo, a promoção do respeito e a efetividade dos direitos concernentes à dignidade e à liberdade do homem, com o fito de eliminar ou pelo menos minimizar as práticas lesivas ao trabalhador, como por exemplo a questão do assédio moral no ambiente de trabalho.

Para tanto, é de se observar o parágrafo segundo do art. 2º, parte II, do Pacto, que diz:

§ 2º. Os Estados-Membros no presente Pacto comprometem-se a garantir que os direitos nele enunciados se exercerão sem discriminação alguma por motivo de raça, cor, sexo, língua, religião, opinião ou de qualquer outra natureza, origem nacional ou social, situação econômica, nascimento ou qualquer outra situação (RES 2.200, ONU/2013)[196].

Além do mais, o art. 7º do Pacto impõe aos Estados signatários que reconheçam a necessidade de se manter o ambiente e as condições de trabalho em plenitude de sanidade, como maneira de garantir o bem-estar do trabalhador.

Por sua vez, a Organização Internacional do Trabalho (OIT), por meio de suas Convenções e Recomendações, no sentido de eliminar as práticas discriminatórias de qualquer natureza, emana proposições concernentes às questões de segurança, saúde, higiene e ambiente do trabalho.

---

(194) PAPA LEÃO XIII. *Carta Encíclica do Papa Leão XIII*: rerum novarum, 1891.
(195) CANOTILHO, José Joaquim Gomes. *Direito Constitucional e Teoria da Constituição*. 7. ed. Coimbra: Almedina, 2004. p. 225.
(196) ORGANIZAÇÃO DAS NAÇÕES UNIDAS. *Conferência das Nações Unidas sobre Meio Ambiente e Desenvolvimento*. Declaração do Rio, 1992.

É o que se verifica na Convenção n. 161 da OIT, nascida da Assembleia Geral da Organização, realizada em 7 de junho de 1985, sendo ratificada pelo Brasil em 18.5.1990. O foco dessa Convenção foi a proteção dos trabalhadores contra as doenças, sejam ou não profissionais, porém, tem como pretensão ajudar o empregador e os trabalhadores a respeito dos "requisitos necessários para estabelecer e conservar um meio ambiente de trabalho seguro e sadio que favoreça uma saúde física e mental ótima em relação com o trabalho" (OIT, 2013)[197], conforme prescrito no art. 1º da referida Convenção.

Da mesma forma, a preocupação com as questões ambientais do trabalho tornou-se cada vez mais presente, de maneira que, observando os princípios da Declaração de Estocolmo, verifica-se que os mesmos foram reafirmados pela Declaração do Rio 92, ocorrida naquela cidade em junho de 1992 (ONU, 2013), sendo produto da Conferência das Nações Unidas sobre Meio Ambiente e Desenvolvimento, sobre o qual se destaca a responsabilidade objetiva quando se refere à generalidade dos danos causados ao meio ambiente, por ação ou omissão do agente, pessoa física ou jurídica, com o apoio no dispositivo do § 3º do art. 225 da Constituição Federal/1988, que reza: § 3º. "As condutas e atividades consideradas lesivas ao meio ambiente sujeitarão os infratores, pessoas físicas ou jurídicas, a sanções penais e administrativas, independentemente da obrigação de reparar os danos causados".

Barreto (2007, p. 47) acrescenta que:

> No caso de dano causado ao meio ambiente de trabalho, a responsabilidade é da empresa, em especial, se no caso de assédio moral o agente for preposto/administrador da empresa. Entretanto, mesmo que o assédio se desenvolva na relação horizontal entre colegas de trabalho, a empresa não estará isenta da responsabilidade, ainda mais se comprovado que tinha conhecimento do problema e não adotou providências corretivas[198].

E continua Barreto a discorrer sobre os princípios da prevenção, da responsabilidade e o princípio do limite, constantes da Declaração de Estocolmo reafirmados pela Declaração do Rio/92. Destaca-se o princípio do limite por ser coerente com a pretensão deste trabalho:

> O princípio do limite encontra-se presente, principalmente considerando que normalmente as empresas estabelecem metas a serem cumpridas pelas equipes de empregados, ainda mais em um cenário de competitividade estabelecida pelo mercado no qual a empresa está inserida. Ocorre que o estabelecimento de metas não pode ser irracional, tampouco as cobranças podem ser ofensivas, com humilhações contra aqueles que não atingem as referidas metas, consumando violações à dignidade humana (BARRETO, 2007, p. 48)[199].

Destarte, fica claro que, para o estabelecimento de metas de produção elaborada pelo empregador, deve-se obedecer ao princípio da limitação humana, excedendo-se em sua normalidade, configura-se violação ao princípio da dignidade humana.

Uma interessante abordagem é apresentada por Maurer (2005, p. 85) ao destacar três concepções distintas de dignidade da pessoa humana: I – a dignidade para si; II – a dignidade para nós; III – a dignidade em si. Explica que a dignidade para si emerge da compreensão individual, daquilo que cada um pensa a respeito da dignidade da pessoa humana.

> O que acontece é que essa valorização extrema do indivíduo e daquilo que ele pensa ser a verdade é certamente a maior ameaça atual para a dignidade da pessoa humana no Ocidente (...). Assim, em nome da liberdade, da autonomia pessoal, é grande o risco de que cada um determine, defina a sua própria dignidade como bem entenda. Essa análise não apenas é perigosa devido ao fato de que é bastante presunçoso dizer o que é a dignidade, mesmo que ela pertença à própria pessoa, mas também porque essa pertença não justifica a propriedade abusiva. (...) Trata-se, aqui, do abuso da dignidade[200].

A concepção de dignidade passa a ser compreendida, então, pela dignidade coletiva, através do consenso social, a compreensão comunitária da dignidade. Para a autora, seja a dignidade para si ou para nós, o fato é que "ainda não se sabe o que é a dignidade da pessoa humana". Razão que aponta a necessidade de se buscar uma concepção da dignidade em si, sem subjetivismos pessoais ou coletivos.

---

(197) ORGANIZAÇÃO INTERNACIONAL DO TRABALHO. C18 Convenção sobre as enfermidades profissionais, 1985.
(198) BARRETO, Marco Aurélio Aguiar. *Assédio Moral no Trabalho*: da responsabilidade do empregador – perguntas e respostas. São Paulo: LTr, 2007. p. 124.
(199) BARRETO, Marco Aurélio Aguiar. *Assédio Moral no Trabalho*: da responsabilidade do empregador – perguntas e respostas. São Paulo: LTr, 2007. p. 124.
(200) MAURER, Beátrice. Notas sobre o respeito da dignidade da pessoa humana... ou pequena fuga incompleta em torno de um tema central. In: *Dimensões da dignidade*: ensaio de filosofia do Direito e Direito Constitucional. SARLET, Ingo Wolfgang (Org.). Tradução de Rita Dostal Zanini. Porto Alegre: Livraria do Advogado, 2005. p. 61-87.

Compreende-se que a dignidade é um conceito dinâmico, não pode esta ser definida, pois vê-se que ela se aproxima do valor da liberdade, ao passo que ela também exige que as pessoas sejam respeitadas, porque todas as pessoas são iguais em dignidade, dimensão negativa da dignidade humana, que se impõem como limite da atividade estatal e da sociedade em geral. Logo, a noção de dignidade da pessoa humana é formada por vários conteúdos, dentre os quais se tem os direitos individuais e políticos, mas também os direitos sociais, a exemplo do Direito ao Trabalho.

A essa altura, é evidente que o princípio da dignidade da pessoa humana "ainda vive no mundo, um momento de elaboração conceitual e de busca de maior densidade jurídica" (ROCHA, 2004)[201].

A ordem jurídica, abalizada em princípios, há de trazer ao ser humano participante de um Estado Democrático de Direito a sensibilidade olvidada nos últimos séculos. Incorporando e concretizando valores, o Direito desponta como essencialmente finalístico, isto é, dirigido a realizar metas e fins considerados relevantes em sua origem e reprodução sociais.

Em qualquer das dimensões do fenômeno jurídico (sua estrutura, seus valores e fins, sua operação concreta), os princípios cumprem papel fundamental. De fato, eles compõem o Direito, ao lado das regras e dos institutos jurídicos. Sua presença na estrutura do ordenamento jurídico é, hoje, inquestionável, e se caracteriza por funções múltiplas e concorrentes, e não a exclusiva função normativa. Os princípios jurídicos orientam todo o ordenamento ou todo um setor dele, enquanto a norma é mero preceito dele (CASTRO, 1999)[202].

Compreende-se, portanto, que aceitar os princípios é reconhecer que o processo histórico de transformação da humanidade é referencial à afirmação dos valores construídos nesse transcurso. Que das diversas formas de interpretação e de aplicação dos princípios restarão, assegurados por meio deles, os direitos e garantias fundamentais, atributos ao Estado Democrático de Direito. É crer, antes de tudo, que há Direito. E que para que haja de fato o Direito é preciso atingir a Justiça (ARCE, 1990)[203].

Dessa forma, sendo o princípio da dignidade da pessoa humana um componente ético-jurídico inafastável ao qual se subordina todo o direito, também no âmbito do Direito do Trabalho impõe-se uma releitura com vista a preservar e a promovê-la. As relações entre particulares, inclusive naquilo que se refere a exercício de atividade de natureza econômica, subordinam-se ao pressuposto que é o respeito à pessoa do outro, tomado como sujeito concreto, dotado de dignidade (BOTIJA, 2013)[204].

Talvez, por essa razão, o tema se apresente de grande importância, pela função fundamental que ele exerce na Ciência Jurídica, e também porque, dada a permanente evolução e aparecimento recente, o Direito do Trabalho necessita se apoiarem princípios que supram a estrutura conceitual, assentada em séculos de vigência e experiência possuídas por outros ramos jurídicos. Por isso se diz que o Direito do Trabalho é um direito em constante formação.

De maneira geral, o conteúdo do Direito do Trabalho se compõe em sua maior parte por normas legisladas pelo Estado, pois a este pertence à tutela das diretrizes legais, decorrente do monopólio estatal. Contudo, ao lado da legislação laboral, das normas oriundas das demais fontes de produção, integra este complexo um elenco de princípios, peculiares à seara jurídica das relações trabalhistas.

Compreendidos como o fundamento do ordenamento jurídico, os princípios se encontram acima do direito positivo, servindo de inspiração aos preceitos legais. Atuam como os pressupostos lógicos, necessários aos frutos da atividade legislativa, ocupando a posição de alicerce da lei (CASTRO, 1999)[205]. Isto significa que, mesmo não sendo explícitos, inclusive porque não positivados nos textos legais, os princípios são componentes indispensáveis a toda a ciência jurídica, que é definida como conjunto de princípios, regras e institutos.

De fato, a atuação dos princípios não se liga à finalidade de estabelecer bases e alicerce ao ordenamento jurídico, pois este já existe. Sua atuação dirige a aplicação e interpretação do direito, com vistas a manter a coerência do manejo do sistema jurídico em relação à sua fundação principiológica (ALEXY, 1997)[206].

Atualmente, diz-se gênero a norma jurídica da qual se diversificam, e são espécies, as regras e os princípios jurídicos. Estes últimos estão compreendidos os princípios constitucionais e infraconstitucionais e os princípios gerais do ordenamento jurídico do Estado.

---

(201) ROCHA, Cármen Lúcia Antunes. *O direito à vida digna*. 6. ed. Madrid: Tecnos 2004. p. 38.
(202) CASTRO, Federico de. *Los Principios Generales del Derecho y su Formulación Constitucional*. Madrid: Civitas, 1990. p. 53.
(203) ARCE Y FLÓREZ-VALDÉZ, Joaquin. *Los principios generales del Derecho y su formulación constitucional*. Madrid: Civitas, 1990.
(204) BOTIJA, Eugenio Perez. *El Derecho del Trabajo*. Madrid: Revista de Direito Privado, 1947.
(205) CASTRO, Federico de. *Los Principios Generales del Derecho y su Formulación Constitucional*. Madrid: Civitas, 1990. p. 53.
(206) ALEXY, Robert. *Teoría de los Derechos Fundamentales*. Madrid: Centro de Estudios Constitucionales, 1997. p. 82, 86 e ss.

O Direito do Trabalho, um corolário da norma-princípio fundamental, as relações jurídico-trabalhistas devem sempre preservar e resguardar a dignidade da pessoa humana do trabalhador. Mais uma vez remetendo-se a Plá Rodriguez (2000), o Direito do Trabalho surge como consequência da desigualdade decorrente da inferioridade econômica do trabalhador. A qual se corrige com desigualdade de sentido oposto. Desigualdade compensatória que surge com o peso da lei e se afirma com a união dos trabalhadores[207].

3. APLICAÇÃO DA MEDICINA E SEGURANÇA DO TRABALHO

Dentro da Constituição Brasileira, no art. 7º parágrafos XXII são direitos dos trabalhadores urbanos e rurais, trabalhar em condições aonde sejam preservados os riscos inerentes ao trabalho por meio de normas de saúde, higiene e segurança, o artigo, XXIII, da CF estabeleceu a compensação adicional para as atividades insalubres e perigosas.

O último contradiz a ideia preventiva e está ligada ao velho conceito de monetização de risco. De acordo com o parágrafo XXVIII é o direito do empregado ter seguro contra acidentes de trabalho, em que o empregador, sem excluir a indenização a que está obrigado quando culpado de dolo é estabelecido.

O XXXIII, da CF, estabelece a proibição de trabalho noturno, perigoso ou insalubre a menores de 18 anos de trabalho e trabalha menos de 16 anos, exceto na condição de aprendiz. Na seção dedicada à saúde que impõe "executar ações de vigilância sanitária e epidemiológica e da saúde do trabalhador." No capítulo sobre o meio ambiente, temos a obrigação de controlar a produção, comercialização e utilização de técnicas, métodos e substâncias que comportem risco para a vida, a qualidade de vida eo meio ambiente.

A Consolidação das Leis Trabalhistas contém as regras centrais e gerais para todos os trabalhadores. Requisitos estabelecidos na referida norma em matéria de proteção, medidas preventivas pessoais em medicina do trabalho, características das instalações, iluminação, relativas ao manuseio de materiais elétricos, caldeiras e vasos de pressão, poluição, pesos máximos, insalubridades etc.

Mas são nas Normas Regulamentadoras, que são abrangidos em detalhe os vários riscos. O Brasil, ao contrário do que aconteceu na Argentina recorreu a diferentes regulamentos.

A insalubridade é abordada na NR-15 considera-se atividades insalubres ou operações que são realizadas acima dos limites de tolerância. Outros enumerados taxativamente enumeradas. Em todos os casos, deve haver um prêmio de forma prévia inspeção. Para o padrão é definido como a concentração de tolerância ou intensidade máxima ou mínima relacionado com a natureza e o tempo de exposição ao agente que não danifica a saúde dos trabalhadores durante a sua vida de trabalho. O exercício de trabalho, nos casos referidos assegura a percepção dos funcionários de um salário mínimo adicional na região, equivalente a: 40% para insalubridades máximo grau; 20% para insalubridades Intermediário; 10% insalubridades mínimos grau. No evento que afecta mais do que um factor considerado inseguro será maior, não ser capaz de ter uma percepção cumulativa. A remoção ou neutralização das insalubridades determina a cessação do pagamento do adicional relevante. Entre as preparações que são consideradas insalubres entre outros são relatados que são realizadas com: Carvão Arsênio (mineração); Chumbo; Hidrocarbonetos (em certas aplicações); Mercúrio; Cádmio silicatos, emetina usada para a fabricação de vários ácidos, as operações de bagaço de galvanoplastia; dispositivos de telegrafia e tipo de trabalho com escórias, raspagem ou queima de pinturas de extração de sal, etc.

A Constituição Federal de 1988 estabelece a competência da União para o cuidado da segurança e da saúde dos trabalhadores através das ações dos ministérios que são mencionados abaixo. Como a Constituição é definida como sendo uma prerrogativa exclusiva da legislação da União sobre o Direito do Trabalho ela tem a obrigação de organizar, manter e executar a inspeção do trabalho.

O Ministério da Saúde serve a assistência de trabalhadores com acidentes ou doenças profissionais. Ele também é responsável pelo desenvolvimento e aprovação da lista de doenças relacionadas ao trabalho. O Ministério da Previdência Social é responsável pelo acidente e doenças profissionais, que será dado no noticiário seção apropriado. Os aspectos relacionados ao meio ambiente, indústria, etc. Eles são cobertos pela Consolidação das Leis do Trabalho a que se faz referência prontamente. A autoridade competente no desenvolvimento de políticas, estratégias, ações, incluindo a inspecção do trabalho é o Ministério do Trabalho. Coordenação e colaboração, incluindo os contratos ou acordos coletivos. Portaria No. 393/96 alterada pela Portaria n. 1.127/2003 criou a Comissão Tripartite Paritária Permanente com representantes do governo e das principais instituições, o representante nacional dos trabalhadores e dos empregadores.

---

(207) PLÁ RODRIGUEZ, Américo. *Princípios de Direito do Trabalho*. Trad. por Wagner D. Giglio. 2. tiragem, LTr; ed. da Universidade de São Paulo, 2000. p. 17-85.

A Comissão apoia a opinião sobre todos os assuntos relacionados com questões de segurança e saúde no trabalho no país. As convenções coletivas são muito importantes para a melhoria concreta das condições de trabalho, incluindo esses acordos que foram alcançados na Segurança Saúde do Trabalho, tais como: a proteção obrigatória de prensas na indústria de metal.

O Brasil é o único país do Cone Sul que tem um ponto específico na política sobre Medicina e Segurança no Trabalho. Na verdade, a Portaria Interministerial n. 800, de 03 de maio de 2005, estabelece que a Política Nacional de Segurança e Saúde no Trabalho é emitida pelo Ministério da Previdência Social, Ministério da Saúde e Ministério do Trabalho e Emprego.

Esta política é o resultado do trabalho de um Grupo de Trabalho Interdepartamental e que o documento foi submetido a consulta pública. O objetivo expresso da política é promover a melhoria da qualidade de vida e saúde do trabalhador, por meio da articulação e integração, de forma contínua, das ações do governo no campo das relações de produção-consumo, meio ambiente e saúde.

O documento estabelece o Plano Nacional de Segurança do Trabalhador e da Saúde, este foi acordado entre os vários órgãos do governo e da sociedade civil, periodicamente atualizado. A administração desse plano é da responsabilidade do Grupo Executivo Interministerial para a Segurança e Saúde no Trabalho (GEISAT). A partir das deliberações da GEISAT, Grupos Executivos são constituídos função na Segurança e Saúde no Trabalho Regional Intersetorial que coordena as ações em suas áreas.

A inspeção tem uma dupla dependência, é administrativamente parte das regiões e em relação à parte técnica sob o Departamento de Saúde e Segurança no Trabalho do Ministério do Trabalho. Com esta forma de organização federal todos os estados têm inspeção.

A NR-4 é aplicável para tamanhos definidos de empresas, classificados de acordo com a atividade de serviços de saúde risco. Os profissionais envolvidos nesta tarefa são médicos do trabalho, engenheiros de segurança, técnicos de segurança e enfermeiros do trabalho. A participação dos trabalhadores na área da saúde e segurança no trabalho é uma norma específica (NR-5), que fixa a participação através da CIPA (Comissões Internas de Prevenção de Acidentes).

Seus objetivos são a prevenção de acidentes e doenças relacionadas ao trabalho, de modo a tornar compatível e permanente a preservação da vida e a promoção da saúde do trabalhador. Eles devem ser incorporados em todos os tipos de empresas, públicas, privadas e até mesmo cooperativas. Suas funções são espaçosas e variam de mapeamento de risco para desenvolver o plano de trabalho que permite uma ação preventiva ou exige a paralisação do trabalho contra o risco grave e iminente.

A eleição dos representantes dos trabalhadores são eleitos por escrutínio secreto. A Vigilância Sanitária é uma regra específica (NR-7), que prevê programa de Controle Médico de Saúde Ocupacional. Este programa possui características preventivas e privilegia a abordagem clínica e epidemiológica. Planejamento e implementação devem ser identificados como riscos para cada trabalhador. Esta tarefa cabe ao empregador.

Serviço de Normas Profissionais de Saúde estão previstos na NR4 para tamanhos definidos de empresas, classificados de acordo com a atividade de serviços de saúde. Os profissionais envolvidos nesta tarefa são médicos do trabalho, engenheiros de segurança, técnicos de segurança e enfermeiros do trabalho.

A participação dos trabalhadores na área da saúde e segurança no trabalho são uma norma específica (NR-5) fixa a participação através da Cipa (Comissões Internas de Prevenção de Acidentes). Seus objetivos são a prevenção de acidentes e doenças relacionadas ao trabalho, de modo a tornar compatível e permanente o trabalho com a preservação da vida e a promoção da saúde do trabalhador.

Eles devem ser incorporadas em todos os tipos de empresas, públicas, privadas e até mesmo cooperativas. Suas funções são espaçosos e variam de mapeamento de risco para desenvolver o plano de trabalho que permite uma ação preventiva ou exigem paralisação do trabalho contra o risco grave e iminente.

A eleição dos representantes dos trabalhadores são eleitos por escrutínio secreto. A regra específica (NR-7) prevê programa de Controle Médico de Saúde Ocupacional. Este programa tem características preventivas e privilegia a abordagem clínica e epidemiológica. Planejamento e implementação devem ser identificados como riscos para cada trabalhador. Esta tarefa cabe ao empregador.

Por sua natureza, a segurança social é regida no Brasil, pelos seguintes princípios e diretrizes: universalidade da cobertura e atenção; uniformidade e equivalência dos benefícios e serviços prestados às populações urbanas e rurais; entrega e distribuição seletiva dos benefícios e serviços; irredutibilidade do valor dos benefícios; a participação no capital sob a forma de pagamento; diversificação da base de financiamento; caráter democrático e descentralizado da gestão administrativa, com a participação da comunidade e especialmente os trabalhadores, empregadores e aposentados. (Art. 194 da Constituição Federal, art. 1º da Lei n. 8.212/1991, art. 2º da Lei n. 8.213/1991).

Atualmente não há seguro exclusivo para acidentes. Ao aderir à Segurança Social, o empregado (exceto empregados domésticos), o trabalhador ocasional, o segurado especial e o residente terá direito a prestações por acidentes.

Na verdade, a Previdência Social é uma forma de seguro social obrigatório para todos os trabalhadores abrangidos pelo sistema opcional Geral da Segurança Social (RGPS) e para os trabalhadores abrangidos pelo Regime Complementar opcional de Previdência e Assistência Social (MPAS). A administração RGPS está sob o Ministério da Previdência e Assistência Social, onde o Instituto Nacional de Seguridade Social (INSS) é o executor Estado da Segurança Social, que faz parte do SAT.

4. LEGISLAÇÃO

A responsabilidade do empregador encontra-se definida na legislação citada a seguir, aclarada por sua vez pela jurisprudência que segue a ela.

4.1. Constituição Federal de 1988

Capítulo II – Dos Direitos Sociais

"Art. 7º – São direitos dos trabalhadores urbanos e rurais, além de outros que visem a melhoria de sua condição social:

XXII – redução dos riscos inerentes ao trabalho, por meio de normas de saúde, higiene e segurança;

"XXVIII – seguro contra acidentes de trabalho, a cargo do empregador, sem excluir a indenização a que este está obrigado, quando incorrer em dolo ou culpa;"

CÓDIGO CIVIL BRASILEIRO/1916 "Art. 159 – Aquele que, por ação ou omissão voluntária, negligência, ou imprudência, violar direito, ou causar prejuízo a outrem, fica obrigado a reparar o dano".

A verificação da culpa e a avaliação da responsabilidade regulam-se pelo disposto nesse Código, nos arts. 1518 a 1532 e 1537 a 1553.36.

4.2. Código Civil Brasileiro

"Art. 186 – Aquele que, por ação ou omissão voluntária, negligência ou imprudência, violar direito e causar dano a outrem, ainda que exclusivamente moral, comete ato ilícito".

"Art. 927 – Aquele que, por ato ilícito (art. 186 e 187), causar dano a outrem, fica obrigado a repará-lo.

"Parágrafo único – Haverá obrigação de reparar o dano, independentemente de culpa, nos casos especificados em lei, ou quando a atividade normalmente desenvolvida pelo autor do dano implicar, por sua natureza, risco para os direitos de outrem".

4.3. Súmula n. 229 do STF

"A indenização acidentária não exclui a do Direito Comum, em caso de dolo ou culpa grave do empregador".

TERCEIRA PARTE

CAPÍTULO I
O direito coletivo do trabalho

Para Delgado (2004) a Justiça do Trabalho é o marco distintivo do direito coletivo do trabalho em todo o universo jurídico. É um dos poucos segmentos do direto que possui aptidão em criar normas. Poder este que, desde a Idade Moderna, se concentra nas mãos do Estado, através do poder legislativo[1].

Refletindo sobre a questão dos direitos coletivos, Mazzili (2007) explana que esses direitos podem ser considerados como indivisíveis, mas eles possuem uma distinção não apenas pela origem da lesão, mas também pela abrangência do grupo. Os direitos difusos possuem titulares que não podem ser determinados, enquanto os direitos coletivos se referem a uma classe específica, a um grupo ou a uma categoria[2]. Leite (2001) exemplifica a relação entre trabalhadores da mesma empresa que sofrem por questões de salubridade. Esse é um típico caso para a impetração de uma causa coletiva[3].

O direito coletivo do trabalho não é autônomo, este é um segmento do Direito do Trabalho. O Direito do Trabalho divide-se em dois segmentos: O direito individual do trabalho, que abarca as relações entre empregados e empregadores individualmente considerados, e o direito coletivo do trabalho, que regula das organizações coletivas de empregados e empregadores.

Os Direitos fundamentais são a base da Constituição Federal que embasam o Direito Coletivo do Trabalho, que possui como características: a preferenciabilidade, a fundamentalidade, Pretensão objetiva e precisa. Faz parte do Direito Coletivo de Trabalho: o Direito de reunião, a Liberdade de associação, Liberdade de consciência e de crença, Direito ao Devido Processo Legal, Liberdade sindical e Direito de associação do servidor público.

Direito de reunião	Art. 5º, XVI, CF
Liberdade de associação	Art. 5º, incisos XVII a XXI, CF
Liberdade de consciência e de crença	Art. 5º, incisos IV, VI e VII, CF
Direito ao Devido Processo Legal	Vedação de prisão arbitrária pelo exercício de função sindical
Liberdade sindical	Art. 3º, Convenção n. 87, OIT
Direito de associação do servidor público	Art. 37, VI, CF

---

(1) DELGADO, Maurício Godinho. *Curso de Direito do Trabalho*. 3. ed. São Paulo: LTr, 2004.
(2) MAZZILI, H. N. *A defesa dos interesses difusos em juízo*. 20. ed. São Paulo: Saraiva, 2007. p. 53.
(3) LEITE, Carlos Henrique Bezerra. *Ação Civil Pública – Nova Jurisdição Trabalhista Metaindividual – Legitimação do Ministério Público*. São Paulo: LTr, 2001.

CAPÍTULO II
Princípios do direito coletivo de trabalho

Sendo o Direito Coletivo do Trabalho uma ramificação do Direito do Trabalho, este está igualmente submetido aos princípios gerais deste, desde que não desrespeite, especificamente, os seus próprios princípios.

Os princípios do Direito Coletivo de Trabalho são:

Princípio da Liberdade Associativa e Sindical	A liberdade dos empregados a se associarem a Sindicatos.
Princípio da Autonomia Sindical	De acordo com a CF, art. 8º, I, que garante direito de organização sindical, sem a interferência do poder público, como era no passado. Isto significa o reconhecimento do ente coletivo e seu representante – o sindicato.
Princípio da Interveniência Sindical na Normatização Coletiva	A validade da negociação coletiva deverá se submeter à intervenção sindical profissional, que é o ser coletivo obreiro institucionalizado.
Princípio da Criatividade Jurídica na Negociação Coletiva	Os processos negociais englobam a aplicação do acordo coletivo, contrato coletivo e a Convenção Coletiva do trabalho (DELGADO, 2015)[4].

---

(4) DELGADO, Mauricio Godinho. *Curso de Direito do Trabalho*. 5. ed. São Paulo: LTr, 2006.

CAPÍTULO III
Sindicato

1. INTRODUÇÃO

Em 1891, houve o estabelecimento da primeira Constituição Republicana, o mencionado diploma legal previa a liberdade de associação e, em 1907, foi promulgada a Lei n. 1.637, que previa a liberdade e pluralidade sindical, além de autorizar a organização de sindicatos profissionais e de sociedades cooperativas. O desenvolvimento das organizações sindicais provocou a institucionalização de várias caixas de aposentadorias. Iniciavam-se à organização da previdência social no Brasil, a qual foi instituída pela Lei Elói Chaves, no Decreto Legislativo n. 4.682, de 24.01.1923. Destaca-se, ainda, a primeira Lei sobre acidentes do trabalho em 1919 (PEDROZA, 2005)[5].

A Lei Elói Chaves ressalta que o decreto dispõe sobre a criação das Caixas de Aposentadoria e Pensão (CAP) para os ferroviários. A referida lei ainda estabeleceu que cada uma das empresas de estrada de ferro deveria ter uma caixa de aposentadoria e pensão para os seus empregados. A primeira foi a dos empregados da *Great Western* do Brasil. A década de 1920 caracterizou-se pela criação das citadas caixas, vinculadas às empresas e de natureza privada. Eram assegurados os benefícios de aposentadoria e pensão por morte e assistência médica. O custeio era a cargo das empresas e dos trabalhadores. O Decreto Legislativo n. 5.109, de 20.12.1926, estendia os benefícios da Lei Elói Chaves aos empregados portuários e marítimos. Posteriormente, em 1928, através da Lei n. 5.485, de 30.06.1928 (VIANNA, 2005[6]), os empregados das empresas de serviços telegráficos e radiotelegráficos passaram a ter direito aos mesmos benefícios (ARAUJO, 2006)[7]. Em 1923 era criado o Órgão Consultivo dos poderes públicos em matéria trabalhista e previdenciária.

Mas qual foi a principal influência para o estabelecimento do poder normativo no Brasil?

Para a quase unanimidade dos doutrinadores jurídicos o poder normativo da Justiça do Trabalho brasileira tem como influência principal o sistema italiano fascista da chamada *Carta Del Lavoro*[8], que conferia à magistratura trabalhista o poder de solucionar conflitos coletivos de trabalho mediante fixação de condições regulamentares de trabalho, ou seja, cabia ao judiciário trabalhista criar normas jurídicas laborais. (MELLO, 2005)[9].

Desde a sua criação, o poder normativo da Justiça do Trabalho foi alvo de críticas, pois o regime fascista, que inspirou o poder normativo na Justiça do Trabalho brasileiro, era contrário à luta de classes, pelo que deveria ser a conciliação e a colaboração da sociedade no sentido de se ver garantida a produção (AROUCA, 2013)[10]. Desta forma, procurava sempre conciliar eventuais interesses conflitantes com o fim de suprimir a luta de classes. Assim, as associações de trabalhadores, ou seja, os sindicatos são tidos como órgãos do Estado, para que realizem a regulamentação das condições de trabalho, com vistas a garantir os interesses e os direitos dos trabalhadores (HINZ, 2010)[11].

---

(5) PEDROZA, Ruy Brito de Oliveira. *A Nova Reforma da Previdência Social*. Brasília: DIAP, 1995.
(6) VIANNA, F. J. Oliveira. *Direito do Trabalho e democracia social. O problema da incorporação do trabalhador no Estado*, 2005.
(7) ARAÚJO, Adriane Reis de. Liberdade sindical e os atos anti-sindicais no direito brasileiro. *Revista do Ministério Público do Trabalho* – 32 – Ano XVI – Outubro, 2006. p. 29-48.
(8) Aprovada no Grande Conselho Fascista, de 21 de abril de 1927.
(9) MELLO, Raimundo Simão De. *Dissídio Coletivo de Trabalho*. São Paulo: LTr, 2005.
(10) A Organização Sindical no Brasil – José Carlos Arouca. São Paulo: LTr, 2013.
(11) HINZ, Henrique Macedo. *O poder normativo da Justiça do Trabalho*. São Paulo: LTr, 2000.

O fato de os sindicatos estarem subordinados ao Estado causava muita desconfiança e críticas de muitos trabalhadores, pois o que estaria a Justiça do Trabalho a favor, do Estado ou da defesa das garantias individuais dos trabalhadores?

Para responder esta questão é importante analisarmos a perspectiva da evolução histórica da Justiça do Trabalho no Brasil. Em 1930 era instituído no Brasil, o governo de Vargas, no mesmo ano, em 26 de novembro foi criado do Ministério do Trabalho, Indústria e Comércio, pelo Decreto n. 19.667, de 4 de fevereiro, com o objetivo de mediar os conflitos entre capital e trabalho. Possuía a seguinte estrutura: Secretário de Estado; Departamento Nacional do Trabalho; Departamento Nacional do Comércio; Departamento Nacional de Povoamento e Departamento Nacional de Estatística. Em 1930, também foi promulgada a Lei dos Dois Terços que versava sobre a nacionalização do trabalho, esta lei restringia a possibilidade de admissão de estrangeiros em empresas brasileiras (KAUFFMAN, 2005)[12].

Em 1931 foi editado o Decreto n. 19.770, que dispunha no art. 5º:

> Art. 5º Além do direito de fundar e administrar caixas beneficentes, agências de colocação, cooperativas, serviços hospitalares, escolas e outras instituições de assistência, os sindicatos que forem reconhecidos pelo Ministério do Trabalho, Indústria e Comércio serão considerados, pela colaboração dos seus representantes ou pelos representantes das suas federações e respectiva Confederação, órgãos consultivos e técnicos no estudo e solução, pelo Governo Federal, dos problemas que, econômica e socialmente, se relacionarem com os seus interesses de classe.
>
> Parágrafo único. Quer na fundação e direção das instituições a que se refere o presente artigo, quer em defesa daqueles interesses perante o Governo, sempre por intermédio do Ministério do Trabalho, Indústria e Comércio, é vedada a interferência, sob qualquer pretexto, de pessoas estranhas ás associações.[13]

Foram criadas Comissões Mistas de Conciliação e as Juntas de Conciliação em 1932, destinadas à solução de contendas trabalhistas, porém ressalta-se que as primeiras tinham por função resolver as divergências coletivas entre as categorias profissionais e econômicas (MELLO, 2005)[14].

Apesar de a Constituição Federal de 1934 dar a Justiça do Trabalho caráter meramente administrativo, classificando-a como órgão do Poder Executivo, atrelado ao Ministério do Trabalho, em seu art. 122, tentava dirimir expressamente questões entre empregadores e empregados:

> Art. 122 – Para dirimir questões entre empregadores e empregados, regidas pela legislação social, fica instituída a Justiça do Trabalho, à qual não se aplica o disposto no Capítulo IV do Título I. [O Capítulo trata do Poder Judiciário.]
>
> Parágrafo Único – "A constituição dos Tribunais do Trabalho e das Comissões de Conciliação obedecerá sempre ao princípio da eleição de membros, metade pelas associações representativas dos empregados, e metade pelas dos empregadores, sendo o presidente de livre nomeação do Governo, escolhido entre pessoas de experiência e notória capacidade moral e intelectual.[15]

Já o art. 123 do mencionado diploma legal dispunha sobre os dissídios individuais e coletivos. Os dissídios individuais e coletivos ainda serão trabalhados neste *corpus*:

> Art. 123 – Compete à Justiça do Trabalho conciliar e julgar os dissídios individuais e coletivos entre empregados e empregadores, e as demais controvérsias oriundas de relações do trabalho regidas por legislação especial.
>
> § 1º Os dissídios relativos a acidentes do trabalho são da competência da Justiça ordinária.
>
> § 2º A lei especificará os casos em que as decisões, nos dissídios coletivos, poderão estabelecer normas e condições de trabalho.[16]

Já a Constituição de 1937 dispôs sobre a Justiça do Trabalho no título Da ordem econômica no art. 139:

> Para dirimir os conflitos oriundos das relações entre empregadores e empregados, regulados na legislação social é instituída a Justiça do Trabalho, que será em lei e à qual não se aplicam as disposições desta Constituição relativa à competência, ao recrutamento e as prerrogativas da Justiça comum. A greve e o *lockout* são declarados recursos anti-sociais, nocivos ao trabalho e ao capital e são incompatíveis com os superiores interesses da produção nacional.[17]

---

(12) KAUFMANN, MO. *Das práticas Anti-Sindicais às práticas Anti-Representativas*. São Paulo: LTr, 2005.
(13) BRASIL. Decreto n. 19.770, de 19 de março de 1931. *Lex*. Disponível em: <http://www.jusbrasil.com.br/legislação/116727/decret-19770-31>. Acesso em: 16 mar. 09.
(14) MELLO, Raimundo Simão de. *Dissídio Coletivo de Trabalho*. São Paulo: LTr, 2005.
(15) BRASIL. Constituição (1934). Disponível em: <http://www.planalto.gov.br/ccivil_03/Constituicao/Constitui%C3%A7ao34.htm>. Acesso em: 16 mar. 09.
(16) *Loc. cit.*
(17) BRASIL. Constituição (1937) *apud* OLIVEIRA, Walter. *Poder Normativo da Justiça do Trabalho*: Direito formal da classe trabalhadora brasileira. Dissertação aprovada no Curso de Mestrado do Programa de Pós-graduação em Ciência Política da Universidade Federal do Rio Grande do Sul. 2005. p. 19.

Assim, verifica-se que a Justiça do Trabalho permaneceu no âmbito administrativo servindo como orientação à atuação do Poder Executivo, que tinha por finalidade o controle da composição entre o capital e o trabalho. A questão social surgiu como um importante marco legitimador da conjuntura política do pós-30 (MURARI, 2008)[18]. Com isso, o Estado abandonou uma a posição liberal para adotar uma postura intervencionista no que tange ao sindicalismo. Os direitos sociais tornaram-se condição essencial da cidadania política.

De acordo com Vieira (2005), no pós-30, Getúlio Vargas tomou para si o mérito de ter instalado no Brasil a verdadeira democracia, a qual, segundo discurso do Presidente, não é aquela dos parlamentos, mas aquela que se apóia nas corporações organizadas, que responde aos interesses do povo e consulta suas tendências através as organizações sindicais e as associações de produtores[19].

Ou seja, o Estado propôs-se a fazer as mudanças que a sociedade, deveras oprimida, clamava, antes que elas fossem realizadas via revolução de trabalhadores, em contraposição a postura governamental dos anos de 1922 a 1926, quando os movimentos operários foram reprimidos com rigidez e truculência, reafirmando velhos argumentos de que a luta de classes não passaria de um fenômeno importado, sem precedentes na sociedade brasileira, ou seja, mero fruto de agitadores estrangeiros.

Após a década de 1930 negava-se, convenientemente, a existência de uma questão social no Brasil, bem como a necessidade de intervenção estatal e de elaboração de uma legislação social (LIMA, 2006)[20].

Getúlio Vargas coloca-se no papel de transformar a realidade social dos trabalhadores brasileiros sob o pretexto de torná-la mais "justa". Para tanto, em sua campanha eleitoral estampou na Plataforma da Aliança o novo tratamento dado à "questão social". Reconhecendo, explicitamente e implicitamente, a classe operária (MURARI, 2008)[21]. Assim, o Estado abandonou sua atitude de abstenção e de imparcialidade para dirimir a lide social, na qual a indústria brasileira procurava retirar de seus operários o máximo do rendimento pelo o mínimo custo, comandando uma revolução-restauradora, baseada em reformismos constantes, com o objetivo de adequar o capitalismo às novas necessidades sociais a fim de que ele não se tornasse inviável.

A nova política social fundamentava-se na reformulação do papel do Estado na sociedade a partir de uma inovadora forma de percepção do conceito de trabalho, a que considera a questão social e busca harmonizar os interesses de patrões e trabalhadores. O objetivo seria reduzir as distâncias sociais através de uma legislação protecionista do trabalhador. Surgem, então, legislações de participação nos lucros e na administração das empresas; a formação de cooperativas; a busca pela execução de serviços de previdência mais eficazes etc. A legislação do trabalho asseguraria a paz social e a estabilidade necessária ao desenvolvimento econômico. Justificava-se a Intervenção do Estado para preservar a capacidade laboral reduzindo a ameaça das más condições de trabalho e dos salários baixíssimos. Seriam apenas medidas responsáveis de bem-estar social, valendo, inclusive, forçar as classes e as categoriais sociais a se organizarem na construção da verdadeira democracia, na qual se alcança a harmonia social (VIEIRA, 2005).

Em 1943 foi criado a CLT – Consolidação das Leis do Trabalho, por intermédio do Decreto-lei n. 5.452. A criação da legislação trabalhista no Brasil entre 1931 e 1943 fez parte de um conjunto de medidas destinadas a impulsionar um novo modo de acumulação capitalista conduzido pelo estado varguista em seu projeto de modernização industrial (NOGUEIRA, 2002)[22].

A restrição da atuação sindical e o advento II Guerra Mundial contribuíram, de alguma forma, para a pouca importância dada ao poder normativo nos seus primeiros anos de existência. Esta situação parece ter influenciado os constituintes de 1946, que sustentaram a inclusão do poder normativo no texto constitucional.

A Constituição de 1946 coloca a Justiça do Trabalho como integrante do poder Judiciário, como órgão especializado, assim como o são a Justiça Eleitoral e a Justiça Militar. Como benefícios aos trabalhadores dispostos nesta Carta, mencionam-se, por exemplo, a criação do salário mínimo, a remuneração do repouso semanal, a estabilidade e o direito de greve, além de instituir a participação do trabalhador nos lucros da empresa. Em 1946 começava, portanto, efetivamente, a constitucionalização3 do Direito do Trabalho, no Brasil. Os arts. 157 e 158 do mencionado diploma legal dispõem sobre os direitos relativos à legislação do trabalho e da previdência social.

---

(18) MURARI, Marlon Marcelo. *Limites Constitucionais ao Poder de Direção do Empregador e os Direitos Fundamentais do Empregado*. São Paulo: LTr, 2008.

(19) VIEIRA, Evaldo. *O Estado brasileiro no século XX*. In: BASTOS, E. Rugai e MORAES, J. Quartim de (Org.). *O pensamento de Oliveira Vianna*, 2005.

(20) LIMA, A. F. *Mecanismos Antidiscriminatórios nas Relações de Trabalho*. São Paulo: LTr, 2006.

(21) MURARI, Marlon Marcelo. *Limites Constitucionais ao Poder de Direção do Empregador e os Direitos Fundamentais do Empregado*. São Paulo: LTr, 2008.

(22) NOGUEIRA, A. *A Modernização Conservadora do Sindicalismo Brasileiro: A experiência do Sindicato dos Metalúrgicos de São Paulo*. Educ-Fapesp, 1997; Gestão Estratégica das Relações de Trabalho. In: *As pessoas nas Organizações*. Editora Gente, 2002.

2. A FUNÇÃO DOS SINDICATOS

Segundo a Carta Magna em seu art. 8º, III: *"ao sindicato cabe a defesa dos direitos e interesses coletivos ou individuais da categoria, inclusive em questões judiciais ou administrativas".*

Pode-se assim observar que cabe ao sindicato a incumbência de defender os direitos individuais e coletivos da categoria. Já no âmbito coletivo, a legitimação do sindicato é própria para a defesa da categoria por mandamento constitucional, podendo defender os interesses concretos e abstratos da classe. Para a defesa de direitos individuais homogêneos, o art. 6º, do CPC, dá legitimidade ao sindicato para fazê-lo na qualidade de substituto processual, defendendo em nome próprio direito alheio. O Supremo Tribunal Federal entende que essa última legitimidade do sindicato é ampla (LIMA, 2006)[23].

As sentenças normativas são prolatadas na resolução dos dissídios coletivos, os quais podem ser classificados em: *de natureza econômica,* quando se pretende instituir normas e condições de trabalho, *de natureza jurídica,* nos quais a pretensão busca a interpretação de normas coletivas como atos normativos, acordos e convenções coletivos, sentenças normativas e disposições legais particulares das categorias; *originários,* quando não há normas e condições coletivas decretadas em sentença normativa, *de revisão,* nas quais busca-se rever as condições estabelecidas em dissídios anteriores devido a alteração nas circunstancias econômicas que as justificaram; *ou declaração sobre paralisação do trabalho,* declarando a abusividade ou não da greve dos trabalhadores (NASCIMENTO, 2008)[24].

É nos dissídios econômicos que o poder normativo se revela, uma vez que são criadas normas e condições de trabalho. Conterá normas econômicas, dizem respeito a reajustes de salários, aumentos reais, de produtividade e piso salarial; sociais, relativas a garantia de emprego e condições de trabalho mais favoráveis à saúde e sindicais, atinentes ao relacionamento empresas e sindicato, tais como descontos assistenciais e a escolha de representantes sindicais na empresa (MARTINS FILHO, 2008)[25].

---

(23) LIMA, Francisco Menton Marques de. *Elementos de Direito do Trabalho e Processo Trabalhista.* 12. ed. São Paulo: LTr, 2007. (Obra em versão virtual não paginada, consultada na íntegra através da Biblioteca Digital LTr).

(24) NASCIMENTO, Amauri Mascaro. *Direito Sindical.* 5. ed. São Paulo: LTr, 2008.

(25) MARTINS FILHO, Ives Gandra da Silva. A justiça do trabalho do ano 2000: as Leis ns. 9.756/1998, 9.957 e 9.958/2000, a Emenda Constitucional n. 24/1999 e a reforma do judiciário. Vol. 1, n. 8, *Revista Jurídica Virtual,* jan./2008.

CAPÍTULO IV
Negociação coletiva de trabalho

A negociação coletiva serve para realizar um ajuste de interesses entre as partes que compreendem entendimentos existentes com o objetivo de encontrar uma forma equiparada que atendam os direitos do(s) empregado(s) e de seu(s) empregador(es). Ela é mais difundida nos sistemas políticos liberais, possuindo como funções de cunho: jurídico; político, econômico e social.

As funções jurídicas podem ser: normativas com a criação de normas que podem ser aplicadas nas relações de trabalho; obrigacional, pois determina os direitos e as obrigações das partes e compositiva, pois esta visa a superação dos conflitos com um equilíbrio entre as partes, trazendo paz para a relação de trabalho.

Para ingressar com negociação coletiva o interessado deverá cumprir as condições previstas pela lei CPC, art. 267, VII, daí se exigir a possibilidade jurídica do pedido, a legitimidade das partes e o interesse processual, mas também a autorização da assembléia do sindicato para a propositura, o esgotamento da negociação coletiva e a inexistência da norma coletiva em vigor, salvo alteração substancial da situação de fato que justifique a revisão a vigência. A arbitragem, composição dos conflitos na qual um terceiro, ou um órgão não jurisdicional, profere uma decisão que é acatada pelas partes, não é condição da ação.

A Carta Magna de 1988 a prevê; esta é uma arbitragem facultativa que existe unicamente quando ambas as partes se dispõem a admiti-la; é privada, porque não se desenvolve perante a jurisdição, é uma alternativa para o dissídio coletivo, uma vez que o seu exercício tem exatamente a finalidade de substituí-lo, de modo que havendo a arbitragem as partes não podem ajuizar dissídio coletivo sobre a mesma questão.

Tem natureza jurídica não de pressuposto processual do dissídio coletivo, mas de equivalente jurisdicional. É cabível quando frustrada a negociação coletiva, caso em que as partes elegerem árbitros. Recusando-se qualquer das partes à negociação ou à arbitragem, é facultado aos respectivos sindicatos ajuizar dissídio coletivo.

A principal discussão que há sobre o sindicato no dissídio coletivo reside na sua posição processual, pois para alguns, a de substituto processual da categoria; para outros, a de legitimado ordinário. Apesar da inexistência de maiores efeitos práticos na discussão, que é mais acadêmica, o problema não está ainda definitivamente resolvido, já que militam argumentos que podem abonar tanto uma como outra tese. A nossa lei não proíbe o dissídio coletivo ajuizado por empresa (CLT, art. 861). Porém, como a Constituição de 1988, art. 112, dispõe que é facultado aos respectivos sindicatos ajuizar o dissídio coletivo, há decisões de Tribunais Regionais extinguindo, sem julgamento ao mérito, os dissídios de empresas por ilegitimidade de parte; ao sindicato patronal é que caberia fazê-lo.

Como o dissídio coletivo em nível de categoria tem como sujeitos sindicatos, de um lado o dos trabalhadores e de outro o patronal, e sabendo-se que a sentença normativa é aplicada sobre todos os trabalhadores e empresas que integram o âmbito da representação das entidades sindicais litigantes, cumpre verificar se é admissível o ingresso, na relação jurídica processual, da empresa como assistente ao lado do sindicato patronal.

Um dos grandes problemas que se apresenta está em resolver se a empresa no caso é terceira ou se é a própria parte, do mesmo modo que o trabalhador, membro da categoria, em relação ao seu sindicato, e a resposta deve ser no sentido de que o sindicato, atuando em nome da categoria, afasta a possibilidade de ser considerado cada um dos seus integrantes como terceiro, compreendida a categoria como o conjunto, abstrato e geral, de quantos se encontram no âmbito da representação sindical correspondente. Categoria não é a soma das pessoas que militam num setor da atividade econômica, mas o próprio setor formando uma unidade indecomponível.

A noção de categoria ganhou importância no direito italiano, como uma necessidade para melhorar a ordenação das forças produtivas da nação. Na sociedade, como sabemos, os grupos de produção e prestação de serviços, tanto as empresas como os respectivos trabalhadores ou mesmo profissionais autônomos, dividem-se em setores conforme o ramo de atividades ou o tipo de profissão, havendo a indústria, o comércio, as subdivisões correspondentes, etc. Categoria é o conjunto de empresas ou de pessoas que militam nas atividades profissionais setorializadas, antes pelo Estado, agora pela formação espontânea.

A atuação do sindicato no dissídio coletivo está vinculada à respectiva categoria. O sindicato é da categoria. Como a organização sindical brasileira ainda é fundada no conceito de categoria, da qual o sindicato é órgão que atua em sua defesa, seria difícil, à luz dessa realidade, separar os membros da categoria como terceiros, quando o dissídio coletivo é em nível de categoria, o que afasta a possibilidade da assistência, quer da empresa em relação ao seu sindicato, quer do trabalhador em função da sua respectiva entidade sindical, pela falta, no caso, da qualidade de terceiro[26].

A Sentença normativa proferida no dissídio coletivo da categoria é inaplicável ao pessoal das categorias diferenciadas, e estes tem de ingressar com a sua ação específica. De outro lado, como regra, o dissídio coletivo de sindicato de uma base territorial não pode ter efeitos estendidos a outras bases territoriais em que atuam diferentes sindicatos. O âmbito da aplicação da sentença normativa coincide com o âmbito de representação do sindicato que figura na relação jurídica processual, não o excedendo. Para que a sentença tenha aplicabilidade e mais de uma base territorial é indispensável que o respectivo sindicato figure também no dissídio coletivo. Nos dissídios coletivos de natureza jurídica, desnecessária é a negociação, podendo o interessado diretamente, desde logo, ingressasse com a ação judicial, uma vez que finalidade é a interpretação de norma legal ou convencional e o pronunciamento pretendido é de natureza declaratória. Nos dissídios coletivos de natureza econômica a negociação prévia é obrigatória.

Ressalta-se que a caracterização da negociação coletiva como condição da ação é a necessidade de prova pelo suscitante do cumprimento da exigência, e, como não há forma prescrita em lei, pode ser feita pelos diversos modos admitidos pelo direito, desde a inexistência de impugnação pelo suscitado na defesa, o que faz presumir a existência de negociação frustrada, até a troca de correspondência entre sindicatos e empresas, à realização de mesa redonda para mediação perante o órgão do Ministério do Trabalho e Previdência Social. É obrigatória a argüição na defesa formulada pelo suscitado da inexistência das condições da ação, sem que o órgão jurisdicional não esteja obrigado a examinar de ofício a questão[27].

Martins (2005) ressalta que a CLT, em outrora, declarava que "nenhum processo de dissídio coletivo de natureza econômica será admitido sem antes se esgotarem as medidas relativas à formalização da Convenção ou Acordo Correspondente. (§ 4º do art. 616 da CLT).

Atualmente a Constituição dispõe que recusando-se qualquer das partes à negociação coletiva ou à arbitragem, é facultado a elas, de comum acordo, ajuizar o dissídio coletivo de natureza econômica (§ 2º do art. 114), o que já se verificava no § 2º do art. 616 da CLT. Assim a tentativa de negociação coletiva ou de arbitragem é condição para a propositura do dissídio coletivo, é um pressuposto indispensável da constituição e de desenvolvimento válido e regular do processo.

O próprio inciso VI do art. 267 do CPC não dispõe que sejam apenas três das condições de ação, ao estabelecer que" quando não concorrer qualquer das condições de ação, como a possibilidade jurídica, a legitimidade das partes e o interesse processual". Vê-se que as condições da ação anteriormente mencionadas são exemplificativas e não taxativas. Assim, hoje temos como condição da ação a tentativa de negociação coletiva ou de arbitragem. Há a necessidade, portanto, de a parte de demonstrar que tenha havido, pelo menos, uma tentativa de negociação entre as partes, antes de o conflito coletivo ser submetido ao Poder Judiciário trabalhista, ou então, que a arbitragem não chegou a ser realizada, apesar de iniciada[28].

Já a Justiça do Trabalho pertence ao Poder Judiciário. Sua competência está prevista no art. 114 da Constituição da República, alterado pela Emenda Constitucional n. 45/2004, nos seguintes termos:

> § 2º Recusando-se qualquer das partes à negociação coletiva ou à arbitragem, é facultado às mesmas, de comum acordo, ajuizar dissídio coletivo de natureza econômica, podendo a Justiça de o Trabalho decidir o conflito, respeitadas as disposições mínimas legais de proteção ao trabalho, bem como as convencionadas anteriormente.
>
> § 3º Em caso de greve em atividade essencial, com possibilidade de lesão do interesse público, o Ministério Público do Trabalho poderá ajuizar dissídio coletivo, competindo à Justiça do Trabalho decidir o conflito."[29]

---

(26) NASCIMENTO, Amauri Mascano. *Curso de Direito Processual Civil*. São Paulo: Saraiva, 2002.

(27) *Idem*.

(28) MARTINS, Sérgio Pinto. *Direito Processual do Trabalho*: Doutrina e prática forense, modelos de petições, recursos, sentenças e outros. 23. ed. São Paulo: Atlas, 2005.

(29) Como legitimados para suscitação de dissídio coletivo, além das partes, o Ministério Público do Trabalho só possui legitimidade para ajuizar o dissídio em caso de greve em atividade essencial e quando esteja pondo em perigo o interesse público, ou na defesa das atividades inadiáveis para a população, conforme o estabelecido no art. 114, § 3º da Constituição Federal e no art. 8º da Lei n. 7.783/1989. (Art. 8º A Justiça do Trabalho, por iniciativa de qualquer das partes ou do Ministério Público do Trabalho, decidirá sobre a procedência, total ou parcial, ou improcedência das reivindicações, cumprindo ao Tribunal publicar, de imediato, o competente acórdão.)

CAPÍTULO V
O direito de greve

1. ANTECEDENTES

Os indivíduos interagem uns com os outros, compondo-se um grupo social capaz de realizar ações coletivas e constituir bases sólidas com objetivo de solucionar conflitos e interesses comuns.

Destacamos, pois, que os grupos sociais se dividem, formando categorias de acordo com os fins e interesses que cada um almeja. Nesse contexto, de acordo com a melhor doutrina, podemos classificar os grupos sociais como sendo: a) **grupos primários**, que têm como base a efetividade, incluindo a família e o lazer; b) **grupos secundários**, que são formado em grandes espaços, como empregados de uma grande empresa, associados de sindicatos, etc. e c) **grupos organizados**, que são formados por determinado segmento de atividade, por exemplo, uma determinada categoria profissional.

Geralmente, os interesses desses grupos sociais são caracterizados pelo antagonismo, dando-se origem a um conflito coletivo, sendo a greve uma expressão para demonstrar o inconformismo para diversas classes sociais, em especial, a categoria de trabalhadores, objeto do nosso estudo.

Assim, no presente trabalho se utilizará como metodologia a revisão da legislação brasileira e argentina, levando-se em consideração a evolução histórica no cenário mundial, buscando aporte em obras doutrinárias, com maior enfoque para os juristas dos países envolvidos na análise do estudo proposto.

2. AS PRIMEIRAS GREVES

Embora existam divergências entre diversos autores quanto ao início da primeira greve no mundo, tem-se noticiado que a primeira greve teria sido com a fuga dos hebreus do Egito, narrada pelo Êxodo, outros relatam que esse movimento da greve foi realizados pelos egípcios que trabalhavam no Templo de Mut, quando os trabalhadores se rebelaram por conta do pagamento de salário que era realizado em forma de mantimentos que eram insuficientes.

Outra afirmação foi quanto à retirada dos plebeus de Roma para o Monte Aventino (493 a.C.), motivada por uma greve, embora aquele movimento tivesse uma conotação política e de protesto, divergindo, assim, quem defende que, na Fenícia, os trabalhadores, em várias ocasiões, declararam greves por melhores condições de trabalho, sendo este último a principal origem da greve.

Por seu turno, na Idade Média, houve uma grande quantidade de agrupamento de trabalhadores clandestinos contra as corporações de ofício na França, na Alemanha e na Itália, o que deu início à criação de legislação proibitiva para a realização de greves, sendo que o controle se deu precipuamente na sociedade capitalista do período emanado pela Revolução Industrial (século XVIII-XIX), onde os trabalhadores eram submetidos a duras condições de trabalho.

O nascimento da indústria só fez aumentar a concentração da massa do proletariado, que estava associada à precariedade da situação socioeconômica dos trabalhadores frente aos patrões, contribuindo para a formação de associações de profissionais com a finalidade de organizar os trabalhadores para reivindicar aos empresários, melhorias nas condições de trabalho.

Embora o sistema liberal da época não permitisse a realização de greve, porque não reconhecia a vida em grupos sociais organizados e, consequentemente, também, não reconhecia os direitos coletivos, pois não queriam que o Estado interviesse nas questões econômicas das atividades empresárias. Mesmo assim os trabalhadores exerciam o direito de greve, porém, eram reprimidos porque não existia norma própria. E, assim, os empresários diziam as regras rígidas a serem observadas pelos trabalhadores.

A lei Chapellier de 1791 e o Código Penal de 1810 da Inglaterra e da França, consequentemente, foram os que mais reprimiram o direito de greve, pois consideravam um delito.

Por parte igreja, através da Carta Encíclica do Papa Leão XIII (1891), houve a primeira manifestação aberta com objetivo de proteger os trabalhadores e as entidades sindicais, no período em que o Estado liberal dominava o cenário econômico do mundo.

Por sua vez, em Portugal, na mesma época da Carta Papal, quem praticava a greve não recebia punição, embora a lei fizesse referência a pena aos praticantes. Na Itália, a greve foi considerada um delito até a promulgação do Código Zanardelli, revogando a pena de delito para os grevistas, sendo que mais tarde (1926), no regime corporativo, a greve voltou a ser considerada um delito. Finalmente, a Constituição Republicana da Itália (1948), no seu art. 40, revogou o delito para assegurar o direito de greve aos trabalhadores.

3. FASES DA GREVE

Observamos que, para o reconhecimento do direito de greve em prol dos trabalhadores, foi necessário observar duas fases:

a) **fase da proibição** – em que o trabalhador cumpria dupla qualificação. A primeira era o ilícito civil, cuja consequência para quem fizesse a greve era resolução do contrato de trabalho. E, no segundo momento, o trabalhador era reprimido penalmente.

b) **fase da tolerância** – embora o exercício da greve nesta fase tenha abolido o ilícito penal, continuou vigente o ilícito civil, até o reconhecimento do direito de exercício da greve no plano constitucional, vista como forma legítima de defesa dos trabalhadores frente aos empresários.

Em países de regimes socialistas, o exercício do direito de greve é proibido sob o argumento de que o proletariado já se encontra no poder e, por isso, não justifica fazê-la, embora fosse um argumento fracassado.

No plano internacional, a greve não é disciplinada pela OIT, porque entende que o trabalhador deverá ser vinculado ao direito de sindicalização. Entretanto, a Declaração Universal dos Direitos Humanos prevê de forma implícita o direito de greve do estabelecer, no seu artigo XX, n. 1, que toda pessoa tem direito à liberdade de reunião e associação pacíficas, bem como no artigo XXIII, n. 4, ao garantir que toda pessoa tem direito a organizar sindicatos e a neles ingressar para proteção de seus interesses, que somente foi confirmada pela Carta Social Europeia e o Pacto sobre direitos Econômicos, Sociais e Culturais, assinado em Nova York (1966), ao trazer a previsão do direito de greve.

4. A GREVE NA VISÃO SOCIAL E JURÍDICA

Enquadrada como um fenômeno social, a greve tem origem na formação de grupos de trabalhadores que vivenciaram ao longo do tempo uma trajetória penosa, tendo como resultado o reconhecimento em vários países como um direito fundamental.

Por ser um fenômeno social, a greve possui caráter coletivo, ou seja, para que a greve pudesse existir, necessariamente, os trabalhadores tinham que ficar vinculados à atuação dos sindicatos por meio de manifestações e negociações como forma de buscar melhores condições de trabalho e tutela de seus direitos.

Desta maneira, o direito coletivo passou a ser reconhecido como um mecanismo do fator de produção entre o capital e o trabalho e, por isso, a empresa deixou de ser "feudo do patrão", assim porque a empresa tem o direito a obtenção do lucro, mas, por outro lado, o trabalhador tem direito de viver dignamente com o salário justo que é fruto de seu trabalho.

No campo jurídico, encontramos sustentação na própria constituição de um país ao afirmar que todos os trabalhadores sejam tratados de forma igual, juntamente com os demais. Todavia, se as regras da empresa são injustas e não se encontra acordo para solucionar o desnível nas condições de trabalho, temos assim "a paralisação das atividades como uma solução para alcançar o fim almejado, pois estará em consonância com a função social da propriedade e com os mandamentos da justiça social".

No campo jurisdicional, a Justiça do Trabalho é competente para julgar e resolver os conflitos relativos ao direito de greve no Brasil, nos termos previstos no art. 114, inciso II, da Constituição Federal de 1988. Do mesmo modo, na Argentina, os casos não resolvidos no âmbito administrativo serão decididos pela Justiça do Trabalho.

Em relação aos efeitos do contrato de trabalho, o trabalhador que estiver no gozo do direito de greve, o contrato de trabalho ficará suspenso até que retome as atividades para o empregador, não podendo ser dispensados durante esse período.

5. CONCEITOS DE GREVE

Como vimos, o direito de greve no plano internacional não foi objeto de um convênio elaborado pela OIT, porque é um direito que se encontra vinculado a outro direito: o direito de sindicalização. Assim, como a Declaração Universal dos Direitos Humanos trouxe a previsão do direito de greve, a Carta Social Europeia e o Pacto sobre direitos Econômicos, Sociais e Culturais, assinado em Nova York (1966), veio a confirmar o exercício do direito de greve pelos trabalhadores, cabendo ao Estado a disciplina por meio de normas.

Para melhor situar o que é greve, é necessário recorrermos à doutrina para conceituá-lo, pois muitas das vezes a norma não traz uma definição clara do instituto.

Com base nisso, a seguir, apresentaremos alguns conceitos do instituto da greve, com base na melhor doutrina que temos disponível.

De acordo com Arnaldo Sussekind, "a greve pode pertencer a dois fenômenos sociais diferentes: a) a insubordinação concertada de pessoas interligadas por interesses comuns, com a finalidade de modificar ou substituir instituições públicas ou sistemas legais; b) pressão contra empresários visando ao êxito da negociação coletiva sobre aspectos jurídicos, econômicos ou ambientais de trabalho[30]".

De acordo com Arnaldo Sussekind, citando Mário Deveali, a greve consiste na "abstenção simultânea do trabalho, concertada pelos trabalhadores de um ou mais estabelecimentos, ou de suas seções, com o fim de defender os interesses da profissão"[31].

A greve também pode ser entendida, de acordo com Maurício Godinho Delgado, como "a paralisação coletiva provisória, parcial ou total, das atividades dos trabalhadores em face de seus empregadores ou tomadores de serviços, com o objetivo de exercer-lhes pressão, visando à defesa ou conquista de interesses coletivos, ou com objetivos sociais mais amplos".

Para Alice Monteiro de Barros, a greve não é simplesmente uma paralisação do trabalho, mas sim "uma cessão temporária do trabalho, com o objetivo de impor a vontade dos trabalhadores ao empregador sobre determinados pontos[32]".

Segundo Julio Armando Grisolía, a greve é "un derecho que la Constitución concede a los gremios, y consiste en la abstención colectiva y concertada de la prestación laboral, con carácter temporal y con abandono del lugar de tareas, como forma de presión sobre la voluntad del empleador, con el propósito de conseguir un beneficio mediante la sanción de una nueva disposición o la reforma de una vigente, o bien al complimiento de una norma en vigor"[33].

Assim, diante dos diversos conceitos apresentados acima, podemos dizer que a greve, embora seja um direito, e ao mesmo tempo a possibilidade do exercício de uma liberdade, não pode ser entendido como um direito absoluto do trabalhador, pois a própria norma impõe limitações para o exercício desse direito.

6. O DIREITO DE GREVE NO BRASIL

O exercício do direito de greve no Brasil não foi tão diferente em relação aos europeus, tendo passado também, pelo período da proibição, como o advento da Constituição de 1937, que passou a considerar a greve e o *lockout*, mecanismos muito nocivos ao capital e ao trabalho, em razão dos grandes prejuízos e das repercussões que causavam na sociedade, principalmente na economia.

Em 1946, por meio do Decreto-lei n. 9.070, o direito de greve voltou a ser restabelecido e recepcionado pela Constituição de 1946, embora tenha ocorrido proibição da greve nas atividades fundamentais do Estado prestadas à coletividade.

Em seguida (1964), a Lei n. 4.330 estabeleceu procedimentos e exigências para o exercício do direito de greve, sendo que o curioso foi a não proibição da greve nos serviços essenciais, que somente no ano de 1967, com a nova Constituição, passou a ser proibida a greve nas atividades essenciais do serviço público.

Ocorre que somente em 1978, por meio do Decreto-lei n. 1.632, que passou a estipular quais eram os serviços públicos considerados essenciais e, com isso, praticamente, toda atividade pública passou a ser considerada essencial pela norma, que inviabilizava o exercício da greve pelos trabalhadores, diante do excesso estabelecido pela lei.

---

(30) SUSSEKIND, Arnaldo. Responsabilidade pelo abuso do direito de greve. *Revista da Academia Nacional de Direito do Trabalho*, ano I, n.1, 1993.
(31) Idem.
(32) BARROS, Alice Monteiro de. *Curso de Direito do Trabalho*. 8. ed. São Paulo: LTr, 2012.
(33) GRISOLÍA, Julio Armando. *Manual de Derecho Laboral*. Buenos Aires: Abeledo Perrot, 2013.

Finalmente, com a Constituição de 1988, no seu art. 9º, o direito de greve foi restabelecido, inclusive, nos serviços ou atividades consideradas essenciais, deixando a cargo de uma lei regulamentadora a definição do que são atividades essenciais.

Por seu turno, o art. 37, inciso VII, da Constituição Federal de 1988, dispõe que o direito de greve no serviço público será exercido mediante os termos e os limites definidos por lei específica.

Acontece que atualmente, no Brasil, a greve é disciplinada por meio da Lei n. 7.783/1989 e no seu art. 10 trouxe o rol das atividades e serviços considerados essenciais.

O principal problema é que a lei em comento foi criada para ser aplicada nas relações do Direito Privado, ficando as atividades regidas pelo Direito Público de fora desta lei.

É claro que é função do Poder Legislativo elaborar as leis e, nesse aspecto, temos uma omissão legislativa. Nesse caso, como fica uma greve deflagrada por servidores públicos que são regidos pelo Direito Público?

Utilizando-se da proteção constitucional, prevista no art. 5º, inciso LXXI, o Supremo Tribunal Federal, visando dar efetividade à omissão legislativa, em julgamento dos Mandados de Injunção ns. 670, 708 e 712 em 2007, decidiu que, enquanto faltar lei de greve para disciplinar o serviço público, serão aplicadas as regras da lei de greve do setor privado, ou seja, tanto para o Direito Privado quanto para o Direito Público se aplica a mesma lei de greve (Lei n. 7.783/1989) para todos os trabalhadores, sejam de serviço privado ou público, até o fechamento deste trabalho.

7. LIMITAÇÕES DO EXERCÍCIO DO DIREITO DE GREVE NO BRASIL

A Constituição brasileira protege o direito de greve, contudo, essa proteção não tem caráter irrestrito e absoluto, porque a própria norma impõe limitação no exercício desse direito.

Com razão o legislador. O Estado não pode parar em virtude de movimento grevista, embora seja um direito constitucionalmente assegurado, mas os direitos fundamentais, como à vida, à liberdade, à igualdade, à segurança e à propriedade, não podem se tornar reféns desses grupos, porque o objetivo é garantir a efetividade desse direitos à população.

O exercício do direito de greve, principalmente nos serviços essenciais, deve ocorrer em harmonia com os interesses da coletividade, e não interesses coletivos difusos.

Mas, afinal, o que a Lei de Greve brasileira considera como serviços essenciais?

De acordo com o art. 10 da Lei n. 7.783/1989, são considerados serviços ou atividades essenciais:

I – tratamento e abastecimento de água; produção e distribuição de energia elétrica, gás e combustíveis;
II – assistência médica e hospitalar;
III – distribuição e comercialização de medicamentos e alimentos;
IV – funerários;
V – transporte coletivo;
VI – captação e tratamento de esgoto e lixo;
VII – telecomunicações;
VIII – guarda, uso e controle de substâncias radioativas, equipamentos e materiais nucleares;
IX – processamento de dados ligados a serviços essenciais;
X – controle de tráfego aéreo;
XI – compensação bancária.

Ainda, de acordo com a lei, nos serviços ou atividades essenciais, os sindicatos, os empregadores e os trabalhadores ficam obrigados, de comum acordo, a garantir, durante a greve, a prestação dos serviços indispensáveis ao atendimento das necessidades inadiáveis da comunidade.

Portanto, os serviços que coloquem em perigo iminente a sobrevivência, a saúde ou a segurança da população são considerados inadiáveis e não poderão ser paralisados durante o período da greve em sua totalidade.

Cumpre ainda observar que o exercício do direito de greve deve obedecer aos procedimentos legais. Para que uma greve seja considerada legal, é necessário que tenha ocorrido uma negociação frustrada entre trabalhadores e empregadores ou impossibilidade de recurso via arbitral. Além disso, deve haver uma assembleia geral convocada pela entidade sindical para a deliberação ou não da greve.

Em sendo aprovada a greve na assembleia geral, o sindicato deverá fazer a comunicação prévia ao sindicato patronal e às empresas interessadas num prazo de quarenta e oito horas de antecedência.

O sindicato deve enviar comunicação da greve aos serviços ou atividades essenciais com antecedência mínima de setenta e duas horas da paralisação. Nas atividades não essenciais o prazo é de quarenta e oito horas.

A responsabilidade pelos atos praticados, ilícitos ou crimes cometidos, no curso da greve, será apurada, conforme o caso, segundo a legislação trabalhista, civil ou penal, depois da efetiva apuração por parte do Ministério Público.

CAPÍTULO VI
Outras formas de resolução de conflitos no direito coletivo

1. INTRODUÇÃO

O Direito Individual do Trabalho tem por escopo disciplinar as regras das relações de trabalho entre empregados e empregadores, quando nessa relação estiverem presentes de um lado os requisitos do art. 3º da Consolidação das Leis do Trabalho, quais sejam: a) pessoalidade, em que o trabalho é realizado pela pessoa física do trabalhador, embora em certas situações o empregador possa autorizar a substituição do trabalhador; b) onerosidade, que significa a contraprestação paga pelo empregador; c) subordinação jurídica, significa que o empregado deve obedecer às ordens legais determinadas pelo empregador; e, d) não eventualidade, que diz que a prestação do serviço seja feita de forma contínua e é fixado em um espaço de tempo ou tarefa a ser cumprida e que tenha a atividade uma vinculação com a atividade-fim de exploração econômica do empregador e, do outro lado, a existência de um contrato individual de trabalho, seja ele tácito ou expresso, conforme preleciona o art. 442 do mesmo diploma.

Não devemos confundir o Direito Individual do Trabalho, que regula os conflitos trabalhistas entre empregados e empregadores, com o Direito Coletivo de Trabalho. Este último é formado por um complexo de institutos, princípios e regras jurídicas que regulam as relações laborais de empregados e empregadores e outros grupos jurídicos normativamente especificados, considerada sua ação coletiva, realizada autonomamente ou através das respectivas entidades sindicais.

Preenchidos os requisitos para a formação do contrato individual de trabalho, geram para as partes o cumprimento dos deveres e das obrigações decorrentes da lei e do próprio contrato de trabalho durante todo período em que envolver a relação jurídica trabalhista.

Além disso, por ser um ato jurídico cujo conteúdo é complexo, o contrato individual de trabalho, a partir da ideia de as partes ficarem obrigadas ao cumprimento dos direitos e das obrigações, gera efeitos que podem ser classificados em próprios e conexos. Os primeiros são decorrentes do próprio contato de trabalho, definidos pelas cláusulas pactuadas entre as partes. Já os segundos são efeitos que não resultam das cláusulas contratuais, mas em razão da acessoriedade ou conexão se submetem à estrutura do contrato de trabalho, por terem surgidos em função deste. Têm-se como exemplo os direitos intelectuais dos empregados que produzem uma invenção que não esteja prevista no contrato de trabalho.

Sendo o Direito Individual do Trabalho um sistema que regula as regras das relações de trabalho entre empregados e empregadores, comumente surgem os conflitos desta relação, pois o empregado é visto como o hipossuficiente, vistos ter que cumprir as ordens determinadas pelo empregador, que detém o poder diretivo e econômico, vendo-se sempre como um injustiçado.

Como o Direito Individual do Trabalho se estrutura basicamente das regras do Direito Privado, fornece subsídio para as partes solucionarem os conflitos individuais provenientes da relação trabalhista. É comum a ocorrência de conflitos trabalhistas, pois quase sempre há divergência na interpretação das regras ou princípios da lei, que representa repercussão quanto às questões materiais do contrato de trabalho, sendo que seus mecanismos de solução são dotados pelas fórmulas da conciliação administrativa, arbitragem e o mais comum é a resolução desses conflitos no âmbito do poder judiciário trabalhista.

A possibilidade de resolução de conflitos trabalhistas por meios desses instrumentos fora do âmbito do Poder Judiciário tem provocado discussão na doutrina, sobre hipótese de se estar violando a garantia constitucional do acesso das partes à justiça.

Nessa perspectiva serão abordadas as formas de soluções de conflitos individuais nas relações trabalhistas, sendo analisado como referência o direito comparado entre o Brasil e a Argentina, contrapondo objetivamente o princípio constitucional de acesso à justiça com o da inafastabilidade do controle jurisdicional a fim de diagnosticar se esses instrumentos violam a garantia constitucional do direito de acesso à justiça.

2. CONCILIAÇÃO ADMINISTRATIVA

Estudos de Pinheiro (2000) mostram que no Brasil um dos problemas principais do sistema judiciário é a morosidade, que engloba uma grande dificuldade na resolução de litígios, e que de certa forma cria uma barreira para o acesso ao judiciário. O funcionamento ruim da justiça é combatido pelos empresários de duas formas. A primeira delas é a resolução de conflitos pela negociação direta, a outra seria uma meticulosa seleção de parcerias para a celebração de negócios. Impetrar recursos no judiciário brasileiro é oneroso, somando-se a isso que parte dos juízes não possui formação adequada, ou em piores casos podem apresentar decisões tendenciosas baseadas em interesses individuais (corrupção). Em algumas situações, a simples intervenção do Estado atrapalha a solução de conflitos, pois os interesses estatais são colocados em primeiro plano[34].

A centralização de poderes nas mãos do Estado evidencia a sua grande incapacidade de resolver litígios. Dessa forma, esse estudo parte do pressuposto de que é uma incoerência a justiça ser administrada apenas por "juízes tradicionais". Dessa forma compreende-se que os Métodos Alternativos para a resolução de conflitos pode ser uma boa solução para reduzir os custos e dar maior celeridade aos processos judiciais.

Os Meios alternativos para a resolução de conflitos – MARC's podem ser uma alternativa para países periféricos como o Brasil, que possuem dificuldades no complexo processo de interpretação jurídica, já que os meios tradicionais demonstraram, após o advento da Carta Magna de 1988, uma crise de legitimidade. Dentro dessa seara, o acesso à justiça, defendendo a proteção dos direitos sociais (coletivos), é um grande desafio (MEIRELLES, 2000)[35].

O MARC's, em inglês, ADR – *Alternative Dispute Resolution*, é uma alternativa de tutela jurisdicional, que foge dos procedimentos clássicos do processo tradicional de julgamento de sentenças. Entre as características dos MARC's estão: a maior agilidade e eficiência processual, a redução da intervenção estatal e mais soluções para a resolução de conflitos na conjuntura atual.

Parte-se do pressuposto de que os meios alternativos marcam a volta de um modelo de solução conflitos baseado em ideias comunitárias (MEIRELLES, 2000)[36]. Dessa forma eles podem ser compreendidos como instâncias legitimadas para a solução de litígios, já que eles podem atuar por meios extrajudiciais como a Arbitragem, a Mediação e a Conciliação.

O termo conciliação pode ser entendido como um meio alternativo de resolução de conflitos em que as partes confiam a uma terceira pessoa (neutra), chamada de conciliador, para exercer a função de aproximá-las e orientá-las na construção de um acordo. O conciliador é uma pessoa da sociedade que atua, de forma voluntária e após treinamento específico, como facilitadora do acordo entre os envolvidos, criando um contexto propício ao entendimento mútuo, à aproximação de interesses e à harmonização das relações.

A conciliação administrativa está prevista no art. 625 e seguintes da CLT, inserida pela Lei n. 9.958/2000, que instituiu a Comissão de Conciliação Prévia, com objetivo de desafogar a Justiça do Trabalho, cuja finalidade é possibilitar às partes resolver conflitos de contrato de trabalho de natureza individual ou coletiva sem a necessidade de se utilizar o poder judiciário. Para o nosso estudo o que interessa é a conciliação do contrato individual do trabalho.

Assim, as empresas e os sindicatos podem instituir Comissões de Conciliação Prévia, de composição paritária, com representante dos empregados e dos empregadores, com a atribuição de tentar conciliar o conflito individual do trabalho. Essas comissões poderão ser constituídas por grupos de empresas ou ter caráter intersindical.

Cumpre salientar que as pessoas jurídicas de direito público estão excluídas da participação da resolução de conflitos por meio da instituição da Comissão de Conciliação Prévia em razão de determinação legal.

De acordo com Meirelles (2000), os Meios Alternativos para a resolução de Conflitos são formas para a realização da ampliação à proteção dos direitos, oferecendo novas formas de procedimentos para a resolução de litígios[37].

---

(34) PINHEIRO, Armando Castelar. *Judiciário e Economia no Brasil*. São Paulo: Editora Sumaré, 2000.
(35) MEIRELLES, D.R.S. *Meios Alternativos na Resolução de conflitos*: Justiça Co-existencial ou eficiência administrativa? UERJ, 2000.
(36) Idem.
(37) Ibidem.

Os Meios Alternativos para a resolução de Conflitos ajudam na resolução de problemas legais antes de eles irem ao tribunal. Essa resolução de conflito envolve uma terceira pessoa independente, chamada de "neutra", que tenta ajudar a resolver ou reduzir as áreas de conflito (CAPPELLETTI, 2005)[38].

O uso dos Meios Alternativos no início de um caso pode resultar na resolução mais eficiente e eficaz dos litígios com maior satisfação às partes. Entre os meios alternativos estão: a arbitragem, a mediação e a conciliação.

Historicamente, notam-se dois tipos na resolução de litígios antes da chegada aos tribunais. Primeiro, os métodos de resolução de conflitos fora dos mecanismos judiciais oficiais. Em segundo lugar, os métodos informais ligados aos trâmites oficiais. Há, além desses, os métodos de mediação realizados por escritórios diretamente das organizações. Os métodos são semelhantes, eles usam uma ferramenta similar que é um conjunto de habilidades que visam o desenvolvimento de uma negociação. Além dos tipos mencionados de resolução de litígios existem outros Meios Alternativos (CAPELLETTI, 2005)[39]:

- Avaliação do caso: um processo não obrigatório em que as partes apresentam os fatos e as questões para um avaliador "neutro", que as aconselha sobre os pontos fortes e fracos de seus respectivos conflitos, apontando os prós e os contras para o fechamento de um acordo, sempre buscando um consenso entre as partes.

- Avaliação neutra: um processo que ocorre logo após um caso ser apresentado ao tribunal. O caso é encaminhado para um especialista, que é solicitado a fornecer uma avaliação equilibrada e neutra da disputa. A avaliação do especialista pode ajudar as partes na avaliação do seu caso e pode influenciá-los para um acordo.

- Conferência de grupo familiar: um encontro entre membros de uma família e interessados. Nesta reunião (ou muitas vezes uma série de reuniões), a família torna-se envolvida na aprendizagem de competências para agir em situações de conflito. As decisões para a resolução de conflitos são tomadas em grupo.

- Fatos neutros: um processo em que um avaliador neutro é escolhido pelas Partes para investigar um problema específico. O processo de averiguação neutro é particularmente útil para a resolução de disputas científicas e factuais complexas.

- Ouvidoria: pode ser escolhida por uma instituição – por exemplo, uma universidade, hospital, corporação ou agência governamental – para lidar com reclamações de funcionários, clientes ou constituintes.

Dentro desse contexto, verifica-se que um *ombudsman* organizacional também pode funcionar, dentro da instituição para analisar queixas de forma independente e imparcial. A "Alternativa" de resolução de disputas é geralmente considerado como alternativa ao litígio. Ele também pode ser usado como uma forma de diálogo.

Nos últimos anos, estudos estão sendo realizados na busca da análise de diferentes tipos de opções para a resolução de disputas, ou seja, alguns casos e algumas queixas na verdade deveriam ser encaminhados diretamente aos tribunais. Outros conflitos poderiam ser resolvidos pelas partes, se tivessem apoio e treinamento suficiente, e ainda outros casos precisam de mediação ou arbitragem. Assim, os meios "alternativos" de resolução de disputas consideram todas as opções possíveis para a resolução de conflitos que são relevantes para uma determinada questão.

Entre os benefícios dos Meios Alternativos para resolução de conflitos, estão (BARROS, 2007, p. 56-69)[40]:

- Adequação para as disputas;
- A flexibilidade do processo – o processo é determinado e controlado pelas partes no litígio;
- Custos mais baixos;
- Menor complexidade;
- Escolha de conciliadores neutros para negociações diretas;
- Velocidade na resolução dos conflitos;
- Soluções práticas adaptadas às necessidades e interesses das partes;
- Durabilidade de acordos;

---

(38) CAPPELLETTI, Mauro. O acesso à Justiça e a função do jurista em nossa época. In: *Conferência Nacional da OAB*, 13. Anais. Belo Horizonte: OAB, 2005. p. 115-130.

(39) CAPPELLETTI, Mauro. O acesso à Justiça e a função do jurista em nossa época. In: *Conferência Nacional da OAB*, 13. Anais. Belo Horizonte: OAB, 1990. p. 115-130.

(40) BARROS, Marco Antonio de. Jurisdição e juizado arbitral. *Revista dos Tribunais* n. 738, São Paulo, 2007. p. 56-69.

- Confidencialidade;
- A preservação das relações; e a preservação da reputação.

A constituição da Comissão de Conciliação Prévia é facultativa, porém, existindo a mesma na localidade onde se origina o conflito, os interessados ficam obrigados a submeter as suas demandas à mesma, previamente, antes que seja oferecida na justiça do trabalho. Caso haja mais de uma comissão na mesma localidade, as partes podem eleger um para que o conflito seja resolvido.

Ao serem provocadas as Comissões de Conciliação Prévia, no âmbito das empresas têm prazo de dez dias para a realização da sessão de tentativa de conciliação a partir da data da provocação pelo interessado.

O termo de homologação na CCP constitui título executivo extrajudicial e possui eficácia liberatória geral, exceto quanto às parcelas que forem expressamente ressalvadas, sendo, portanto, documento hábil para dar início no processo de execução na Justiça do Trabalho em caso de descumprimento das partes, conforme preleciona o art. 876 da CLT.

Em não havendo acordo entre as partes, o interessado poderá buscar junto à Justiça do Trabalho a solução da controvérsia por meio de ação própria.

Ainda é possível que as partes na justiça do trabalho obtenham a conciliação, que nesse caso ocorre de forma endoprocessual, ou seja, dentro do processo. Ela acontece nas Varas do Trabalho, sob a direção do juiz do trabalho, nos processos judiciais postos a seu exame em obediência ao princípio da conciliação, que está previsto no art. 764 da CLT.

A conciliação judicial trabalhista pode ser entendida como um ato judicial, por meio do qual as partes litigantes, sob a interveniência da autoridade jurisdicional (juiz), ajustam solução transacionada sobre matéria objeto de processo judicial.

Desse modo, pode-se constatar que o objetivo da conciliação é resolver de forma rápida as pendências, sem a interferência do judiciário. No entanto, se forem verificados desvios de finalidade nas Comissões de Conciliação Prévia, como, por exemplo, prejuízo para o trabalhador, fazendo acordos leoninos e sonegação do cumprimento do contrato de trabalho, é passível a intervenção do Ministério do Trabalho e da Previdência Social para verificar e reaver esses prejuízos.

Sem dúvida, a instituição da CCP foi um avanço para o acelerar a resolução de conflitos trabalhistas e desafogar o sistema judiciário que, embora não exista um estudo divulgado acerca da quantidade de demandas que são submetidas e as que são resolvidas no âmbito das Comissão de Conciliação Prévia, acredita-se que mais de 50% das demandas são homologadas, o que significa dizer que sem dúvida é uma forma de desafogar a Justiça do Trabalho.

No entanto, a imposição prévia da submissão da causa à Comissão de Conciliação Prévia, segundo o Supremo Tribunal Federal, fere os princípios do livre acesso à Justiça e o da inafastabilidade da jurisdição, conforme prevê o art. 5º, XXXV, da CF/1988, ficando, portanto, suspensa a exigibilidade da submissão obrigatória das demandas trabalhistas a essas comissões, até que as referidas ADIs seja definitivamente julgadas.

3. ARBITRAGEM

3.1. Breve Historicidade da Arbitragem

Nos primórdios não havia nenhuma noção de litígio, os problemas eram resolvidos na questão da vingança privada. Com o passar do tempo foi desenvolvida a consciência de que havia a possibilidade de os problemas serem resolvidos de uma forma imparcial e amigável, por intermédio da indicação de um terceiro, que deveria ser um indivíduo alheio ao litígio e de confiança de ambas as partes.

As noções de arbitragem remontam à Grécia Antiga. Essa modalidade de solução de conflitos é mencionada na resolução de diversas passagens dentro da mitologia grega (CARVALHO, 2003)[41].

A arbitragem no ordenamento pátrio não é novidade. Em 1824, a Constituição do Império já fazia menção a ela[42]. As Constituições posteriores não expressaram a arbitragem de forma clara. Apenas se observavam algumas leis infraconstitucionais, entre elas o Decreto n. 3.084/1898, e os Códigos de Processo Civil – CPC/1939 e 1973.

No Brasil, a arbitragem figura pela primeira vez na Constituição do Império de 1824, que dispunha, no art. 160, a possibilidade das partes de indicarem árbitros para solução de controvérsias.

---

(41) CARVALHO, J. M. *A Construção da Cidadania no Brasil*. México: Fundo de Cultura, 2003.
(42) Art. 160. nas [causas] cíveis, e nas penais civilmente intentadas, poderão as Partes nomear Juízes Árbitros. Suas Sentenças serão executadas sem recurso, se assim o convencionarem as mesmas Partes.

A Arbitragem também é mencionada no Código de 1850 no art. 20. Este artigo previa que as questões controversas deveriam ser resolvidas por árbitros. A arbitragem possuía caráter obrigatório para determinadas causas comerciais, não respeitava a Constituição da época, tão pouco os pressupostos da autonomia da vontade, que preconiza que a arbitragem apenas seria utilizada na resolução de uma lide se esta fosse da vontade das partes interessadas. O caráter obrigatório para a realização da arbitragem foi abolido em 1866, pelo advento da Lei n. 1.350.

Na Carta Magna de 1891, a arbitragem perdeu a previsão constitucional, passando a ser regulada pela adoção de normas infraconstitucionais. Entre essas leis menciona-se o Decreto n. 3.900 de 1867, que regulava sobre a arbitragem nos Estados brasileiros; o Código de Processo Civil de 1939 e de 1973 traz a consagração do juízo arbitral.

A Carta Magna de 1988 traz dispositivos claros em relação à arbitragem no art. 114.

> Art. 114 – Compete à Justiça do Trabalho processar e julgar:
>
> I – as ações oriundas da relação de trabalho, abrangidos os entes de direito público externo e da administração pública direta e indireta da União, dos Estados, do Distrito Federal e dos Municípios;
>
> II – as ações que envolvam exercício do direito de greve;
>
> III – as ações sobre representação sindical, entre sindicatos, entre sindicatos e trabalhadores, e entre sindicatos e empregadores;
>
> IV – os mandados de segurança, *habeas corpus* e *habeas data*, quando o ato questionado envolver matéria sujeita à sua jurisdição;
>
> V – os conflitos de competência entre órgãos com jurisdição trabalhista, ressalvado o disposto no art. 102, I, "o";
>
> VI – as ações de indenização por dano moral ou patrimonial, decorrentes da relação de trabalho;
>
> VII – as ações relativas às penalidades administrativas impostas aos empregadores pelos órgãos de fiscalização das relações de trabalho;
>
> VIII – a execução, de ofício, das contribuições sociais previstas no art. 195, I, "a", e II, e seus acréscimos legais, decorrentes das sentenças que proferir;
>
> IX – outras controvérsias decorrentes da relação de trabalho, na forma da lei.
>
> § 1º <u>Frustrada a negociação coletiva, as partes poderão eleger árbitros.</u>
>
> § 2º <u>Recusando-se qualquer das partes à negociação coletiva ou à arbitragem, é facultado às mesmas, de comum acordo, ajuizar dissídio coletivo de natureza econômica, podendo a Justiça do Trabalho decidir o conflito, respeitadas as disposições mínimas legais de proteção ao trabalho, bem como as convencionadas anteriormente.</u>
>
> § 3º Em caso de greve em atividade essencial, com possibilidade de lesão do interesse público, o Ministério Público do Trabalho poderá ajuizar dissídio coletivo, competindo à Justiça do Trabalho decidir o conflito. (GRIFO NOSSO)[43].

Os incisos 1º e 2º do art. 114 somente começaram a valer anos mais tarde, com o estabelecimento da Lei n. 9.307/1996:

> Art. 1º As pessoas capazes de contratar poderão valer-se da arbitragem para dirimir litígios relativos a direitos patrimoniais disponíveis.
>
> Art. 2º A arbitragem poderá ser de direito ou de equidade, a critério das partes.
>
> § 1º Poderão as partes escolher, livremente, as regras de direito que serão aplicadas na arbitragem, desde que não haja violação aos bons costumes e à ordem pública.
>
> § 2º Poderão, também, as partes convencionar que a arbitragem se realize com base nos princípios gerais de direito, nos usos e costumes e nas regras internacionais de comércio[44].

No próximo tópico será apresentada uma abordagem conceitual sobre a Arbitragem.

3.2. Conceito de Arbitragem

A arbitragem é o método em que as partes optam pela escolha de uma ou mais pessoas para atuarem na pacificação de litígios. Essa(s) pessoa(s) é (são) escolhida(s) pelas partes, em comum acordo. As decisões tomadas na arbitragem possuem a força de uma decisão de um tribunal judicial.

Para assegurar que a decisão será justa, as partes buscam indicar pessoas que estejam capacitadas para decidirem o litígio que ocorre entre elas, certamente precisam ser pessoas, além de especializadas, de confiança. Entre os benefícios da arbitragem está permitir a confidencialidade e a celeridade da resolução dos conflitos (CARVALHO, 2003)[45].

---

(43) BRASIL. *Constituição Federal de 1988*. Brasília: DF, 1988.
(44) BRASIL. *Lei n. 9.307*. Brasília: DF, 1996.
(45) CARVALHO, J.M. *A Construção da Cidadania no Brasil*. México: Fundo de Cultura, 2003.

Como foi possível observar, a arbitragem é um Meio Alternativo na solução de controvérsias, por intermédio da intervenção de uma ou mais pessoas. Estas recebem seus poderes de uma convenção sem nenhum tipo de intervenção do Estado. Esse é um meio privado para a resolução de litígios. O próximo tópico abordará a natureza jurídica da arbitragem.

3.3. A Natureza Jurídica da Arbitragem

A natureza jurídica da arbitragem pode ser entendida como a instituição, onde as pessoas são capazes de contratar árbitros, para a realização do julgamento de seus litígios (CARVALHO, 2003)[46].

A natureza jurídica da arbitragem, na verdade, não é matéria pacífica na doutrina, existe uma parte dos doutrinadores que apontam que a arbitragem possui natureza jurisdicional. Outros ressaltam que a arbitragem possui aspecto contratual, outra corrente defende que ela é de natureza mista.

Esses conflitos emergem principalmente do fato de a arbitragem decorrer apenas da vontade das partes. Se as partes não se pronunciarem esse tipo de julgamento simplesmente não ocorrerá.

Então, nesse caso observa-se que para haver a arbitragem é preciso que se faça valer o princípio da autonomia da vontade, que é predominantemente privatista. Essa característica é observada em medida que às partes devem determinar se será utilizada a arbitragem de direito ou de equidade[47].

Pereira (2005, p. 479) ensina que nos negócios jurídicos o "elemento da vontade é o princípio que reconhece a criação do que se chama de autonomia da vontade". Esta pode ser compreendida como a enunciação por livre vontade do indivíduo na criação de direitos e obrigações[48]. Assim, o poder dos árbitros deve ser decorrente da manifestação de vontade, que é inclusive um fator limitante, haja vista, que os árbitros apenas poderão adentrar na resolução de causas em conflitos que eles sejam convocados e para isso eles precisam se mostrar capazes para o desempenho de tal função.

Os árbitros deverão seguir as regras da Lei n. 9.307/1996 que expõe que os árbitros deverão seguir as regras estipuladas pelas partes na cláusula ou compromisso arbitral.

> Art. 32. É nula a sentença arbitral se:
>
> I – for nulo o compromisso;
>
> II – emanou de quem não podia ser árbitro;
>
> III – não contiver os requisitos do art. 26 desta Lei;
>
> <u>IV – for proferida fora dos limites da convenção de arbitragem;</u>
>
> V – não decidir todo o litígio submetido à arbitragem;
>
> VI – comprovado que foi proferida por prevaricação, concussão ou corrupção passiva;
>
> VII – proferida fora do prazo, respeitado o disposto no art. 12, inciso III, desta Lei; e
>
> VIII – forem desrespeitados os princípios de que trata o art. 21, § 2º, desta Lei. (GRIFO NOSSO) [49].

O inciso IV do art. 32 expõe que será considerada nula a sentença arbitral que for proferida fora dos limites da convenção de arbitragem. Pereira (2005) ressalta que a natureza contratual da arbitragem possui características que a diferenciam de conceituações privatistas. Os poderes dos árbitros são decorrentes da manifestação de vontade das partes e por eles também são limitados. Assim, eles apenas poderão resolver litígios, quando os mesmos estejam capacitados para isso, mais do que isso, ele devem respeitar rigorosamente o escopo da jurisdição. Eles, ainda deverão seguir as regras estipuladas nas cláusulas arbitrais ou de compromisso arbitral[50]. Todas essas características mostram a natureza contratual da realização da arbitragem.

A arbitragem, ainda de acordo com Pereira (2005), possui algumas características que a afastam dos conceitos privatistas[51]. De acordo com o art. 18, Lei n. 9.307/96, "o árbitro é juiz de fato e de direito, e a sentença que proferir não fica sujeita ao recurso ou a homologação pelo Poder Judiciário"[52]. Não obstante, a sentença proferida

---

(46) CARVALHO, J.M. *A Construção da Cidadania no Brasil*. México: Fundo de Cultura, 2003.
(47) Art. 2º, *caput*, § 1º, da Lei n. 9.307/96. Art. 1º As pessoas capazes de contratar poderão valer-se da arbitragem para dirimir litígios relativos a direitos patrimoniais disponíveis. Art. 2º A arbitragem poderá ser de direito ou de equidade, a critério das partes.
(48) PEREIRA, Caio Mário da Silva. *Instituições de Direito Civil*. 21. ed. Rio de Janeiro: Forense, 2005. v. 1, p. 478/479.
(49) BRASIL. *Lei n. 9.307*. Brasília: DF, 1996.
(50) PEREIRA, Caio Mário da Silva. *Instituições de Direito Civil*. 21. ed. Rio de Janeiro: Forense, 2005. v, 1, p. 478/479.
(51) *Idem*.
(52) BRASIL. *Lei n. 9.307*. Brasília: DF, 1996.

pelos árbitros possui a mesma força que qualquer acórdão ou sentença, como pode ser visto no Código de Processo Civil-CPC, no art. 475-N:

> **Art. 475-N.** São títulos executivos judiciais:
>
> I – a sentença proferida no processo civil que reconheça a existência de obrigação de fazer, não fazer, entregar coisa ou pagar quantia;
>
> II – a sentença penal condenatória transitada em julgado;
>
> III – a sentença homologatória de conciliação ou de transação, ainda que inclua matéria não posta em juízo;
>
> IV – a sentença arbitral;
>
> V – o acordo extrajudicial, de qualquer natureza, homologado judicialmente;
>
> VI – a sentença estrangeira, homologada pelo Superior Tribunal de Justiça;
>
> VII – o formal e a certidão de partilha, exclusivamente em relação ao inventariante, aos herdeiros e aos sucessores a título singular ou universal.
>
> **Parágrafo único.** Nos casos dos incisos II, IV e VI, o mandado inicial (art. 475-J) incluirá a ordem de citação do devedor, no juízo cível, para liquidação ou execução, conforme o caso. (GRIFO NOSSO) [53].

Seguindo na análise sobre a natureza jurídica da arbitragem, chega-se ao conceito de jurisdição, que é uma função estatal do direito objetivo que deve ser voltada para solucionar ou administrar as demandas de interesses sociais ou de realizar a solução de litígios. Sem o seu caráter substitutivo a jurisdição se apresenta como uma atividade eminentemente conselheira ou substitutiva que tem a função principal de realizar a promoção da paz e do equilíbrio social. A jurisdição, que é obrigação do Estado, submete ao poder Judiciário os funcionários designados receberem garantias e ganham notoriedade, pois se houver erros na sua função eles estarão sujeitos aos dispostos na lei como se pode observar no Código de Processo Civil, em seu art. 126[54].

Os que defendem a natureza jurisdicional acreditam que a arbitragem declara o direito aplicável ao caso concreto, ou seja, não há como não ter o reconhecimento da sua jurisdicionalidade. Muito bem observado, no art. 32 da Lei n. 9.307/1996 nota-se que a decisão final dos árbitros produz os mesmos efeitos por aquelas proferidas por juízes tradicionais, assim, deduz-se que se ela possui os mesmos efeitos, ela também assume a sua natureza judicial. Claro que essa visão ainda causa muitos debates, principalmente em uma corrente conservadora que não consegue compreender a possibilidade da atividade jurisdicional e processual fora da esfera da tutela estatal.

De acordo com Verde (2005) a descentralização dos poderes do Estado, em especial na tarefa jurisdicional, mostra que deve ser buscada na administração pública uma forma de melhorar a execução dos processos. A arbitragem tem se mostrado como uma forma de desmitificar a ideia de que o Estado deve ser onipotente e centralizador[55].

Para Alvim (2000, p.133) não se pode definir a base da natureza jurídica da arbitragem, "senão identifica-se a forma por que ela se constitui. Por idêntica razão"[56]. Em contraponto, aqueles que defendem a natureza contratual ou privatista enfatizam que a arbitragem apenas poderá ser realizada se as partes em comum acordo assim decidirem. Todos os procedimentos realizados pelos árbitros deverão estar devidamente expressos nas cláusulas contratuais. A autonomia da vontade é essencial para que as partes iniciem o processo de arbitragem.

Alvim (2000) menciona o posicionamento de Alexandre Freitas Câmara, que compreende que a natureza da arbitragem é privada, pois a partir do momento que o litígio será resolvido por um árbitro, se exclui a figura de um juiz representante estatal. Câmara chama atenção para a questão da natureza pública da arbitragem, pois ela atua na pacificação de conflitos, assim fica nítida a colaboração com o Estado na busca de seus objetivos, que é manutenção da paz e da ordem. Assim, compreende-se que não se pode confundir o procedimento arbitral e a arbitragem propriamente dita. O procedimento arbitral, nesse caso, teria a natureza privada, e a arbitragem em si teria a sua natureza pública na resolução dos conflitos entre as partes[57]. Seguindo essa linha de raciocínio, Câmara defende que a natureza da arbitragem é pública. Segundo Câmara o Estado é o único responsável pela Jurisdição[58].

O instituto da arbitragem é uma forma facultativa de solução de conflitos em que as partes entregam a um terceiro, conhecido como árbitro, para que seja solucionada a crise estabelecida em uma determinada causa.

---

(53) BRASIL. *Código de Processo Civil*. Brasília: DF, 2000.
(54) BERMUDEZ, Sergio. *Introdução ao Processo Civil*. 4. ed. Rio de Janeiro: Forense, 2006.
(55) VERDE, Giovanni. Arbitrato e giurisdizione. In: *l'arbitrato secondo la legge 28/83*. Nápoles: Jovene Editore, 1985. p. 161/182.
(56) ALVIM, J. E. Carreira. *Tratado Geral da arbitragem*. Belo Horizonte: Mandamentos, 2000. p. 133.
(57) Idem.
(58) Idem.

Para o professor Wilson Alves de Souza o juízo arbitral é uma forma alternativa de solução de conflitos, pois, trata-se de permissão conferida pelo legislador às pessoas de resolverem seus conflitos fora da atuação estatal, por meio de outro particular (árbitro) que funciona como juiz[59].

Em regra, esse árbitro é escolhido pelas partes, porém, quando se tratar de arbitragem obrigatória (imposta pelo Estado), a vontade das partes fica restringida pela lei criadora do instituto. Vale dizer que neste caso se vislumbra uma violação à garantia constitucional de acesso à jurisdição estatal, pelo fato de estar limitando a convenção que as partes desejarem.

Assim, pode-se definir a arbitragem como uma modalidade extrajudicial de resolução de um conflito, em que um árbitro é o terceiro escolhido pelas partes, que decide uma lide em que a discussão verse apenas sobre direitos patrimoniais disponíveis dos envolvidos.

O instituto da arbitragem é conhecido no Brasil já há muito tempo, pois já era contemplado no Código Civil de 1916. Todavia, nunca foi empregado como deveria. A razão desta situação era explicada pelo caráter exclusivamente público dado à jurisdição, a partir do momento em que o Estado, visando à igualdade na distribuição da justiça e à uniformidade das decisões, chamou para si o poder e dever de exercer o direito.

O processo de arbitragem, de acordo com Cretella Júnior (2007), apenas se inicia quando é validada uma convenção entre as partes anteriormente ao surgimento de todas as controvérsias. O acordo a ser buscado entre as partes deve ser redigido. Também deve haver um contrato sobre o qual se apoia a disputa, ou em outros casos deve haver a referência de um documento separado que deve estar devidamente assinado pelas partes, contendo a convenção de arbitragem[60].

Qualquer uma das partes na controvérsia litigada poderá iniciar o processo de nomeação de árbitro, e se a outra parte não cooperar pode-se solicitar a nomeação de um árbitro neutro. Há apenas dois motivos pelos quais as partes podem contestar a nomeação de um árbitro – dúvida razoável na imparcialidade do árbitro e a falta de qualificação adequada do árbitro, conforme exigido pela convenção de arbitragem. Um árbitro único ou um painel de árbitros assim nomeados constituem o Tribunal Arbitral (LENZA, 2007)[61].

Exceto por algumas medidas provisórias, há muito pouco espaço para a intervenção judicial no processo de arbitragem. O tribunal arbitral tem jurisdição sobre a sua própria competência. Assim, se uma das partes quiser contestar a competência do tribunal arbitral, pode fazê-lo apenas antes do próprio tribunal. Se o tribunal indeferir o pedido, há pouco a se fazer, exceto se aproximar de um tribunal depois que o tribunal faça uma concessão.

Lenza (2007) ressalta que a necessidade de um laudo arbitral muitas vezes prejudicava as vantagens da realização da arbitragem, que busca a celeridade e a redução de custos, assim a necessidade da homologação do laudo arbitral acabava por acrescer as demandas do sistema judiciário. Além do mais, a questão de sigilo era outro ponto que também prejudicava a arbitragem, haja vista que a publicidade do processo acabava por não proteger o sigilo entre as partes[62].

Para modificar esse cenário, a Lei n. 9.307/1996 trouxe uma nova abordagem para a atuação do juízo arbitral. Entre essas modificações está o fortalecimento da cláusula compromissória, que no atual contexto possibilita, por si só, afastar a competência do juiz tradicional. Não obstante, ainda estabelece que a sentença arbitral deva ter a mesma eficiência da sentença estatal, essas medidas têm o claro objetivo de ajudar na melhoria da resolução de conflitos fora do âmbito do Poder Judiciário.

De acordo com a Lei n. 9.307/1996 o juízo arbitral contemplará aqueles assuntos que se referem aos direitos patrimoniais. De acordo com o art. 1º da supracitada lei, *"direitos patrimoniais disponíveis podem ser compreendidos como aqueles que, por serem suscetíveis de valoração econômica, integram o patrimônio das pessoas e podem ser livremente negociados por seus titulares"*.

Analisando a natureza jurídica do litígio observa-se que o objeto da arbitragem não poderá contemplar os direitos indisponíveis, ou seja, aqueles que não podem ser dispostos pela livre vontade das partes envolvidas no litígio. Excluem-se dessa forma: casos que englobam questões familiares, a ordem tributária e fiscal e a relação capacidade das pessoas com o Estado (THEODORO JÚNIOR, 2009)[63].

---

(59) SOUZA, Wilson Alves de. *Acesso à Justiça*. Salvador: Dois de Julho, 2011.
(60) CRETELLA JÚNIOR, José. 1988. Da arbitragem e seu conceito categoria! *Revista de Informação Legislativa*, n. 98, São Paulo, p. 127-137. Tribunais n. 738, 1997.
(61) LENZA, Vítor Barboza. *Cortes Arbitrais – Doutrina, Prática, Jurisprudência, Legislação*. Goiânia: AB Editora, 2007.
(62) Idem.
(63) THEODORO JÚNIOR, H. A arbitragem como meio de solução de controvérsias. In: *Revista Síntese de Direito Civil e Processual Civil*, n. 2, nov./dez. 2009.

Sobre as pessoas que podem solicitar a arbitragem, a lei exige que o indivíduo possua capacidade de fato para tal e tenha 18 anos.

A realização da Arbitragem deve ser obtida mediante a Convenção de Arbitragem, como está expressa no art. 3º, Lei n. 9.307/1996: "*As partes interessadas podem submeter à solução de seus litígios ao juízo arbitral mediante convenção de arbitragem, assim entendida a cláusula compromissória e o compromisso arbitral*".

Dentro desse contexto, verifica-se que a Convenção de Arbitragem possui o objetivo principal de gerar entre as partes litigantes um compromisso de submeterem as suas lides à jurisdição arbitral para a resolução de conflitos que possam decorrer do contrato firmado entre as partes (THEODORO JÚNIOR, 2009)[64].

Ressalta-se que após a convenção ser estabelecida, a busca por tutelas no Poder judiciário está automaticamente excluída.

Avaliando a existência da Cláusula Compromissória vislumbra-se que esse pode ser compreendido como um dispositivo, que, em comum acordo, as partes realizam a eleição da justiça arbitral para solucionar eventuais conflitos que são relativos aos direitos patrimoniais.

As partes envolvidas em um contrato elegem um foro para solucionar um conflito elegendo um ou mais árbitros para solução de possíveis problemas por intermédio da conciliação, mediação ou arbitragem.

A cláusula compromissória submete ao julgamento de possíveis litígios, que podem surgir do descumprimento de obrigações, de contrariedades das relações jurídicas que foram estabelecidas previamente no contrato entre as partes.

Importante observar que o contrato deve ter uma cláusula clara que expresse que as partes estão de comum acordo para a realização de possíveis litígios por intermédio da Arbitragem, essa cláusula, de acordo com Theodoro Júnior (2009), de nenhuma forma poderá ser presumida, ela deverá estar expressamente escrita[65].

Conforme o art. 1º da Lei 9.307/96, o compromisso arbitral é celebrado na efetivação dos entrepostos nas Cláusulas Compromissórias, que inauguram o processo de Arbitragem. Dessa forma, observa-se que a Lei n. 9.307/1996 expõe que a "Cláusula Arbitral", verdadeiramente, é um instrumento de prevenção, para que em casos de litígio a Arbitragem seja devidamente realizada. Ela, portanto, torna-se uma cláusula contratual expressamente escrita, tendo como finalidade o compromisso de aceitação pela Arbitragem de ambas as partes.

Sobre o compromisso arbitral para a solução de problemas, Lenza (2007) ressalta que este muito se assemelha a um processo judicial. Nesse contexto, a cláusula arbitral é quando as partes em comum acordo decidem pela arbitragem. Em casos nos quais já esteja ocorrendo o litígio estipulando uma cláusula compromissória, o Tribunal Arbitral deverá ser escolhido. Eles deverão assim estabelecer um Compromisso Arbitral, que pode ser compreendido como uma convenção entre as partes renunciando levar a ação aos trâmites jurisprudenciais tradicionais, assim a celeuma deverá ser direcionada por árbitros devidamente indicados[66].

Theodoro Júnior (2009) explica que a cláusula arbitral é inserida num contrato anteriormente ao aparecimento dos conflitos entre as partes, enquanto o Compromisso Arbitral é a convenção por intermédio da qual as partes, diante de um conflito já instaurado, resolvem decidi-lo por meio da arbitragem[67].

A principal diferença é que cláusula arbitral trata de um possível conflito futuro e incerto. Dessa forma é preciso que seja adotada uma medida preventiva, em que as partes litigantes prometem efetuar um contrato de compromisso se surgirem conflitos; enquanto o Compromisso Arbitral diz respeito ao litígio atual e atua sobre um caso específico, ele possui uma grande força vinculativa, fazendo com que as partes se submetam à decisão de árbitros regularmente eleitos.

O compromisso arbitral judicial está disposto no art. 7º e 9º da Lei n. 9.307/1996. Verifica-se que o art. 7º expõe que a aplicação da arbitragem "*ocorre quando a cláusula compromissória já existe*", ou seja, havendo conflitos, os mesmos deveram ser solucionados pela arbitragem. Se uma das partes impuser resistência para o cumprimento do compromisso arbitral, a outra parte poderá entrar com um processo judicial requerendo o cumprimento da declaração de vontade. Nessa seara, o conflito deverá ser submetido a um árbitro. O art. 9º dispõe que, quando as partes que estão resolvendo litígios na justiça comum, no decorrer do processo podem optar pela Arbitragem.

---

(64) THEODORO JÚNIOR, H. A arbitragem como meio de solução de controvérsias. In: *Revista Síntese de Direito Civil e Processual* Civil, n. 2, nov./dez. 2009.
(65) *Idem*.
(66) LENZA, Vítor Barboza. *Cortes Arbitrais – Doutrina, Prática, Jurisprudência, Legislação*. Goiânia: AB Editora, 2007.
(67) THEODORO JÚNIOR, H. A arbitragem como meio de solução de controvérsias. In: *Revista Síntese de Direito Civil e Processual Civil*. n. 2, nov./dez. 2009.

Nesse caso, as partes, de comum acordo, desistem do processo judicial e celebram a vontade mútua da resolução do conflito por intermédio da Arbitragem.

Analisando o compromisso arbitral extrajudicial, observa-se que o mesmo se encontra regulado na Lei n. 9.307/1996 em seu art. 9º, nesse caso as partes não instituíram nenhuma cláusula compromissória. As partes de forma voluntária buscam a resolução de conflitos por um árbitro mesmo sem ter havido previamente o estabelecimento de um compromisso arbitral.

Dentro desse contexto, quem são os árbitros? Eles são profissionais qualificados e tecnicamente preparados para resolver um determinado conflito, sendo uma pessoa neutra, confiável, idônea e especializada para realizar a seguinte função (LENZA, 2007)[68].

A Lei n. 9.307/1996 mostra que o árbitro exerce função semelhante ao juiz, pois a sua ação certamente visa à pacificação de um conflito. A sua decisão tem validade jurídica e essa forma de julgamento, como já visto anteriormente, foi escolhida em comum acordo entre as partes.

Após ser proferida a decisão judicial, o profissional deixa de ser árbitro, ele também não possui os mesmos meios de coerção que um juiz na esfera tradicional possui. Por exemplo, em casos que a sentença não for cumprida, caberá ao Estado, por intermédio de ordem expedida pelo juiz de Direito.

Com muita clareza, Lenza (2007) expõe que, segundo a Lei n. 9.307/1996, está investido da condição de funcionário público e o mesmo está dessa forma sujeito a todas as sanções criminais, tendo que responder por atos que pratica[69].

Antes do início da arbitragem, portanto, em sua fase preliminar, a Lei n. 9.307/1996 prevê a necessidade da tentativa da solução de litígios por intermédio da mediação e da conciliação. Na verdade, essas tentativas podem promover resultados excelentes, mas em casos nos quais não haja entendimento a arbitragem estará estabelecida.

Cabe esclarecer que no direito brasileiro não é comum a imposição da arbitragem, justamente para permitir liberdade de as partes naturalmente convencionarem entre si, ressalvando apenas destas convenções, os direitos patrimoniais indisponíveis, o que exige a presença da atuação estatal conforme previstos em lei.

Cumpre destacar que o Direito Individual do Trabalho tem como um de seus princípios fundamentais o da irrenunciabilidade de direitos trabalhistas, obstando condutas que tencionem afastar a aplicação desses direitos, que estão previstos em normas e que são, em tese, de ordem pública.

Posto isto, verifica-se que a arbitragem realizada no âmbito do conflito individual de trabalho não é suficiente para extinguir todos os direitos decorrentes do contrato de trabalho, mesmo que acordados com esse objetivo e independentemente dos dizeres formalmente inseridos em seu instrumento e sem vícios na manifestação da vontade. Pode ter eficácia no que se refere a quitação de caráter restrito aos direitos adimplidos.

A arbitragem pode ser instituída tanto no Direito Coletivo quanto no Direito Individual do Trabalho, por disposição da Constituição Federal de 1988, no art. 114, §§ 1º e 2º, expressamente, prevê a possibilidade de solução de conflitos coletivos de trabalho através da arbitragem, que também é facultativa.

No Brasil, a Lei n. 9.307/1996, que dispõe sobre a arbitragem e o procedimento, reforça a tese de que a sentença proferida por um árbitro terá a mesma força de uma decisão judicial.

De ressaltar que a lei de arbitragem não prevê a hipótese de juiz de carreira atuando como árbitro, porém, a Lei n. 9.099/1995, que trata dos Juizados Especiais em seu art. 24, § 2º, prevê que os árbitros, nos Juizados Especiais, serão escolhidos entre os juízes leigos, ou seja, juízes classistas e juiz de paz.

Embora a decisão do árbitro tenha a mesma força de uma decisão judicial, não pode ele exercer as funções próprias de um juiz, para não confundir-se com o instituto da jurisdição que é própria do Estado.

Por ser uma forma de solução rápida de conflitos, a arbitragem tem desvantagem para o trabalhador, como bem aponta o professor Wilson Alves de Sousa ao dizer que "a solução de conflitos por intermédio da arbitragem, geram um custo alto para as partes, tendo em vista atender as parte mais privilegiadas economicamente, uma vez que o pagamento de todas as despesas processuais e honorários do árbitro(s) correm por conta das partes".

Nesse aspecto, o trabalhador poderá ter prejuízos financeiros e sair da negociação insatisfeito, tendo em vista que está sujeito ao pagamento dessas despesas.

---

(68) LENZA, Vítor Barboza. *Cortes Arbitrais – Doutrina, Prática, Jurisprudência, Legislação*. Goiânia: AB Editora, 2007.
(69) *Idem*.

3.4. As Partes na Arbitragem

A Arbitragem poderá ser solicitada a qualquer momento pelas partes que tenham condição de contratar, como exposto no art. 1º da Lei n. 9.307/1996: "as partes capazes de contratar poderão valer-se da arbitragem para dirimir litígios (...)."

O art. 1º Lei n. 9.307/1996 mostra a existência de uma limitação das partes que podem submeter os seus litígios aos árbitros, mas as restrições também incluem aquelas matérias que englobam o direito patrimonial. Como se lê no Código Civil em seus arts. 851 e 852. O primeiro artigo diz que a arbitragem pode ser resolvida por pessoas que possam realizar a contratação, mas o art. 852 aponta que ele não poder ser usado para resolver questões do Estado, de família, ou para tratar de qualquer assunto não relacionado ao direito patrimonial.

> Art. 851. É admitido compromisso, judicial ou extrajudicial, para resolver litígio entre pessoas que podem contratar.
>
> Art. 852. É vedado compromisso para solução de questões de estado, de direito pessoal de família e de outros que não tenham caráter estritamente patrimonial.

3.6. Árbitros

O Capítulo III da Lei Arbitragem trata especificamente da figura do árbitro:

> Art. 13. Pode ser árbitro qualquer pessoa capaz e que tenha a confiança das partes.
>
> § 1º As partes nomearão um ou mais árbitros, sempre em número ímpar, podendo nomear, também, os respectivos suplentes.
>
> § 2º Quando as partes nomearem árbitros em número par, estes estão autorizados, desde logo, a nomear mais um árbitro. Não havendo acordo, requererão as partes ao órgão do Poder Judiciário a que tocaria, originariamente, o julgamento da causa a nomeação do árbitro, aplicável, no que couber, o procedimento previsto no art. 7º desta Lei.
>
> § 3º As partes poderão, de comum acordo, estabelecer o processo de escolha dos árbitros, ou adotar as regras de um órgão arbitral institucional ou entidade especializada.
>
> § 4º Sendo nomeados vários árbitros, estes, por maioria, elegerão o presidente do tribunal arbitral. Não havendo consenso, será designado presidente o mais idoso.
>
> § 5º O árbitro ou o presidente do tribunal designará, se julgar conveniente, um secretário, que poderá ser um dos árbitros.
>
> § 6º No desempenho de sua função, o árbitro deverá proceder com imparcialidade, independência, competência, diligência e discrição.
>
> § 7º Poderá o árbitro ou o tribunal arbitral determinar às partes o adiantamento de verbas para despesas e diligências que julgar necessárias.
>
> Art. 14. Estão impedidos de funcionar como árbitros as pessoas que tenham, com as partes ou com o litígio que lhes for submetido, algumas das relações que caracterizam os casos de impedimento ou suspeição de juízes, aplicando-se-lhes, no que couber, os mesmos deveres e responsabilidades, conforme previsto no Código de Processo Civil.
>
> § 1º As pessoas indicadas para funcionar como árbitro têm o dever de revelar, antes da aceitação da função, qualquer fato que denote dúvida justificada quanto à sua imparcialidade e independência.
>
> § 2º O árbitro somente poderá ser recusado por motivo ocorrido após sua nomeação. Poderá, entretanto, ser recusado por motivo anterior à sua nomeação, quando:
>
> a) não for nomeado, diretamente, pela parte; ou
>
> b) o motivo para a recusa do árbitro for conhecido posteriormente à sua nomeação.
>
> Art. 15. A parte interessada em arguir a recusa do árbitro apresentará, nos termos do art. 20, a respectiva exceção, diretamente ao árbitro ou ao presidente do tribunal arbitral, deduzindo suas razões e apresentando as provas pertinentes.
>
> Parágrafo único. Acolhida a exceção, será afastado o árbitro suspeito ou impedido, que será substituído, na forma do art. 16 desta Lei.
>
> Art. 16. Se o árbitro escusar-se antes da aceitação da nomeação, ou, após a aceitação, vier a falecer, tornar-se impossibilitado para o exercício da função, ou for recusado, assumirá seu lugar o substituto indicado no compromisso, se houver.
>
> § 1º Não havendo substituto indicado para o árbitro, aplicar-se-ão as regras do órgão arbitral institucional ou entidade especializada, se as partes as tiverem invocado na convenção de arbitragem.
>
> § 2º Nada dispondo a convenção de arbitragem e não chegando as partes a um acordo sobre a nomeação do árbitro a ser substituído, procederá a parte interessada da forma prevista no art. 7º desta Lei, a menos que as partes tenham declarado, expressamente, na convenção de arbitragem, não aceitar substituto.
>
> Art. 17. Os árbitros, quando no exercício de suas funções ou em razão delas, ficam equiparados aos funcionários públicos, para os efeitos da legislação penal.
>
> Art. 18. O árbitro é juiz de fato e de direito, e a sentença que proferir não fica sujeita a recurso ou a homologação pelo Poder Judiciário[70].

---

(70) BRASIL. *Lei n. 9.307*. Brasília: DF, 1996.

A primeira questão suscitada é quem pode ser árbitro *caput* do art. 13 estabelece que "pode ser árbitro qualquer pessoa capaz e que tenha a confiança das partes". A norma não realiza nenhuma exigência que o árbitro possua alguma formação específica, mas deixa clara a questão da confiança e que a pessoa escolhida realmente possua capacidade para desempenhar tal função.

Com certeza essa falta de um posicionamento mais específico da especialização do árbitro causa discussão entre os doutrinadores. Ainda mais com a redação do art. 18 da Lei da Arbitragem, que diz que: *"O árbitro é juiz de fato e de direito, e a sentença que proferir não fica sujeita a recurso ou a homologação pelo Poder Judiciário"*.

A dúvida que fica é como um profissional que não seja Juiz poderá exercer função de fato e de direito? Esse dispositivo na verdade ficou dúbio, haja vista que mesmo que um árbitro esteja preparado são muitas questões técnicas que estão envolvidas.

Mas de outro lado, por exemplo, se houver uma discussão sobre uma obra, quem seria melhor para ser um árbitro do que um engenheiro? Nessa visão, dependendo do caso é altamente recomendável que seja um profissional da área. Os requisitos que o árbitro deve ter são:

1. Imparcialidade
2. Independência
3. Competência
4. Diligência
5. Discrição

Figura 1: Características de um árbitro
Fonte: Elaboração do próprio do autor

O art. 14 mostra algumas razões para não ser possível a nomeação do árbitro, tais como: não terem sido nomeados diretamente pelo júri, ou ser provado que de alguma maneira eles não possuem a capacidade para o desempenho dessa função, ou que não são confiáveis, o que pode invalidar a sentença por uma questão de falta de imparcialidade.

3.6. Cláusula Compromissória e Compromisso Arbitral

De acordo com o art. 3º da Lei de Arbitragem, "*As partes interessadas podem submeter à solução de seus litígios ao juízo arbitral mediante convenção de arbitragem, assim entendida a cláusula compromissória e o compromisso arbitral*[71].".

Segundo Alvim (2000) a convenção de arbitragem evidencia a vontade das partes na realização dos seus conflitos[72].

Existem dois instrumentos no termo Convenção de Arbitragem que são a cláusula compromissória e o compromisso arbitral.

Na cláusula compromissória estão expostas todas as formas de execução do contrato mostrando claramente os direitos e os deveres entre as partes. Após o aparecimento dos conflitos, submete-se a questão da lide à arbitragem o que se chama de compromisso arbitral.

> Art. 4º.
>
> A cláusula compromissória é a convenção através da qual as partes em um contrato comprometem-se a submeter à arbitragem os litígios que possam vir a surgir, relativamente a tal contrato.
>
> Art. 9º.
>
> O compromisso arbitral é a convenção através da qual as partes submetem um litígio à arbitragem de uma ou mais pessoas, podendo ser judicial ou extrajudicial[73].

De acordo com Carmona (2004), o compromisso arbitral é celebrado antes do litígio e se refere aos possíveis conflitos futuros[74]. De acordo com Lei de arbitragem, tanto a cláusula compromissória quanto o compromisso arbitral devem ser redigidos. Entre os elementos obrigatórios para a realização do compromisso arbitral verifica-se:

> Art. 10. Constará, obrigatoriamente, do compromisso arbitral:
>
> I – o nome, profissão, estado civil e domicílio das partes;
>
> II – o nome, profissão e domicílio do árbitro, ou dos árbitros, ou, se for o caso, a identificação da entidade à qual as partes delegaram a indicação de árbitros;
>
> III – a matéria que será objeto da arbitragem; e
>
> IV – o lugar em que será proferida a sentença arbitral[75].

Já o art. 11 da Lei da Arbitragem mostra outras obrigações facultativas, tais como:

> Art. 11. Poderá, ainda, o compromisso arbitral conter:
>
> I – local, ou locais, onde se desenvolverá a arbitragem;
>
> II – a autorização para que o árbitro ou os árbitros julguem por equidade, se assim for convencionado pelas partes;
>
> III – o prazo para apresentação da sentença arbitral;
>
> IV – a indicação da lei nacional ou das regras corporativas aplicáveis à arbitragem, quando assim convencionarem as partes;
>
> V – a declaração da responsabilidade pelo pagamento dos honorários e das despesas com a arbitragem; e
>
> VI – a fixação dos honorários do árbitro, ou dos árbitros.
>
> Parágrafo único. Fixando as partes os honorários do árbitro, ou dos árbitros, no compromisso arbitral, este constituirá título executivo extrajudicial; não havendo tal estipulação, o árbitro requererá ao órgão do Poder Judiciário que seria competente para julgar, originariamente, a causa que os fixe por sentença[76].

Uma cláusula de arbitragem é uma cláusula comumente usada em um contrato que obriga as partes a resolver suas disputas através de um processo de arbitragem. Embora essa cláusula possa especificar que a arbitragem

---

(71) BRASIL. *Lei n. 9.307*. Brasília: DF, 1996.
(72) ALVIM, J. E. Carreira. *Tratado Geral da arbitragem*. Belo Horizonte: Ed. Mandamentos, 2000. p. 133.
(73) BRASIL. *Lei n. 9.307*. Brasília: DF, 1996.
(74) CARMONA, Carlos Alberto. *Arbitragem e Processo – Um Comentário à Lei n. 9.307/1996*. 2. ed. São Paulo: Atlas S.A., 2004. p. 96/117.
(75) BRASIL. *Lei n. 9.307*. Brasília: DF, 1996.
(76) *Idem*.

ocorra dentro de uma jurisdição específica, sempre obriga as partes a um tipo de resolução fora dos tribunais, e, portanto, é considerada uma espécie de cláusula de seleção de fórum (CARMONA, 2004)[77].

A arbitragem pode ajudar na redução da carga sobre os sistemas judiciais para resolver disputas. Alguns ordenamentos jurídicos excluem ou restringem a possibilidade de arbitragem por razões de proteção aos membros mais fracos do público, por exemplo, consumidores. Por exemplo, a lei alemã exclui disputas sobre o aluguel de espaço de qualquer forma de arbitragem, enquanto convenções de arbitragem com os consumidores só são consideradas válidas se forem pré-assinadas, e se o documento assinado não tem qualquer outro conteúdo do que a menção da convenção de arbitragem. A restrição não se aplica aos acordos autenticados, pois se presume que o tabelião terá também que informar o consumidor sobre o conteúdo e as suas implicações[78].

3.7. O Procedimento Arbitral

O procedimento arbitral é facilitado quando as partes optam pela celebração do compromisso arbitral. Nesse caso o comum acordo ajuda todo o início do processo que será iniciado com a assinatura do compromisso arbitral. Neste caso, as partes, por intermédio da cláusula compromissória, realizarão o início da Arbitragem, mas esse início ficará vinculado ao conteúdo presente na cláusula compromissória, que poderão submetê-la a um futuro litígio, a forma como a arbitragem se desenvolverá em muito tem ligação com o que às partes estabeleceram previamente.

Em casos nos quais as partes concordarem pela arbitragem, deverão ser seguido os dispostos no art. 6º da Lei n. 9.307/1996:

> Art. 6º Não havendo acordo prévio sobre a forma de instituir a arbitragem, a parte interessada manifestará à outra parte sua intenção de dar início à arbitragem, por via postal ou por outro meio qualquer de comunicação, mediante comprovação de recebimento, convocando-a para, em dia, hora e local certos, firmar o compromisso arbitral[79].

As partes deverão estabelecer um compromisso, que deverá ter em sua redação todos os requisitos exigidos pelo art. 10 da Lei n. 9.307/1996. Caso uma das partes, por alguma razão, não aceitar a arbitragem, nesse caso, será necessário recorrer ao Poder Judiciário, assim, está previsto no art. 7º da supracitada lei.

Para evitar esse risco seria altamente recomendável a celebração de uma cláusula compromissória cheia, esta poderia estipular as regras de procedimento. Ressalta-se que, nos casos que as partes optem pelas cláusulas cheias, elas podem optar tanto pela arbitragem *ad hoc* quanto pela arbitragem institucional[80].

O procedimento arbitral se inicia quando as partes, em comum acordo, concordam com a nomeação do árbitro. A Lei n. 9.307/1996 em seu art. 21 diz que o árbitro tentará sempre conciliar as partes, seguindo os procedimentos estabelecidos na Convenção de Arbitragem:

> Art. 21. A arbitragem obedecerá ao procedimento estabelecido pelas partes na convenção de arbitragem, que poderá reportar-se às regras de um órgão arbitral institucional ou entidade especializada, facultando-se, ainda, às partes delegar ao próprio árbitro, ou ao tribunal arbitral, regular o procedimento.
>
> § 1º Não havendo estipulação acerca do procedimento, caberá ao árbitro ou ao tribunal arbitral discipliná-lo.
>
> § 2º Serão, sempre, respeitados no procedimento arbitral os princípios do contraditório, da igualdade das partes, da imparcialidade do árbitro e de seu livre convencimento.
>
> § 3º As partes poderão postular por intermédio de advogado, respeitada, sempre, a faculdade de designar quem as represente ou assista no procedimento arbitral.
>
> § 4º Competirá ao árbitro ou ao tribunal arbitral, no início do procedimento, tentar a conciliação das partes, aplicando-se, no que couber, o art. 28 desta Lei[81].

As regras estabelecidas na convenção de arbitragem podem ser de um órgão arbitral institucional ou de alguma entidade especializada, as partes podem delegar ao próprio árbitro, ou ao tribunal arbitral, a regulação de todos os procedimentos arbitrais.

---

(77) CARMONA, Carlos Alberto. *Arbitragem e Processo – Um Comentário à Lei n. 9.307/1996*. 2. ed. São Paulo: Atlas S.A., 2004. p. 96/117.
(78) *Idem*.
(79) BRASIL. *Lei n. 9.307*. Brasília: DF, 1996.
(80) Na arbitragem institucional, ou administrada, o procedimento de arbitral segue as regras estipuladas por uma Câmara de Mediação e Arbitragem, instituição esta que será totalmente responsável em administrar o procedimento, e a arbitragem será *ad hoc* quando os procedimentos seguirem as disposições fixadas pelas partes, ou quando determinado pelo árbitro, nascendo muitas vezes da escolha efetuada livremente pelas partes através de um compromisso arbitral que será firmado na existência de um litígio. Disponível em: <http://www.webartigos.com/articles/4680/1/tipos-de-arbitragem/pagina1.html>.
(81) BRASIL. *Lei n. 9.307*. Brasília: DF, 1996.

Existem três possibilidades para as partes realizarem o estabelecimento do procedimento arbitral (PITOMBO, 2007)[82]:

a) Formular, na redação da convenção de arbitragem, um procedimento próprio que deverá ser seguido para a solução de seus litígios;

b) Escolher uma determinada de alguma entidade especializada ou de uma determinada lei;

c) Solicitar aos árbitros a criação de regras e procedimentos que deverão ser adotados no procedimento de arbitragem.

Qualquer tipo de arguição sobre impedimento de árbitro ou qualquer outra razão contrária deve ser realizada o mais rápido possível pelas partes, assim, observa-se no art. 20 da Lei da Arbitragem:

> Art. 20. A parte que pretender arguir questões relativas à competência, suspeição ou impedimento do árbitro ou dos árbitros, bem como nulidade, invalidade ou ineficácia da convenção de arbitragem, deverá fazê-lo na primeira oportunidade que tiver de se manifestar, após a instituição da arbitragem.
>
> § 1º Acolhida a arguição de suspeição ou impedimento, será o árbitro substituído nos termos do art. 16 desta Lei, reconhecida a incompetência do árbitro ou do tribunal arbitral, bem como a nulidade, invalidade ou ineficácia da convenção de arbitragem, serão as partes remetidas ao órgão do Poder Judiciário competente para julgar a causa.
>
> § 2º Não sendo acolhida a arguição, terá normal prosseguimento a arbitragem, sem prejuízo de vir a ser examinada a decisão pelo órgão do Poder Judiciário competente, quando da eventual propositura da demanda de que trata o art. 33 desta Lei (GRIFO NOSSO) [83].

O § 2º do art. 20 mostra que, se os árbitros rejeitarem a arguição de incompetência mesmo diante de uma cláusula manifestamente nula, seria necessário que as partes se submetessem a todas as fases do procedimento arbitral, para posteriormente recorrerem ao Judiciário. Nesse caso todos os custos destinados à realização da arbitragem seriam perdidos, indo diretamente contra ao princípio da economicidade.

O art. 22 da Lei da Arbitragem mostra diversos aspectos relevantes do papel do árbitro na determinação de provas, como se pode ver a seguir:

> Art. 22. Poderá o árbitro ou o tribunal arbitral tomar o depoimento das partes, ouvir testemunhas e determinar a realização de perícias ou outras provas que julgar necessárias, mediante requerimento das partes ou de ofício.
>
> § 1º O depoimento das partes e das testemunhas será tomado em local, dia e hora previamente comunicados, por escrito, e reduzido a termo, assinado pelo depoente, ou a seu rogo, e pelos árbitros.
>
> § 2º Em caso de desatendimento, sem justa causa, da convocação para prestar depoimento pessoal, o árbitro ou o tribunal arbitral levará em consideração o comportamento da parte faltosa, ao proferir sua sentença; se a ausência for de testemunha, nas mesmas circunstâncias, poderá o árbitro ou o presidente do tribunal arbitral requerer à autoridade judiciária que conduza a testemunha renitente, comprovando a existência da convenção de arbitragem.
>
> § 3º A revelia da parte não impedirá que seja proferida a sentença arbitral.
>
> § 4º Ressalvado o disposto no § 2º, havendo necessidade de medidas coercitivas ou cautelares, os árbitros poderão solicitá-las ao órgão do Poder Judiciário que seria, originariamente, competente para julgar a causa.
>
> § 5º Se, durante o procedimento arbitral, um árbitro vier a ser substituído fica a critério do substituto repetir as provas já produzidas[84].

3.8. Processo de Escolha e Nomeação dos Árbitros

A vontade das partes tem um aspecto fundamental no processo de escolha dos árbitros. Isto muito tem a ver com a natureza do instituto, que seria de dar total liberdade para as partes escolherem todas as cláusulas que acreditarem ser necessárias.

Assim, as partes no processo para a nomeação dos árbitros deverão seguir rigorosamente o que está expresso na cláusula ou no compromisso arbitral, adotando as regras previstas pela Lei n. 9.307/1996, art. 13, que diz que: "As partes poderão, de comum acordo, estabelecer o processo de escolha dos árbitros, ou adotar as regras de um órgão arbitral institucional ou entidade especializada".

---

(82) PITOMBO, Eleonora C. Os Efeitos da Convenção de Arbitragem – Adoção do Princípio Kompetenz-Kompetenz no Brasil. In: MARTINS, Pedro Batista, CARMONA, Carlos Alberto & LEMES, Selma Ferreira (coord.). *Arbitragem*: estudos em homenagem ao Prof. Guido Fernando da Silva Soares. São Paulo: Atlas, 2007. p. 326/338.
(83) BRASIL. *Lei n. 9.307*. Brasília: DF, 1996.
(84) Idem.

A Lei da Arbitragem somente estipula algumas exigências, com o objetivo de proporcionar o máximo de liberdade às partes, reservando, porém, um mínimo de garantia, em benefício do próprio instituto. O art. 13º dispõe que:

> Art. 13. Pode ser árbitro qualquer pessoa capaz e que tenha a confiança das partes.
>
> § 1º As partes nomearão um ou mais árbitros, sempre em número ímpar, podendo nomear, também, os respectivos suplentes.
>
> § 2º Quando as partes nomearem árbitros em número par, estes estão autorizados, desde logo, a nomear mais um árbitro. Não havendo acordo, requererão as partes ao órgão do Poder Judiciário a que tocaria, originariamente, o julgamento da causa a nomeação do árbitro, aplicável, no que couber, o procedimento previsto no art. 7º desta Lei.
>
> § 3º As partes poderão, de comum acordo, estabelecer o processo de escolha dos árbitros, ou adotar as regras de um órgão arbitral institucional ou entidade especializada.
>
> § 4º Sendo nomeados vários árbitros, estes, por maioria, elegerão o presidente do tribunal arbitral. Não havendo consenso, será designado presidente o mais idoso.
>
> § 5º O árbitro ou o presidente do tribunal designará, se julgar conveniente, um secretário, que poderá ser um dos árbitros.
>
> § 6º No desempenho de sua função, o árbitro deverá proceder com imparcialidade, independência, competência, diligência e discrição.
>
> § 7º Poderá o árbitro ou o tribunal arbitral determinar às partes o adiantamento de verbas para despesas e diligências que julgar necessárias (GRIFO NOSSO) [85].

Como observado no § 1º do art. 13 o tribunal arbitral deve ser sempre constituído por número ímpar de árbitros. Essa regra é adotada para precaver que haja empate em sentença. Mas isso não afasta totalmente o fato de que, se forem escolhidos 5 juízes, eles podem dar posições inconciliáveis, por exemplo, cada um pode determinar um valor específico para o pagamento de uma indenização, nesses casos prevalecerá o voto do presidente, como está exposto no art. 24, § 1º, da Lei de Arbitragem:

> Art. 24. A decisão do árbitro ou dos árbitros será expressa em documento escrito.
>
> § 1º Quando forem vários os árbitros, a decisão será tomada por maioria. Se não houver acordo majoritário, prevalecerá o voto do presidente do tribunal arbitral.
>
> § 2º O árbitro que divergir da maioria poderá, querendo, declarar seu voto em separado (GRIFO NOSSO[86].).

As consequências da nomeação de árbitros em número par estão expostas no art. 13 da Lei da Arbitragem, como se pode ver a seguir:

> Art. 13. Pode ser árbitro qualquer pessoa capaz e que tenha a confiança das partes.
>
> § 1º As partes nomearão um ou mais árbitros, sempre em número ímpar, podendo nomear, também, os respectivos suplentes.
>
> § 2º Quando as partes nomearem árbitros em número par, estes estão autorizados, desde logo, a nomear mais um árbitro. Não havendo acordo, requererão as partes ao órgão do Poder Judiciário a que tocaria, originariamente, o julgamento da causa a nomeação do árbitro, aplicável, no que couber, o procedimento previsto no art. 7º desta Lei.
>
> § 3º As partes poderão, de comum acordo, estabelecer o processo de escolha dos árbitros, ou adotar as regras de um órgão arbitral institucional ou entidade especializada.
>
> § 4º Sendo nomeados vários árbitros, estes, por maioria, elegerão o presidente do tribunal arbitral. Não havendo consenso, será designado presidente o mais idoso.
>
> § 5º O árbitro ou o presidente do tribunal designará, se julgar conveniente, um secretário, que poderá ser um dos árbitros.
>
> § 6º No desempenho de sua função, o árbitro deverá proceder com imparcialidade, independência, competência, diligência e discrição.
>
> § 7º Poderá o árbitro ou o tribunal arbitral determinar às partes o adiantamento de verbas para despesas e diligências que julgar necessário[87].

Os arts. 14 e 15 tratam das hipóteses de impedimento de exercício de árbitro, assim observa-se:

> Art. 14. Estão impedidos de funcionar como árbitros as pessoas que tenham, com as partes ou com o litígio que lhes for submetido, algumas das relações que caracterizam os casos de impedimento ou suspeição de juízes, aplicando-se-lhes, no que couber, os mesmos deveres e responsabilidades, conforme previsto no Código de Processo Civil.

---

(85) BRASIL. *Lei n. 9.307*. Brasília: DF, 1996.
(86) *Idem*.
(87) *Ibidem*.

§ 1º As pessoas indicadas para funcionar como árbitro têm o dever de revelar, antes da aceitação da função, qualquer fato que denote dúvida justificada quanto à sua imparcialidade e independência.

§ 2º O árbitro somente poderá ser recusado por motivo ocorrido após sua nomeação. Poderá, entretanto, ser recusado por motivo anterior à sua nomeação, quando:

a) não for nomeado, diretamente, pela parte; ou

b) o motivo para a recusa do árbitro for conhecido posteriormente à sua nomeação.

Art. 15. A parte interessada em argüir a recusa do árbitro apresentará, nos termos do art. 20, a respectiva exceção, diretamente ao árbitro ou ao presidente do tribunal arbitral, deduzindo suas razões e apresentando as provas pertinentes.

Parágrafo único. Acolhida a exceção, será afastado o árbitro suspeito ou impedido, que será substituído, na forma do art. 16 desta Lei[88].

Não pode ser árbitro aquela pessoa que tiver alguma ligação com as partes, seja de forma direta, seja de forma indireta. Caso seja descoberto após a escolha do árbitro, a sua atuação será rigorosamente impugnada.

Sobre a recusa da parte ao árbitro nomeado, como observado no art. 14, verifica-se que no momento da indicação de um árbitro para resolver um litígio, as partes devem concordar em consenso pela nomeação, para não haver arrependimentos.

Se uma das partes ou ambas tinham conhecimento de impedimento e no momento da escolha do árbitro não julgaram que tal motivo não afetaria a imparcialidade do julgador, não há do que reclamar. A escolha do mesmo é sempre feita de acordo com a vontade das partes (PITOMBO, 2007)[89].

Assim, se uma parte sabe de razões que poderiam tornar um árbitro inapto para desenvolver tal função e não toma providência em tempo hábil para impedir que ele não seja eleito, não há do que reclamar posteriormente sobre a sentença dada.

O art. 15 da Lei da Arbitragem aborda a questão da impugnação do árbitro:

Art. 15. A parte interessada em arguir a recusa do árbitro apresentará, nos termos do art. 20, a respectiva exceção, diretamente ao árbitro ou ao presidente do tribunal arbitral, deduzindo suas razões e apresentando as provas pertinentes.

Parágrafo único. Acolhida a exceção, será afastado o árbitro suspeito ou impedido, que será substituído, na forma do art. 16 desta Lei[90].

Caso o árbitro seja impedido ele deverá ser substituído por um substituto como mostra o art. 16:

Art. 16. Se o árbitro escusar-se antes da aceitação da nomeação, ou, após a aceitação, vier a falecer, tornar-se impossibilitado para o exercício da função, ou for recusado, assumirá seu lugar o substituto indicado no compromisso, se houver.

§ 1º Não havendo substituto indicado para o árbitro, aplicar-se-ão as regras do órgão arbitral institucional ou entidade especializada, se as partes as tiverem invocado na convenção de arbitragem.

§ 2º Nada dispondo a convenção de arbitragem e não chegando as partes a um acordo sobre a nomeação do árbitro a ser substituído, procederá a parte interessada da forma prevista no art. 7º desta Lei, a menos que as partes tenham declarado, expressamente, na convenção de arbitragem, não aceitar substituto[91].

O nome desse substituto está expresso no compromisso arbitral acordado pelas partes. Verifica-se que a decisão relativa ao impedimento ou suspeição do árbitro deve ser pedida pelas partes ao tribunal arbitral ou ao árbitro. Em caso de acolhimento do pedido, o árbitro que seja suspeito será automaticamente suspenso e será substituído pelo seu substituto, como visto no art. 16 da Lei da Arbitragem:

Art. 16. Se o árbitro escusar-se antes da aceitação da nomeação, ou, após a aceitação, vier a falecer, tornar-se impossibilitado para o exercício da função, ou for recusado, assumirá seu lugar o substituto indicado no compromisso, se houver.

§ 1º Não havendo substituto indicado para o árbitro, aplicar-se-ão as regras do órgão arbitral institucional ou entidade especializada, se as partes as tiverem invocado na convenção de arbitragem.

§ 2º Nada dispondo a convenção de arbitragem e não chegando as partes a um acordo sobre a nomeação do árbitro a ser substituído, procederá a parte interessada da forma prevista no art. 7º desta Lei, a menos que as partes tenham declarado, expressamente, na convenção de arbitragem, não aceitar substituto[92].

---

(88) BRASIL. *Lei n. 9.307*. Brasília: DF, 1996.
(89) PITOMBO, Eleonora C. Os Efeitos da Convenção de Arbitragem – Adoção do Princípio Kompetenz-Kompetenz no Brasil. In: MARTINS, Pedro Batista, CARMONA, Carlos Alberto & LEMES, Selma Ferreira (coord.). *Arbitragem*: estudos em homenagem ao Prof. Guido Fernando da Silva Soares. São Paulo: Atlas, 2007. p. 326/338.
(90) BRASIL. *Lei n. 9.307*. Brasília: DF, 1996.
(91) *Idem*.
(92) *Ibidem*.

Quando a convenção da arbitragem não realiza a previsão de substituto(s), o procedimento todo é anulado. Em casos nos quais as suspeitas não se confirmem, a arbitragem seguirá os seus procedimentos, podendo ser impugnadas por um laudo como exposto no art. 33 da Lei da Arbitragem:

> Art. 33. A parte interessada poderá pleitear ao órgão do Poder Judiciário competente a decretação da nulidade da sentença arbitral, nos casos previstos nesta Lei.
>
> § 1º A demanda para a decretação de nulidade da sentença arbitral seguirá o procedimento comum, previsto no Código de Processo Civil, e deverá ser proposta no prazo de até noventa dias após o recebimento da notificação da sentença arbitral ou de seu aditamento.
>
> § 2º A sentença que julgar procedente o pedido:
>
> I – decretará a nulidade da sentença arbitral, nos casos do art. 32, incisos I, II, VI, VII e VIII;
>
> II – determinará que o árbitro ou o tribunal arbitral profira novo laudo, nas demais hipóteses.
>
> <u>§ 3º A decretação da nulidade da sentença arbitral também poderá ser arguida mediante ação de embargos do devedor, conforme o art. 741 e seguintes do Código de Processo Civil, se houver execução judicial</u> (GRIFO NOSSO) [93].

De um lado esse procedimento pode gerar maiores riscos para as partes, pois nessa esteira todos os procedimentos poderiam ser anulados, mas por outro lado a adoção desse procedimento tem o objetivo de impedir que uma parte possa tentar agir para tentar conter a celeridade do processo.

3.9. A Sentença Arbitral

A sentença arbitral é o ato pelo qual o árbitro ou tribunal arbitral finaliza o procedimento arbitral, seja por intermédio do julgamento do mérito ou não. As sentenças arbitrais possuem a mesma validade que uma sentença judicial, como se pode observar na Lei da Arbitragem, em seu art. 18: "O árbitro é juiz de fato e de direito, e a sentença que proferir não fica sujeita ao recurso ou a homologação pelo Poder Judiciário", mas ressalta-se que mesmo que elas possuam os mesmos efeitos, ainda assim, estão sujeitas à homologação pelo Poder Judiciário.

A prolação da sentença deve seguir sempre expressa em documento escrito, e a decisão deverá ser tomada pela maioria, como se pode observar no art. 24 da Lei da Arbitragem:

> Art. 24. A decisão do árbitro ou dos árbitros será expressa em documento escrito.
>
> § 1º Quando forem vários os árbitros, a decisão será tomada por maioria. Se não houver acordo majoritário, prevalecerá o voto do presidente do tribunal arbitral.
>
> § 2º O árbitro que divergir da maioria poderá, querendo, declarar seu voto em separado[94].

A sentença deve respeitar ao prazo que foi estipulado pelas partes. Se não houver esta estipulação em seis meses da instituição de arbitragem, extingue-se todo o procedimento arbitral.

Os requisitos obrigatórios na sentença devem conter:

> Art. 26. São requisitos obrigatórios da sentença arbitral:
>
> I – o relatório, que conterá os nomes das partes e um resumo do litígio;
>
> II – os fundamentos da decisão, onde serão analisadas as questões de fato e de direito, mencionando-se, expressamente, se os árbitros julgaram por equidade;
>
> III – o dispositivo, em que os árbitros resolverão as questões que lhes forem submetidas e estabelecerão o prazo para o cumprimento da decisão, se for o caso; e
>
> IV – a data e o lugar em que foi proferida.
>
> Parágrafo único. A sentença arbitral será assinada pelo árbitro ou por todos os árbitros. Caberá ao presidente do tribunal arbitral, na hipótese de um ou alguns dos árbitros não poder ou não querer assinar a sentença, certificar tal fato[95].

Como observado é obrigatório a sentença conter (ALVIM, 2000)[96]:

1. Um relatório, com os nomes das partes e um histórico de todo o conflito.

2. Ela deve apresentar todos os fundamentos que embasaram a tomada de decisão.

3. Os dispositivos sobre as questões que foram proferidas pelos árbitros.

4. A data e o local na qual a sentença for proferida.

---

(93) BRASIL. *Lei n. 9.307*. Brasília: DF, 1996.
(94) *Idem*.
(95) *Ibidem*.
(96) ALVIM, J. E. Carreira. *Tratado Geral da arbitragem*. Belo Horizonte: Mandamentos, 2000. p. 133.

Qualquer sentença que estiver em desacordo com os dispositivos acima será anulada, como se observa no art. 32 da Lei da Arbitragem:

> Art. 32. É nula a sentença arbitral se:
> I – for nulo o compromisso;
> II – emanou de quem não podia ser árbitro;
> III – não contiver os requisitos do art. 26 desta Lei;
> IV – for proferida fora dos limites da convenção de arbitragem;
> V – não decidir todo o litígio submetido à arbitragem;
> VI – comprovado que foi proferida por prevaricação, concussão ou corrupção passiva;
> VII – proferida fora do prazo, respeitado o disposto no art. 12, inciso III, desta Lei; e
> VIII – forem desrespeitados os princípios de que trata o art. 21, § 2º, desta Lei[97].

Ainda é prevista a nulidade, onde a sentença proferida não seja submetida à arbitragem. Os casos de nulidade da sentença englobam o desrespeito aos princípios do contraditório, da igualdade das partes e da imparcialidade do árbitro.

O art. 33 fala sobre a ação de nulidade da sentença arbitral:

> Art. 33. A parte interessada poderá pleitear ao órgão do Poder Judiciário competente a decretação da nulidade da sentença arbitral, nos casos previstos nesta Lei.
>
> § 1º A demanda para a decretação de nulidade da sentença arbitral seguirá o procedimento comum, previsto no Código de Processo Civil, e deverá ser proposta no prazo de até noventa dias após o recebimento da notificação da sentença arbitral ou de seu aditamento.
>
> § 2º A sentença que julgar procedente o pedido:
> I – decretará a nulidade da sentença arbitral, nos casos do art. 32, incisos I, II, VI, VII e VIII;
> II – determinará que o árbitro ou o tribunal arbitral profira novo laudo, nas demais hipóteses.
>
> § 3º A decretação da nulidade da sentença arbitral também poderá ser argüida mediante ação de embargos do devedor, conforme o art. 741 e seguintes do Código de Processo Civil, se houver execução judicial[98].

Como observado o art. 33 concede à parte interessada a ação de nulidade da sentença arbitral, fixando o prazo de noventa dias, que começa a ser contado a partir da notificação (ALVIM, 2000)[99].

O art. 31 da Lei da Arbitragem determina que: "*a sentença arbitral produz, entre as partes e seus sucessores, os mesmos efeitos da sentença proferida pelos órgãos do Poder Judiciário e, sendo condenatória, constituirá título executivo*"[100].

A sentença arbitral possui a mesma eficácia das sentenças judiciais. A execução da sentença arbitral condenatória se faz sempre judicialmente, admitida à oposição de embargos do devedor, com as mesmas limitações dos embargos à execução de título emanado do Judiciário (ALVIM, 2000)[101].

O reconhecimento e Execução de Sentenças Arbitrais Estrangeiras em âmbito nacional estão previstos nos arts. 34, 35, 36 e 37 da Lei da Arbitragem:

> Art. 34. A sentença arbitral estrangeira será reconhecida ou executada no Brasil de conformidade com os tratados internacionais com eficácia no ordenamento interno e, na sua ausência, estritamente de acordo com os termos desta Lei.
>
> Parágrafo único. Considera-se sentença arbitral estrangeira a que tenha sido proferida fora do território nacional.
>
> Art. 35. Para ser reconhecida ou executada no Brasil, a sentença arbitral estrangeira está sujeita, unicamente, à homologação do Supremo Tribunal Federal.
>
> Art. 36. Aplica-se à homologação para reconhecimento ou execução de sentença arbitral estrangeira, no que couber, o disposto nos arts. 483 e 484 do Código de Processo Civil.
>
> Art. 37. A homologação de sentença arbitral estrangeira será requerida pela parte interessada, devendo a petição inicial conter as indicações da lei processual, conforme o art. 282 do Código de Processo Civil, e ser instruída, necessariamente, com:
> I – o original da sentença arbitral ou uma cópia devidamente certificada, autenticada pelo consulado brasileiro e acompanhada de tradução oficial;
> II – o original da convenção de arbitragem ou cópia devidamente certificada, acompanhada de tradução oficial[102].

---

(97) BRASIL. *Lei n. 9.307*. Brasília: DF, 1996.
(98) *Idem*.
(99) ALVIM, J. E. Carreira. *Tratado Geral da arbitragem*. Belo Horizonte: Mandamentos, 2000. p. 133.
(100) BRASIL. *Lei n. 9.307*. Brasília: DF, 1996.
(101) *Idem*.
(102) *Ibidem*.

A Emenda Constitucional n. 45/2004 modificou o art. 105, I, alínea *i*, voltando à homologação de sentenças estrangeiras para o Superior Tribunal de Justiça.

3.10. A Relação entre o Judiciário e o Juízo Arbitral

Os árbitros são equiparados aos juízes tradicionais, eles devem agir sempre respeitando os princípios da imparcialidade, e possuem a competência para realizar a instrução e o julgamento das causas, porém um das grandes diferenças entre o juiz e o árbitro é que o mesmo não possui o poder de coerção. Em alguns casos, onde falta competência ao juizado arbitral entra em cena o Poder Judiciário tradicional.

De acordo com Câmara (2005) a cooperação entre o árbitro e o juiz tradicional pode ocorrer quando[103]:

a) exista um liminar que almeja evitar a perda ou perecimento de um direito;

b) durante o procedimento, seja necessária a intervenção do Judiciário para que uma testemunha se apresente ao juiz arbitral, que nesse caso a mesma estaria se negando;

c) ou no encerramento do procedimento arbitral quando é necessária a adoção de processos de execução judicial da sentença dada pelo Juiz arbitral.

Em relação às diferenças entre os juízes e os árbitros, nota-se que os Juízes Estatais podem interferir na arbitragem, mas de nenhuma forma o contrário pode acontecer.

Analisando as relações dos árbitros, nota-se que eles não perdem a autonomia, salvaguardados em alguns casos especiais, em que a interferência do juiz estatal se faz necessária (CÂMARA, 2005)[104]. Afinal, a arbitragem é, por definição, um mecanismo de resolução de conflitos alternativo ao Poder Judiciário, para acelerar e melhorar a eficiência dos julgamentos, dessa forma, acredita-se que nada se tem a falar sobre a questão de qual tribunal é superior ou inferior ao outro. Os dois possuem os seus próprios procedimentos, e as sentenças proferidas neles têm o mesmo valor jurídico.

3.11. Nulidade do Laudo Arbitral

A Lei de Arbitragem descreve os meios para a parte requerer a sentença arbitral. Uma delas poderia ser por intermédio da realização da ação de nulidade como se nota no disposto no art. 32.

> Art. 32. É nula a sentença arbitral se:
>
> I – for nulo o compromisso;
>
> II – emanou de quem não podia ser árbitro;
>
> III – não contiver os requisitos do art. 26 desta Lei;
>
> IV – for proferida fora dos limites da convenção de arbitragem;
>
> V – não decidir todo o litígio submetido à arbitragem;
>
> VI – comprovado que foi proferida por prevaricação, concussão ou corrupção passiva;
>
> VII – proferida fora do prazo, respeitado o disposto no art. 12, inciso III, desta Lei; e
>
> VIII – forem desrespeitados os princípios de que trata o art. 21, § 2º, desta Lei[105].

O prazo sobre a nulidade da sentença arbitral está previsto no art. 33 da Lei da Arbitragem. Assim se observa:

> Art. 33. A parte interessada poderá pleitear ao órgão do Poder Judiciário competente a decretação da nulidade da sentença arbitral, nos casos previstos nesta Lei.
>
> § 1º A demanda para a decretação de nulidade da sentença arbitral seguirá o procedimento comum, previsto no Código de Processo Civil, e deverá ser proposta no prazo de até noventa dias após o recebimento da notificação da sentença arbitral ou de seu aditamento.
>
> § 2º A sentença que julgar procedente o pedido
>
> I – decretará a nulidade da sentença arbitral, nos casos do art. 32, incisos I, II, VI, VII e VIII;
>
> II – determinará que o árbitro ou o tribunal arbitral profira novo laudo, nas demais hipóteses.
>
> § 3º A decretação da nulidade da sentença arbitral também poderá ser arguida mediante ação de embargos do devedor, conforme o art. 741 e seguintes do Código de Processo Civil, se houver execução judicial[106].

---

(103) CÂMARA, Alexandre Freitas. Das relações entre a arbitragem. In: *Revista de Arbitragem* n. 6, ano ii, 2005. p. 22-23.
(104) *Idem.*
(105) BRASIL. *Lei n. 9.307.* Brasília: DF, 1996.
(106) *Idem.*

O art. 32 da Lei da Arbitragem dispõe que somente poderão ser arguidos em embargos de devedor àqueles que forem apresentados dentro do prazo decadencial de 90 dias estabelecido para a ação de nulidade.

Com as alterações no Código de Processo Civil, foi extinto o processo de execução de título executivo judicial, este foi transformado em fase de cumprimento de sentença[107].

Assim, está exposto na Lei n. 11.232/2005, esse problema não possui mais o poder de suspender a execução.

3.12. Execução das Sentenças Arbitrais

A execução da sentença arbitral será realizada pelo árbitro, como exposto no art. 18 da Lei de Arbitragem, onde se nota uma equiparação entre o árbitro e o juiz: "O árbitro é juiz de fato e de direito, e a sentença que proferir não fica sujeita a recurso ou a homologação pelo Poder Judiciário." [108]

Já o art. 31 estabelece que "a sentença arbitral produz, entre as partes e seus sucessores, os mesmos efeitos da sentença proferida pelos órgãos do Poder Judiciário e, sendo condenatória, constitui título executivo."[109] Porém, observa-se que existe um tratamento diferenciado dado às arbitragens domésticas e as arbitragens em âmbito internacional (SOUZA, 1999)[110]. A arbitragem ocorrida em âmbito doméstico possui força de título executivo judicial, enquanto a arbitragem em âmbito internacional dependerá de homologação do STF (art. 34).

Assim, compreende-se que a sentença arbitral estrangeira será realizada conforme com os tratados internacionais com eficácia no ordenamento interno.

Em 2002, posteriormente à entrada em vigor da Lei de Arbitragem, o Brasil ratificou a Convenção de Nova Iorque, que fala sobre os procedimentos para a execução de sentenças arbitrais.

Recentemente, o Código de Processo Civil teve diversas alterações, sobre o processo de execução de sentença, esta passou a ser apenas uma fase do processo de conhecimento, chamada de "cumprimento de sentença".

4. MEDIAÇÃO

A mediação é uma forma para a resolução de conflitos antes da arbitragem propriamente dita. Na existência da mediação uma terceira pessoa é eleita. Esta é imparcial e é eleita em comum acordo entre as partes. Ela tenta mediar o conflito antes que ocorra a arbitragem propriamente dita.

A mediação pode ser compreendida como um método, no qual uma terceira pessoa auxilia as partes a chegarem a uma solução amigável. Importante destacar que o mediador não realiza o julgamento, ele apenas age como um mediador para tentar pleitear um acordo entre as partes (CALMON, 2007)[111].

Entre as vantagens da realização da mediação está a agilização na resolução do litígio, confidencialidade do processo. Além do mais é uma forma mais produtiva e mais justa, haja vista que as partes poderão manter uma mínima relação de diálogo após a realização do litígio.

A mediação não possui normas que a regulamentem. Dessa forma, o processo de mediação segue um procedimento padrão, mas esse procedimento está longe de ser inflexível.

Para tentar uniformizar os procedimentos de mediação existe um projeto de lei em trâmite – PL n. 4.827/1998 – que foi apresentado pelo Instituto Brasileiro de Direito Processual (IBDP). Esse projeto propõe que os mediadores poderiam ser considerados com auxiliares da justiça. Eles poderiam ser registrados junto ao Tribunal de Justiça, eles poderiam ser advogados com formação específica por cursos supervisionados pela OAB – Ordem dos Advogados do Brasil. A instituição também seria responsável por fiscalizar os processos mediados por esses advogados. Essa proposta de lei, porém, não exclui os mediadores independentes, pois ela prevê o cadastro de todos eles, mas fica clara a sugestão para a realização de uma formação específica para o mediador[112].

---

(107) DINAMARCO, Cândido Rangel. Limites da Sentença Arbitral e de seu Controle Jurisdicional. In: MARTINS, Pedro A. Batista & GARCEZ, José Maria Rossani (coord.). *Reflexões sobre Arbitragem: in memoriam do Desembargador Cláudio Vianna de Lima.* São Paulo: LTr, 2002. p. 327/343.
(108) BRASIL. *Lei n. 9.307.* Brasília: DF, 1996.
(109) *Idem.*
(110) SOUZA JR., Lauro da Gama e. Reconhecimento e Execução de Sentenças Arbitrais Estrangeiras. In: CASELLA, Paulo B. (coord.). *Arbitragem: lei brasileira e praxe internacional.* 2. ed. São Paulo: LTr, 1999. p. 406/425.
(111) CALMON, Petrônio. *Fundamentos da mediação e da conciliação.* Rio de Janeiro: Forense, 2007, p. 136.
(112) *Idem.*

5. REFLEXÕES SOBRE O ACESSO À JUSTIÇA

O acesso à justiça de forma igualitária é ainda limitado por fatores que englobam vários aspectos políticos, sociais e econômicos. Apenas uma pequena parcela da população "possui esse direito social plenamente reconhecido" (CARVALHO, 2001, p. 214)[113].

Em um ambiente onde há grandes desigualdades sociais é de essencial importância que o acesso à justiça seja igualitário, permitindo que o exercício da cidadania seja efetivo. De acordo com Silva (2009, p. 11) "todo o cidadão tem o direito ao acesso à justiça em igualdade de condições independente da sua classe social"[114].

Para Grynzpan (2009) existe uma oposição entre o ideal da cidadania e a democratização do acesso à justiça"[115]. Carvalho Filho (2009) ensina que nas últimas décadas há uma valorização, nos meandros nacionais, dos direitos difusos e coletivos que abarcam a proteção ao meio ambiente, a defesa dos consumidores, mas fica a crítica sobre a efetividade dos direitos civis, principalmente aqueles relacionados às liberdades individuais previstos na Carta Magna de 1988[116].

O acesso à justiça tradicional percorre caminhos altamente burocráticos, formais, morosos, caros e excludentes, pois a camada mais pobre da população não tem acesso aos advogados particulares, e precisam contar com os defensores públicos. Estudos de Santos (2000) mostram que esse modelo de justiça tradicional impede que os mais pobres possam ter os seus direitos de cidadãos reconhecidos. Vários fatores são obstáculos para a garantia do acesso à justiça, dentre eles mencionam-se os fatores: sociais, culturais, econômicos e políticos. Fica a sensação de que os mais pobres não possuem os mesmos direitos que os mais ricos, o que é uma adversidade se analisarmos os dispostos na Constituição cidadã[117].

De acordo com Cappelletti e Garth (1988), países da cultura ocidental buscam, nas últimas décadas, uma forma de melhorar o acesso à justiça. Entre esses esforços observam-se os resultados do *"Florence Project"*, que trouxeram algumas medidas, entre os quais se destacam: o oferecimento de assistência jurídica para pessoas de baixa renda, ajudando na resolução de conflitos entre os indivíduos; a incorporação de novos atores sociais objetivando a legitimação de conflitos que iriam contra aos direitos coletivos e difusos e a reforma dos tribunais regulares com a adoção de novas formas de tratar alguns tipos de litígios[118].

Com o advento da Carta Magna de 1988, o Estado Democrático de Direito foi estabelecido, os direitos dos cidadãos e as garantias individuais foram celebrados. O direito ao acesso à justiça é sem dúvida um dos direitos do cidadão. Nesse diploma legal é reconhecido a todo cidadão – independente de classe social – o direito a buscar proteção jurídica para a resolução de litígios. O art. 5º, XXXV, dispõe que: "a lei não excluirá da apreciação do Poder Judiciário lesão ou ameaça a direito".

A Carta Magna ainda prevê o fornecimento de assistência jurídica e integral para aqueles que comprovarem a insuficiência de recursos para a contratação de um advogado. A gratuidade, nesse caso, não é apenas para a assistência jurídica e integral, mas também engloba custas e despesas do processo, o direito a consulta e a utilização de mecanismos para a resolução de forma amigável não somente para conflitos individuais, bem como aqueles de natureza difusa e coletiva.

No intuito de garantir a plenitude de defesa, a Lei Complementar n. 80/94 organizou a Defensoria Pública da União, do Distrito Federal e dos territórios, definindo os dispositivos para a implantação das defensorias públicas nos Estados. De acordo com o art. 134 da Carta Magna de 1988, a Defensoria Pública deve tornar a Justiça mais acessível aos mais pobres, ela também deve visar à postulação de sentenças mais justas[119]. Dentro dessa seara, com o objetivo de fornecer maior proteção aos interesses direitos difusos e coletivos, a Lei n. 11.448/2007 trouxe alterações no art. 5º da Lei n. 7.347 de 1985, que aumentaram consideravelmente a quantidade de legitimados[120].

---

(113) CARVALHO, José Murilo de. *Cidadania no Brasil*. Rio de Janeiro: Civilização Brasileira, 2001.
(114) SILVA, José Afonso da. Acesso à justiça e cidadania. *Revista de Direito Administrativo*. Rio de Janeiro. v. 216, p. 9-13, abr./jun. 2000.
(115) GRYNZIPAN, Mário. *Acesso e recurso à justiça do Brasil*: algumas questões. Rio de Janeiro: Fundação Getúlio Vargas, 2009.
(116) CARVALHO FILHO, José dos Santos. *Ação civil pública*: Comentários por Artigo (Lei n. 7.347, de 24/7/85). 7. ed. Rio de Janeiro: Lumen Juris, 2009, p. 31.
(117) SANTOS, Boaventura. *Introdução à sociologia da administração da justiça*. São Paulo: Ática. 2000.
(118) CAPELLETTI, Mauro; GARTH, Bryan. *Acesso à justiça*. Tradução de Hellen Gracie Northfeet. Porto Alegre: Sérgio Antonio Fabris Editor, 1988.
(119) SMANIO, Gianpaolo Poggio. *Interesses Difusos e Coletivos*. São Paulo: Atlas, 1998. p. 149.
(120) BRASIL. Constituição (1988). Constituição da República Federativa do Brasil. Brasília, DF: Senado, 1988. Lei n. 7.347, de 24 de julho de 1985. "Disciplina a ação civil pública de responsabilidade por danos causados ao meio ambiente, ao consumidor, a bens e direitos de valor artístico, estético, histórico, turístico e paisagismo e dá outras providências." Disponível em <www.planalto.gov.br>. Acesso em: 20 fev. 2012.

Cappelletti e Garth (1988) defendem que o acesso à Justiça deve ser um direito fundamental, por intermédio do qual todos os outros direitos podem ser garantidos[121]. Assim, entende-se que o acesso à justiça é um dos direitos humanos mais básicos. Qualquer sistema jurídico moderno que busque a valorização do cidadão e igualdade de direitos deve buscar todos os modos de fazer valer a segurança jurídica de forma justa, eficiente e igualitária. Acredita-se que é daí que surgem os verdadeiros preceitos da Justiça Social, todos e quaisquer empecilhos para a resolução de litígios devem ser combatidos.

Dessa forma o sistema judiciário, ao ampliar as formas de acesso à justiça, não deve se descuidar da questão da efetividade do acesso à Justiça, mesmo sabendo que a igualdade entre os cidadãos de forma perfeita é um ideal utópico em uma sociedade desigual. Os operadores do direito devem sempre estar atentos para quais são os obstáculos para os indivíduos terem acesso à Justiça de forma igualitária, procurando formas de transpor esses obstáculos.

Quais obstáculos seriam estes?

Cappelletti e Garth (1988) ressaltam que entre os obstáculos estão os altos custos judiciais que englobam a resolução de conflitos nos tribunais tradicionais[122]. Os custos são altos, pois alguns fatores encarecem todo o processo de movimentação de uma causa judicial, tais como: os valores cobrados pelos advogados, além daqueles outros custos meramente burocráticos. O outro obstáculo seria às pequenas causas, ou seja, resolver pequenas causas nos meandros dos tribunais pode ficar mais caro do que tentar resolver em uma Conciliação, ou seja, os custos processuais de uma pequena causa podem ser menores do que o pedido de um dano moral ou material. O tempo também pode ser considerado um obstáculo, ou seja, quanto mais longo o processo judicial, mais caro ele ficará entre as partes. Assim, a parte menos favorecida economicamente pode se ver forçada a abandonar uma causa, ou aceitar acordos por valores muito mais baixos aos quais realmente teria direito[123].

Observa-se que parte da população possui uma dificuldade de compreender o que seria ajuizar uma demanda, principalmente no que diz respeito aos litigantes eventuais e os habituais. Os litigantes eventuais são aqueles que não possuem conhecimento acerca do desenvolvimento dos trâmites judiciais e não possuem um histórico de casos que podem nortear como seria a melhor forma de agir em uma ação judicial, enquanto os litigantes habituais são amplamente acostumados com as rotinas do processo. Pode não parecer em um primeiro plano, mas a forma de se posicionar em uma demanda judicial influencia diretamente como as causas serão impetradas e desenvolvidas. Nesse caso, a parte litigante que tiver mais experiência certamente terá maior vantagem em relação à outra parte que possui dificuldade até de compreender o vocabulário jurídico.

Mudanças das formas de acesso à justiça têm ocorrido nos últimos anos e são decorrentes das alterações nos procedimentos judiciais. Entre essas mudanças observam-se modificações nos tribunais regulares, no oferecimento de alternativas mais céleres e menos dispendiosas. Todas essas mudanças evidenciam uma tentativa de melhorar o tratamento de alguns tipos de litígios, porém uma dificuldade se faz presente, pois às vezes entrar com uma ação pode não ajudar efetivamente na resolução de uma demanda de interesse coletivo. Dentro dessa seara, a proteção dos direitos difusos exigiria uma ação em grupo, e cabe ao Estado abrir espaço para o atendimento dessas demandas, com o intuito de superar as deficiências governamentais na proteção dos direitos coletivos e públicos.

Cappelletti e Garth (1988) realizaram uma interessante análise sobre a melhoria do acesso à Justiça implantada em diversos países. Eles observaram que as experiências mostram que os sistemas de assistência melhoraram com o decorrer do tempo. Uma das grandes melhorias observadas, por exemplo, foi o acesso das populações mais pobres, onde cada vez mais o Estado passa a agir de forma mais positiva, porém as experiências de assistência jurídica gratuita mostram que muitos desafios ainda precisarão ser enfrentados, como, por exemplo: a escassez de advogados; os advogados, ainda teriam que se disponibilizar para prestar auxílio àqueles que não podem pagar pelos seus serviços e os sistemas de prestação de assistência judiciária não estava permitindo efetivamente a resolução daqueles problemas referentes às pequenas causas individuais. E, desta forma, os interesses difusos também ficavam sem solução[124].

Na busca da resolução das demandas difusas e coletivas, o legislativo no âmbito nacional apresentou a Lei n. 7.347/1985, que traz o instituto da Ação Civil Pública. Esta, desde o seu nome fomenta uma discussão doutrinária e vocabular, uma corrente de doutrinadores aponta à incoerência do nome, haja vista que toda ação civil é pública. Somando-se a isso a expressão "pública" incorporada ao termo em nada tem a ver com o Ministério Público, pois

---

(121) CAPPELLETTI, Mauro; GARTH, Bryant. *Acesso à Justiça*. Tradução e Revisão: Ellen Gracie Northfleet. Porto Alegre: Sergio Antonio Fabris Editor, 1988.
(122) Idem.
(123) Ibidem.
(124) Ibidem.

ele não é a única forma de entrar com uma ação[125]. Nessa seara, a Ação Civil Pública objetiva tutelar os interesses difusos, transindividuais, ou metaindividuais, que sejam propostos por quaisquer dos legitimados[126].

A legitimação da Ação Civil Pública de nenhuma forma impede aos legitimados de também entrarem com uma ação, como está disposto no art. 5º da Lei n. 7.347/1985 (Lei da Ação Civil Pública)[127]. Observa-se que existe uma legitimidade extraordinária ativa entre a Administração indireta e a Administração direta. Na verdade, eles concorrem em busca de proteger os direitos transindividuais.

Assim, o acesso à justiça advém de dispositivos sedimentados na Constituição Federal de 1988 buscando prioritariamente a igualdade entre as classes, como se pode observar, por exemplo, com o oferecimento de defensores públicos para aqueles que não podem arcar com os honorários advocatícios.

"Os mecanismos de mediação e resolução de litígios certamente diminuem os efeitos causados pelas discrepâncias sociais" (SADEK, 2001, p. 7)[128], mas, mesmo que esse esforço seja reconhecido, o ideal de igualdade ainda está bem longe de ser atingido. Como exemplo, menciona-se o caso das defensorias públicas que possuem graves problemas no que dizem respeito à autonomia financeira.

As defensorias ainda precisam avançar muito, principalmente para atender as causas coletivas, o que se observa é um trabalho voltado mais para o atendimento das causas individuais[129]. As defensorias sofrem de grandes problemas, dentre os quais: a necessidade da abertura de mais concursos públicos para a contratação de profissionais mais engajados e a necessidade de um melhor preparo técnico dos defensores atuarem em demandas difusas ou coletivas.

O sistema jurídico tradicional mostra defensores públicos que ainda atuam de uma forma padronizada e rotineira, até mesmo repetitiva. Eles precisam ser mais instrumentalizados para atuarem em causas que sejam mais complexas e que atendam os direitos de natureza coletiva e difusa[130]. Outro fato a ser observado é questão da avaliação de produtividade baseada no assistencialismo. O trabalho do defensor público deve ser de qualidade, eficiente e profissional[131]. Outro fato que certamente mostra a fragilidade da carreira de defensor público é o seu desprestígio, e como consequência o que se observa é a improvisação no atendimento, onde a inexistência de treinamento dos estagiários prejudica consideravelmente o atendimento, o resultado dessas deficiências é a fragmentação das ações[132].

Analisando toda a complexidade do acesso à justiça apresentada nesse tópico, verifica-se que a democratização para se tornar uma realidade necessita da eficiência de outras formas de resolver litígios que fujam predominantemente daquele modelo tradicional. É necessária maior atenção sobre as verdadeiras demandas das camadas mais pobres e também é emergente uma profunda análise sobre todos os obstáculos do sistema judiciário atual, que se afasta dos preceitos de Justiça Social dispostos na Constituição Federal de 1988. No próximo tópico apresenta-se uma análise sobre o novo legitimado para a tutela dos direitos difusos, coletivos, individuais e homogêneos.

Os direitos difusos podem ser compreendidos como aqueles que não são apenas um direito de uma categoria em particular. Contrariamente, ele pode ser compreendido como o direito de cada indivíduo, sem que esse possa ser excluso de qualquer forma que seja[133].

O interesse difuso possui uma grande dispersão ou não determinação de seus titulares, ou seja, o elo que liga os titulares desse direito é apenas uma circunstância como se pode observar no Código de Defesa do Consumidor – CDC. Explana-se que a expressão "direitos difusos" advém do estabelecimento da Lei n. 8.078, de 1990, CDC. Esse Código logicamente tem como a principal razão de existir a proteção dos consumidores, mas ele acrescentou à Lei n. 7.347 de 1985, que dispõe sobre a Ação Civil Pública, com a seguinte redação:

> Art. 117. Acrescente-se à Lei n. 7.347, de 24 de julho de 1985, o seguinte dispositivo, renumerando-se os seguintes:
>
> Art. 21. Aplicam-se à defesa dos direitos e interesses difusos, coletivos e individuais, no que for cabível, os dispositivos do Título III da lei que instituiu o Código de Defesa do Consumidor.

---

(125) A Ação Civil Pública pode ser impetrada por: Sociedade de Economia Mista e Associações; Defensoria Pública; Autarquias; Fundação Empresas Públicas; União; Estados; Distrito Federal; Municípios e Ministério Público.
(126) SMANIO, Gianpaolo Poggio. *Interesses Difusos e Coletivos*. São Paulo: Atlas, 1998. p. 149.
(127) LENZA, Pedro. *Direito Constitucional Esquematizado*. 11. ed. São Paulo: Método, 2007. p. 596.
(128) SADEK, Maria Tereza. *Acesso à justiça*. São Paulo. Fundação Konrad Adenauer, 2001. p. 7.
(129) CAPPELLETTI, Mauro; GARTH, Bryant. *Acesso à Justiça*. Tradução e Revisão: Ellen Gracie Northfleet. Porto Alegre: Sergio Antonio Fabris Editor, 1988.
(130) *Idem*.
(131) SADEK, Maria Tereza. *Acesso à justiça*. São Paulo. Fundação Konrad Adenauer, 2001. p. 7.
(132) *Idem*.
(133) RODRIGUES, Marcelo Abelha. *op. cit*. 4. ed. Salvador: JusPodivm, 2009.

Observa-se a menção dos direitos difusos no Código do Consumidor – CDC no art. 81: "I – interesses ou direitos difusos, assim entendidos, para efeitos deste código, os transindividuais, de natureza indivisível, de que sejam titulares pessoas indeterminadas e ligadas por circunstâncias de fato".

Analisando os conceitos de direitos difusos, Mazzili (2007) ressalta que eles podem ser entendidos como direitos de pessoas não determinadas, que possuem os mesmos interesses individuais e que estão ligadas por circunstâncias de fato conexas[134].

Gonçalves (2007) compreende que uma empresa, por exemplo, pela veiculação de uma propaganda mentirosa na mídia, pode levar diversos consumidores ao erro. E isso acaba prejudicando diferentes pessoas indistintamente, o que poderia ser tratado como um agravo ao direito difuso[135].

Entre as características dos direitos difusos estão [136]: a não existência de um vínculo entre os indivíduos afetados; o objeto, ou seja, a lesão/o dano provocado pelo direito difuso afeta a todos indistintamente; sobre a duração, ele pode ser efêmero, haja vista que o elo jurídico entre as partes não é determinável, é difuso. No próximo tópico faremos uma análise sobre os direitos coletivos.

Os direitos coletivos estão dispostos no Código do Consumidor – CDC em seu art. 81, que dispõe que: "II – interesses ou direitos coletivos, assim entendidos, para efeitos deste código, os transindividuais, de natureza indivisível de que seja titular grupo, categoria ou classe de pessoas ligadas entre si ou com a parte contrária por uma relação jurídica base"[137].

Refletindo sobre a questão dos direitos coletivos, Mazzili (2007) explana que esses direitos podem ser considerados como indivisíveis, mas eles possuem uma distinção não apenas pela origem da lesão, mas também pela abrangência do grupo. Os direitos difusos possuem titulares que não podem ser determinados, enquanto os direitos coletivos se referem a uma classe específica, a um grupo ou a uma categoria[138]. Leite (2001) exemplifica a relação entre trabalhadores da mesma empresa que sofrem por questões de salubridade. Esse é um típico caso para a impetração de uma causa coletiva[139].

Os direitos individuais homogêneos estão descritos no Código de Defesa do Consumidor – CDC, no art. 81, que os definem como: "III – interesses ou direitos individuais homogêneos, assim entendidos decorrentes de origem comum"[140].

Para Gonçalves (2007) uma das características desse direito é a divisibilidade, ou seja, os indivíduos são determináveis e existe um fato de origem comum[141]. Como existe essa situação fática em comum, nota-se que esse também pode ser considerado um direito coletivo, pois indivíduos podem estar ligados a um mesmo fato[142].

Este também pode ser considerado um direito coletivo, pois entre a sua principal característica está a determinação dos titulares do direito, bem como a ligação entre estes por meio de uma situação fática em comum.

5.1. Princípio do Acesso à Justiça x Inafastabilidade do Controle Jurisdicional

O princípio constitucional essculpido no art. 5º, inciso XXXV, que trata da inafastabilidade do controle jurisdicional, como eixo principal deste trabalho, se desdobra em vários outros princípios como garantia de acesso à justiça, embora esses desdobramentos não sejam tratados no presente estudo para não desvirtuar o objetivo principal ora proposto.

Antes de adentramos no princípio em comento, faz-se mister apresentar um conceito de acesso à justiça, que segundo o professor Wilson Alves de Souza "não pode ser examinado sob o enfoque meramente literal, ou seja, não há lugar, na atualidade, para a afirmação de que acesso à justiça significa apenas manifestar postulação ao Estado-juiz, como se fosse suficiente garantir ao cidadão o direito à porta de entrada nos tribunais". Para o jurista, o conceito de acesso à justiça vai muito mais além, pois é necessário que sejam conferidas, também, as garantias processuais, que haja um julgamento de forma justa, de forma eficaz e num tempo razoável. Para o autor, de nada

---

(134) MAZZILI, H. N. *A defesa dos interesses difusos em juízo*. 20. ed. São Paulo: Saraiva, 2007. p. 50.
(135) GONÇALVES, M. V. *Tutela de Interesses Difusos e Coletivos*. 3. ed. São Paulo: Saraiva, 2007. p. 06/07.
(136) MANCUSO, Rodolfo Camargo. *Ação Civil Pública*. 9. ed., rev. e atual. São Paulo: Revista dos Tribunais, 2004. p. 47.
(137) GONÇALVES, M. V. *Tutela de Interesses Difusos e Coletivos*. 3. ed. São Paulo: Saraiva, 2007. p. 06/07.
(138) MAZZILI, H. N. *A defesa dos interesses difusos em juízo*. 20. ed. São Paulo: Saraiva, 2007. p. 53.
(139) LEITE, Carlos Henrique Bezerra. *Ação Civil Pública – Nova Jurisdição Trabalhista Metaindividual – Legitimação do Ministério Público*. São Paulo: LTr, 2001.
(140) BRASIL. *Código de Defesa do Consumidor*. Brasília: DF, 2000.
(141) GONÇALVES, M. V. *Tutela de Interesses Difusos e Coletivos*. 3. ed. São Paulo: Saraiva, 2007. p. 06/07.
(142) *Idem*.

adiantaria que se não houvesse também uma porta de saída. Os processos devem estar acobertados pelas garantias processuais (contraditório, ampla defesa, produção de provas, etc.) para que o acesso à justiça se concretize[143].

Assim se percebe, filiando-se o entendimento do citado professor, verifica-se que a relação existente entre o acesso à justiça e princípio da inafastabilidade do controle jurisdicional estão intimamente ligados, devendo ser analisado conjuntamente para que não haja confusão entre os institutos.

O princípio da inafastabilidade do controle jurisdicional, que também é conhecido como o princípio do direito de ação ou do direito de jurisdição é caracterizado pelos pressupostos de que nenhuma lesão ou ameaça ao direito, poderá ser excluída de exame do Poder Judiciário, inclusive, diante de uma lei. Significa dizer que o Poder Judiciário jamais poderá excluir do exame de qualquer matéria quando tenha ocorrido a provocação, mesmo existindo lei em sentido contrário, sob pena de estar restringindo o direito do acesso à justiça.

Anteriormente ao advento da Lei n. 9.307/1996, o princípio da inafastabilidade do controle jurisdicional impedia que as partes, mesmo antes do aparecimento de conflitos, ou seja, no momento da realização das cláusulas contratuais, pudessem submeter possíveis dúvidas à arbitragem. O Supremo Tribunal Federal não dava reconhecimento ao direito de uma das partes requerer a revisão específica de uma cláusula contratual, a orientação dada era que a solução somente poderia ser dada na submissão do litígio à arbitragem.

Após a adoção da Lei n. 9.307/1996, essa situação foi alterada. Estabeleceu-se que contratos que possuam a cláusula arbitral não podem ser julgados por tribunais tradicionais. E que as partes – em qualquer momento que decidirem – podem recorrer à arbitragem sendo respeitado o princípio da vontade. Dessa forma, após o advento da lei, se uma das partes propuser a ação relativa à cláusula arbitral em um contrato que contenha uma cláusula arbitral ou uma convenção de arbitragem[144] na Justiça Comum, o processo deverá ser automaticamente suspenso[145].

---

(143) SOUZA, Wilson Alves de. *Acesso à Justiça*. Salvador: Dois de Julho, 2011.

(144) Art. 301, IX, do CPC:
Compete-lhe, porém, antes de discutir o mérito, alegar: (Alterado pela L-005.925-1973)
I – inexistência ou nulidade da citação;
II – incompetência absoluta;
III – inépcia da petição inicial;
IV – perempção;
V – litispendência;
VI – coisa julgada;
VII – conexão;
VIII – incapacidade da parte, defeito de representação ou falta de autorização;
IX – convenção de arbiragem
X – carência de ação
XI – falta de caução ou de outra prestação, que a lei exige como preliminar
§ 1º Verifica-se a litispendência ou a coisa julgada, quando se reproduz ação anteriormente ajuizada. (Alterado pela L-005.925-1973)
§ 2º Uma ação é idêntica à outra quando tem as mesmas partes, a mesma causa de pedir e o mesmo pedido. (Alterado pela L-005.925-1973)
§ 3º Há litispendência, quando se repete ação, que está em curso; há coisa julgada, quando se repete ação que já foi decidida por sentença, de que não caiba recurso. (Alterado pela L-005.925-1973)
§ 4º Com exceção do compromisso arbitral, o juiz conhecerá de ofício da matéria enumerada neste artigo. (Alterado pela L-005.925-1973)
(145) Cf. o art. 267 do CPC: Extingue-se o processo, sem resolução de mérito: (Redação dada pela Lei n. 11.232, de 2005)
I – quando o juiz indeferir a petição inicial;
II – quando ficar parado durante mais de 1 (um) ano por negligência das partes;
III – quando, por não promover os atos e diligências que lhe competir, o autor abandonar a causa por mais de 30 (trinta) dias;
IV – quando se verificar a ausência de pressupostos de constituição e de desenvolvimento válido e regular do processo;
V – quando o juiz acolher a alegação de perempção, litispendência ou de coisa julgada;
VI – quando não concorrer qualquer das condições da ação, como a possibilidade jurídica, a legitimidade das partes e o interesse processual;
VII – pelo compromisso arbitral;
VII – pela convenção de arbitragem; (Redação dada pela Lei n. 9.307, de 23.9.1996)
VIII – quando o autor desistir da ação;
IX – quando a ação for considerada intransmissível por disposição legal;
X – quando ocorrer confusão entre autor e réu;
XI – nos demais casos prescritos neste Código.
§ 1º O juiz ordenará, nos casos dos ns. II e III, o arquivamento dos autos, declarando a extinção do processo, se a parte, intimada pessoalmente, não suprir a falta em 48 (quarenta e oito) horas.
§ 2º No caso do parágrafo anterior, quanto ao no II, as partes pagarão proporcionalmente as custas e, quanto ao no III, o autor será condenado ao pagamento das despesas e honorários de advogado (art. 28).
§ 3º O juiz conhecerá de ofício, em qualquer tempo e grau de jurisdição, enquanto não proferida a sentença de mérito, da matéria constante dos ns. IV, V e VI; todavia, o réu que a não alegar, na primeira oportunidade em que lhe caiba falar nos autos, responderá pelas custas de retardamento.
§ 4º Depois de decorrido o prazo para a resposta, o autor não poderá, sem o consentimento do réu, desistir da ação.

Na Lei n. 9.307/1996, o afastamento da intervenção estatal é previsto e observado no *"Art. 3º As partes interessadas podem submeter a solução de seus litígios ao juízo arbitral mediante convenção de arbitragem, assim entendida a cláusula compromissória e o compromisso arbitral"*.

Assim, a cláusula arbitral e o compromisso arbitral afastam o poder jurisdicional estatal. Antes do advento da Lei da Arbitragem isso somente era possível com o estabelecimento de um compromisso arbitral entre as partes. Com a adoção dessa modificação, hoje no Brasil é possível a instituição da arbitragem apenas tendo como base a cláusula compromissória.

Como se percebe, é nítida a relação existente entre os dois institutos, e eles estão interligados entre si, em razão de possuírem a mesma ideia de acesso à justiça, porém, consoante dizeres do ilustre professor Wilson Alves de Souza, essa identidade é verificada em parte, pois a inafastabilidade do controle jurisdicional se limita a garantir o direito de ação, enquanto o acesso à justiça é conceito bem mais amplo, que envolve uma decisão, diante de um processo devido em direito, num tempo razoável, fundamentada, eficaz e equitativa[146].

Diagnosticada a identidade entre os dois princípios em debate, há de esclarecer que para dar efetividade é necessário que o interessado demonstre os pressupostos objetivos e subjetivos de constituição e de desenvolvimento de forma válida da relação processual para que seja conferido o seu direito, o de acesso ao judiciário. Temos, portanto, os **Pressupostos Objetivos Positivos**, que também são conhecidos como intrínsecos, e que são aqueles pressupostos que devem necessariamente ser observados, no bojo do feito, sob pena de nulidade do processo, dos quais devem ser observados: a) competência absoluta – que o Juiz da causa seja competente para julgar o feito; b) petição inicial apta – não basta ter a petição inicial é necessário que a petição seja válida, regular e apta, contendo assim todos os requisitos exigidos por lei (art. 282 e seguintes do CPC). Os **Pressupostos Objetivos Negativos**, conhecidos como extrínsecos, são os pressupostos pelos quais a sua ausência ou inexistência fazem com que o processo se torne válido, que deve conter: a) ausência de coisa julgada – A coisa julgada é o instituto pelo qual a sentença se torna imutável (exceção das ações de alimentos, que poderá ser revista conforme modificação da condição financeira de uma ou de ambas as partes). A coisa julgada impede que haja novamente a propositura da mesma ação; b) ausência de litispendência – A litispendência significa a existência de dois ou mais processos concomitantemente, com as mesmas partes, o mesmo pedido e idêntica causa de pedir. De destacar que a citação válida determina a existência e ocorrência da litispendência; c) ausência de perempção – A perempção ocorre quando um processo foi extinto por três vezes consecutivas, pelo fato de a parte ter abandonado o processo por 30 (trinta) dias consecutivos (art. 267, inciso III, CPC). A perempção nada mais é do que a perda do direito de ação pelo autor contumaz.

Já os **Pressupostos de validade subjetivos** deverão ser observados: a) imparcialidade do juiz – Além de o Juiz ser competente, é necessário que o Juiz seja imparcial, ele deve estar habilitado para receber e apreciar o processo, com total isenção para poder decidir sem qualquer influência de interesses para uma das partes; b) que exista intimação obrigatória do Ministério Público, quando deva atuar no feito – em todas as ações que por obrigatoriedade da lei, o Ministério Público seja parte ou tenha que intervir é necessário que haja sua intimação para todos os atos do processo, na função de custos legis; e, c) ausência de colusão entre as partes – sempre será necessário primar a boa fé. É estritamente necessário que as partes ajam com boa fé sem qualquer intenção de fraudar a lei ou terceiros, para que o processo se revista de validade.

Além da presença dos pressupostos processuais válidos, para que exista a ação, necessário se faz que a parte preencha as denominadas **condições da ação**, a fim de evitar o instituto da carência de ação.

Sendo preenchido os requisitos das condições da ação, será inda verificados: a) legitimidade das partes – significa a correspondência entre os sujeitos da relação jurídica de direito material e os sujeitos da relação processual (autor e réu), é a pertinência subjetiva; b) interesse de agir – é a relação de utilidade entre a afirmada lesão de um direito e o provimento de tutela jurisdicional pedido; e, c) possibilidade jurídica do pedido – que o pedido formulado pelo demandante seja previsível e não encontre vedação legal.

O princípio constitucional de acesso à justiça, também, encontra-se presente na Constituição Argentina, de modo a proteger aos seus nacionais de forma ampla, incluindo-se, também, a matéria laboral e a organização, cujo procedimento se encontra sistematizado na Lei n. 18.345/1998.

---

(146) SOUZA, Wilson Alves de. *Acesso à Justiça*. Salvador: Dois de Julho, 2011.

Livro II
Direito Processual do Trabalho

CAPÍTULO I
O direito processual do trabalho

1. ANTECEDENTES

O processo é um instrumento para a realização da função judicial. Desde que o homem vive em sociedade, as disputas de vários tipos e especialmente conflitos de interesses e opiniões surgiram. O primeiro é chamado de "conflito", quando os interesses são legalmente transcendentes, são chamados de "litígios" e por isso o caso seria um conflito de interesses, descrito pela afirmação de uma das partes e pela resistência do outro.

Normalmente, controvérsias e litígios caminham juntos, porque, como se pode supor, é lá que existem interesses conflitantes, há também diferenças de opinião nas relações de trabalho e mormente em tais situações e que ao realizar o conhecimento do juiz, torna-se por um processo, cujo desenvolvimento é determinado por seus próprios princípios que o distinguem.

Mas os conflitos não são sempre resolvidos na forma que conhecemos hoje, na evolução da sociedade e da lei têm sido as formas de resolução de litígios que ainda coexistem com o poder do Estado para impor sanções, entre as quais estão:

1. **Autotutela:** Também chamado de autotutela, é parte em que o titular da situação ou de direito, assume a defesa do mesmo, fazendo justiça pelas próprias mãos, que desapareceu gradualmente, embora ainda existam casos de emergência, tais como a autodefesa no domínio criminal, o penhor do direito comercial, greve trabalhista.

Em todos os casos, a autotutela é caracterizada por dois pontos essenciais: 1) A ausência de partidos diferentes que podem resolver o conflito de um terceiro e 2) A imposição da decisão de uma parte à outra.

2. **Formas Autocompositivas:** Isso significa que a resolução do conflito está nas próprias partes e neste caso é resolvido entre os dois, ninguém impõe nada ao outro, que pode ser feito unilateralmente ou em conjunto, tais como a retirada ou a renúncia da ação solução que vem do ator ou autor; o compromisso, em vez disso, é a submissão do réu concorda em reconhecer o direito dos outros, que são realizadas no âmbito do processo; conciliação, em que as partes dirimem amigavelmente sua disputa para evitar o prolongamento pela vontade de ambos e tem lugar no âmbito do processo; e depois há a transação, que é derivado de um acordo de ambas as partes no conflito, que eles resolvem fazer concessões mútuas, esta forma autocompositiva é feito fora do processo, mas a decisão pelas partes, é feita de conhecimento para julgamento.

3. **Formas heterocompositivas:** envolvem a resolução do litígio por uma parte externa com o intuito de: arbitrar em que os terceiros possam resolver o conflito através de um prêmio de decisão chamado e são forçados a conformidade; mediação, que também envolve um terceiro, propõe medidas corretivas; e do processo que é o caminho para a resolução de conflitos fornecida pelo Estado através de suas funções judiciais.

A função de promulgar regras (legislação), visando a preservação de uma ordem jurídica é desconhecida e desrespeitada, e o *status* das reivindicações individuais fere essa proteção que é fornecida através das funções judiciais (administração da justiça). Os meios para executar esta função são precisamente o processo e as regras que regem constitui direito processual, em que se desenvolve o seu conteúdo, os fundamentos e princípios.

2. CONCEITO

O Direito Processual do Trabalho pode ser compreendido como um conjunto de regras, instituições e princípios que se destinam a regular as atividades dos órgãos nas soluções de conflitos, sejam eles individuais ou coletivos que são provenientes da relação de trabalho (MARTINS, 2005)[1].

O processo é o complexo de termos e atos por intermédio dos quais se concretiza a prestação jurisdicional, por intermédio de um instrumento chamado ação, que se origina de um dissídio trabalhista, pelo meio que um empregado ou empregador deverá se utilizar para satisfazer um prejuízo que tenha sido recorrido da relação de trabalho (DELGADO, 2005)[2].

Também pode ser entendido como o conjunto de princípios, normas e instituições que regem a atividade da Justiça do Trabalho, com o objetivo de dar efetividade à legislação trabalhista e social, assegurar o acesso do trabalhador à Justiça e dirimir, com a justiça, o conflito trabalhista (SCHIAVI, 2015)[3].

Entendemos, pois, que o processo na Justiça do Trabalho é uma sequência de atos coordenados que têm por finalidade a satisfação de uma pretenção em face do empregado ou do empregador em razão da violação de um direito oiriginário de uma realação trabalhista.

O Processo do Trabalho é regido por regramento próprio, previsto nos arts. 837 e seguintes da CLT, contudo, em caso de omissão na norma trabalhista, se utilizará o direito processual comum, como fonte subsidiária, conforme prevê o art. 769 da CLT, inclusive, na fase de recursos ou execução, naquilo em que permitir maior celeridade ou efetividade de jurisdição.

---

(1) MARTINS, Sergio Pinto. *Direito do Trabalho*. 21. ed. São Paulo: Atlas, 2005.
(2) DELGADO, Maurício Godinho. Princípios Constitucionais do trabalho. *Revista de Direito do Trabalho*. São Paulo: RT, ano 31, n. 117, janeiro-março, 2005.
(3) SCHIAVI, Mauro. *Manual de Direito Processual do Trabalho*. 9. ed. São Paulo: LTr, 2015.

CAPÍTULO II
Fontes do direito processual do trabalho

Embora não haja uma pacificação na doutrina, observa-se que as fontes do Direito Processual do Trabalho podem ser de fontes materiais e formais.

As fontes materiais **são aqueles acontecimentos que são origem a norma jurídica**, o fato social, enquanto as Fontes formais: São as legislações, mas não somente as positivadas, mas todas as normas legais que dão corpo ao Direito Processual. Como exemplo temos a CF, os tratados internacionais, os acordos, as convenções coletivas, os regulamento de empresas, os costumes e os contratos de trabalho.

As fontes formais ainda podem ser subdivididas em três grupos: fontes formais diretas (toda a legislação processual do trabalho), fontes formais indiretas (derivadas da jurisprudência e da doutrina) e fontes formais de explicitação (oriundas da analogia, equidade e princípios gerais do direito).

As fontes formais ainda podem ser heterônomas e autônomas. Fontes formais heterônomas são aquelas nas quais durante o seu processo de produção, não haverá a participação de seus principais destinatários. Ex.: a lei. Fontes formais autônomas são aquelas que durante seu processo de produção haverá a participação direta de seus principais destinatários. Ex.: Convenções coletivas de trabalho e acordos.

As Fontes formais de produção profissional são oriundas da negociação coletiva de trabalho; as fontes formais de produção estatal são aquelas que são estabelecidas pelo Estado como as legislações. Fontes formais de produção mistas contam tanto com a participação do Estado, quanto das partes.

Apresenta-se abaixo uma tabela com a descrição das fontes formais do Direito Processual do Trabalho:

CF	Além das normas gerais do direito processual comum, a CF apresenta as normas do direito processual do Trabalho, como, como observa-se no art. 114[4]. Somente a União tem competência para legislar sobre direito processual do trabalho.

---

(4) Art. 114. Compete à Justiça do Trabalho processar e julgar: (Redação dada pela Emenda Constitucional n. 45, de 2004)

I – as ações oriundas da relação de trabalho, abrangidos os entes de direito público externo e da administração pública direta e indireta da União, dos Estados, do Distrito Federal e dos Municípios; (Incluído pela Emenda Constitucional n. 45, de 2004)

II – as ações que envolvam exercício do direito de greve; (Incluído pela Emenda Constitucional n. 45, de 2004)

III – as ações sobre representação sindical, entre sindicatos, entre sindicatos e trabalhadores, e entre sindicatos e empregadores; (Incluído pela Emenda Constitucional n. 45, de 2004)

IV – os mandados de segurança, *habeas corpus* e *habeas data*, quando o ato questionado envolver matéria sujeita à sua jurisdição; (Incluído pela Emenda Constitucional n. 45, de 2004)

V – os conflitos de competência entre órgãos com jurisdição trabalhista, ressalvado o disposto no art. 102, I, *o*; (Incluído pela Emenda Constitucional n. 45, de 2004)

VI – as ações de indenização por dano moral ou patrimonial, decorrentes da relação de trabalho; (Incluído pela Emenda Constitucional n. 45, de 2004)

VII – as ações relativas às penalidades administrativas impostas aos empregadores pelos órgãos de fiscalização das relações de trabalho; (Incluído pela Emenda Constitucional n. 45, de 2004)

VIII – a execução, de ofício, das contribuições sociais previstas no art. 195, I, *a*, e II, e seus acréscimos legais, decorrentes das sentenças que proferir; (Incluído pela Emenda Constitucional n. 45, de 2004)

IX – outras controvérsias decorrentes da relação de trabalho, na forma da lei. (Incluído pela Emenda Constitucional n. 45, de 2004)

CLT	Estabelece as diretrizes legais que regulamentam tanto o direito material, quanto o direito processual do trabalho, seja este de natureza coletiva, seja este de natureza processual[5].
A doutrina	É uma fonte informal direta. Ela pode ser compreendida como interpretação realizada pelos operadores do Direito em determinada matéria jurídica.
A jurisprudência	É uma fonte formal indireta. Nos casos, onde exista grande divergência jurídica, esta pode representar uma fonte do Direito.
A Súmula Vinculante	Fonte formal direta após a inclusão do art. 103-A na CF, alguns autores passaram a admitir a súmula vinculante.
Os Tratados Internacionais	São fontes que derivam do pacto firmado entre dois ou mais Estados.
Os costumes	Parte da doutrina defende que os costumes não podem ser fontes, pois derivam de fontes não estatais, mas essa posição é muito criticada, já que a própria CLT em seu art. 8º e o CPC no art. 128 dispõem que os costumes devem ser aplicados.

---

(5) Art. 769 – Nos casos omissos, o direito processual comum será fonte subsidiária do direito processual do trabalho, exceto naquilo em que for incompatível com as normas deste Título.

CAPÍTULO III
Organização da justiça do trabalho

Nesse capítulo vamos apresentar a base da organização da Justiça do Trabalho, que engloba:
1. As Varas
2. Tribunal Regional do Trabalho (TRT)
3. Tribunal Superior do Trabalho (TST)
4. Órgãos Auxiliares

A base legal da organização da Justiça do Trabalho são a CLT e a Constituição Federal.

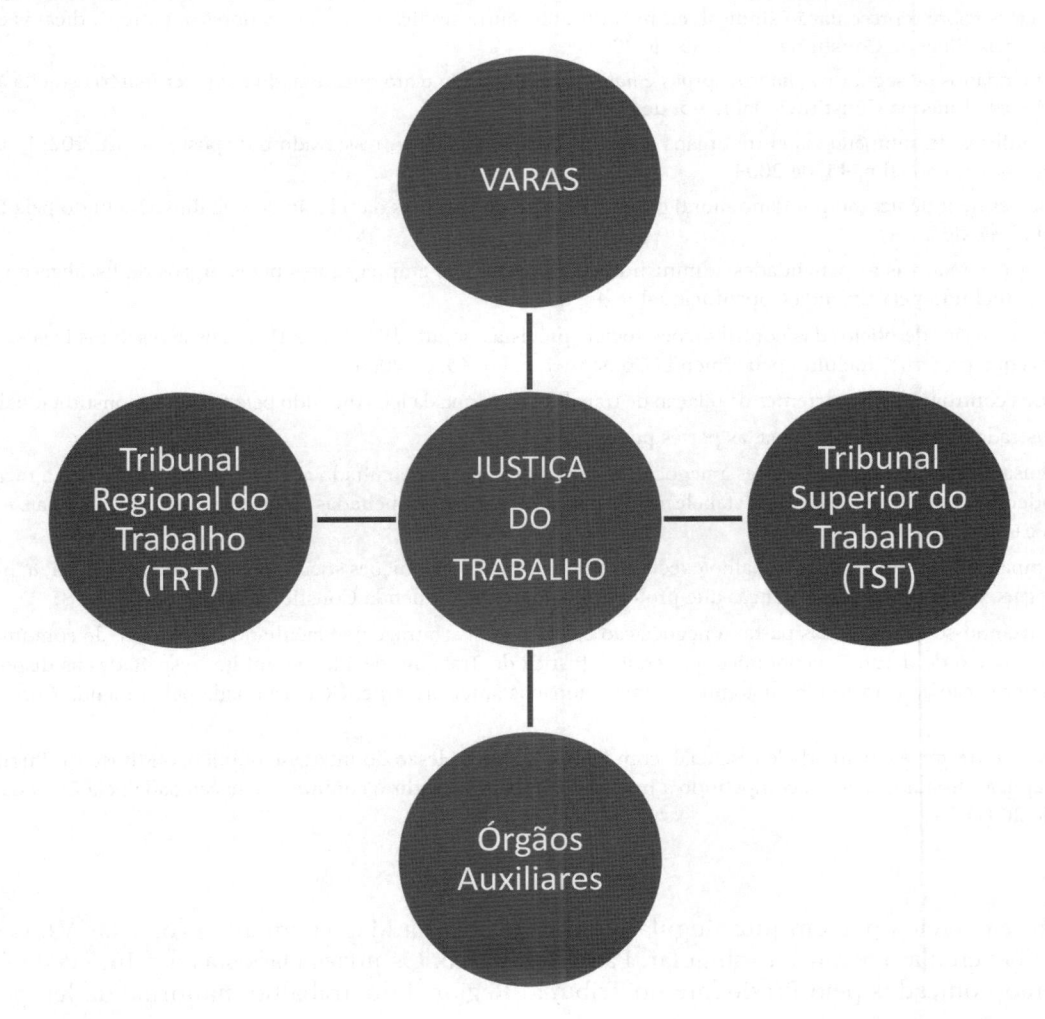

De acordo com a CLT:

Art. 643 – Os dissídios, oriundos das relações entre empregados e empregadores bem como de trabalhadores avulsos e seus tomadores de serviços, em atividades reguladas na legislação social, serão dirimidos pela Justiça do Trabalho, de acordo com o presente Título e na forma estabelecida pelo processo judiciário do trabalho.

§ 1º As questões concernentes à Previdência Social serão decididas pelos órgãos e autoridades previstos no Capítulo V deste Título e na legislação sobre seguro social.

§ 2º As questões referentes a acidentes do trabalho continuam sujeitas a justiça ordinária, na forma do Decreto n. 24.637, de 10 de julho de 1934, e legislação subsequente.

§ 3º (Vide Medida Provisória n. 2.164/41, de 24.8.2001)

Art. 644 – São órgãos da Justiça do Trabalho:

a) o Tribunal Superior do Trabalho;

b) os Tribunais Regionais do Trabalho;

c) as Juntas de Conciliação e Julgamento ou os Juízos de Direito.

Art. 645 – O serviço da Justiça do Trabalho é relevante e obrigatório, ninguém dele podendo eximir-se, salvo motivo justificado.

Art. 646 – Os órgãos da Justiça do Trabalho funcionarão perfeitamente coordenados, em regime de mútua colaboração, sob a orientação do Presidente do Tribunal Superior do Trabalho.

Já de acordo com a Constituição Federal:

Art. 114. Compete à Justiça do Trabalho processar e julgar: (Redação dada pela Emenda Constitucional n. 45, de 2004)

I – as ações oriundas da relação de trabalho, abrangidos os entes de direito público externo e da administração pública direta e indireta da União, dos Estados, do Distrito Federal e dos Municípios; (Incluído pela Emenda Constitucional n. 45, de 2004)

II – as ações que envolvam exercício do direito de greve; (Incluído pela Emenda Constitucional n. 45, de 2004)

III – as ações sobre representação sindical, entre sindicatos, entre sindicatos e trabalhadores, e entre sindicatos e empregadores; (Incluído pela Emenda Constitucional n. 45, de 2004)

IV – os mandados de segurança, *habeas corpus* e *habeas data*, quando o ato questionado envolver matéria sujeita à sua jurisdição; (Incluído pela Emenda Constitucional n. 45, de 2004)

V – os conflitos de competência entre órgãos com jurisdição trabalhista, ressalvado o disposto no art. 102, I, *o*; (Incluído pela Emenda Constitucional n. 45, de 2004)

VI – as ações de indenização por dano moral ou patrimonial, decorrentes da relação de trabalho; (Incluído pela Emenda Constitucional n. 45, de 2004)

VII – as ações relativas às penalidades administrativas impostas aos empregadores pelos órgãos de fiscalização das relações de trabalho; (Incluído pela Emenda Constitucional n. 45, de 2004)

VIII – a execução, de ofício, das contribuições sociais previstas no art. 195, I, *a*, e II, e seus acréscimos legais, decorrentes das sentenças que proferir; (Incluído pela Emenda Constitucional n. 45, de 2004)

IX – outras controvérsias decorrentes da relação de trabalho, na forma da lei. (Incluído pela Emenda Constitucional n. 45, de 2004)

§ 1º Frustrada a negociação coletiva, as partes poderão eleger árbitros.

§ 2º Recusando-se qualquer das partes à negociação ou à arbitragem, é facultado aos respectivos sindicatos ajuizar dissídio coletivo, podendo a Justiça do Trabalho estabelecer normas e condições, respeitadas as disposições convencionais e legais mínimas de proteção ao trabalho.

§ 3º Compete ainda à Justiça do Trabalho executar, de ofício, as contribuições sociais previstas no art. 195, I, *a*, e II, e seus acréscimos legais, decorrentes das sentenças que proferir. (Incluído pela Emenda Constitucional n. 20, de 1998)

§ 2º Recusando-se qualquer das partes à negociação coletiva ou à arbitragem, é facultado às mesmas, de comum acordo, ajuizar dissídio coletivo de natureza econômica, podendo a Justiça do Trabalho decidir o conflito, respeitadas as disposições mínimas legais de proteção ao trabalho, bem como as convencionadas anteriormente. (Redação dada pela Emenda Constitucional n. 45, de 2004)

§ 3º Em caso de greve em atividade essencial, com possibilidade de lesão do interesse público, o Ministério Público do Trabalho poderá ajuizar dissídio coletivo, competindo à Justiça do Trabalho decidir o conflito. (Redação dada pela Emenda Constitucional n. 45, de 2004)

1. AS VARAS

A jurisdição é exercida por um juiz singular conforme a Carta Magna em art. 116, "Nas Varas do Trabalho, a jurisdição será exercida por um juiz singular. Parágrafo único. Os juízes classistas das Juntas de Conciliação e Julgamento serão nomeados pelo Presidente do Tribunal Regional do Trabalho, na forma da lei, permitida uma recondução".

A lei disporá tanto sobre a constituição como a investiura, garantias e competência para o exercícios dos órgão da Justiça do Trabalho, como visto na CF, art. 113: "Art. 113. A lei disporá sobre a constituição, investidura, jurisdição, competência, garantias e condições de exercício dos órgãos da Justiça do Trabalho". Esses critérios serão determinados pela Lei n. 6.947/1981, que dispõe sobre o estabelecimento da Junta de Conciliação e Julgamento.

> Art. 1º A criação de Junta de Conciliação e Julgamento está condicionada à existência, na base territorial prevista para sua jurisdição, de mais de 24.000 (vinte e quatro mil) empregados ou ao ajuizamento, de média igual ou superior, no último triênio, de pelo menos 240 (duzentas e quarenta) reclamações anuais.
>
> Parágrafo único – Nas áreas de jurisdição de juntas, só serão criadas novas unidades quando a freqüência de reclamações, em cada órgão já existente, exceder, seguidamente, a 1.500 (mil e quinhentas) reclamações por ano.
>
> Art. 2º – A jurisdição de uma Junta de Conciliação e Julgamento só poderá ser estendida a Municípios situados em um raio máximo de 100 (cem) quilômetros da sede e desde que existam facilidades de acesso e meios de condução regulares.
>
> § 1º Para cobrir área territorial situada entre duas ou mais jurisdições, que não comporte instalações de Junta, poderá o Tribunal Regional do Trabalho propor a inclusão de área em qualquer das jurisdições limítrofes, ainda que fora do raio de 100 (cem) quilômetros, respeitado os requisitos da parte final do *caput* deste artigo.
>
> § 2º Aprovada pelo Tribunal Superior do Trabalho, a proposta de que trate o parágrafo anterior terá caráter de urgência.
>
> § 3º Para conveniência da distribuição da Justiça, em jurisdições de grandes distâncias a percorrer, o Tribunal Regional do Trabalho poderá regular o deslocamento de Junta, com recursos próprios, visando ao recebimento de reclamações e à realização de audiências.

Os juízes entram na Justiça do Trabalho por concurso público como juízes substitutos, conforme os dispositivos no art. 654 da CLT:

> Art. 654 – O ingresso na magistratura do trabalho far-se-á para o cargo de juiz do trabalho substituto. As nomeações subsequentes por promoção alternadamente, por antiguidade e merecimento. (Redação dada pelo Decreto-lei n. 229, de 28.2.1967)
>
> § 1º Nas 7ª e 8ª Regiões da Justiça do Trabalho, nas localidades fora das respectivas sedes, haverá suplentes de juiz do trabalho presidente de Junta, sem direito a acesso nomeados pelo Presidente da República, dentre brasileiros, bacharéis em direito, de reconhecida idoneidade moral, especializados em Direito do Trabalho, pelo período de 2 (dois) anos, podendo ser reconduzidos. (Redação dada pelo Decreto-lei n. 229, de 28.2.1967)
>
> § 2º Os suplentes de juiz do trabalho receberão, quando em exercício, vencimentos iguais aos dos juízes que substituírem. (Redação dada pelo Decreto-lei n. 229, de 28.2.1967)
>
> § 3º Os juízes substitutos serão nomeados após aprovação em concurso público de provas e títulos realizado perante o Tribunal Regional do Trabalho da Região, válido por 2 (dois) anos e prorrogável, a critério do mesmo órgão, por igual período, uma só vez, e organizado de acordo com as instruções expedidas pelo Tribunal Superior do Trabalho. (Parágrafo incluído pelo Decreto-lei n. 9.797, de 9.9.1946 e alterado pela Lei n. 6.087, de 16.7.1974)
>
> § 4º Os candidatos inscritos só serão admitidos ao concurso após apreciação prévia, pelo Tribunal Regional do Trabalho da respectiva Região, dos seguintes requisitos: (Parágrafo incluído pelo Decreto-lei n. 9.797, de 9.9.1946 e alterado pelo Decreto-lei n. 229, de 28.2.1967)
>
> a) idade maior de 25 (vinte e cinco) anos e menor de 45 (quarenta e cinco) anos; (Alínea incluída pelo Decreto-lei n. 9.797, de 9.9.1946 e alterado pelo Decreto-lei n. 229, de 28.2.1967)
>
> b) idoneidade para o exercício das funções. (Alínea incluída pelo Decreto-lei n. 9.797, de 9.9.1946 e alterado pelo Decreto-lei n. 229, de 28.2.1967)
>
> § 5º O preenchimento dos cargos do presidente de Junta, vagos ou criadas por lei, será feito dentro de cada Região: (Parágrafo incluído pelo Decreto-lei n. 9.797, de 9.9.1946 e alterado pelo Decreto-lei n. 229, de 28.2.1967)
>
> a) pela remoção de outro presidente, prevalecendo a antigüidade no cargo, caso haja mais de um pedido, desde que a remoção tenha sido requerida, dentro de quinze dias, contados da abertura da vaga, ao Presidente do Tribunal Regional, a quem caberá expedir o respectivo ato. (Alínea incluída pelo Decreto-lei n. 9.797, de 9.9.1946 e alterado pela Lei n. 6.090, de 16.7.1974)
>
> b) pela promoção de substituto, cuja aceitação será facultativa, obedecido o critério alternado de antiguidade e merecimento. (Alínea incluída pelo Decreto-lei n. 9.797, de 9.9.1946 e alterado pelo Decreto-lei n. 229, de 28.2.1967)
>
> § 6º Os juízes do trabalho, presidentes de Junta, juízes substitutos e suplentes de juiz tomarão posse perante o presidente do Tribunal da respectiva Região. Nos Estados que, não forem sede de Tribunal Regional do Trabalho, a posse dar-se-á perante o presidente do Tribunal de Justiça, que remeterá o têrmo ao presidente do Tribunal Regional da jurisdição do empossado. Nos Territórios a posse dar-se-á perante o presidente do Tribunal Regional do Trabalho da respectiva Região. (Parágrafo incluído pelo Decreto-lei n. 9.797, de 9.9.1946 e alterado pelo Decreto-lei n. 229, de 28.2.1967)

2. TRIBUNAL REGIONAL DO TRABALHO (TRT)

Esse órgão é competente para o julgamento de recursos ordinário contra as decisões das Varas que englobam: mandados de segurança, agravos de intrumentos, ações recisórias, ações originárias, etc.

3. TRIBUNAL SUPERIOR DO TRABALHO (TST)

Este Tribunal possui a função de uniformizar a jurisprudência trabalhista, dessa forma ele julga os agravos de instrumento, os recursos ordinários e de revista contra as decisões de TRTs e também instrumentos de dissídios coletivos de categorias que estão organizadas em nível nacional, este é composto por 27 juízes.

> Art. 111-A. O Tribunal Superior do Trabalho compor-se-á de vinte e sete Ministros, escolhidos dentre brasileiros com mais de trinta e cinco e menos de sessenta e cinco anos, nomeados pelo Presidente da República após aprovação pela maioria absoluta do Senado Federal, sendo:
>
> I – um quinto dentre advogados com mais de dez anos de efetiva atividade profissional e membros do Ministério Público do Trabalho com mais de dez anos de efetivo exercício, observado o disposto no art. 94;
>
> II – os demais dentre juízes dos Tribunais Regionais do Trabalho, oriundos da magistratura da carreira, indicados pelo próprio Tribunal Superior.
>
> § 1º A lei disporá sobre a competência do Tribunal Superior do Trabalho.
>
> § 2º Funcionarão junto ao Tribunal Superior do Trabalho:
>
> I – a Escola Nacional de Formação e Aperfeiçoamento de Magistrados do Trabalho, cabendo-lhe, dentre outras funções, regulamentar os cursos oficiais para o ingresso e promoção na carreira;
>
> II – o Conselho Superior da Justiça do Trabalho, cabendo-lhe exercer, na forma da lei, a supervisão administrativa, orçamentária, financeira e patrimonial da Justiça do Trabalho de primeiro e segundo graus, como órgão central do sistema, cujas decisões terão efeito vinculante.

4. ÓRGÃOS AUXILIARES

Os órgãos auxiliares são a Secretaria, os Oficiais de Justiça, o Distribuidor e a Contadoria.

Na CLT, as funções da Secretaria estão dispostas nos arts. 710, 711 e 712.

> Art. 710 – Cada Junta terá 1 (uma) secretaria, sob a direção de funcionário que o Presidente designar, para exercer a função de secretário, e que receberá, além dos vencimentos correspondentes ao seu padrão, a gratificação de função fixada em lei.
>
> Art. 711 – Compete à secretaria das Juntas:
>
> a) o recebimento, a autuação, o andamento, a guarda e a conservação dos processos e outros papéis que lhe forem encaminhados;
>
> b) a manutenção do protocolo de entrada e saída dos processos e demais papéis;
>
> c) o registro das decisões;
>
> d) a informação, às partes interessadas e seus procuradores, do andamento dos respectivos processos, cuja consulta lhes facilitará;
>
> e) a abertura de vista dos processos às partes, na própria secretaria;
>
> f) a contagem das custas devidas pelas partes, nos respectivos processos;
>
> g) o fornecimento de certidões sobre o que constar dos livros ou do arquivamento da secretaria;
>
> h) a realização das penhoras e demais diligências processuais;
>
> i) o desempenho dos demais trabalhos que lhe forem cometidos pelo Presidente da Junta, para melhor execução dos serviços que lhe estão afetos.
>
> Art. 712 – Compete especialmente aos secretários das Juntas de Conciliação e Julgamento:
>
> a) superintender os trabalhos da secretaria, velando pela boa ordem do serviço;
>
> b) cumprir e fazer cumprir as ordens emanadas do Presidente e das autoridades superiores;
>
> c) submeter a despacho e assinatura do Presidente o expediente e os papéis que devam ser por ele despachados e assinados;
>
> d) abrir a correspondência oficial dirigida à Junta e ao seu Presidente, a cuja deliberação será submetida;
>
> e) tomar por termo as reclamações verbais nos casos de dissídios individuais;
>
> f) promover o rápido andamento dos processos, especialmente na fase de execução, e a pronta realização dos atos e diligências deprecadas pelas autoridades superiores;
>
> g) secretariar as audiências da Junta, lavrando as respectivas atas;
>
> h) subscrever as certidões e os termos processuais;
>
> i) dar aos litigantes ciência das reclamações e demais atos processuais de que devam ter conhecimento, assinando as respectivas notificações;
>
> j) executar os demais trabalhos que lhe forem atribuídos pelo Presidente da Junta.
>
> Parágrafo único – Os serventuários que, sem motivo justificado, não realizarem os atos, dentro dos prazos fixados, serão descontados em seus vencimentos, em tantos dias quantos os do excesso.

A função dos oficiais de justiça está prevista no art. 721 da CLT:

Art. 721 – Incumbe aos Oficiais de Justiça e Oficiais de Justiça Avaliadores da Justiça do Trabalho a realização dos atos decorrentes da execução dos julgados das Juntas de Conciliação e Julgamento e dos Tribunais Regionais do Trabalho, que lhes forem cometidos pelos respectivos Presidentes.

§ 1º Para efeito de distribuição dos referidos atos, cada Oficial de Justiça ou Oficial de Justiça Avaliador funcionará perante uma Junta de Conciliação e Julgamento, salvo quando da existência, nos Tribunais Regionais do Trabalho, de órgão específico, destinado à distribuição de mandados judiciais.

§ 2º Nas localidades onde houver mais de uma Junta, respeitado o disposto no parágrafo anterior, a atribuição para o cumprimento do ato deprecado ao Oficial de Justiça ou Oficial de Justiça Avaliador será transferida a outro Oficial, sempre que, após o decurso de 9 (nove) dias, sem razões que o justifiquem, não tiver sido cumprido o ato, sujeitando-se o serventuário às penalidades da lei.

§ 3º No caso de avaliação, terá o Oficial de Justiça Avaliador, para cumprimento da ato, o prazo previsto no art. 888.

§ 4º É facultado aos Presidentes dos Tribunais Regionais do Trabalho cometer a qualquer Oficial de Justiça ou Oficial de Justiça Avaliador a realização dos atos de execução das decisões dêsses Tribunais.

§ 5º Na falta ou impedimento do Oficial de Justiça ou Oficial de Justiça Avaliador, o Presidente da Junta poderá atribuir a realização do ato a qualquer serventuário.

A função dos ditribuidores também está prevista na CLT, arts. 713, 714 e 715.

Art. 713 – Nas localidades em que existir mais de uma Junta de Conciliação e Julgamento haverá um distribuidor.

Art. 714 – Compete ao distribuidor:

a) a distribuição, pela ordem rigorosa de entrada, e sucessivamente a cada Junta, dos feitos que, para esse fim, lhe forem apresentados pelos interessados;

b) o fornecimento, aos interessados, do recibo correspondente a cada feito distribuído;

c) a manutenção de 2 (dois) fichários dos feitos distribuídos, sendo um organizado pelos nomes dos reclamantes e o outro dos reclamados, ambos por ordem alfabética;

d) o fornecimento a qualquer pessoa que o solicite, verbalmente ou por certidão, de informações sobre os feitos distribuídos;

e) a baixa na distribuição dos feitos, quando isto lhe for determinado pelos Presidentes das Juntas, formando, com as fichas correspondentes, fichários à parte, cujos dados poderão ser consultados pelos interessados, mas não serão mencionados em certidões.

Art. 715 – Os distribuidores são designados pelo Presidente do Tribunal Regional dentre os funcionários das Juntas e do Tribunal Regional, existentes na mesma localidade, e ao mesmo Presidente diretamente subordinados.

Por fim, a contadoria trará os cálculos de juros, a correção monetária ou as atividades determinadas pelos juízes.

CAPÍTULO IV
Comissão de conciliação prévia

A Comissão de Conciliação Prévia (CCP) é o ruto da Lei n. 9.958/2000 que incluiu os arts. 652-A a 625-H na Consolidação das Leis de Trabalho (CLT), aplica-se as funções da Comissão, o princípio da paridade entre os empregadores e empregados, conforme descrito no art. 625-A da CLT:

> Conciliação Prévia, de composição paritária, com representante dos empregados e dos empregadores, com a atribuição de tentar conciliar os conflitos individuais do trabalho. Parágrafo único: As Comissões referidas no *caput* deste artigo poderão ser constituídas por grupos de empresas ou ter caráter intersindical.

A Comissão de Conciliação Prévia apenas solucionará conflitos individuais e a sua criação é facultativa, ela poderá ser formada no âmbito sindical[6] e empresarial[7].

Quanto à estabilidade dos membros da Comissão de Conciliação Prévia existem dois pontos polêmicos, o primeiro se refere a estabilidade, a CLT é omissa nesse quesito, e a necessidade de inquérito judicial para apurar falta grave que poderá levar a dispensa do empregado.

Sobre termo inicial da estabilidade provisória parte da doutrina acredita que não há necessidade do inquérito judicial para dispensa do funcionário estável por justa causa, baseando-se no fato de que não existe uma previsão legal. De outro lado, a corrente majoritária pontua que existe a necessidade do inquérito judicial, conforme a CF, art. 8º, VII[8] e do art. 543, parágrafo da CLT[9].

---

(6) Art. 625-C. A Comissão instituída no âmbito do sindicato terá sua constituição e normas de funcionamento definidas em convenção ou acordo coletivo.

(7) Art. 625-B. A Comissão instituída no âmbito da empresa será composta de, no mínimo, dois e, no máximo, dez membros, e observará as seguintes normas:
I – a metade de seus membros será indicada pelo empregador e outra metade eleita pelos empregados, em escrutínio, secreto, fiscalizado pelo sindicato de categoria profissional; II – haverá na Comissão tantos suplentes quantos forem os representantes titulares; III – o mandato dos seus membros, titulares e suplentes, é de um ano, permitida uma recondução. § 1º É vedada a dispensa dos representantes dos empregados membros da Comissão de Conciliação Prévia, titulares e suplentes, até um ano após o final do mandato, salvo se cometerem falta grave, nos termos da lei. § 2º O representante dos empregados desenvolverá seu trabalho normal na empresa afastando-se de suas atividades apenas quando convocado para atuar como conciliador, sendo computado como tempo de trabalho efetivo o despendido nessa atividade.

(8) Art. 8º É livre a associação profissional ou sindical, observado o seguinte: VIII – é vedada a dispensa do empregado sindicalizado, a partir do registro da candidatura a cargo de direção ou representação sindical e, se eleito, ainda *que suplente, até um ano após o final do mandato, salvo se cometer falta grave nos termos da lei;* [...].

(9) Art. 543. § 3º Fica vedada a dispensa do empregado sindicalizado ou associado, a partir do momento do registro de sua candidatura a cargo de direção ou representação sindical ou de associação profissional, até um ano após o final do seu mandato, caso seja eleito, inclusive como suplente, salvo se cometer falta grave devidamente apurada nos termos desta Consolidação.
Súmula n. 197, Supremo Tribunal Federal.
O empregado com representação sindical só pode ser despedido mediante inquérito em que se apure a falta grave.
Súmula n. 379, Tribunal Superior do Trabalho.
O dirigente sindical somente poderá ser dispensado por falta grave mediante a apuração em inquérito judicial, inteligência dos arts. 494 e 543, § 3º, da CLT.

CAPÍTULO V
Competência da Justiça do Trabalho

A competência pode ser compreendida como uma parcela da jurisdição que fica sob a responsabilidade de cada juiz, sendo assim cada área geográfica em o juiz atuará e emitirá as suas decisões (MARTINS, 2005)[10]. Nesses termos compete a Justiça do Trabalho:

Art. 114. Compete à Justiça do Trabalho processar e julgar:

I – as ações oriundas da relação de trabalho, abrangidos os entes de direito público externo e da administração pública direta e indireta da União, dos Estados, do Distrito Federal e dos Municípios;

II – as ações que envolvam exercício do direito de greve;

III – as ações sobre representação sindical, entre sindicatos, entre sindicatos e trabalhadores, e entre sindicatos e empregadores;

IV – os mandados de segurança, *habeas corpus* e *habeas data*, quando o ato questionado envolver matéria sujeita à sua jurisdição;

V – os conflitos de competência entre órgãos com jurisdição trabalhista, ressalvado o disposto no art. 102, I, *o*;

VI – as ações de indenização por dano moral ou patrimonial, decorrentes da relação de trabalho;

VII – as ações relativas às penalidades administrativas impostas aos empregadores pelos órgãos de fiscalização das relações de trabalho;

VIII – a execução, de ofício, das contribuições sociais previstas no art. 195, I, *a*, e II, e seus acréscimos legais, decorrentes das sentenças que proferir;

IX – outras controvérsias decorrentes da relação de trabalho, na forma da lei.

§ 1º Frustrada a negociação coletiva, as partes poderão eleger árbitros.

§ 2º Recusando-se qualquer das partes à negociação coletiva ou à arbitragem, é facultado às mesmas, de comum acordo, ajuizar dissídio coletivo de natureza econômica, podendo a Justiça do Trabalho decidir o conflito, respeitadas as disposições mínimas legais de proteção ao trabalho, bem como as convencionadas anteriormente.

§ 3º Em caso de greve em atividade essencial, com possibilidade de lesão do interesse público, o Ministério Público do Trabalho poderá ajuizar dissídio coletivo, competindo à Justiça do Trabalho decidir o conflito.

A competência da Justiça do Trabalho poderá ser dividida em relação: à matéria, às pessoas, ao lugar e ao funcional (SCHIAVI, 2011)[11].

Matéria	Toda matéria envolvendo qualquer tipo de trabalhador será competência da Justiça do Trabalhador, mas cabe aqui destacar que existe uma diferença entre trabalho e emprego, pois a relação de trabalho deve ser compreendida como gênero, enquanto a relação de emprego deverá ser entendida como espécie.
Pessoas	Funcionários públicos com regime contratual, empregados urbanos, rurais, domésticos, trabalhadores temporários, trabalhador avulso, trabalhadores portuários, trabalhador por tempo determinado, os empregados de empresas públicas, sociedade de economia mista e de funcionários de fundações e autarquias de direito público estadual e municipal se forem celestistas, servidor estadual no exercício de cargo em comissão, Servidores de cartórios extrajudiciais e jogadores de futebol.

---

(10) MARTINS, Sergio Pinto. *Direito do Trabalho*. 21. ed. São Paulo: Atlas, 2005.
(11) SCHIAVI, Mauro. *Manual de Direito Processual do Trabalho*. 4. ed. São Paulo: LTr, 2011.

Lugar	A vara possui a competência para realizar o exame de questões sob a sua jurisdição conforme o art. 759 no CPC.
Funcional	Art. 659 – Competem privativamente aos Presidentes das Juntas, além das que lhes forem conferidas neste Título e das decorrentes de seu cargo, as seguintes atribuições:
	I – presidir às audiências das Juntas;
	II – executar as suas próprias decisões, as proferidas pela Junta e aquelas cuja execução lhes for deprecada;
	III – dar posse aos vogais nomeados para a Junta, ao Secretário e aos demais funcionários da Secretaria;
	IV – convocar os suplentes dos vogais, no impedimento destes;
	V – representar ao Presidente do Tribunal Regional da respectiva jurisdição, no caso de falta de qualquer vogal a 3 (três) reuniões consecutivas, sem motivo justificado, para os fins do art. 727;
	VI – despachar os recursos interpostos pelas partes, fundamentando a decisão recorrida antes da remessa ao Tribunal Regional, ou submetendo-os à decisão da Junta, no caso do art. 894;
	VII – assinar as folhas de pagamento dos membros e funcionários da Junta;
	VIII – apresentar ao Presidente do Tribunal Regional, até 15 de fevereiro de cada ano, o relatório dos trabalhos do ano anterior;
	IX – conceder medida liminar, até decisão final do processo, em reclamações trabalhistas que visem a tornar sem efeito transferência disciplinada pelos parágrafos do art. 469 desta Consolidação.
	X – conceder medida liminar, até decisão final do processo, em reclamações trabalhistas que visem reintegrar no emprego dirigente sindical afastado, suspenso ou dispensado pelo empregador.

CAPÍTULO VI
As partes e os procuradores na justiça do trabalho

Na CLT, as partes e os procuradores na Justiça do Trabalho estão expostos aos arts. 791 a 793, na seção IV. Como observado, tanto os empregados quanto empregadores, ao reclamarem pessoalmente na Justiça do Trabalho, possuem o direito previsto de acompanhar as suas solicitações até o final do caso julgado (CÂMARA, 2007)[12].

> Art. 791 – Os empregados e os empregadores poderão reclamar pessoalmente perante a Justiça do Trabalho e acompanhar as suas reclamações até o final.
>
> § 1º Nos dissídios individuais os empregados e empregadores poderão fazer-se representar por intermédio do sindicato, advogado, solicitador, ou provisionado, inscrito na Ordem dos Advogados do Brasil.
>
> § 2º Nos dissídios coletivos é facultada aos interessados a assistência por advogado.
>
> Art. 792 – Os maiores de 18 (dezoito) e menores de 21 (vinte e um) anos e as mulheres casadas poderão pleitear perante a Justiça do Trabalho sem a assistência de seus pais, tutores ou maridos.
>
> Art. 793. A reclamação trabalhista do menor de 18 anos será feita por seus representantes legais e, na falta destes, pela Procuradoria da Justiça do Trabalho, pelo sindicato, pelo Ministério Público estadual ou curador nomeado em juízo.

---

(12) CÂMARA, Alexandre Freitas. *Lições de Direito Processual Civil*. 16. ed. Rio de Janeiro: Lumem Juris, 2007. v. I

CAPÍTULO VII
Os atos, termos e prazos processuais trabalhistas

A CLT aborda, nos arts. 770 a 782, os termos e os prazos processuais trabalhistas.

> Art. 770 – Os atos processuais serão públicos salvo quando o contrário determinar o interesse social, e realizar-se-ão nos dias úteis das 6 (seis) às 20 (vinte) horas.
>
> Parágrafo único – A penhora poderá realizar-se em domingo ou dia feriado, mediante autorização expressa do juiz ou presidente.
>
> Art. 771 – Os atos e termos processuais poderão ser escritos a tinta, datilografados ou a carimbo.
>
> Art. 772 – Os atos e termos processuais, que devam ser assinados pelas partes interessadas, quando estas, por motivo justificado, não possam fazê-lo, serão firmados a rogo, na presença de 2 (duas) testemunhas, sempre que não houver procurador legalmente constituído.
>
> Art. 773 – Os termos relativos ao movimento dos processos constarão de simples notas, datadas e rubricadas pelos secretários ou escrivães.
>
> Art. 774 – Salvo disposição em contrário, os prazos previstos neste Título contam-se, conforme o caso, a partir da data em que for feita pessoalmente, ou recebida a notificação, daquela em que for publicado o edital no jornal oficial ou no que publicar o expediente da Justiça do Trabalho, ou, ainda, daquela em que for afixado o edital na sede da Junta, Juízo ou Tribunal.
>
> Parágrafo único – Tratando-se de notificação postal, no caso de não ser encontrado o destinatário ou no de recusa de recebimento, o Correio ficará obrigado, sob pena de responsabilidade do servidor, a devolvê-la, no prazo de 48 (quarenta e oito) horas, ao Tribunal de origem.
>
> Art. 775 – Os prazos estabelecidos neste Título contam-se com exclusão do dia do começo e inclusão do dia do vencimento, e são contínuos e irreleváveis, podendo, entretanto, ser prorrogados pelo tempo estritamente necessário pelo juiz ou tribunal, ou em virtude de força maior, devidamente comprovada.
>
> Parágrafo único – Os prazos que se vencerem em sábado, domingo ou dia feriado, terminarão no primeiro dia útil seguinte.
>
> Art. 776 – O vencimento dos prazos será certificado nos processos pelos escrivães ou secretários.
>
> Art. 777 – Os requerimentos e documentos apresentados, os atos e termos processuais, as petições ou razões de recursos e quaisquer outros papéis referentes aos feitos formarão os autos dos processos, os quais ficarão sob a responsabilidade dos escrivães ou secretários.
>
> Art. 778 – Os autos dos processos da Justiça do Trabalho, não poderão sair dos cartórios ou secretarias, salvo se solicitados por advogados regularmente constituído por qualquer das partes, ou quando tiverem de ser remetidos aos órgãos competentes, em caso de recurso ou requisição.
>
> Art. 779 – As partes, ou seus procuradores, poderão consultar, com ampla liberdade, os processos nos cartórios ou secretarias.
>
> Art. 780 – Os documentos juntos aos autos poderão ser desentranhados somente depois de findo o processo, ficando traslado.

Assim, observa-se que eles devem ser realizados em dias úteis de 6 às 20 horas. A notificação abrange a citação e a intimação que poderá ser feita pelos correios ou pessoalmente pelo oficial de justiça. A Lei n. 8.900/1999 permite que os dados sejam transmitidos por fax, mas os orginais deverão ser protocolados no prazo de 5 (cinco) dias úteis (JÚNIOR, 2010)[13].

---

(13) JÚNIOR, Cairo José. *Curso de Direito Processual do Trabalho*. 3. ed. Salvador: JusPodivm, 2010.

CAPÍTULO VIII
As nulidades no processo do trabalho

Será considerado nulo todo o ato processual que estiver em desacordo com as normas de ordem pública. A nulidade poderá ser declarada de ofício pelo magistrado ou ela poderá ser alegada em qualquer tempo e grau de jurisdição pelo empregador ou pelos empregados. O ato nulo, porém, necessita de uma decisão judicial.

O ato processual anulável ocorre quando forem constatadas qualquer o desrespeito a uma norma. O ato apenas será passível de anulação se for provocado pela parte interessada, nesse caso, o magistrado fica imedido de agir de ofício. Dessa forma, se não houver uma provocação da parte interessada, o ato processual anulável passa a ter validade (CAIRO JÚNIOR, 2010[14]).

O ato processual será considerado inexistente quando for faltante alguma característica essencial para a sua formação. Os atos processuais inexistentes não produzirão efeitos no mundo jurídico.

O momento correto de arguir a nulidade está previsto na CLT no art. 795: "... Art. 795 – As nulidades não serão declaradas senão mediante provocação das partes, as quais deverão argui-las à primeira vez em que tiverem de falar em audiência ou nos autos."

As nulidades no Processo de Trabalho devem respeitar algumas regras: somente será declarada com a provocação prévia das partes[15]; a nulidade absoluta poderá ser declarada de ofício pelo juiz da causa, conforme previsto no art. 795 do CPC[16], ela não será pronunciada se houver a possibilidade de suprir lhe a falta ou repetir o ato[17]; não será pronunciada se a parte beneficiada foi quem lhe deu causa, conforme art. 796 do CPC[18]; somente afetará os atos posteriores e que dele sejam dependentes ou consequentes, de acordo com o art. 798[19] e ao declarar a nulidade do ato, deverá o juiz explicitar quais são os atos atingidos pela declaração[20].

---

(14) CAIRO JÚNIOR, José. *Curso de Direito Processual do Trabalho*. 3. ed. Salvador: JusPodivm, 2010.
(15) Art. 795 – As nulidades não serão declaradas senão mediante provocação das partes, as quais deverão argui-las à primeira vez em que tiverem de falar em audiência ou nos autos.
(16) § 1º Deverá, entretanto, ser declarada *ex officio* a nulidade fundada em incompetência de foro. Nesse caso, serão considerados nulos os atos decisórios.
(17) Art. 796 – A nulidade não será pronunciada: a) quando for possível suprir-se a falta ou repetir-se o ato.
(18) Art. 796 – A nulidade não será pronunciada: b) quando argüida por quem lhe tiver dado causa.
(19) Art. 798 – A nulidade do ato não prejudicará senão os posteriores que dele dependam ou sejam consequência.
(20) Art. 797 – O juiz ou Tribunal que pronunciar a nulidade declarará os atos a que ela se estende.

CAPÍTULO IX
Procedimentos no direito processual do trabalho

O Processo pode ser compreendido como um instrumento da jurisdição, sendo um conjunto de atos processuais coordenados que se sucedem no tempo que têm o objetivo da entrega da prestação jurisdicional, de outro lado o procedimento ou rito se diferencia do processo, pois é a forma pela qual o processo desenvolve-se.

São quatro os Procedimentos do Direito Processual.

O primeiro deles é o **Procedimento Comum ou Ordinário**, cujas características principais são: a apresentação de uma proposta de conciliação antes da sentença, é um procedimento completo com regras previstas na CLT e aplicável quando a demanda no valor não utrapassar 40 salários mínimos.

O segundo é o **Procedimento Sumário**, onde ocorre o rito célere e está previsto nos arts. 2º, §§ 3º e 4º da Lei n. 5.584/1970; sendo o valor da causa de até 2 (dois) salários mínimos.

Já o terceiro é o **Procedimento Sumaríssimo**, apresenta um rito célere, tem previsão nos arts. 852-A a 852-I, da CLT e Lei n. 9.957/2000; valor da causa é acima de 2 (dois) salários mínimos, até 40 (quarenta) salários mínimos; abrange apenas dissídios individuais; aplicável a Empresas públicas e a Sociedades de Economia Mista.

Por fim, os **Procedimentos Especiais** englobam algumas regras, tais como: instauração de inquério judicial, ação de cumprimento, dissídio coletivo, entre outros.

CAPÍTULO X
Reclamação trabalhista

A reclamação trabalhista é caracterizada por três ritos processuais, são eles: o ordinário, sumaríssimo e o sumário.

1. RITO ORDINÁRIO

Esse será cabível quando não houver cabimento para a aplicação do rito sumário ou sumaríssimo e quando o valor total da causa ultrapassar os 40 salários mínimos. Ele poderá citado por edital. As entidades públicas poderão ser demandadas e são necessárias três testemunhas de cada parte.

2. RITO SUMÁRIO

Esse é o mais rápido, mas tem recebido críticas por ter um duplo grau de jurisdição que é vedado na CF, porém esse rito tem sido aceito pela sociedade e é uma ferramenta muito útil e eficiente para pequenas causas, cujo valor seja menor que 2 salários mínimos, conforme o art. 2º, § 3º e § 4º da Lei n. 5.584/1970[21].

São características causas de até 2 salários; não haverá nenhum recurso de sua sentença, apenas recurso extraordinário em casos de ofensa à Constituição ou pedido de revisão ao valor fixado pelo juiz que será feito impugnando a sentença em juízo no momento das razões finais.

Se negado pelo juiz, esse pedido deverá ser encaminhado em até 48 horas ao TRT para ser revisto, conforme a Lei n. 5.584/1970[22].

3. RITO SUMARÍSSIMO

Como características observa-se que o valor da causa não poderá ser maior que 40 salários mínimos; aplicável em dissídios individuais[23].

---

(21) Art 2º Nos dissídios individuais, proposta a conciliação, e não havendo acordo, o Presidente da Junta ou o Juiz, antes de passar à instrução da causa, fixar-lhe-á o valor para a determinação da alçada, se este for indeterminado no pedido.

§ 3º Quando o valor fixado para a causa, na forma deste artigo, não exceder de 2 (duas) vezes o salário-mínimo vigente na sede do Juízo, será dispensável o resumo dos depoimentos, devendo constar da Ata a conclusão da Junta quanto à matéria de fato.

§ 4º Salvo se versarem sobre matéria constitucional, nenhum recurso caberá das sentenças proferidas nos dissídios da alçada a que se refere o parágrafo anterior, considerado, para esse fim, o valor do salário mínimo à data do ajuizamento da ação.

(22) Art 2º Nos dissídios individuais, proposta a conciliação, e não havendo acordo, o Presidente da Junta ou o Juiz, antes de passar à instrução da causa, fixar-lhe-á o valor para a determinação da alçada, se este for indeterminado no pedido.

§ 4º Salvo se versarem sobre matéria constitucional, nenhum recurso caberá das sentenças proferidas nos dissídios da alçada a que se refere o parágrafo anterior, considerado, para esse fim, o valor do salário mínimo à data do ajuizamento da ação.

Art 1º Nos processos perante a Justiça do Trabalho, observar-se-ão os princípios estabelecidos nesta lei.

§ 1º Em audiência, ao aduzir razões finais, poderá qualquer das partes, impugnar o valor fixado e, se o Juiz o mantiver, pedir revisão da decisão, no prazo de 48 (quarenta e oito) horas, ao Presidente do Tribunal Regional.

– A lei não previu o número máximo de testemunhas, por analogia entende-se que serão três.

Entendendo os procedimentos ordinário, sumaríssimo e sumário no processo do trabalho, legislação e doutrina dos ritos processuais da justiça do trabalho.

(23) Art. 852-A. Os dissídios individuais cujo valor não exceda a quarenta vezes o salário mínimo vigente na data do ajuizamento da reclamação ficam submetidos ao procedimento sumaríssimo.

Parágrafo único. Estão excluídas do procedimento sumaríssimo as demandas em que é parte a Administração Pública direta, autárquica e fundacional.

Entre os requisitos para a aplicação desse procedimento estão: ter um pedido certo ou determinado, mas deverá sempre ser líquido; o reclamante deverá realizar a indicação do nome e o endereço do reclamado; a não observância desses requisitos levará ao arquivamento do processo[24].

---

(24) Art. 852-B. Nas reclamações enquadradas no procedimento sumaríssimo:
I – o pedido deverá ser certo ou determinado e indicará o valor correspondente;
II – não se fará citação por edital, incumbindo ao autor a correta indicação do nome e endereço do reclamado;
III – a apreciação da reclamação deverá ocorrer no prazo máximo de quinze dias do seu ajuizamento, podendo constar de pauta especial, se necessário, de acordo com o movimento judiciário da Junta de Conciliação e Julgamento.
§ 1º O não atendimento, pelo reclamante, do disposto nos incisos I e II deste artigo importará no arquivamento da reclamação e condenação ao pagamento de custas sobre o valor da causa.
Obs.: Caso ocorra esse arquivamento, a decisão será decidida por sentença de extinção do processo sem resolução de mérito, decisão essa que, obviamente, poderá ser atacada por Recurso Ordinário;
– A audiência é una, todo o procedimento é feito no mesmo dia;
– Do ajuizamento da reclamação até o dia da sentença, deverá ter o lapso temporal de no máximo 15 dias;
– A audiência pode ser interrompida (perícia por exemplo), mas da continuação da audiência até a sua sentença deverão transcorrer o máximo de 45 dias, a contar da data do ajuizamento;
– A prova testemunhal é limitada a 2 testemunhas.

CAPÍTULO XI
Defesas ou resposta do reclamado

A defesa objetiva impugnar a pretensão do autor, fazendo uma contestação. Segundo o art. 297 do CPC a resposta do réu compreende: contestação, exceção e reconvenção. Art. 297. O réu poderá oferecer, no prazo de 15 (quinze) dias, em petição escrita, dirigida ao juiz da causa, contestação, exceção e reconvenção.

Na CLT é utilizado o termo DEFESA (art. 847, 848, § 1º, 799 e 767). Durante a defesa da reclamação trabalhista o reclamado poderá: alegar toda matéria com a qual pretende se defender, salvo a incompetência relativa, suspeição e impedimentos que são matérias de exceção.

O período de prazo para a apresentação é após a primeira tentativa de conciliação (art. 846 CLT), a qual pode ser feita oralmente, em audiência, no prazo de 20 minutos (art. 847 CLT), sem prorrogação, já que não há uma previsão legal. Nos casos em que existirem mais de um reclamado, cada um terá 20 minutos.

A defesa também poderá ser apresentada por escrito, é o que geralmente acontece, pois, ela poderá ser redigida com maior precisão e técnica jurídica, não atrapalhando as pautas de audiências, respeitando, dessa forma, aos princípios da celeridade nos atos processuais.

Entre os princípios que regem a contestação na defesa estão o princípio do contraditório; princípio da bilateralidade (igualdade); princípio da eventualidade.

Existe a exceção que abarca a defesa processual ou indireta contra processo, englobando:

1. A Suspeição (art. 135 CPC)

    Art. 135. Reputa-se fundada a suspeição de parcialidade do juiz, quando:

    I – amigo íntimo ou inimigo capital de qualquer das partes;

    II – alguma das partes for credora ou devedora do juiz, de seu cônjuge ou de parentes destes, em linha reta ou na colateral até o terceiro grau;

    III – herdeiro presuntivo, donatário ou empregador de alguma das partes;

    IV – receber dádivas antes ou depois de iniciado o processo; aconselhar alguma das partes acerca do objeto da causa, ou subministrar meios para atender às despesas do litígio;

    V – interessado no julgamento da causa em favor de uma das partes.

    Parágrafo único. Poderá ainda o juiz declarar-se suspeito por motivo íntimo.

2. O Impedimento (art. 134 CPC)

    Art. 134. É defeso ao juiz exercer as suas funções no processo contencioso ou voluntário:

    I – de que for parte;

    II – em que interveio como mandatário da parte, oficiou como perito, funcionou como órgão do Ministério Público, ou prestou depoimento como testemunha;

    III – que conheceu em primeiro grau de jurisdição, tendo-lhe proferido sentença ou decisão;

    IV – quando nele estiver postulando, como advogado da parte, o seu cônjuge ou qualquer parente seu, consanguíneo ou afim, em linha reta; ou na linha colateral até o segundo grau;

    V – quando cônjuge, parente, consanguíneo ou afim, de alguma das partes, em linha reta ou, na colateral, até o terceiro grau;

    VI – quando for órgão de direção ou de administração de pessoa jurídica, parte na causa.

    Parágrafo único. No caso do nº IV, o impedimento só se verifica quando o advogado já estava exercendo o patrocínio da causa; é, porém, vedado ao advogado pleitear no processo, a fim de criar o impedimento do juiz.

3. A Incompetência (art. 112 CPC)

> Art. 112. Argúi-se, por meio de exceção, a incompetência relativa.
> Parágrafo único. A nulidade da cláusula de eleição de foro, em contrato de adesão, pode ser declarada de ofício pelo juiz, que declinará de competência para o juízo de domicílio do réu.

A exceção é uma defesa aplicada contra defeitos, irregularidades ou vícios do processo que impedem seu desenvolvimento normal. Até julgamento da exceção, o processo não terá andamento, conforme observado no art. 265 CPC:

> Art. 265. Suspende-se o processo:
> I – pela morte ou perda da capacidade processual de qualquer das partes, de seu representante legal ou de seu procurador;
> II – pela convenção das partes;
> III – quando for oposta exceção de incompetência do juízo, da câmara ou do tribunal, bem como de suspeição ou impedimento do juiz;
> IV – quando a sentença de mérito:
> a) depender do julgamento de outra causa, ou da declaração da existência ou inexistência da relação jurídica, que constitua o objeto principal de outro processo pendente;
> b) não puder ser proferida senão depois de verificado determinado fato, ou de produzida certa prova, requisitada a outro juízo;
> c) tiver por pressuposto o julgamento de questão de estado, requerido como declaração incidente;
> V – por motivo de força maior;
> VI – nos demais casos, que este Código regula.
> § 1º No caso de morte ou perda da capacidade processual de qualquer das partes, ou de seu representante legal, provado o falecimento ou a incapacidade, o juiz suspenderá o processo, salvo se já tiver iniciado a audiência de instrução e julgamento; caso em que:
> a) o advogado continuará no processo até o encerramento da audiência;
> b) o processo só se suspenderá a partir da publicação da sentença ou do acórdão.
> § 2º No caso de morte do procurador de qualquer das partes, ainda que iniciada a audiência de instrução e julgamento, o juiz marcará, a fim de que a parte constitua novo mandatário, o prazo de 20 (vinte) dias, findo o qual extinguirá o processo sem julgamento do mérito, se o autor não nomear novo mandatário, ou mandará prosseguir no processo, à revelia do réu, tendo falecido o advogado deste.
> § 3º A suspensão do processo por convenção das partes, de que trata o nº II, nunca poderá exceder 6 (seis) meses; findo o prazo, o escrivão fará os autos conclusos ao juiz, que ordenará o prosseguimento do processo.
> § 4º No caso do nº III, a exceção, em primeiro grau da jurisdição, será processada na forma do disposto neste Livro, Título VIII, Capítulo II, Seção III; e, no tribunal, consoante lhe estabelecer o regimento interno.
> § 5º Nos casos enumerados nas letras a, b e c do nº IV, o período de suspensão nunca poderá exceder 1 (um) ano. Findo este prazo, o juiz mandará prosseguir no processo.
> Art. 266. Durante a suspensão é defeso praticar qualquer ato processual; poderá o juiz, todavia, determinar a realização de atos urgentes, a fim de evitar dano irreparável.

A exceção deve ser oferecida por escrito ou oralmente. Se for por escrito, deverá ser em peça separada da contestação, mas deverá ser apresentada junto com a contestação. Assim, observa-se que: Art. 297. O réu poderá oferecer, no prazo de 15 (quinze) dias, em petição escrita, dirigida ao juiz da causa, contestação, exceção e reconvenção.

A hipótese de revelia deverá estar prescrita no art. 847, que pontua que defesa deverá ser apresentada em audiência, no prazo de vinte minutos, atendendo ao princípio da oralidade, conforme observa-se no art. 847. Não havendo acordo, o reclamado terá vinte minutos para aduzir sua defesa, após a leitura da reclamação, quando esta não for dispensada por ambas as partes.

Na contestação o reclamado deverá apresentar toda matéria com a qual pretende se defender. Geralmente essa defesa é composta da Defesa indireta do processo (exceção art. 304 CPC); da Defesa indireta do mérito e da Defesa de mérito (art. 269 CPC). Já a compensação possui um caráter alimentar nítido, onde existe uma ação proposta pelo trabalhador para a cobrança de salários.

Sobre a recovenção verifica-se que não há menção na CLT, devendo então ser aplicado o arts. 315, 316, 317 e 318 da CLT:

> Art. 315. O réu pode reconvir ao autor no mesmo processo, toda vez que a reconvenção seja conexa com a ação principal ou com o fundamento da defesa.
> Parágrafo único. Não pode o réu, em seu próprio nome, reconvir ao autor, quando este demandar em nome de outrem.
> Art. 316. Oferecida a reconvenção, o autor reconvindo será intimado, na pessoa do seu procurador, para contestá-la no prazo de 15 (quinze) dias.
> Art. 317. A desistência da ação, ou a existência de qualquer causa que a extinga, não obsta ao prosseguimento da reconvenção.
> Art. 318. Julgar-se-ão na mesma sentença a ação e a reconvenção.

CAPÍTULO XII
Prescrição e decadência

São recorrentes os questionamentos sobre a prescrição e decadência no processo do trabalho. Assim, cabe aqui observar que ambas ocorrem por inércia do titular, mas elas possuem características diferentes.

De um lado a decadência é a perda de um direito potestativo pelo decurso de prazo fixado em lei ou em contrato. A decadência regula prazos fatais para o exercício de faculdades no âmbito concreto da relação de emprego. Assim, nela ocorre a extinção do próprio direito, diferentemente da prescrição, que realiza a extinção da pretensão, a exigibilidade, permancendo, portanto, intacto o direito. Na prescrição, o direito permanece intocado, mas há uma perda de uma faculdade processual[25].

Sobre a fixação dos prazos prescricionais e decadenciais, estes poderão ser fixados não somente pela lei, mas igualmente pela vontade das partes, mas ressalta-se que se há previsão legal não será possível a sua alteração pela vontade das partes; já os prazos prescricionais somente podem ser criados por lei, sendo vedados aos particulares criá-los ou modificá-los, conforme o dispositivo do CC no art. 192.

A decadência possui uma aplicação restrita no âmbito trabalhista. Mesmo assim, ela pode ser estipulada conforme acordo realizado entre as partes ou até por ato unilateral, mas existe a possibilidade de aparecer em convenções ou acordos coletivos de trabalho[26].

O prazo prescricional será de 5 anos para o trabalhador urbano e rural conforme a CF, art. 7º, XXIX e art. 11 da CLT.

> Art. 7º, XXIX, da CF:
>
> Art. 7º São direitos dos trabalhadores urbanos e rurais, além de outros que visem à melhoria de sua condição social:
>
> XXIX – ação, quanto aos créditos resultantes das relações de trabalho, com prazo prescricional de cinco anos para os trabalhadores urbanos e rurais, até o limite de dois anos após a extinção do contrato de trabalho.

E art. 11, I, da CLT:

> Art. 11 – O direito de ação quanto a créditos resultantes das relações de trabalho prescreve:
>
> I – em cinco anos para o trabalhador urbano, até o limite de dois anos após a extinção do contrato;

---

(25) GAGLIANO, Pablo Stolze; PAMPLONA FILHO, Rodolfo. *Novo curso de Direito Civil. Volume 1 – Parte geral*. 7. ed. São Paulo: Saraiva, 2006.
(26) RESENDE, Ricardo. *Direito do Trabalho esquematizado*. Rio de Janeiro: Forense; São Paulo: Método, 2011.

CAPÍTULO XIII
Exceções

1. INCOMPETÊNCIA RELATIVA
2. SUSPEIÇÃO
3. IMPEDIMENTO

As exceções podem ser compreendidas como incidentes processuais, que se classificam como tipo de defesa processual indireta. É processual, porque ataca o processo, deixando o mérito incólume. E é indireta porque visa aos fatos que configuram as exceções, e não atacam o núcleo central do processo (BARBOSA MOREIRA, 2011)[27].

O art. 799 dispõe que nos processos trabalhistas apenas poderão ser opostas as exceções de suspeição ou incompetência (ALVIM, 2006)[28].

> Art. 799 – Nas causas da jurisdição da Justiça do Trabalho, somente podem ser opostas, com suspensão do feito, as exceções de suspeição ou incompetência.
>
> § 1º As demais exceções serão alegadas como matéria de defesa.
>
> § 2º Das decisões sobre exceções de suspeição e incompetência, salvo, quanto a estas, se terminativas do feito, não caberá recurso, podendo, no entanto, as partes alegá-las novamente no recurso que couber da decisão final.

As hipóteses de suspeição e impedimento estão reguladas nos arts. 134 a 138 do CPC que são aplicáveis ao órgão do Ministério Público, ao serventuário da justiça e ao perito (DIDIER JUNIOR, 2007)[29].

> Art. 134 – As férias serão concedidas por ato do empregador, em um só período, nos 12 (doze) meses subsequentes à data em que o empregado tiver adquirido o direito.
>
> § 1º Somente em casos excepcionais serão as férias concedidas em 2 (dois) períodos, um dos quais não poderá ser inferior a 10 (dez) dias corridos.
>
> § 2º Aos menores de 18 (dezoito) anos e aos maiores de 50 (cinquenta) anos de idade, as férias serão sempre concedidas de uma só vez.
>
> Art. 135 – A concessão das férias será participada, por escrito, ao empregado, com antecedência de, no mínimo, 30 (trinta) dias. Dessa participação o interessado dará recibo.
>
> § 1º O empregado não poderá entrar no gozo das férias sem que apresente ao empregador sua Carteira de Trabalho e Previdência Social, para que nela seja anotada a respectiva concessão.
>
> § 2º A concessão das férias será, igualmente, anotada no livro ou nas fichas de registro dos empregados.
>
> Art. 136 – A época da concessão das férias será a que melhor consulte os interesses do empregador.
>
> § 1º Os membros de uma família, que trabalharem no mesmo estabelecimento ou empresa, terão direito a gozar férias no mesmo período, se assim o desejarem e se disto não resultar prejuízo para o serviço.
>
> § 2º O empregado estudante, menor de 18 (dezoito) anos, terá direito a fazer coincidir suas férias com as férias escolares.
>
> Art. 137 – Sempre que as férias forem concedidas após o prazo de que trata o art. 134, o empregador pagará em dobro a respectiva remuneração.

---

(27) BARBOSA MOREIRA, José Carlos. *O Novo Processo Civil Brasileiro*. 18 ed. Rio de Janeiro: Forense, 1996.
(28) ALVIM, Arruda. *Manual de Direito Processual Civil*. 10. ed. São Paulo: Revista dos Tribunais, 2006. v. 2.
(29) DIDIER JÚNIOR, Fredie. *Curso de Direito Processual Civil*: teoria geral do processo e processo de conhecimento. Salvador: Podivm. 2007. v. 1.

§ 1º Vencido o mencionado prazo sem que o empregador tenha concedido as férias, o empregado poderá ajuizar reclamação pedindo a fixação, por sentença, da época de gozo das mesmas.

§ 2º A sentença dominará pena diária de 5% (cinco por cento) do salário mínimo da região, devida ao empregado até que seja cumprida.

§ 3º Cópia da decisão judicial transitada em julgado será remetida ao órgão local do Ministério do Trabalho, para fins de aplicação da multa de caráter administrativo.

Art. 138 – Durante as férias, o empregado não poderá prestar serviços a outro empregador, salvo se estiver obrigado a fazê-lo em virtude de contrato de trabalho regularmente mantido com aquele.

O procedimento da exceção de incompetência está disposto no art. 800 do CPC e da suspeição no art. 802 §§ 1º e 2º (DINAMARCO, 2004)[30], conforme vemos a seguir:

Art. 800 – Apresentada a exceção de incompetência, abrir-se-á vista dos autos ao exceto, por 24 (vinte e quatro) horas improrrogáveis, devendo a decisão ser proferida na primeira audiência ou sessão que se seguir.

Art. 801 – O juiz, presidente ou vogal, é obrigado a dar-se por suspeito, e pode ser recusado, por algum dos seguintes motivos, em relação à pessoa dos litigantes:

a) inimizade pessoal;

b) amizade íntima;

c) parentesco por consanguinidade ou afinidade até o terceiro grau civil;

d) interesse particular na causa.

Parágrafo único – Se o recusante houver praticado algum ato pelo qual haja consentido na pessoa do juiz, não mais poderá alegar exceção de suspeição, salvo sobrevindo novo motivo. A suspeição não será também admitida, se do processo constar que o recusante deixou de alegá-la anteriormente, quando já a conhecia, ou que, depois de conhecida, aceitou o juiz recusado ou, finalmente, se procurou de propósito o motivo de que ela se originou.

Art. 802 – Apresentada a exceção de suspeição, o juiz ou Tribunal designará audiência dentro de 48 (quarenta e oito) horas, para instrução e julgamento da exceção.

§ 1º Nas Juntas de Conciliação e Julgamento e nos Tribunais Regionais, julgada procedente a exceção de suspeição, será logo convocado para a mesma audiência ou sessão, ou para a seguinte, o suplente do membro suspeito, o qual continuará a funcionar no feito até decisão final. Proceder-se-á da mesma maneira quando algum dos membros se declarar suspeito.

§ 2º Se se tratar de suspeição de Juiz de Direito, será este substituído na forma da organização judiciária local.

---

(30) DINAMARCO, Cândido Rangel. *Instituições de Direito Processual Civil*. 5. ed. São Paulo: Malheiros, 2004. v. 3.

CAPÍTULO XIV
Audiência trabalhista

Nas audiências trabalhistas são colhidas as provas orais, feitos os requerimentos e estabelecido o contato entre as partes e o(a) juiz(a) que irá proferir a Sentença de primeiro grau.

O fracionamento da audiência tem sido usado na busca da celeridade processual. O art. 765 da CLT dispõe sobre a ampla liberdade na direção do processo, vêm adotando o fracionamento das audiências, em audiências de: Conciliação; Instrução, com o objetivo de colher provas; ou de Julgamento.

Aqueles processos que tramitam pelo Rito Sumaríssimo devem estar em consonância com a Lei n. 9.957/2000, estabelecendo que elas devam ser realizadas em audiências unas.

No processo trabalhista, em casos de assédio moral envolvendo pessoas casadas, menores e outros, será aplicado o segredo de Justiça pelo Juízo, e nessas hipóteses somente as partes e procuradores poderão consultar os autos[31].

O comparecimento das partes deverá ser realizado no arquivamento dos autos e confissão do autor; em casos de Revelia e Confissão; no Comparecimento de testemunhas e no Ônus da prova.

---

(31) MARTINS, Adalberto. *Manual de direito processual do trabalho*. 2. ed. São Paulo: Malheiros, 2005.

CAPÍTULO XV
Provas no processo do trabalho

No processo trabalhista as provas serão examindadas pelo juiz, respeitando o princípio da livre convicção, ou da persuasão racional da prova ou livre convicção motivada.

De acordo com o art. 451 do CPC, ao iniciar a instrução processual, o Juiz ouvirá as partes e fixará os pontos controvertidos, sobre os quais serão feitas as provas em juízo.

Art. 451. Ao iniciar a instrução, o juiz, ouvidas as partes, fixará os pontos controvertidos sobre que incidirá a prova.

Art. 452. As provas serão produzidas na audiência nesta ordem:

I – o perito e os assistentes técnicos responderão aos quesitos de esclarecimentos, requeridos no prazo e na forma do art. 435;

II – o juiz tomará os depoimentos pessoais, primeiro do autor e depois do réu;

III – finalmente, serão inquiridas as testemunhas arroladas pelo autor e pelo réu.

Poderão ser usadas todas as formas legais, conforme com o art. 332 do CPC, para provar a verdade dos fatos em que se funda a ação ou a defesa[32].

Art. 332. Todos os meios legais, bem como os moralmente legítimos, ainda que não especificados neste Código, são hábeis para provar a verdade dos fatos, em que se funda a ação ou a defesa.

Art. 333. O ônus da prova incumbe:

I – ao autor, quanto ao fato constitutivo do seu direito;

II – ao réu, quanto à existência de fato impeditivo, modificativo ou extintivo do direito do autor.

Parágrafo único. É nula a convenção que distribui de maneira diversa o ônus da prova quando:

I – recair sobre direito indisponível da parte;

II – tornar excessivamente difícil a uma parte o exercício do direito.

Art. 334. Não dependem de prova os fatos:

I – notórios;

II – afirmados por uma parte e confessados pela parte contrária;

III – admitidos, no processo, como incontroversos;

---

(32) MARTINS, Adalberto. *Manual de direito processual do trabalho.* 2. ed. São Paulo: Malheiros, 2005.

CAPÍTULO XVI
Sentenças trabalhistas

As sentenças trabalhistas dão fim ao processo, onde o juiz emite a sua decisão. Na CLT o termo "decisão" é empregado ao invés de sentença, arts. 831, 832 e 850, mas na doutrina majoritariamente é usado o vocábulo "sentença".

Art. 831 – A decisão será proferida depois de rejeitada pelas partes a proposta de conciliação.

Parágrafo único. No caso de conciliação, o termo que for lavrado valerá como decisão irrecorrível, salvo para a Previdência Social quanto às contribuições que lhe forem devidas.

Art. 832 – Da decisão deverão constar o nome das partes, o resumo do pedido e da defesa, a apreciação das provas, os fundamentos da decisão e a respectiva conclusão.

§ 1º Quando a decisão concluir pela procedência do pedido, determinará o prazo e as condições para o seu cumprimento.

§ 2º A decisão mencionará sempre as custas que devam ser pagas pela parte vencida.

§ 3º As decisões cognitivas ou homologatórias deverão sempre indicar a natureza jurídica das parcelas constantes da condenação ou do acordo homologado, inclusive o limite de responsabilidade de cada parte pelo recolhimento da contribuição previdenciária, se for o caso.

§ 4º A União será intimada das decisões homologatórias de acordos que contenham parcela indenizatória, na forma do art. 20 da Lei nº 11.033, de 21 de dezembro de 2004, facultada a interposição de recurso relativo aos tributos que lhe forem devidos.

§ 5º Intimada da sentença, a União poderá interpor recurso relativo à discriminação de que trata o § 3º deste artigo.

§ 6º O acordo celebrado após o trânsito em julgado da sentença ou após a elaboração dos cálculos de liquidação de sentença não prejudicará os créditos da União.

§ 7º O Ministro de Estado da Fazenda poderá, mediante ato fundamentado, dispensar a manifestação da União nas decisões homologatórias de acordos em que o montante da parcela indenizatória envolvida ocasionar perda de escala decorrente da atuação do órgão jurídico.

Art. 833 – Existindo na decisão evidentes erros ou enganos de escrita, de datilografia ou de cálculo.

Art. 850 – Terminada a instrução, poderão as partes aduzir razões finais, em prazo não excedente de 10 (dez) minutos para cada uma. Em seguida, o juiz ou presidente renovará a proposta de conciliação, e não se realizando esta, será proferida a decisão.

Parágrafo único – O Presidente da Junta, após propor a solução do dissídio, tomará os votos dos vogais e, havendo divergência entre estes, poderá desempatar ou proferir decisão que melhor atenda ao cumprimento da lei e ao justo equilíbrio entre os votos divergentes e ao interesse social.

CAPÍTULO XVII
Recursos

Os recursos são uma forma de a autoridade superior rever as decisões sempre visando o reexame dos pontos da decisão proferida, conforme o art. 899 da CLT, onde os recursos serão interpostos por simples petição e terão efeito meramente devolutivo, salvo as exceções previstas, permitida a execução provisória até a penhora.

Ressalta-se que no Processo do trabalho o prazo para o recurso é de 8 (oito) dias para o recurso ordinário, de revista, embargos[33], agravo de petição e instrumento.

Serão isentos dos pagamentos das custas, além dos atendidos pela Justiça gratuita (art. 790-A da CLT):

I – a União, os Estados, o Distrito Federal, os Municípios e respectivas autarquias e fundações públicas federais, estaduais ou municipais que não explorem atividade econômica;

II – o Ministério Público do Trabalho.

Parágrafo único. A isenção prevista neste artigo não alcança as entidades fiscalizadoras do exercício profissional, nem exime as pessoas jurídicas referidas no inciso I da obrigação de reembolsar as despesas judiciais realizadas pela parte vencedora.

---

(33) Art. 894. No Tribunal Superior do Trabalho cabem embargos, no prazo de 8 (oito) dias: I – de decisão não unânime de julgamento que: (Incluído pela Lei n. 11.496, de 2007)

a) conciliar, julgar ou homologar conciliação em dissídios coletivos que excedam a competência territorial dos Tribunais Regionais do Trabalho e estender ou rever as sentenças normativas do Tribunal Superior do Trabalho, nos casos previstos em lei; e (Incluído pela Lei n. 11.496, de 2007)

b) II – das decisões das Turmas que divergirem entre si, ou das decisões proferidas pela Seção de Dissídios Individuais, salvo se a decisão recorrida estiver em consonância com súmula ou orientação jurisprudencial do Tribunal Superior do Trabalho ou do Supremo Tribunal Federal. (Incluído pela Lei n. 11.496, de 2007)

CAPÍTULO XVIII
Recursos em espécies

1. EMBARGOS DE DECLARAÇÃO

São usados para rever contradições na decisão judicial. De acordo com a CLT, art. 897, eles deverão ser opostos até 5 (cinco) dias a partir da intimação da parte, tanto para o primeiro grau quanto para o segundo grau.

2. RECURSO ORDINÁRIO

Os recursos ordinários são os recursos cabíveis para impugnar decisões havidas nos casos previstos no art. 539 do CPC. Art. 540. *Aos recursos mencionados no artigo anterior aplica-se, quanto aos requisitos de admissibilidade e ao procedimento no juízo de origem, o disposto nos Capítulos II e III deste Título, observando-se, no Supremo Tribunal Federal e no Superior Tribunal de Justiça, o disposto nos seus regimentos interno.*

3. RECURSO DE REVISTA

Este obedece a requisitos especiais, o seu cabimento é aplicável contra as decisões proferidas em grau de recurso ordinário, em dissídio individual, conforme se observa no art. 896 da CLT.

> Art. 896 – Cabe Recurso de Revista para Turma do Tribunal Superior do Trabalho das decisões proferidas em grau de recurso ordinário, em dissídio individual, pelos Tribunais Regionais do Trabalho, quando:
>
> a) derem ao mesmo dispositivo de lei federal interpretação diversa da que lhe houver dado outro Tribunal Regional, no seu Pleno ou Turma, ou a Seção de Dissídios Individuais do Tribunal Superior do Trabalho, ou a Súmula de Jurisprudência Uniforme dessa Corte;
>
> b) derem ao mesmo dispositivo de lei estadual, Convenção Coletiva de Trabalho, Acordo Coletivo, sentença normativa ou regulamento empresarial de observância obrigatória em área territorial que exceda a jurisdição do Tribunal Regional prolator da decisão recorrida, interpretação divergente, na forma da alínea a;
>
> c) proferidas com violação literal de disposição de lei federal ou afronta direta e literal à Constituição Federal.

4. RECURSO EXTRAORDINÁRIO

Aplicável quando for destinado ao STF, quando a matéria for constitucional, pois muito direitos trabalhistas estão previsto na CF de art. 7º.

Está previsto no inciso III do art. 102 da Constituição[34]:

> § 3º No recurso extraordinário o recorrente deverá demonstrar a repercussão geral das questões constitucionais discutidas no caso, nos termos da lei, a fim de que o Tribunal examine a admissão do recurso, somente podendo recusá-lo pela manifestação de dois terços de seus membros.

---

(34) I – processar e julgar, originariamente:
a) a ação direta de inconstitucionalidade de lei ou ato normativo federal ou estadual e a ação declaratória de constitucionalidade de lei ou ato normativo federal;
b) nas infrações penais comuns, o Presidente da República, o Vice-Presidente, os membros do Congresso Nacional, seus próprios Ministros e o Procurador-Geral da República;
c) nas infrações penais comuns e nos crimes de responsabilidade, os Ministros de Estado e os Comandantes da Marinha, do Exército e da Aeronáutica, ressalvado o disposto no art. 52, I, os membros dos Tribunais Superiores, os do Tribunal de Contas da União e os chefes de missão diplomática de caráter permanente;

5. RECURSO ADESIVO

É cabível o recurso adesivo para o recurso ordinário, de revista, embargos e no agravo de petição, quando houver sucumbência recíproca e quando a parte deveria ter condições de recorrer autonomamente. Será interposto no prazo de 8 dias (SANTOS, 2007)[35].

6. AGRAVO DE PETIÇÃO

Está previsto no art. 897 da CLT:

> Art. 897 – Cabe agravo, no prazo de 8 (oito) dias:
>
> a) de petição, das decisões do Juiz ou Presidente, nas execuções;
>
> b) de instrumento, dos despachos que denegarem a interposição de recursos.
>
> § 1º O agravo de petição só será recebido quando o agravante delimitar, justificadamente, as matérias e os valores impugnados, permitida a execução imediata da parte remanescente até o final, nos próprios autos ou por carta de sentença.
>
> § 3º Na hipótese da alínea a deste artigo, o agravo será julgado pelo próprio tribunal, presidido pela autoridade recorrida, salvo se se tratar de decisão de Juiz do Trabalho de 1ª Instância ou de Juiz de Direito, quando o julgamento competirá a uma das Turmas do Tribunal Regional a que estiver subordinado o prolator da sentença, observado o disposto no art. 679, a quem este remeterá as peças necessárias para o exame da matéria controvertida, em autos apartados, ou nos próprios autos, se tiver sido determinada a extração de carta de sentença.
>
> § 4º Na hipótese da alínea b deste artigo, o agravo será julgado pelo Tribunal que seria competente para conhecer o recurso cuja interposição foi denegada.
>
> § 5º Sob pena de não conhecimento, as partes promoverão a formação do instrumento do agravo de modo a possibilitar, caso provido, o imediato julgamento do recurso denegado, instruindo a petição de interposição:

---

d) o *habeas corpus*, sendo paciente qualquer das pessoas referidas nas alíneas anteriores; o mandado de segurança e o *habeas data* contra atos do Presidente da República, das Mesas da Câmara dos Deputados e do Senado Federal, do Tribunal de Contas da União, do Procurador-Geral da República e do próprio Supremo Tribunal Federal;

e) o litígio entre Estado estrangeiro ou organismo internacional e a União, o Estado, o Distrito Federal ou o Território;

f) as causas e os conflitos entre a União e os Estados, a União e o Distrito Federal, ou entre uns e outros, inclusive as respectivas entidades da administração indireta;

g) a extradição solicitada por Estado estrangeiro;

i) o *habeas corpus*, quando o coator for Tribunal Superior ou quando o coator ou o paciente for autoridade ou funcionário cujos atos estejam sujeitos diretamente à jurisdição do Supremo Tribunal Federal, ou se trate de crime sujeito à mesma jurisdição em uma única instância;

j) a revisão criminal e a ação rescisória de seus julgados;

l) a reclamação para a preservação de sua competência e garantia da autoridade de suas decisões;

m) a execução de sentença nas causas de sua competência originária, facultada a delegação de atribuições para a prática de atos processuais;

n) a ação em que todos os membros da magistratura sejam direta ou indiretamente interessados, e aquela em que mais da metade dos membros do tribunal de origem estejam impedidos ou sejam direta ou indiretamente interessados;

o) os conflitos de competência entre o Superior Tribunal de Justiça e quaisquer tribunais, entre Tribunais Superiores, ou entre estes e qualquer outro tribunal;

p) o pedido de medida cautelar das ações diretas de inconstitucionalidade;

q) o mandado de injunção, quando a elaboração da norma regulamentadora for atribuição do Presidente da República, do Congresso Nacional, da Câmara dos Deputados, do Senado Federal, das Mesas de uma dessas Casas Legislativas, do Tribunal de Contas da União, de um dos Tribunais Superiores, ou do próprio Supremo Tribunal Federal;

r) as ações contra o Conselho Nacional de Justiça e contra o Conselho Nacional do Ministério Público;

II – julgar, em recurso ordinário:

a) o *habeas corpus*, o mandado de segurança, o *habeas data* e o mandado de injunção decididos em única instância pelos Tribunais Superiores, se denegatória a decisão;

b) o crime político;

III – julgar, mediante recurso extraordinário, as causas decididas em única ou última instância, quando a decisão recorrida:

a) contrariar dispositivo desta Constituição;

b) declarar a inconstitucionalidade de tratado ou lei federal;

c) julgar válida lei ou ato de governo local contestado em face desta Constituição.

d) julgar válida lei local contestada em face de lei federal.

§ 1º A arguição de descumprimento de preceito fundamental, decorrente desta Constituição, será apreciada pelo Supremo Tribunal Federal, na forma da lei.

§ 2º As decisões definitivas de mérito, proferidas pelo Supremo Tribunal Federal, nas ações diretas de inconstitucionalidade e nas ações declaratórias de constitucionalidade produzirão eficácia contra todos e efeito vinculante, relativamente aos demais órgãos do Poder Judiciário e à administração pública direta e indireta, nas esferas federal, estadual e municipal.

(35) SANTOS *apud* Manuel A. Domingues de Andrade. *Ensaio Sobre a Teoria da Interpretação das Leis*. 4. ed. Coimbra: Armênio Armado, Coleção Studium, 2007.

I – obrigatoriamente, com cópias da decisão agravada, da certidão da respectiva intimação, das procurações outorgadas aos advogados do agravante e do agravado, da petição inicial, da contestação, da decisão originária, da comprovação do depósito recursal e do recolhimento das custas;

II – facultativamente, com outras peças que o agravante reputar úteis ao deslinde da matéria de mérito controvertida.

§ 6º O agravado será intimado para oferecer resposta ao agravo e ao recurso principal, instruindo-a com as peças que considerar necessárias ao julgamento de ambos os recursos.

§ 7º Provido o agravo, a Turma deliberará sobre o julgamento do recurso principal, observando-se, se for o caso, daí em diante, o procedimento relativo a esse recurso.

§ 8º Quando o agravo de petição versar apenas sobre as contribuições sociais, o juiz da execução determinará a extração de cópias das peças necessárias, que serão autuadas em apartado, conforme dispõe o § 3º, parte final, e remetidas à instância superior para apreciação, após contraminuta.

7. AGRAVO DE INSTRUMENTO

Está previsa na alínea *b* do art. 897 da CLT. Este é cabível no prazo de 8 (oito) dias (CINTRA, DINAMARCO e GRINOVER, 2013)[36]:

§ 2º O agravo de instrumento interposto contra o despacho que não receber agravo de petição não suspende a execução da sentença.

---

(36) CINTRA, Antônio Carlos de Araújo; DINAMARCO, Candido Rangel; GRINOVER; Ada Pellegrini. *Recursos*. 9. ed. 2ª tiragem. São Paulo: Malheiros, 1993.

CAPÍTULO XIX
Liquidação da sentença trabalhista

A liquidação de sentença são procedimentos pelos quais são indicados e individualizados os valores que deverão ser efetuados. As liquidações podem ser: **Liquidação por Arbitramento**; **Liquidação por artigos** e **Liquidação por Cálculo**.

Liquidação por Arbitramento	Quando não houver elementos suficientes para o cálculo exato de valores, um perito será nomeado para analisar as informações existentes, conforme descrito no art. 475-C do CPC.
Liquidação por Artigos	De um lado, o art. 475-E do CPC dispõe que "far-se-á a liquidação por artigos, quando, para determinar o valor da condenação, houver necessidade de alegar e provar fato novo".
	Mas de outro lado, a CLT, em seu art. 879 *caput*, apesar de admitir a liquidação por artigos, a lei não apresenta uma especificação o procedimento que deverá adotado.
Liquidação por Cálculo	Forma mais comum adotada no processo do trabalho. É usada nos processos em que a sentença possui os elementos necessários para calcular o *quantum debeatur*.

CAPÍTULO XX
Execução no processo do trabalho

Nessa fase se estabelece o que foi determinado pela Justiça do Trabalho, portanto após a condenação ou descumprimento do acordo.

Anteriormente à sentença de liquidação, o juiz do Trabalho poderá optar pela abertura de um prazo sucessivo de dez dias, que devem ser indicados, de acordo com o art. 879, § 2º, da Consolidação das Leis do Trabalho (MARTINS, 2005)[37].

Pontua-se que o art. 884 da CLT dispõe sobre a homologação direta dos cálculos pelo magistrado. Após a definição, o montante deverá ser pago em 48 horas e a penhora ocorrerá no prazo de 48 horas. Efetuado o depósito ou a penhora, as partes terão 5 dias para realizar a impugnação do valor da dívida.

Se o devedor não tiver bens para liquidar o pagamento, o processo irá para o arquivo provisório até que sejam localizados bens do devedor para pagamento da dívida trabalhista.

---

(37) MARTINS, Sérgio Pinto. *Direito Processual do Trabalho*: Doutrina e prática forense, modelos de petições, recursos, sentenças e outros. 23. ed. São Paulo: Atlas, 2005.

CAPÍTULO XXI
Dissídio coletivo

Este capítulo trata a respeito de Dissídio Coletivo. Para esse efeito, descrevem-se e comentam-se, sequencialmente, a natureza jurídica da ação de dissídio coletivo, as condições da ação de dissídio coletivo e atuação do Ministério Público do Trabalho nos dissídios coletivos. Pensa-se que esta abordagem ajudará na compreensão sobre a importância do dissídio coletivo para a preservação dos direitos dos trabalhadores.

De acordo com Roque Silva (1992) a negociação direta entre empresários e é um instrumento pela defesa dos direitos dos trabalhadores de forma a ajudar na melhoria das condições de trabalho, tornando as relações mais democráticas[38].

O padrão de relacionamento que se desenvolveu entre esses atores para a negociação dos contratos coletivos indicava a consolidação de um sistema articulado que combinava o estabelecimento de acordos coletivos por categoria. Muitas vezes antecedidos de movimentos grevistas envolvendo o conjunto dos sindicatos representados na negociação, com conflitos e acordos por empresa através dos quais os trabalhadores procuravam ampliar os ganhos obtidos nas convenções.

Enfatiza-se que a Justiça do Trabalho, como órgão integrante do Poder Judiciário Nacional, nos últimos anos, tem sofrido severas críticas quanto à morosidade na prestação jurisdicional. Um dos fatores desta morosidade é o exacerbado número de demandas oriundas de conflitos individuais de trabalho. O trabalhador, diante de uma lesão ao seu direito individual, excetuando o Poder Judiciário, não tinha à sua disposição outros meios institucionais, dos quais pudesse solicitar a solução do conflito. O sistema brasileiro de relações de trabalho prevê que a solução dos conflitos coletivos pode ocorrer pela condução direta do processo pelas partes envolvidas – a chamada via administrativa – ou através da mediação ou arbitragem pela Justiça do Trabalho – denominada via judicial. Os resultados das negociações coletivas realizadas diretamente entre as entidades sindicais representativas de trabalhadores e empresários ou entre entidades sindicais de trabalhadores e empresas expressam-se por meio de dois instrumentos normativos: as convenções coletivas de trabalho, no primeiro caso, e os acordos coletivos de trabalho, no segundo.

Ressalta-se que com a Lei n. 9.958, de 12 de janeiro de 2000, no âmbito das empresas ou dos sindicatos, poderá haver a criação de Comissões de Conciliação Prévia. Trata-se de uma inovação sem precedentes legais de grande amplitude no ordenamento trabalhista nacional, atribuindo-se aos próprios interessados e aos sindicatos a responsabilidade na solução dos conflitos individuais de trabalho.

Nesta perspectiva, partir-se-á da seguinte problemática: Quais as disposições trazidas ao ordenamento jurídico nacional pela Lei n. 9.958/2000? Quais os impactos à Emenda Constitucional n. 45/2004 trouxe para o sistema de relações coletivas de trabalho no Brasil? e Qual a influência da organização sindical no sistema de solução dos conflitos coletivos do trabalho?

1. NATUREZA JURÍDICA DA AÇÃO DE DISSÍDIO COLETIVO

A natureza jurídica de uma ação define-se em face do provimento jurisdicional buscado pelo o autor da mesma. Na ação de cumprimento de uma norma coletiva o autor visa um provimento impositivo com relação ao réu, para obrigá-lo a fazer ou não fazer alguma coisa ou então pagar a quantia certa. A norma coletiva que embasa essa ação

---

(38) SILVA, Roque A. La negociación colectiva en el Brasil y el sistema de relaciones de trabajo. In Laís Abramo e Alberto Cuevas (orgs.). *El sindicalismo latinoamericano en los 90*. Volumen II: Negociación colectiva y sindicatos, Santiago, CLACSO, 1992.

tem força de lei e a ela se equipara, diferenciando-se da lei formal apenas com relação à forma do seu estabelecimento, que será por meio de uma decisão judicial oriunda do poder normativo trabalhista, de uma sentença arbitral ou de uma convenção coletiva de trabalho. Somente depois de proferida a sentença na ação de cumprimento é que o autor formulará nova pretensão, agora de cunho executivo, para forçar o réu a cumprir concretamente o título, sob ameaça de expropriação de bens suficientes a saldarem a obrigação.

Desse modo, não se trata a referida ação de execução, nem de forma excepcional, como sustenta alguns, mas de cumprimento da norma coletiva instituída no respectivo instrumento. A única diferença é que não se trata de uma lei informal, porque, a ação de cumprimento apenas assegura a realização in concreto do que foi estabelecido na decisão normativa genérica. Não há condenação a ser cumprida no dissídio coletivo, salvo ao pagamento das custas; apenas cria-se ou modifica-se determinada condição de trabalho, que vai ser objeto de cumprimento do juízo de primeiro grau. Dessa forma a ação de cumprimento tem natureza de ação condenatória com relação à imposição do cumprimento das normas criadas num instrumento normativo. A sentença normativa pode ser uma sentença arbitral, um acordo coletivo ou uma convenção coletiva de trabalho.

Para Martins (2005) a sentença normativa continua se enquadrando como ato jurisdicional, pois objetiva solucionar o conflito coletivo que lhe foi posto a exame, mesmo ao serem criados preceitos jurídicos anteriormente inexistentes. O § 2º do art. 114 da Carta Magna pontua que é facultado às partes ajuizar o dissídio coletivo, dependendo, assim, de uma pretensão a ser deduzida em juízo. A lei é que determina que o Tribunal do Trabalho profira a sentença normativa para dirimir o conflito coletivo que lhe foi trazido. A decisão que dirime o conflito é jurisdicional, justamente porque aprecia os pedidos das partes, entregando a prestação jurisdicional reclamada pelos litigantes. O poder normativo da Justiça do Trabalho é espécie de juízo de equidade que será usado nas lacunas da lei ou da norma coletiva. Assim, quando existe contraditório a sentença faz coisa julgada, estamos diante da jurisdição, que vem ser a aplicação do direito vigente aos casos concretos numa relação contenciosa, mas não estabelece direito novo, portanto verifica-se que a natureza do poder normativo é jurisdicional. A sentença normativa, por se tratar de uma decisão, também terá que ser fundamentada sob pena de nulidade (art. 93, IX, da Constituição). Na prática as sentenças normativas não são motivadas, quando deveriam sê-lo, podendo tais decisões ser consideradas nulas em grau de recurso[39].

Campos (2004) distinguem os dissídios de natureza jurídica dos de natureza econômica, porquanto o poder normativo é exercitado quando da decisão dos segundos[40].

Couture *apud* Campos (2004, p. 128), na obra *Solución Política y Solución Jurisdicional de los Conflictos del Trabajo*, pronuncia-se:

> Frente a este modo de ver, según el cual el conflicto del trabajo debe necesariamente dirimirse por acto de las partes, en el libre juego de SUS fuerzas recíprocas, y ressalvando al Estado tan solo una función tutelar, dirigida a asegura el adecuado comportamiento en la lucha, debe alzarse, en nuestro concepto, otra concepción que parte de premisas opuestas. Conforme no concebimos para el conflicto individual otro método de decisión como no sea e de los jueces del Estado, no concebimos para el conflicto colectivo aún en su máxima magnitud otro medio de decisión que el de la función jurisdicional específica. La lucha entre las partes y el resultado de sus respectivas fuerzas constituyen, en nuestro concepto, una solución contingente del conflicto; el fallo comprensivo y documentado del tribunal especial de conflictos, setuando en método jurisdicional, examinando todos sus términos (nível de vida, salario, posibilidad de la empresa, futuro de la industria, etc.), constituye la solución correcta del mismo. El primero deja librada la solución, como en el orden politico, a la habilidad e la fuerza da las voluntades; el segundo, la deja librada a la justicia.

No caso brasileiro, os de natureza jurídica visam à aplicação ou interpretação de norma preexistente; enquanto os de natureza econômica se destinam à alteração ou à criação de novas normas e condições de trabalho, sendo as hipóteses mais correntes os que objetivam aumentos salariais. Assim, a origem do poder normativo está intimamente ligada à necessidade de solução dos conflitos coletivos oriundos das relações de trabalho, sendo dois os sistemas utilizados para tanto: o jurisdicional e o não jurisdicional.

---

(39) A obrigatoriedade da sentença normativa se deu no sistema italiano corporativista, devendo o juiz relator, ao proferir a sentença fundamentá-la, ainda que sucintamente. O juiz, na sentença normativa, deve indicar os motivos que lhe formaram a convicção (art. 131 do CPC), em relação a cada uma das cláusulas que foram objeto do julgamento. A decisão que puser fim ao dissídio será fundamentada sob pena de nulidade, devendo traduzir, em seu conjunto, a justa composição do conflito de interesse das partes, e guardar adequação com o interesse da coletividade (MARTINS, 2005).

(40) CAMPOS, José Miguel de. Emenda Constitucional n. 45/2004 e Poder Normativo da Justiça do Trabalho. *Rev. Trib. Reg. Trab.* 3ª Reg., Belo Horizonte, v.40, n.70 (supl. esp.), p.125-144, jul./dez. 2004.

Para Franco Filho, na atual redação do art. 114, § 2º, da Constituição Federal, foi acrescentada a expressão "de natureza econômica", ao lado do termo "dissídio coletivo". Referida alteração fez com que muitas vozes se levantassem para dizer que estaria extinta a possibilidade de ajuizamento de dissídios de natureza jurídica. Entretanto, não é assim que pensamos. Os dissídios de índole jurídica têm por escopo a interpretação ou aplicação de normas preexistentes, as quais se incluem dentre as chamadas típicas atividades jurisdicionais. A rigor, ao atuarem na apreciação de um dissídio de natureza jurídica, as Cortes Trabalhistas exercem atividade própria do Poder Judiciário, tal como ocorre, ainda que de forma genérica, nos julgamentos das reclamações trabalhistas, ações civis públicas, mandados de segurança, ações de cumprimento, e, bem assim, nas variadas ações coletivas que buscam a interpretação de norma jurídica atinente a interesse meta-individual, a exemplo dos mandados de segurança coletivos, ações civis públicas, ações diretas de inconstitucionalidade, dentre outras. Por conseguinte, não há necessidade de previsão expressa do dissídio de índole jurídica no § 2º, do art. 114, da CF, tendo em vista que a sua possibilidade já se encontra tacitamente inserida na competência genérica da Justiça do Trabalho, contida no mesmo art. 114, inciso I[41].

Já o Ministro João Oreste Dalazen lastima o silêncio da Carta quanto ao Dissídio Coletivo de natureza jurídica (cf. *in* a "Reforma do Judiciário e os Novos Marcos da Competência Material da Justiça do Trabalho no Brasil", na obra acima citada, Edição da Anamatra e LTr, p. 178). Segundo o Ministro a Justiça do Trabalho continua com competência para decidir o conflito coletivo, ela, por óbvio, continua com competência para decidir sobre a interpretação da Lei e da Norma Coletiva.

Mas se o Dissídio Coletivo é de natureza jurídica, entende-se que ele pode ser ajuizado por uma só das partes. Somente o de natureza econômica é que está condicionado ao acordo das partes. A condição restritiva imposta pela Carta Magna de 1988 não comporta interpretação ampliativa.

2. CONDIÇÕES DA AÇÃO DE DISSÍDIO COLETIVO

Para ingressar com ação coletiva o interessado deverá cumprir as condições previstas pela lei CPC, art. 267, VII, daí se exigir a possibilidade jurídica do pedido, a legitimidade das partes e o interesse processual, mas também a autorização da assembleia do sindicato para a propositura, o esgotamento da negociação coletiva e a inexistência da norma coletiva em vigor, salvo alteração substancial da situação de fato que justifique a revisão a vigência. A arbitragem, composição dos conflitos na qual um terceiro, ou um órgão não jurisdicional, profere uma decisão que é acatada pelas partes, não é condição da ação. A Carta Magna de 1988 a prevê; esta é uma arbitragem facultativa que existe unicamente quando ambas as partes se dispõem a admiti-la; é privada, porque não se desenvolve perante a jurisdição, é uma alternativa para o dissídio coletivo, uma vez que o seu exercício tem exatamente a finalidade de substituí-lo, de modo que havendo a arbitragem as partes não podem ajuizar dissídio coletivo sobre a mesma questão. Tem natureza jurídica não de pressuposto processual do dissídio coletivo, mas de equivalente jurisdicional. É cabível quando frustrada a negociação coletiva, caso em que as partes elegerem árbitros. Recusando-se qualquer das partes à negociação ou à arbitragem, é facultado aos respectivos sindicatos ajuizar dissídio coletivo. A principal discussão que há sobre o sindicato no dissídio coletivo reside na sua posição processual, pois para alguns, a de substituto processual da categoria; para outros, a de legitimado ordinário (NASCIMENTO, 2002)[42].

Apesar da inexistência de maiores efeitos práticos na discussão, que é mais acadêmica, o problema não está ainda definitivamente resolvido, já que militam argumentos que podem abonar tanto uma como outra tese. A nossa lei não proíbe o dissídio coletivo ajuizado por empresa (CLT, art. 861). Porém, como a Constituição de 1988, art. 112, dispõe que é facultado aos respectivos sindicatos ajuizar o dissídio coletivo, há decisões de Tribunais Regionais extinguindo, sem julgamento ao mérito, os dissídios de empresas por ilegitimidade de parte; ao sindicato patronal é que caberia fazê-lo. Como o dissídio coletivo em nível de categoria tem como sujeitos sindicatos, de um lado o dos trabalhadores e de outro o patronal, e sabendo-se que a sentença normativa é aplicada sobre todos os trabalhadores e empresas que integram o âmbito da representação das entidades sindicais litigantes, cumpre verificar se é admissível o ingresso, na relação jurídica processual, da empresa como assistente ao lado do sindicato patronal. Um dos grandes problemas que se apresenta está em resolver se a empresa no caso é terceira ou se é a própria parte, do mesmo modo que o trabalhador, membro da categoria, em relação ao seu sindicato, e a resposta deve ser no sentido de que o sindicato, atuando em nome da categoria, afasta a possibilidade de ser considerado cada um dos seus integrantes como terceiro, compreendida a categoria como o conjunto, abstrato e geral, de quantos se encontram no âmbito da representação sindical correspondente. Categoria não é a soma das pessoas que militam num

---

(41) FRANCO FILHO, Georgenor de Sousa (coord.). *Curso de Direito Coletivo do Trabalho: estudos em homenagem ao Ministro Orlando Teixeira da Costa*. São Paulo: LTr, 1998.

(42) NASCIMENTO, Amauri Mascaro. *Curso de Direito Processual Civil*. São Paulo: Saraiva, 2002.

setor da atividade econômica, mas o próprio setor formando uma unidade indecomponível. A noção de categoria ganhou importância no direito italiano, como uma necessidade para melhorar a ordenação das forças produtivas da nação. Na sociedade, como sabemos, os grupos de produção e prestação de serviços, tanto as empresas como os respectivos trabalhadores ou mesmo profissionais autônomos, dividem-se em setores conforme o ramo de atividades ou o tipo de profissão, havendo a indústria, o comércio, as subdivisões correspondentes, etc. Categoria é o conjunto de empresas ou de pessoas que militam nas atividades profissionais setorializadas, antes pelo Estado, agora pela formação espontânea. A atuação do sindicato no dissídio coletivo está vinculada à respectiva categoria. O sindicato é da categoria. Como a organização sindical brasileira ainda é fundada no conceito de categoria, da qual o sindicato é órgão que atua em sua defesa, seria difícil, à luz dessa realidade, separar os membros da categoria como terceiros, quando o dissídio coletivo é em nível de categoria, o que afasta a possibilidade da assistência, quer da empresa em relação ao seu sindicato, quer do trabalhador em função da sua respectiva entidade sindical, pela falta, no caso, da qualidade de terceiro (NASCIMENTO, 2002)[43].

Verifica-se que no dissídio coletivo em nível de categoria não são decididos interesses de pessoal de sindicatos de categorias diferenciadas; estes não integram a relação jurídica processual do dissídio coletivo, e devem mover a sua ação coletiva própria contra sindicatos patronais ou empresas nas quais trabalhem pessoas da profissão de que representam.

A Sentença normativa proferida no dissídio coletivo da categoria é inaplicável ao pessoal das categorias diferenciadas, e estes têm de ingressar com a sua ação específica. De outro lado, como regra, o dissídio coletivo de sindicato de uma base territorial não pode ter efeitos estendidos a outras bases territoriais em que atuam diferentes sindicatos. O âmbito da aplicação da sentença normativa coincide com o âmbito de representação do sindicato que figura na relação jurídica processual, não o excedendo. Para que a sentença tenha aplicabilidade e mais de uma base territorial é indispensável que o respectivo sindicato figure também no dissídio coletivo. Nos dissídios coletivos de natureza jurídica, desnecessária é a negociação, podendo o interessado diretamente, desde logo, ingressa com a ação judicial, uma vez que finalidade é a interpretação de norma legal ou convencional e o pronunciamento pretendido é de natureza declaratória. Nos dissídios coletivos de natureza econômica a negociação prévia é obrigatória. Ressalta-se que a caracterização da negociação coletiva como condição da ação é a necessidade de prova pelo suscitante do cumprimento da exigência, e, como não há forma prescrita em lei, pode ser feita pelos diversos modos admitidos pelo direito, desde a inexistência de impugnação pelo suscitado na defesa, o que faz presumir a existência de negociação frustrada, até a troca de correspondência entre sindicatos e empresas, à realização de mesa redonda para mediação perante o órgão do Ministério do Trabalho e Previdência Social. É obrigatória a arguição na defesa formulada pelo suscitado da inexistência das condições da ação, sem que o órgão jurisdicional não esteja obrigado a examinar de ofício a questão (NASCIMENTO, 2002)[44].

Assim compreende que condições da ação de dissídio coletivo são as mesmas dos dissídios individuais.

Melo (2005) elenca as condições de dissídio coletivo em: possibilidade jurídica do pedido; a legitimação *ad causum* e o interesse processual.

A possibilidade jurídica do pedido está embasada em duas teorias. Na primeira se prediz a impossibilidade do pedido toda vez que a pretensão formulada não estiver encoberta pela lei. Já a outra sustenta a impossibilidade do pedido somente quando houver a vedação expressa na lei a respeito da pretensão resistida. Acredita-se que o melhor entendimento é o segundo, principalmente no processo do trabalho e no âmbito do dissídio coletivo, por que este tem por regra a criação de normas e condições de trabalho.

Em relação à legitimação *ad causam*, refere-se à titularidade do direito material que se postula, que é da categoria representada pelo sindicato devidamente autorizado pela assembleia geral, regularmente convocada nos termos do estatuto social (art. 8º, inciso I e II da Carta Magna). A categoria profissional ou econômica é o conjunto abstrato de trabalhadores ou empresas, razão por que a ação de dissídio coletivo é uma ação de categoria visando melhores condições de trabalho e remuneração, como regra, ou simplesmente uma regulamentação que pode não trazer qualquer vantagem aos trabalhadores. Já o interesse processual diz respeito ao interesse de agir em juízo para a obtenção do direito material violado (MELO, 2006)[45].

Nesta vertente, não há um conflito referente a uma lesão concreta, porquanto o litígio está voltado para as reivindicações de melhores condições de trabalho. O interesse processual como condição da ação de dissídio coletivo está consubstanciado apenas na necessidade de alteração das condições de trabalho.

---

(43) NASCIMENTO, Amauri Mascaro. *Curso de Direito Processual Civil.* São Paulo: Saraiva, 2002.
(44) NASCIMENTO, Amauri Mascaro. *Curso de Direito Processual Civil.* São Paulo: Saraiva, 2002.
(45) MELO, Raimundo Simão de. *Dissídio Coletivo de Trabalho.* São Paulo: LTr, 2005.

Martins (2005) ressalta que a CLT, em outrora, declarava que "nenhum processo de dissídio coletivo de natureza econômica será admitido sem antes se esgotarem as medidas relativas à formalização da Convenção ou Acordo Correspondente" (§ 4º do art. 616 da CLT). Atualmente a Constituição dispõe que, recusando-se qualquer das partes à negociação coletiva ou à arbitragem, é facultado a elas, de comum acordo, ajuizar o dissídio coletivo de natureza econômica (§ 2º do art. 114), o que já se verificava no § 2º do art. 616 da CLT. Assim a tentativa de negociação coletiva ou de arbitragem é condição para a propositura do dissídio coletivo, é um pressuposto indispensável da constituição e de desenvolvimento válido e regular do processo[46]. O próprio inciso VI do art. 267 do CPC não dispõe que sejam apenas três das condições de ação, ao estabelecer que "quando não concorrer qualquer das condições de ação, como a possibilidade jurídica, a legitimidade das partes e o interesse processual". Vê-se que as condições da ação anteriormente mencionadas são exemplificativas e não taxativas. Assim, hoje temos como condição da ação a tentativa de negociação coletiva ou de arbitragem. Há a necessidade, portanto, de a parte demonstrar que tenha havido, pelo menos, uma tentativa de negociação entre as partes, antes de o conflito coletivo ser submetido ao Poder Judiciário trabalhista, ou então, que a arbitragem não chegou a ser realizada, apesar de iniciada.

A Resolução n. 116 do TST, de 20 de março de 2003, revogou a instrução normativa n. 4, de 08.06.1993, que tratava de procedimentos a serem observados no dissídio coletivo. De agora em diante, nos dissídios coletivos que forem apresentados ao TST ou nos recursos ordinários analisados sobre o tema naquele órgão, provavelmente não haverá a extinção dos processos coletivos sem julgamento de mérito, por falta de esgotamento da negociação coletiva.

3. DA ATUAÇÃO DO MINISTÉRIO PÚBLICO DO TRABALHO NOS DISSÍDIOS COLETIVOS

O Ministério Público do Trabalho (MPT) é um dos ramos do Ministério Público da União. Atua principalmente nas áreas de erradicação do trabalho infantil, combate ao trabalho escravo e a todas as formas de discriminação no trabalho, preservação da saúde, segurança do trabalhador e regularização do trabalho do adolescente, do indígena e dos contratos de trabalho em geral. Sua atuação envolve o recebimento de denúncias, a instauração de procedimentos investigatórios, inquéritos civil públicos e outras medidas administrativas ou o ajuizamento de ações judiciais, quando comprovada a irregularidade. Além disso, o MPT desempenha papel de defensor da lei para intervir nos feitos judiciais em curso nos quais haja interesse público a proteger, emite pareceres em processos de competência da Justiça do Trabalho, participa das sessões de julgamento e ingressa com recursos quando há desrespeito à legislação.

Já a Justiça do Trabalho pertence ao Poder Judiciário. Sua competência está prevista no art. 114 da Constituição da República, alterado pela Emenda Constitucional n. 45/2004, nos seguintes termos:

> Art. 114. Compete à Justiça do Trabalho processar e julgar:
>
> I – as ações oriundas da relação de trabalho, abrangidos os entes de direito público externo e da administração pública direta e indireta da União, dos Estados, do Distrito Federal e dos Municípios;
>
> II – as ações que envolvam exercício do direito de greve;
>
> III – as ações sobre representação sindical, entre sindicatos, entre sindicatos e trabalhadores, e entre sindicatos e empregadores;
>
> IV – os mandados de segurança, *habeas corpus* e *habeas data*, quando o ato questionado envolver matéria sujeita à sua jurisdição;
>
> V – os conflitos de competência entre órgãos com jurisdição trabalhista, ressalvado o disposto no art. 102, I, *o*;
>
> VI – as ações de indenização por dano moral ou patrimonial, decorrentes da relação de trabalho;
>
> VII – as ações relativas às penalidades administrativas impostas aos empregadores pelos órgãos de fiscalização das relações de trabalho;
>
> VIII – a execução, de ofício, das contribuições sociais previstas no art. 195, I, *a*, e II, e seus acréscimos legais, decorrentes das sentenças que proferir;
>
> IX – outras controvérsias decorrentes da relação de trabalho, na forma da lei.
>
> § 1º – Frustrada a negociação coletiva, as partes poderão eleger árbitros.
>
> § 2º Recusando-se qualquer das partes à negociação coletiva ou à arbitragem, é facultado às mesmas, de comum acordo, ajuizar dissídio coletivo de natureza econômica, podendo a Justiça de o Trabalho decidir o conflito, respeitadas as disposições mínimas legais de proteção ao trabalho, bem como as convencionadas anteriormente.
>
> § 3º Em caso de greve em atividade essencial, com possibilidade de lesão do interesse público, o Ministério Público do Trabalho poderá ajuizar dissídio coletivo, competindo à Justiça do Trabalho decidir o conflito."[47]

---

(46) MARTINS, Sérgio Pinto. *Direito Processual do Trabalho*: Doutrina e prática forense, modelos de petições, recursos, sentenças e outros. 23. ed. São Paulo: Atlas, 2005.

(47) Como legitimados para suscitação de dissídio coletivo, além das partes, o Ministério Público do Trabalho só possui legitimidade para ajuizar o dissídio em caso de greve em atividade essencial e quando esteja pondo em perigo o interesse público, ou na defesa das atividades inadiáveis para a população, conforme o estabelecido no art. 114, § 3º da Constituição Federal e no art. 8º da Lei n. 7.783/1989. (Art. 8º A Justiça do Trabalho, por iniciativa de qualquer das partes ou do Ministério Público do Trabalho, decidirá sobre a procedência, total ou parcial, ou improcedência das reivindicações, cumprindo ao Tribunal publicar, de imediato, o competente acórdão.)

Segundo o Acórdão Inteiro Teor de Seção de Dissídios Coletivos n. ROAA-640218/2000, de 08 Março 2001, N. Recurso n. AA-3255/1999-000-08.00, Magistrado Responsável Ministro Ronaldo Lopes Leal, N. Sentença ou Acórdão-ROAA-640218/2000:

> AÇÃO ANULATÓRIA – LEGITIMIDADE ATIVA. Indiscutivelmente compete ao Ministério Público do Trabalho, por força da legislação aplicável (arts. 127 da Constituição da República e 83, IV, da Lei Complementar n. 75/93), no exercício de suas funções institucionais, zelar pela ordem jurídica, pelo regime democrático, pelos interesses sociais e individuais indisponíveis, ajuizando, quando for pertinente, ação anulatória contra cláusula de contrato, acordo ou convenção coletiva, não somente nas hipóteses de violação dos direitos individuais indisponíveis dos trabalhadores, mas, também, quando ocorrer violação das liberdades individuais e coletivas, tanto de empregados quanto de empregadores, encontrando-se a matéria em questão dentro dos limites previstos na legislação apontada. Dessa forma, a legitimidade ativa do Ministério Público do Trabalho não está na dependência dos termos em que foi redigida a cláusula, porquanto a análise do seu conteúdo pertence à esfera meritória, na qual será examinada a pertinência ou não da providência judicial requerida.

Assim, compreende-se que caberá ao Ministério Público do Trabalho (MPT) fiscalizar e zelar para que a legislação aplicável e cabível seja cumprida.

CAPÍTULO XXII
Ação rescisória na justiça do trabalho

Sobre o cabimento da ação rescisória verifica-se que:

> Art. 836. É vedado aos órgãos da Justiça do Trabalho conhecer de questões já decididas, excetuados os casos expressamente previstos neste Título e a ação rescisória, sujeita ao depósito prévio de 20% (vinte por cento) do valor da causa, salvo prova de miserabilidade jurídica do autor.
>
> Parágrafo único. A execução da decisão proferida em ação rescisória far-se-á nos próprios autos da ação que lhe deu origem, e será instruída com o acórdão da rescisória e a respectiva certidão de trânsito em julgado.

O corte recisório também está previsto no art. 485 do CPC, mas existem muitas outras Súmulas e orientações do TST que retratam as ações no âmbito da matéria em voga no processo do trabalho.

CAPÍTULO XXIII
Ações especiais na justiça do trabalho

1. AÇÕES CAUTELARES E ANTECIPATÓRIAS

Medida cautelar é o procedimento judicial que visa a prevenção, conservação, defesa ou assegurar a eficácia de um direito. De acordo com o CPC (THEODORO JÚNIOR, 2000)[48]:

> Art. 806. Cabe à parte propor a ação, no prazo de 30 (trinta) dias, contados da data da efetivação da medida cautelar, quando esta for concedida em procedimento preparatório.
>
> Art. 807. As medidas cautelares conservam a sua eficácia no prazo do artigo antecedente e na pendência do processo principal; mas podem, a qualquer tempo, ser revogadas ou modificadas.
>
> Parágrafo único. Salvo decisão judicial em contrário, a medida cautelar conservará a eficácia durante o período de suspensão do processo.
>
> Art. 808. Cessa a eficácia da medida cautelar:
>
> I – se a parte não intentar a ação no prazo estabelecido no art. 806;
>
> II – se não for executada dentro de 30 (trinta) dias;
>
> III – se o juiz declarar extinto o processo principal, com ou sem julgamento do mérito.
>
> Parágrafo único. Se por qualquer motivo cessar a medida, é defeso à parte repetir o pedido, salvo por novo fundamento."
>
> "Art. 796. O procedimento cautelar pode ser instaurado antes ou no curso do processo principal e deste é sempre dependente.
>
> Art. 809. Os autos do procedimento cautelar serão apensados aos do processo principal."

2. AÇÃO DE CONSIGNAÇÃO EM PAGAMENTO

A ação de consignação em pagamento é um procedimento especial que objetiva permitir a realização daquele instituto de direito material, por intermédio do qual o autor da ação, se procedente o pedido, obterá uma sentença declaratória da extinção da obrigação que foi cumprida (THEODORO JÚNIOR, 2000)[49].

3. AÇÃO MONITÓRIA

É a forma pela qual o credor de quantia certa ou de coisa móvel determinada, cujo crédito esteja provado por documento hábil, requerer uma prolação de provimento judicial baseado, em última análise, em um mandado de pagamento ou de entrega de coisa, que por objetivo visa a obter a satisfação de seu crédito. Esse prazo é de 05 (cinco) anos a contar da data de vencimento do título ou do documento sem eficácia executiva, possuindo, também, prescricional (THEODORO JÚNIOR, 2000)[50].

---

(48) THEODORO JÚNIOR, Humberto. Pressupostos Processuais, Condições da Ação e Mérito da Causa. *Revista de Processo*, São Paulo, vol. 17, p. 41-49, jan./mar. 2000.
(49) *Idem*.
(50) *Ibidem*.

CAPÍTULO XXIII
Ações constitucionais cabíveis na justiça do trabalho

1. HABEAS CORPUS

Conforme a Emenda Constitucional n. 45/2004, a Justiça do Trabalho possui a competência para julgar os *habeas corpus* (THEODORO JÚNIOR, 2000)[51].

2. MANDADO DE SEGURANÇA

O mandado de segurança poderá ser aplicado pela Justiça Comum quanto na Justiça Especial, como a Justiça do Trabalho[52] (MEIRELLES, 2004)[53].

3. MANDADO DE INJUNÇÃO

O mandado de injunção na Justiça do Trabalho é uma forma para resolver a omissão inconstitucional que muitas vezes frusta do exercício de direitos e liberdades constitucionais no caso concreto, este permite a efetiva fruição do bem da vida pelo impetrante, em matéria trabalhista, separando o intérprete da linha de pensamento do Superior Tribunal Federal[54].

4. HABEAS DATA

O *habeas data* é de competência do juiz de primeiro grau. Estes dizem respeito àqueles dados que são de livre acesso aos cidadãos como banco de dados, registros, fichários de entidades governamentais ou públicas.

---

(51) THEODORO JÚNIOR, Humberto. Pressupostos Processuais, Condições da Ação e Mérito da Causa. *Revista de Processo*, São Paulo, vol. 17, p. 41-49, jan./mar. 2000.
(52) O art. 114, inciso IV, da Constituição Federal de 1988, que diz "os mandados de segurança, *habeas corpus* e *habeas data*, quando o ato questionado envolver matéria à sua jurisdição.
(53) MEIRELLES, Hely Lopes. *Mandado de Segurança*. 21. ed. São Paulo: Revista dos Tribunais, 2004.
(54) QUARESMA, Regina. *O Mandado de Injunção e a Ação de Inconstitucionalidade por Omissão*. 3. ed. Rio de Janeiro: Forense, 1999.

CAPÍTULO XXIV
Processo eletrônico na justiça do trabalho

1. BASE LEGAL

A base legal está na Resolução n. 94/2012, que institui o Sistema Processo Judicial Eletrônico da Justiça do Trabalho PJe-JT como sistema de processamento de informações e prática de atos processuais e estabelece os parâmetros para sua implementação e funcionamento.

Trata-se de um mecanismo que veio disseminar de vez o uso do papel no âmbito da Justiça do Trabalho, evitando, assim, que documentos se deteriorem ou extraviem no curso processual, além de contribuir com agilidade processual.

2. CONCEITO

O Processo Judicial Eletrônico (PJe) é um sistema de informática criado com o intuito de dar a tramitação de autos em papel no Poder Judiciário, visando a promoção do uso da tecnologia, tornando mais célere e econômico o acompanhamento do processo.

3. PROCEDIMENTOS

A distribuição do processo eletrônico deverá ser realizada pelo usuário externo, sem que seja necessária a intervenção dos setores judiciais, que até então recebiam os autos impressos para distribuição e autuação. Uma vez distribuída a petição, o usuário externo conseguirá um recibo eletrônico que corresponde ao protocolo do procedimento com todas as informações atinentes que estão atribuídas ao processo, bem como saberá para qual Desembargador Relator o PJe-JT foi sorteado (LEITE, 2006)[55].

Uma vez distribuído o processo por meio eletrônico, o Desembargador Relator poderá acessá-lo e realizar a visualização no sistema, quando despachos forem proferidos estes dados serão atualizados até o final do porcesso (GARCIA, 2006)[56].

4. REQUISITOS DE USO DO PJE-JT

Para a utilização do sistema PJe-JT é necessário que o profissional adquira um Certificado Digital, por exigência do Conselho Nacional de Justiça, a fim de que possa reforçar a segurança das informações, como também identificar com precisão pessoas físicas e jurídicas, e garantir a confiabilidade, privacidade, integridade e inviolabilidade em mensagens e diversos tipos de transações realizadas na internet – como o envio de uma petição, por exemplo.

A única exceção em que o certificado digital não será necessário é no momento em que o réu precisa ver os documentos iniciais do processo, justamente para saber o que está sendo pedido pelo autor da ação. Nesse caso, ele deverá utilizar as chaves de acesso que constam da citação recebida pelo Correio.

Para adquirir o Certificado Digital, o interessado deve procurar uma Autoridade Certificadora, acessando o sítio do Instituto Nacional de Tecnologia da Informação ou, através da entidade de classe, como, por exemplo, a Ordem dos Advogados do Brasil, que orientará todo o procedimento de uso.

---

(55) LEITE, Carlos Henrique Bezerra. *Curso de Direito Processual do Trabalho*. 4. ed. Curitiba: LTr, 2006.
(56) GARCIA, Gustavo Filipe Barbosa. *Curso de Direito Processual do Trabalho*. Rio de Janeiro: Forense, 2012.

Referências bibliográficas

ACKER, Anna Britto da Rocha. *Poder Normativo e Regime Democrático*. São Paulo: LTr, 1986.
ACKERMAN, Mario E. *Tratado de Derecho del Trabajo*. Estatutos y regulaciones especiales. Buenos Aires: Rubinzal-Culzoni Editores, 2007.
AGOSTINHO. *A Cidade de Deus*. 7. ed. Trad. Oscar Paes Lemes. Rio de Janeiro: Editora Vozes, 2002, Parte I.
ALEXY, Robert. *Teoria de los Derechos Fundamentales*. Madrid: Centro de Estudios Constitucionales, 1997.
ALKIMIN, Maria Aparecida. *Assédio Moral na Relação de Trabalho*. 2. ed., revista e atualizada. Curitiba: Editora Juruá, 2009.
ALMEIDA, Wanderley J. Manso de & CHAUTARD, José Luiz. *FGTS*: uma política de bem-estar social. Rio de Janeiro: IPEA NPES, 2010.
ALMEIDA, Amador Paes de. *CLT Comentada*. 5. ed., revista, atualizada e ampliada. São Paulo: Saraiva, 2008.
ALVIM, J. E. Carreira. *Tratado Geral da arbitragem*. Belo Horizonte: Ed. Mandamentos, 2000.
ALVIM, Arruda. *Manual de Direito Processual Civil*. 10. ed. São Paulo: Revista dos Tribunais, 2006. v. 2.
ANTUNES ROCHA, Carmem Lúcia. O princípio da dignidade humana e a exclusão social. In: *Anais do XVVI Conferência Nacional dos Advogados – Justiça*: realidade e utopia. Brasília: OAB, Conselho Federal, 2000, p. 72. v. I.
ARAÚJO, Adriane Reis de. *Liberdade sindical e os atos anti-sindicais no direito brasileiro*. Revista do Ministério Público do Trabalho – 32 – Ano XVI – Outubro, 2006.
ARCE Y FLÓREZ-VALDÉZ, Joaquin. *Los principios generales del Derecho y su formulación constitucional*. Madrid: Civitas, 1990.
ARAÚJO, Francisco Carlos da Silva. Seguridade social. *Jus Navigandi*, Teresina, ano 11, n. 1.272, 25 dez. 2006.
AVELINO, José Araujo. As estabilidades provisórias no Direito do Trabalho como garantias protetivas no emprego. In: *Temas especiais de direito individual do trabalho*. (Org.). São Paulo: LTr, 2015.
BARBOSA MOREIRA, José Carlos. *O Novo Processo Civil Brasileiro*. 18 ed. Rio de Janeiro: Forense, 1996.
BARRETO, Marco Aurélio Aguiar. *Assédio Moral no Trabalho*: da responsabilidade do empregador – perguntas e respostas. São Paulo: LTr, 2007.
BARROS, Alice Monteiro de. *Curso de Direito do Trabalho*. São Paulo: LTr, 2013.
BARROS, Marco Antonio de. Jurisdição e juizado arbitral. *Revista dos Tribunais n. 738*, São Paulo, 2007.
BARROS JUNIOR, Cársio Mesquita. Flexibilização no Direito do Trabalho. *Revista trabalho e Processo*, São Paulo, n. 2, 1994.
BARROS, Alice Monteiro. *Curso de Direito do Trabalho*. 7. ed. São Paulo: LTr, 2011.
BARROS, Alice Monteiro de. *Curso de Direito do Trabalho*. 8. ed. São Paulo: LTr, 2012.
BENNIS, W. G. *Desenvolvimento Organizacional*: sua natureza, origens e perspectivas. São Paulo: Edgar Bleicher, 1999.
BERNARDES, Hugo Gueiros. *Direito do Trabalho*. São Paulo: LTr, 1989. v. I.
BITTAR, Carlos Alberto. *Reparação civil por danos morais*. 2. ed. São Paulo: Revista dos Tribunais, 1994.
BRASIL. *Constituição (1934)*.
BRASIL. *Constituição (1937)* apud OLIVEIRA, Walter. *Poder Normativo da Justiça do Trabalho*: Direito formal da classe trabalhadora brasileira. Dissertação aprovada no Curso de Mestrado do Programa de Pós-graduação em Ciência Política da Universidade Federal do Rio Grande do Sul. 2005. p. 19, 2005.
BRASIL. *Constituição Federal de 1988*. Brasília: DF, 1988.
BRASIL. *Decreto n. 19.770, de 19 de março de 1931*.
BRASIL, *Consolidação das Leis do Trabalho de 1943*.
BRASIL. *Decreto n. 19.770 de março de 1931*.
BRASIL. *NR-15*: Atividades e Operações insalubres.
BRASIL. *Lei n. 9.307*. Brasília: DF, 1996
BRASIL. *Código de Defesa do Consumidor*. Brasília: DF, 2000.
BRASIL. *Lei federal n. 5.452/1943*. Dispõe sobre a Consolidação das Leis do Trabalho.
BONAVIDES, PAULO. *Curso de Direito Constitucional*. 13. ed., rev. atual. São Paulo: Editora Malheiros, 2003.
BONAVIDES, Paulo; ANDRADE, Paes de. *História Constitucional do Brasil*. Porto: Universidade Portucalense Infante D. Henrique, 2000.
CAIRO JÚNIOR, José. *Curso de Direito Processual do Trabalho*. 3. ed. Salvador: JusPodivm, 2010.
CALMON, Petrônio. *Fundamentos da mediação e da conciliação*. Rio de Janeiro: Forense, 2007.
CÂMARA, Alexandre Freitas. Das relações entre a arbitragem. In: *Revista de Arbitragem n. 6*, ano II, 2005.
CÂMARA, Alexandre Freitas. *Lições de Direito Processual Civil*. Vol. I. 16. ed. Rio de Janeiro: Lumem Juris, 2007.

CAMPOS, José Miguel de. Emenda Constitucional N. 45/2004 e Poder Normativo da Justiça do Trabalho. *Rev. Trib. Reg. Trab.* 3ª Reg., Belo Horizonte, v. 40, n.70 (supl. esp.), p.125-144, jul./dez. 2004.
CAPELLETTI, Mauro; GARTH, Bryan. *Acesso à justiça*. Tradução de Hellen Gracie Northfeet. Porto Alegre: Sérgio Antonio Fabris Editor, 1988.
CARMONA, Carlos Alberto. *Arbitragem e Processo – Um Comentário à Lei n. 9.307/96*. 2. ed. São Paulo: Atlas S.A., 2004.
CARVALHO, J.M. *A Construção da Cidadania no Brasil*. México: Fundo de Cultura, 2003.
CANOTILHO, José Joaquim Gomes. *Direito Constitucional e Teoria da Constituição*. 7. ed. Coimbra: Almedina, 2004.
CAPPELLETTI, Mauro. O acesso à Justiça e a função do jurista em nossa época. In: *Conferência Nacional da OAB*, 13. Anais. Belo Horizonte: OAB, 1990.
CARLOS, Antonio; Jacques, Maria da Graça Correa & Larreteea, Sandra Vieira. O envelhecer no Brasil: um processo de continuidade *versus* exclusão no mercado de trabalho. *Revista de Psicologia, Educação e Cultura,* 3 (2), pp. 397-407, 1999.
CARVALHO, J.M. *A Construção da Cidadania no Brasil*. México: Fundo de Cultura, 2003.
CARRION, Valentin. *Comentários à consolidação das leis do trabalho*. 27. ed. atual. e ampl. por Eduardo Carrion. São Paulo: Saraiva, 2002.
CARVALHO FILHO, José dos Santos. *Ação civil pública*: Comentários por Artigo (Lei n. 7.347, de 24.07.1985). 7. ed. Rio de Janeiro: Lumen Juris, 2009.
CASSAR, Vólia Bomfim. *Direito do Trabalho*. 4. ed. Niterói: Impetus, 2010.
CASTRO, Federico de. *Los Principios Generales del Derecho y su Formulación Constitucional*. Madrid: Civitas, 1990.
CHAUÍ, Marilena. *A Teoria Liberal*. Convite a Filosofia. São Paulo: Ática, 1994.
CHIAVENATO, Idalberto. *Introdução à teoria geral da Administração*. 4. ed. São Paulo: Makron Books, 1993.
CHIAVENATO, I. *Administração nos novos tempos*. 4. ed. Rio de Janeiro: Campus, 2007.
CESARINO JÚNIOR. *Direito Social*. São Paulo: LTr, 2000.
CINTRA, Cândido Rangel; DINAMARCO, Antônio Carlos de Araújo; GRINOVER; Ada Pellegrini. *Recursos*. 9. ed. 2ª tiragem. São Paulo: Malheiros, 1993.
COMPARATO, Fábio Konder. *A afirmação histórica dos direitos humanos*. 3. ed. São Paulo: Saraiva, 2004.
CORNAGLIA, Ricardo J. *Derecho Colectivo del Trabajo: Derecho de La negociación colectiva*. Buenos Aires: La Ley, 2006.
CORTE, Nestor T. *El Modelo Sindical Argentino*: Regimen Legal de las Asociaciones Sindicales, p. 452.
COUTO, Araujo Hudson. *Ergonomia Aplicada ao Trabalho*. Belo Horizonte: Ergo Editora, Volumes 1 e 2, 1995.
CRETELLA JÚNIOR, José. 1988. Da arbitragem e seu conceito categoria! *Revista de Informação Legislativa, n.* 98, São Paulo, p. 127-137. Tribunais n. 738, 1997.
DELGADO, Maurício Godinho. Princípios Constitucionais do trabalho. *Revista de Direito do Trabalho*. São Paulo: RT, ano 31, n. 117, janeiro- -março, 2005.
DELGADO, Maurício Godinho. *Curso de Direito do Trabalho*. 3. ed. São Paulo: LTr, 2004
DELGADO, Maurício Godinho. *Curso de Direito do Trabalho*. 12. ed. São Paulo: LTr, 2013.
DELGADO, Maurício Godinho, *Curso de Direito do Trabalho*. Exemplar n. 10013. 4. ed. São Paulo: LTr, 2005.
DELGADO, Maurício Godinho. *Curso de Direito do Trabalho*. São Paulo: LTr, 2003.
DELGADO, Maurício Godinho. Princípios Constitucionais do trabalho. *Revista de Direito do Trabalho*. São Paulo: RT, ano 31, n. 117, janeiro- -março, 2005.
DIDIER JÚNIOR, Fredie. *Curso de Direito Processual Civil*: teoria geral do processo e processo de conhecimento. Salvador: Podivm. 2007. v. 1.
DILERMANDO, Brito Filho. *Toxicologia Humana e Geral*. 2. ed. Rio de Janeiro, 1988.
DINAMARCO, Cândido Rangel. Limites da Sentença Arbitral e de seu Controle Jurisdicional. In: MARTINS, Pedro A. Batista & GARCEZ, José Maria Rossani (coord.). *Reflexões Sobre Arbitragem: in memoriam do Desembargador Cláudio Vianna de Lima*. São Paulo: LTr, 2002.
DINAMARCO, Cândido Rangel. *Instituições de Direito Processual Civil*. 5. ed. São Paulo: Malheiros, 2004. v. 3.
FONTOURA, Ivens. *Ergonomia*: Apoio para a Engenharia de Segurança, Medicina e Enfermagem do Trabalho. Curitiba: UFPR/Dep. Transporte, 1993. 36p.
FRANÇA, Limongi Rubens. Institutos de proteção à personalidade. *Revista dos Tribunais*. São Paulo, ano 57, n. 391, maio de 1968.
FRANCO FILHO, Georgenor de Sousa (coord.). *Curso de Direito Coletivo do Trabalho: estudos em homenagem ao Ministro Orlando Teixeira da Costa*. São Paulo: LTr, 1998.
GAIOTO, Franciane Rodante. *Da responsabilidade social à ética empresarial*. Florianópolis: UFSC, 2001.
GAGLIANO, Pablo Stolze; PAMPLONA FILHO, Rodolfo. *Novo curso de Direito Civil. Volume 1 – Parte geral.* 7. ed. São Paulo: Saraiva, 2006.
GUIMARÃES, Heloisa M. Responsabilidade social da empresa: uma visão problemática. *Revista Administração de Empresas*. Rio de Janeiro, v. 24, n. 04, 1984.
GAGLIANO, Pablo Stolze; PAMPLONA FILHO, Rodolfo. *Novo curso de Direito Civil. Volume 1 – Parte geral.* 7. ed. São Paulo: Saraiva, 2006.
GARCIA, Gustavo Filipe Barbosa. O Futuro dos Direitos Humanos Fundamentais. *Revista Jurídica Consulex*. Ano X, n. 232, Brasília: Editora Consulex, p. 61, setembro de 2006.
GARCIA, Gustavo Filipe Barbosa. *Curso de Direito Processual do Trabalho*. Rio de Janeiro: Forense, 2012.
GIGLIO, Wagner. Alteração do contrato de trabalho. *Revista LTr,* São Paulo, v. 47, 2003.
GITAHY, Leda *et al*. Relações interfirmas, eficiência coletiva e emprego em dois clusters da indústria brasileira. In *Revista Latinoamericana de Estudios del Trabajo*. Ano 4, n. 6, p. 39-78, 1998.
GOLDIN, Adrián O. "Os conflitos trabalhistas e suas formas judiciais e extrajudiciais de solução – anotações e reflexões". In: *Anais do Seminário Internacional – Relações do Trabalho*. Edição do Ministério do Trabalho, Brasília, 1998.
GOMES, Dinaura Godinho Pimentel. Direitos Fundamentais Sociais: uma visão crítica da realidade brasileira. *Revista de Direito Constitucional e Internacional*. São Paulo: RT, ano 13, v. 53, outubro-dezembro, 2005.
GONÇALVES, M. V. *Tutela de Interesses Difusos e Coletivos*. 3. ed. São Paulo: Saraiva, 2007.
GRANDJEAN, Etienne. *Manual de Ergonomia – Adaptando o Trabalho ao Homem*. Porto Alegre: Artes Médicas Sul Ltda. 4. ed., 1998.

GRISOLIA, Julio Armando. *Manual de Derecho Laboral*. Novena edición revisada, ampliada y actualizada. 9. ed. Ciudad Autónoma de Buenos Aires: Abeledo Perrot, 2013.

GRYNZIPAN, Mário. *Acesso e recurso à justiça do Brasil*: algumas questões. Rio de Janeiro: Fundação Getúlio Vargas, 2009.

HABERMAS, Jürgen. *El Futuro de la Naturaleza Humana*. Hacia una Eugenesia Liberal?. Tradução de R. S. Carbó. Barcelona: Paidós Ibérica, 2002.

HINZ, Henrique Macedo. *O poder normativo da Justiça do Trabalho*. São Paulo: LTr, 2000.

IIDA, Itiro. *Ergonomia Projeto e Produção*. São Paulo: Edgard Blücher Ltda., 1993. 465p.

KANT, Immanuel. *Crítica da razão pura*. Col. Os pensadores. São Paulo: Abril, 2002.

KANT, Immanuel. *Crítica da razão pura*. Col. Os pensadores. São Paulo: Abril, 2002.

KAUFMANN, MO. *Das práticas Anti-Sindicais às práticas Anti-Representativas*. São Paulo: LTr, 2005.

KIDD, J. M. & GREEN, F. The careers of research scientists: predictors of three dimensions of career commitment and intention to leave science. *Personal Review*, 2006, 35(3), 229-251.

KOTLER PHILIP. *Administração de marketing*: análise, planejamento, implementação e controle. 2. ed. São Paulo: Atlas, 1992.

KREIN, José Dari. Reforma do sistema de relações de trabalho no Brasil. In *Emprego e Desenvolvimento Tecnológico: artigos dos pesquisadores*. DIEESE/ CESIT: Campinas, 1999.

LEITE, Carlos Henrique Bezerra. *Ação Civil Pública – Nova Jurisdição Trabalhista Metaindividual – Legitimação do Ministério Público*. São Paulo: LTr, 2001.

LEITE, Carlos Henrique Bezerra. *Curso de Direito Processual do Trabalho*. 4. ed. Curitiba: LTr, 2006.

LENZA, Vítor Barboza. *Cortes Arbitrais – Doutrina, Prática, Jurisprudência, Legislação*. Goiânia: AB Editora, 2007.

LENZA, Pedro. *Direito Constitucional Esquematizado*. 11. ed. São Paulo: Método, 2007.

LIMA, Francisco Menton Marques de. *Elementos de Direito do Trabalho e Processo Trabalhista*. 12. ed. São Paulo: LTr, 2007. (Obra em versão virtual não paginada, consultada na íntegra através da Biblioteca Digital LTr).

LORENZETTI, Ricardo Luis. *Fundamentos do direito privado*. Trad. Vera Maria Jacob de Fradera. São Paulo: Revista dos Tribunais, 1998.

MACIEL, José Alberto Couto. *A irredutibilidade do salário assegurada pela Constituição Federal*, art. 7º, inciso VI, é a nominal ou jurídica e não a real, ou econômica. V. 55. São Paulo: LTr, 1989.

MANCUSO, Rodolfo Camargo. *Ação Civil Pública*. 9. ed., rev. e atual. São Paulo: Revista dos Tribunais, 2004.

MANUS, Pedro Paulo Teixeira. *Direito do Trabalho*. 9. ed. São Paulo: Atlas, 2005.

MATTOSO, Jorge. *A Desordem do Trabalho*. São Paulo: Scritta, 2015.

MARTINS, Sérgio Pinto. *Direito do Trabalho*. 10. ed. São Paulo: Saraiva, 2000.

MARTINS, Sérgio Pinto. *Direito do Trabalho*. 21. ed. São Paulo: Atlas, 2005.

MARTINS, Sérgio Pinto. *Comentários à CLT*. 12. ed. São Paulo: Atlas, 2008.

MARTINS, Sérgio Pinto. *Direito Processual do Trabalho*: Doutrina e prática forense, modelos de petições, recursos, sentenças e outros. 23. ed. São Paulo: Atlas, 2005.

MARTINS FILHO, Ives Gandra da Silva. *A justiça do trabalho do ano 2000*: as Leis ns. 9.756/1998, 9.957 e 9.958/2000, a Emenda Constitucional n. 24/1999 e a reforma do judiciário. Vol. 1, n. 8, Revista Jurídica Virtual, jan./2008.

MAURER, Beátrice. Notas sobre o respeito da dignidade da pessoa humana... ou pequena fuga incompleta em torno de um tema central. In: *Dimensões da dignidade*: ensaio de filosofia do Direito e Direito Constitucional. SARLET, Ingo Wolfgang (Org.). Tradução de Rita DostalZanini. Porto Alegre: Livraria do Advogado, 2005. p. 61-87.

MAZZILI, H. N. *A defesa dos interesses difusos em juízo*. 20. ed. São Paulo: Saraiva, 2007.

MELLO, Raimundo Simão De. *Dissídio Coletivo de Trabalho*. São Paulo: LTr, 2005.

MEIRELLES, D.R.S. *Meios Alternativos na Resolução de conflitos*: Justiça Co-existencial ou eficiência administrativa? UERJ, 2000.

MEIRELLES, Hely Lopes. *Mandado de Segurança*. 21. ed. São Paulo: Revista dos Tribunais, 2004.

MIRANDOLA, Giovanni Pico Della. *Discurso sobre a dignidade do homem*. Trad. de Maria de Lourdes Sirgado Ganho. Lisboa: Edições 70, 2006.

MORAES FILHO, Evaristo de. e MORAES, Antonio Carlos Flores de. *Introdução ao Direito do Trabalho*. 7. ed. São Paulo: LTR, 1995.

MURARI, Marcelo M. *Limites Constitucionais ao Poder de Direção do Empregador e os Direitos Fundamentais do Empregado*. LTr, 2008.

NASCIMENTO, Amauri Mascaro. *Curso de Direito Processual do Trabalho*. São Paulo: Saraiva, 2002.

NASCIMENTO, Amauri Mascaro. *Curso de Direito do Trabalho*. 18. ed. São Paulo: Saraiva, 2003.

NASCIMENTO, Amauri Mascaro. *Curso de Direito do Trabalho*. 19. ed. São Paulo: Saraiva, 2004.

NASCIMENTO, Amauri Mascaro. *Direito do Trabalho na Constituição de 1988*. São Paulo: Saraiva, 2009.

NASCIMENTO, Amauri. *Curso de Direito do Trabalho*. 14. ed. São Paulo: Saraiva, 2000.

NASCIMENTO, Amauri Mascaro. *Curso de Direito do Trabalho*. 23. ed. São Paulo: Saraiva, 2008.

NASCIMENTO, Amauri Mascaro. *Direito Sindical*. 5. ed. São Paulo: LTr, 2008.

NASCIMENTO, Amauri Mascano. *Curso de Direito Processual Civil*. São Paulo: Saraiva, 2002.

NETO, José Francisco Siqueira. Flexibilização, desregulamentação e Direito do Trabalho no Brasil. In: OLIVEIRA, Carlos Alonso B. (org). *Crise e Trabalho no Brasil: modernidade ou volta ao passado?* 2. ed. São Paulo: Scritta, 1996.

NORONHA, Eduardo G. Informal, Ilegal, Injusto: percepções do mercado de trabalho no Brasil. In: *Revista Brasileira de Ciências Sociais*. São Paulo, Vol. 18, n. 53, p. 111-119, 2003.

NOGUEIRA, A. A Modernização Conservadora do Sindicalismo Brasileiro: A experiência do Sindicato dos Metalúrgicos de São Paulo. Educ-Fapesp, 1997; Gestão Estratégica das Relações de Trabalho. In: *As pessoas nas Organizações*. Editora Gente, 2002.

NOGUEIRA, A. A Modernização Conservadora do Sindicalismo Brasileiro: A experiência do Sindicato dos Metalúrgicos de São Paulo. Educ-Fapesp, 1997; "Gestão Estratégica das Relações de Trabalho. In: *As pessoas nas Organizações*. Editora Gente, 2002.

OGA. Seizi. *Fundamentos de Toxicologia*. 3. ed. São Paulo: Atheneu, 2008.

OLIVEIRA, Walter. *Poder Normativo da Justiça do Trabalho*: Direito formal da classe trabalhadora brasileira. Dissertação aprovada no Curso de Mestrado do Programa de Pós-graduação em Ciência Política da Universidade Federal do Rio Grande do Sul. 2005.

ORGANIZAÇÃO DAS NAÇÕES UNIDAS. *Conferência das Nações Unidas sobre Meio Ambiente e Desenvolvimento*. Declaração do Rio, 1992.

ORGANIZAÇÃO INTERNACIONAL DO TRABALHO. C18 *Convenção sobre as enfermidades profissionais*, 1985.

PAPA LEÃO XIII. *Carta Encíclica do Papa Leão XIII*: rerum novarum. 1891.

PECK, Jamie e THEODORE, Nikolas. O Trabalho Eventual: crescimento e reestruturação da indústria de empregos temporários em Chicago. In: *Revista Latinoamericana de Estudios del Trabajo*. Ano 5, n. 10, p.135-159, 1999.

PEDROZA, Ruy Brito de Oliveira. *A Nova Reforma da Previdência Social*. Brasília: DIAP, 1995.

PEREIRA, Caio Mário da Silva. *Instituições de Direito Civil*. 21. ed. Rio de Janeiro: Forense, 2005. v. 1

PINHEIRO, Armando Castelar. *Judiciário e Economia no Brasil*. São Paulo: Editora Sumaré, 2000.

PINTO, José Alexandre Pereira. *Apontamentos de Direito do Trabalho*. 4. ed. Natal-RN: Lucgraf, 2009.

PITOMBO, Eleonora C. Os Efeitos da Convenção de Arbitragem – Adoção do Princípio Kompetenz-Kompetenzno Brasil. *In*: MARTINS, Pedro Batista, CARMONA, Carlos Alberto & LEMES, Selma Ferreira (coord.). *Arbitragem*: estudos em homenagem ao Prof. Guido Fernando da Silva Soares. São Paulo: Atlas, 2007.

PLÁ RODRIGUEZ, Américo. *Princípios de Direito do Trabalho*. Trad. por Wagner D. Giglio. 2. tiragem, São Paulo: LTr, 2015

QUARESMA, Regina. *O Mandado de Injunção e a Ação de Inconstitucionalidade por Omissão*. 3. ed. Rio de Janeiro: Forense, 1999.

REALE, Miguel. *Introdução à filosofia*. 2. ed. São Paulo: Saraiva, 1989.

RESENDE, Ricardo. *Direito do Trabalho esquematizado*. Rio de Janeiro: Forense; São Paulo: Método, 2011.

ROCHA, Cármen Lúcia Antunes. *O direito à vida digna*. 6. ed. Madrid: Tecnos, 2004.

RODRIGUES, N. C. Aspectos sociais da aposentadoria. In: SCHONS, C. R. & PALMA, L. S. (org.). *Conversando com Nara Costa Rodrigues: sobre gerontologia social* (pp. 21-25). Passo Fundo, RS: UPF, 2000.

ROMITA, Arion Sayão. A Competência Normativa da Justiça do Trabalho. *Revista LTr*, v. 53, n. 8. 1989.

RUSSO, Iêda C. P. *Acústica e Psicoacústica aplicadas à Fonoaudiologia*. São Paulo: Lovise, 1999.

RUSSOMANO, Mozart Victor. *Comentários à CLT*. Rio de Janeiro: Forense, 1990, v. I.

SAAD, Eduardo Gabriel. *Consolidação da Leis do Trabalho comentada*. 23. ed. São Paulo: LTr, 1993.

SADEK, Maria Tereza. *Acesso à justiça*. São Paulo. Fundação Konrad Adenauer, 2001.

SALIBA, T. M. *Manual prático de avaliação e controle do ruído*: PPRA. 1. ed. São Paulo: LTr, 2000.

SARMENTO, Daniel. *Direitos Fundamentais e Relações Privadas*. Rio de Janeiro: Editora Lúmen Júris, 2004.

SANDERS, M. S. and McCormick, E. J. *Human Factors in Engineering and Design*. New York. Mcgraw-Hill Book Co., 1987.

SANTOS, Neri. *Manual de Análise Ergonômica do Trabalho*. 2. ed. Curitiba: Genesis. 1997.

SANTOS, Neri. *Curso de engenharia Ergonômica do Trabalho*. Florianópolis, UFSC / Dep. de Engenharia de Produção, 1993.

SANTOS, Boaventura. *Introdução à sociologia da administração da justiça*. São Paulo: Ática. 2000.

SANTOS apud Manuel A. Domingues de Andrade. *Ensaio Sobre a Teoria da Interpretação das Leis*. 4. ed. Coimbra: Armênio Armado. Coleção Studium.2007.

SARLET, Ingo Wolfgang. *A eficácia dos direitos fundamentais*. 2. ed. Porto Alegre: Livraria do Advogado, 2001.

SCHIAVI, Mauro. *Manual de Direito Processual do Trabalho*. 9. ed. São Paulo: LTr, 2015.

SILVA, Cláudio dos Santos. O Brasil, a prática de atos anti-sindicais e a OIT. *Jus Navigandi*, Teresina, ano 11, n. 1.581, 30 out. 2007.

SILVA, José Afonso da. Acesso à justiça e cidadania. *Revista de Direito Administrativo*. Rio de Janeiro. v. 216, p. 9-13, abr./jun. 2000.

SILVA, Roque A. La negociación colectiva en el Brasil y el sistema de relaciones de trabajo, in Laís Abramo e Alberto Cuevas (orgs.). *El sindicalismo latinoamericano en los 90*. Volumen II: Negociación colectiva y sindicatos, Santiago, CLACSO. 1992.

SMANIO, Gianpaolo Poggio. *Interesses Difusos e Coletivos*. São Paulo: Atlas, 1998.

SOUZA, Zoraide Amaral de. A Organização Internacional do Trabalho-OIT. *Revista da Faculdade de Direito de Campos*, Ano VII, N. 9 – Dezembro de 2006.

SOUZA, Wilson Alves de. *Acesso à Justiça*. Salvador: Dois de Julho, 2011.

SOUZA, E. B. *Motivação para o trabalho*: um estudo de caso para operadores da PETROBRAS – Refinaria Presidente Getúlio Vargas. Florianópolis, 2001. 110f. Dissertação (Mestrado em Engenharia de Produção)-Programa de Pós-graduação em Engenharia de Produção, UFSC, 2001.

SOUZA JR., Lauro da Gama e. Reconhecimento e Execução de Sentenças Arbitrais Estrangeiras. In: CASELLA, Paulo B. (coord.) *Arbitragem*: lei brasileira e praxe internacional. 2. ed. São Paulo: LTr, 1999.

SUSSEKIND, Arnaldo et al. *Instituições de Direito do Trabalho*. São Paulo: LTr, 2002.

SUSSEKIND, Arnaldo. Responsabilidade pelo abuso do direito de greve. *Revista da Academia Nacional de Direito do Trabalho*, ano I, n. 1, 1993.

SOUZA, Wilson Alves de. *Acesso à Justiça*. Salvador: Dois de Julho, 2011.

THEODORO JÚNIOR, H. "A arbitragem como meio de solução de controvérsias". In: *Revista Síntese de Direito Civil e Processual Civil*, n. 2, nov./dez, 2009.

TRT 9ª R. RXOF 00173-2001 (33111-2001). 4ª T. Rel. Juiz Sergio Murilo Rodrigues Lemos. DJPR 07.12.2001.

TST N. 172 REPOUSO REMUNERADO. HORAS EXTRAS. CÁLCULO – Computam-se no cálculo do repouso remunerado as horas extras habitualmente prestadas.

VERDE, Giovanni. Arbitrato e giurisdizione. In: *l'arbitrato secondo la legge 28/83*. Nápoles: Jovene Editore, 1985.

VIEIRA, Evaldo. O Estado brasileiro no século XX. In: BASTOS, E. Rugai e MORAES, J. Quartim de (Org.). *O pensamento de Oliveira Vianna*, 2005.

VIANNA, F. J. Oliveira. *Direito do Trabalho e democracia social*. O problema da incorporação do trabalhador no Estado, 2005.

VIEIRA, Evaldo. O Estado brasileiro no século XX. In: BASTOS, E. Rugai e MORAES, J. Quartim de (Org.). *O pensamento de Oliveira Vianna*, 2005.

Produção Gráfica e Editoração Eletrônica: LINOTEC
Projeto de Capa: Fabio Giglio
Impressão: PAYM GRÁFICA e EDITORA LTDA.